길
나의 길을 찾아

일러두기
· 이 책의 내용은 필자가 기억을 되살려 경험한 사실을 기반으로 작성되었습니다.
· 그런 만큼 역사적 사실과 내용이 일부 다를 수도 있습니다.
· 중국의 지명은 가급적 현대 표기법에 맞추어 변경을 하였으나 소지역 지명 및 인명은 일부 다를 수도 있습니다. 다만 上海는 상해로 표기 하였습니다.

김용 선생의 생전 모습 (1988년 9월)

김용 선생의 젊은시절 모습

상해에서 우리 4형제 (1940년 겨울, 뒷줄 왼쪽)

불란서공원에서 송지영과 함께 (1941년)

난징중앙대학 동창과 함께 (1943년, 앞줄 오른쪽에서 세번째)

▍중국 유학 시절 쓰던 가방

종로화신 앞 (1946년 봄)

박시준과 함께 상해에서 귀국

애국지사 김문호, 이일범과 함께(1947년 겨울)

경교장에서 백범 김구선생과 함께 남북협상 기념 촬영 (1948년, 오른쪽부터 김구 아들(김신), 김용, 김문호, 엄항섭, 이일범, 신정숙, 백범 비서)

치안국 정보수사과장 시절 이승만 대통령 내외를 모시고 (뒷줄 오른쪽에서 세번째)

아내와의 결혼 (1949년 10월 11일)

아내와 함께

가족과 함께

가족과 함께

가족과 한강에서 (1958년 8월 6일)

내무부 치안국 정보수사과장 시절에 모자와 옷에 붙였던 휘장과 뺏지 (1951년 4월 9일)

정보수사과장실에서 집무 모습 (1951년 여름)

대구 치안국에서 (1951년)

치안국에서 (1951년 겨울)

치안국 분실장과 함께 (1952년 가을, 오른쪽)

내무부 치안국 동료들과 장관댁에서 (1952년 가을)

치안국 동료들과 함께

아내와 함께 (1994년 4월 24일)

해운대에서 찍은 가족사진 (1994년 4월 24일)

가족사진 (1994년 9월)

아내와 함께

기호일보

西紀 1996年 8月 15日 木曜日

"민족정기 다시 세워야 합니다"

광복군 출신에 반세기를 산 金龍應
「8·15」 51주년을 맞한다

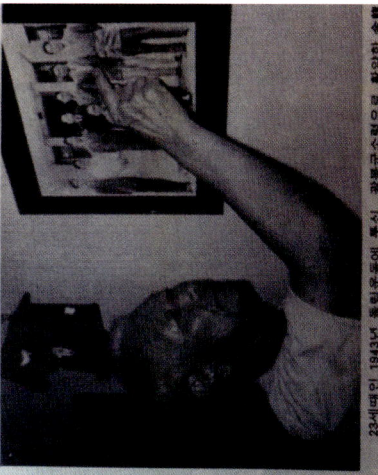

23세때인 1943年 독립운동에 투신, 광복군 소령으로 활약하신 金龍應씨가 별세 김구선생과 서울 경교장에서 기념촬영한 사진을 가리키며 반세기를 회고하고 있다. [宋奎宰기자]

日本 각료들의 잇따른 망언은 한국지배의 망상을 못버린 일본의 극우주의자들의 힘찬건을 보여주고 있는 것입니다.

해방50년, 김구선생과 함께 정부 지도자 치안과 정보수사과정을 지내다 83년 이승만정권에 의해 상해 구명받던 金龍應씨(78·인천시 북구 청천동) 하순 오늘 14일 민족분단 51주년을 하루 앞두고 자신들의 주장을 관철시키려 일제시대 당시에도 金龍應(김용응)씨의 본명은 金一로(김일로)라고 불리었다.

중국 상해에서 金龍應씨는 광복군 제2지대 소해대 해방시사회장으로 발탁, 43세 나이에 해당 한국을 떠나 조선민국을 위한 23세때의 金龍應씨도 한 손에는 수류탄을 들고 또 한 손에는 서약서를 쓰고 한국광복군 제3지대 임대사에서 사격술을 가지고 정보대로 임명되어서 공무의...

무를 수행했다.

이후 상해대학 법학부로 편입한 金龍應씨는 금화에서 8월15일이라는 거액의 독립운동자금을 갖고 단 하루만에 상하원으로 3명이 남하 돌산반입하는 등 지하조직에 의해 큰 역할을 충실히 수행했다.

3개월동안은 우리대 특수교육을 받았던 金龍應씨의 부대는 8·15광복과 함께 특수훈련조직으로 진전이 결정되 공산당방조족으로 임전되어진다.

중의 경인차에한의 흐름상.
"친일파와 기회주의자들이 이승만정권이 좋아서 그런것은 아닙니다. 전쟁중이었던 당시 상황때 는 언었지요.

그러나 金龍應씨은 내무부참전력을 주장했다 자신을 도와달라고 하 사람들과 이7기했는데 체포를 일단지시하여 거께 공산당방조죄로 인전되고 말았다.

45년 중국 금화서 일본군 열차 폭파

해방후 자유당정권 음해로 한때 옥고

이 사실을 구멍받았다.

"지금도 못잊죠 었지요, 예전의 안민독립과 부서지기까지도 민족정기를 회복해야 합니다. 그래야만 일본군국주의의 노림수와 이땅을 몰아낼 수 있는 것입니다."

순간에 따라왔던 50여년의 시장을 풀어낸 金龍應씨의 눈가에는 어느덧 눈물이 고여 있었다. [宋奎宰기자]

기호일보 인터뷰 기사 (1996년 8월 15일)

강성교회에서 청년들에게 독립운동 강연모습

김용 선생 영결식 (국립대전현충원, 2001년 3월 26일)

김용 선생 묘지 (국립대전현충원)

김용 선생 묘비

〔一九四三〕 남경 중앙대학 재학중 반일활동으로 피체, 구속
〔一九四四〕 광복군 징모 제3분처 금화지구 공작담당
〔一九四五〕 광복군 제1지대 입대
〔一九四九〕 금화, 항주에서 항일 공작
〔一九五二〕 광복군 상해 판사처장
〔一九六一〕 치안국 정보 수사과장
〔一九六三〕 대통령 표창
〔一九七〇〕 광복사 경영
〔一九九〇〕 건국훈장 애족장 추서

夫人 김종진
子 억 子婦 송순복
女 란 婚 송인화
孫 주호 박노석
　 유진 신혜
外孫 박태규 박준규

壇上 전면 벽에는 太極旗가 그리고 책상 위 양쪽에는 촛불이 켜 있었다. 나는 壇上의 太極旗를 향해 擧手敬禮를 하고는 祖國의 自由와 獨立을 쟁취하기 위해 光復軍에 入隊하여 生命을 바치겠다고 엄숙하게 宣誓하였다.
　　　　　　　아버지의 自敍傳 中에서

김용 선생 묘비문

애국지사(훈장)
보훈번호 : 00208
성   명 : 김 용

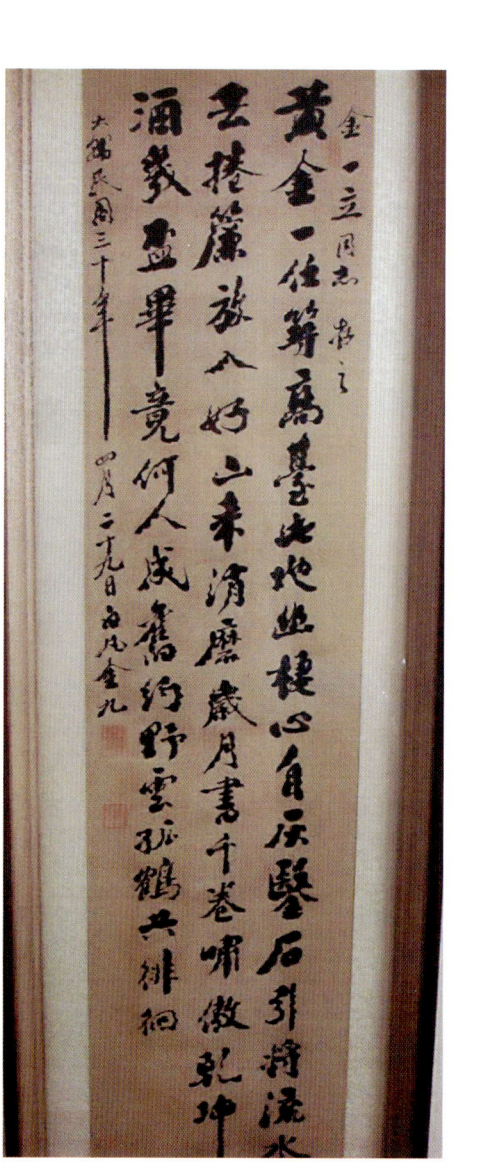

백범 김구선생이 친필로 써서 선물한 중국 한시 (1949년 4월 29일)

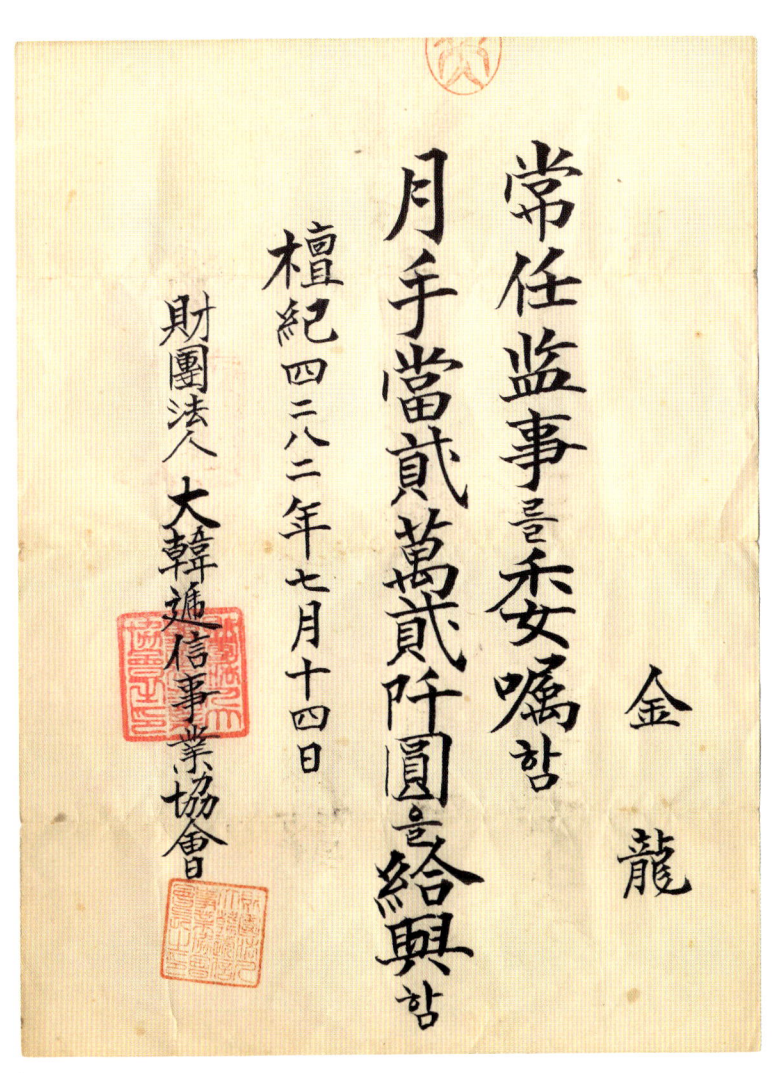

대한통신사업협회 상임감사 위촉장 (1949년 7월 14일)

DEPARTMENT OF ARMY
LIAISON DETATCHMENT
APO 301

26 JULY 1951

TO: AUTHORITIES CONCERNED, R.T.O., TAEGU

1. THIS IS TO CERTIFY THAT KIM YONG (金 龍)
   IS AN EMPLOYEE OF THIS OFFICE AND THAT HE IS
   AUTHORIZED AND DIRECTED TO PROCEED TO PUSAN
   FROM TAEGU ON OR ABOUT 27 JULY 1951.
2. NO OTHER AUTHORITY IS GRANTED.
3. ANY ASSISTANCE YOU COULD OFFER IN THE LINE OF
   TRANSPORTATION WOULD BE APPRECIATED.

H. E. RUBRIGHT
2ND LT   INF
D.A.L.D./F.E.C.

Phone Security 35

미 육군성 발행 통행증 (1951년 7월 26일)

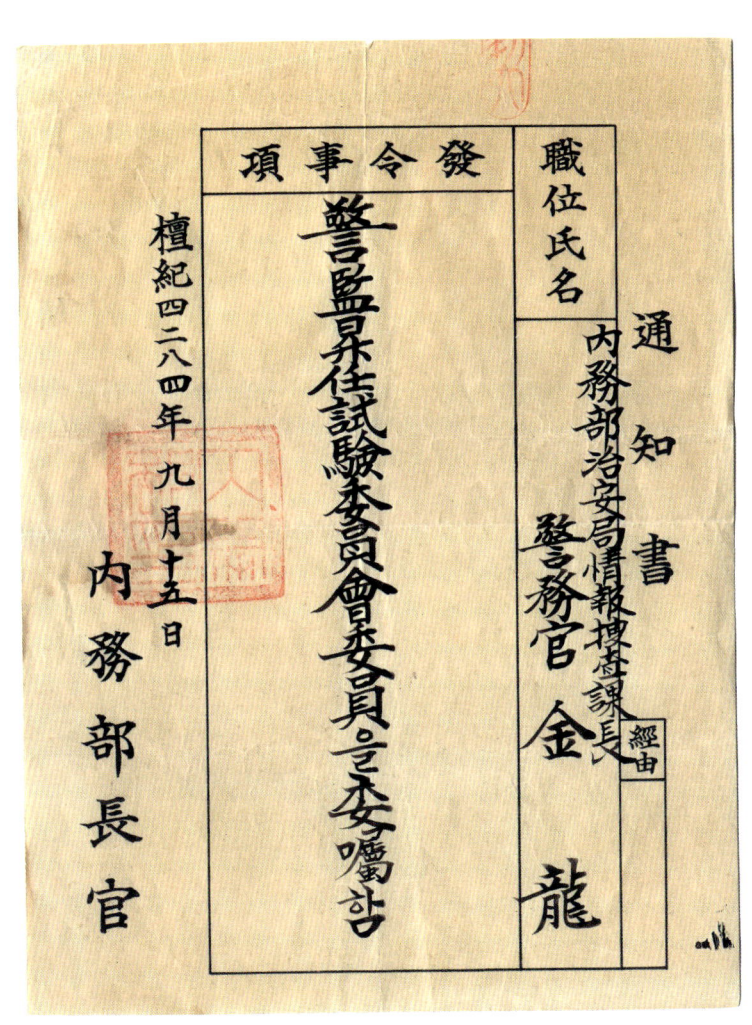

경감 승임시험위원회 위원 위촉장 (1951년 9월 15일)

先紀第七號

一九六九年 九月 一日

先烈紀念事業會

會長 李 奎 甲

金 龍 貴下

建立委員委囑에 關한件

標題之件 本會 常任委員會의 決議에 依하여 貴下를 中虎林龍相義士紀念碑建立委員으로 選定하였압기 別紙 委囑狀 및 建立趣旨書를 同封하오니 諒하시옵고 本會事業에 積極協助하여 주심을 仰望하나이다

선열기념사업회 건립위원 위촉 수락 요청서 (1969년 9월 1일)

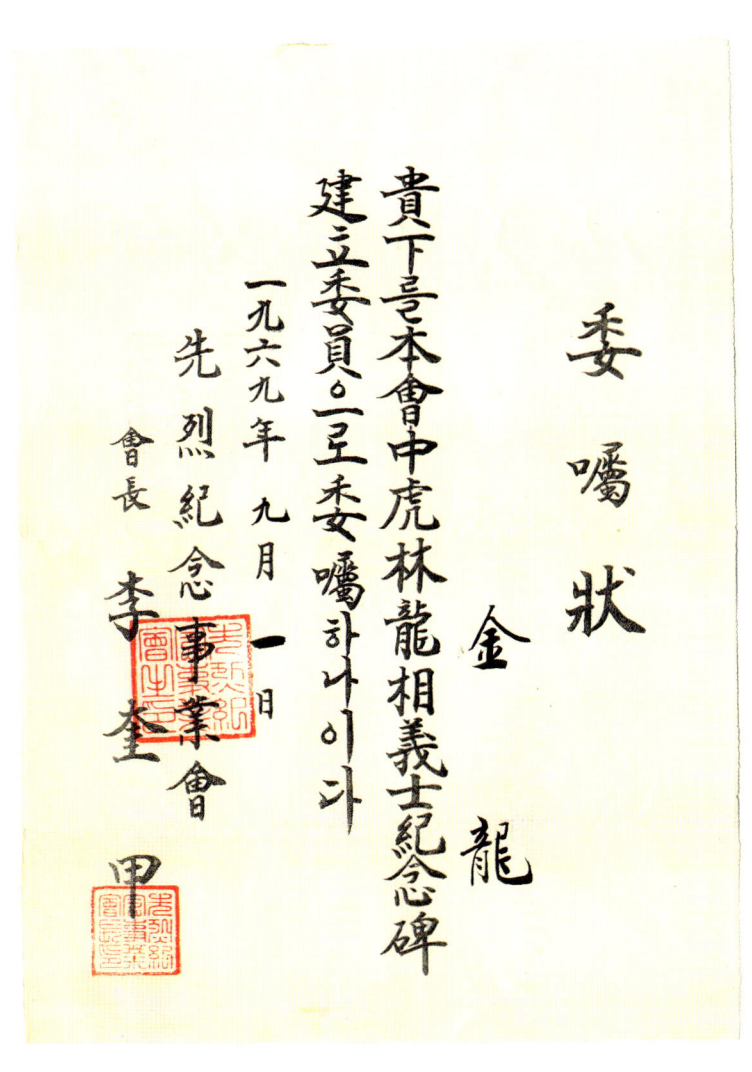

선열기념사업회 건립위원 위촉장 (1969년 9월 1일)

나의 길을 찾아

광복을 위해 청춘을 바친
'보이지 않는 애국자들'의 숭고한 희생 앞에
이 책을 바칩니다

발 간 사

매년 3·1절과 광복절이 다가오면 그분에 대한 그리움이 커져만 갑니다. 그 분께서 지금 고이 잠들어 계신 국립대전현충원에서, 젊은 시절 빼앗긴 나라를 되찾기 위해 머나먼 이국땅에서 흘리셨을 피눈물을 생각하면 가슴이 메어지는 듯합니다.

1977년 그 어느 날, 아내와의 결혼을 허락받기 위해 인사를 드리러 갔을 때였습니다. 누구나 그렇듯 긴장된 자리에서 그 분은 딱 한 가지 질문을 던지셨습니다.

"자네의 국가관은 무엇인가?"

예상치 못한 질문에 당황스러웠지만, 저는 침착하고 자신 있게 대답했습니다.

"국가가 있어야 비로소 저도 존재한다고 생각합니다."

학군장교 임관 당시 선서문이 생각나 말씀드렸는데, 그 분은 말없이 술 한 잔을 건네며 결혼을 허락하셨습니다.

그것이 장인어른 김 용 선생에 대한 첫 기억입니다.

결혼 후 가끔 뵈올 때도 따님에 대한 염려보다 늘 나라 걱정에 노심초사하셨던 그분이 그때 당시에는 왜 그렇게 적응이 안 되었는지 지금 생각하면 얼굴이 붉어집니다.

마침 근무지가 장인어른이 잠드신 대전(현충원 애국지사 묘역)이라서 마음이 답답하거나 그분이 그리울 때면 종종 찾아뵙고 묘지석을 보고는 마음을 새롭게 다지곤 합니다.

"단상 전면 벽에는 태극기가, 그리고 책상 위 양쪽에는 촛불이 켜 있었다. 나는 단상의 태극기를 향해 거수경례를 하고는 조국의 자유와 독립을 쟁취하기 위해 광복군에 입대하여 생명을 바치겠다고 엄숙하게 선서하였다."

장인어른이 상해에서 광복군에 입대하실 때 하셨다는 선서문입니다. 당신의 지나온 일생을 회고하고 후손들에게 조국의 의미를 되새겨주고자 그분은 벌써부터 육필원고를 쓰셨던가 봅니다. 뒤늦게 유품을 정리하다가 2,000여 매에 달하는 원고 뭉치를 발견했습니다. 그리고 처음부터 읽어 마지막에 이르러서는 다시 한 번 눈시울이 붉어졌습니다. 차마 끝맺지도 못하고 갑작스런 심장마비로 운명을 하셨기 때문입니다. 진즉 살아 생전에 책자로 만들어 드리지 못한 게 자식으로서 내내 죄송스럽기만 합니다. 뒤늦게나마 책으로 엮어 아버님과 어머님 영전에 바칩니다.

이 글은 상해 임시정부의 역사도 아니고 당시 임시정부에서 공식으로 인정했던 광복군의 역사도 아닙니다. 아울러 누구를 탓하기 위해서 기록한 내용은 더더욱 아닙니다. 다만 그 시대의 상황이 그랬고 그 시대의 선열들이 그랬다는 것을 알려주기 위함입니다. 그러나 한 개인과 가족이, 그리고 그의 동료들이 조국광복을 위해 얼마나 피땀을 흘리고 목숨을 초개와 같이 버렸는지 생생하게 느낄 수 있습니다. 그래서 이 글은 개인의 자서전이 아니라 보이지 않는 곳에서 드러내놓지 않고 광복을 위해 청춘을 송두리째 바쳤던 '보이지 않는 애국자들'의 숭고한 광복의 역사일지도 모릅니다.

마지막으로 자서전 출판을 지원해 주신 국가보훈처와 넉넉하지 않은 예산에도 불구하고 흔쾌히 출판을 허락해주신 이화출판사 성정화 사장님과 정성을 다해주신 직원 여러분들께 감사를 드립니다.

2012년 2월
사위 **박 노 석**

목차

■ 발간사

■ 제 1 부 ·· 1

  1. 봄은 왔건만(春來不似春) ································· 3
  2. 배부르면 집 생각 안 난다 ······························ 8
  3. 식민지화를 위한 만주국 창건 ······················· 10
  4. 만신창이가 된 동포들 ··································· 14
  5. 열화 같은 동포애 ·· 18
  6. 7.7사변으로 나래를 편 전쟁상인들 ············· 20
  7. 사업가로 변신한 최능진 ······························· 25
  8. 독립운동의 발상지 상해에 가다 ·················· 29
  9. 어디를 가나 일본인들의 등살 ······················ 34
  10. 상해 속의 한인사회 ···································· 37
  11. 청운의 뜻을 안고 ·· 52
  12. 태평양 전쟁과 상해 ···································· 59
  13. 포고령 위반으로 맏형이 구속당하다 ·········· 64
  14. 나의 길을 찾아 ·· 69
  15. 난징 유학시절 ·· 75
  16. 상해 학창시절 ·· 86
  17. 항일지구의 길목 찐화에서 ························· 96
  18. 광복군 구대장을 만나기 위해 탕씨(蕩溪)에 밀입하다 ····· 106
  19. 조국을 위한 일편단심 ······························· 116

나의 길을 찾아

┃제 2 부 ··· 121

20. 찐화(金華)에서 거사모의 ································· 123
21. 드디어 찐화를 탈출하다 ··································· 131
22. 교육과 진급행사 ·· 143
23. 탕씨(湯溪)에서 군관민(軍官民)환영대회 ················· 163
24. 일본군 보급로 차단과 민심교란 작전전개 ············· 169
25. 일본이 무조건 항복, 왠 말이냐 ··························· 188
26. 광복군 제1지대 2구대 상해판사처를 개설하다 ········· 201
27. 이소민 상교 상해귀환 환영열기가 폭발하다 ············· 223

┃제 3 부 ··· 237

28. 해방된 조국으로 돌아가다 ································· 239
29. 고향땅 황주에 가다 ·· 252
30. 반공대열에 앞장서다 ······································· 272
31. 대한민국 탄생 ··· 296

┃제 4 부 ··· 315

32. 김일성도당의 남침으로 조국의 산하는 불바다가 되다 ····· 317

┃略 傳 ·· 375

제 **1** 부

제 1 부

1. 봄은 왔건만(春來不似春)

 1937년 4월 중순, 맏형 경재(璟載)를 따라 내 고향 황주(黃州)를 떠나던 날은 앵화꽃이 망울이 지고 있었고 양지바른 쪽에는 벌써 꽃망울이 터지기 시작했다. 둥산성창츈(東山省長春)에 오니 아직도 우리나라 한겨울 같은 북풍한설(北風寒雪)이 몰아치고 있었다. 어제와 오늘 사이에 고향과 타향의 기후 차이만큼이나 나의 처지가 뒤바뀌어 있음을 말해주는 것 같아 서글픔이 앞섰지만, 내가 안주해야 할 곳은 이제 여기 이외에 달리 찾을 길이 없음을 깨달아야만 했다.

 나의 부친 김찬하(金燦河)의 고향은 황해도 황주군 황주면 동천리(東天里) 갱고개라는 곳이다. 아버지께서는 앞뒤 마을 합쳐서 50여 호 밖에 안 되는 한적한 촌락에서 평생 사시다가 1937년 음력 2월 29일(69세)에 세상을 떠나셨다.

 둥산성창춘에서 만선일보(滿鮮日報) 논설위원이었던 맏형 경재와 황주읍내에서 음식점을 하시던 둘째 형 성재(珹載), 송림(松林)의 송림의원 원장 박래완(朴來完)과 결혼한 영재(瑛載) 누님, 아버님을 모시고 과수원을 하고 있던 셋째 형 여재(璵載), 황주 춘광원예학교를 다니고 있던 나 순재(珣載) 등 우리 오남매는 아버님의 상사를 치루고 난 후 가족회의에서 맏형 경재가 나를 데리고 있겠다고 해서 나는 형을 따라 나섰다.

내가 처음 고향을 떠났었던 것은 8살 때였다. 내 나이 3살 때 어머님(평산 신 씨, 이름 미상)이 돌아가셨고 아버지는 재혼하셨다. 나는 후모(後母)를 따라 영재 누님과 셋째 여재 형, 질녀 종옥(鍾玉)과 같이 송림에 가서 1년 반 살았다. 아버지는 당신 홀로 고향에 계셨다. 그 때 영재 누님이 송림의원 원장 박래완(朴來完)과 결혼하였다. 그 후 셋째 여재 형과 질녀 종옥(鍾玉)과 나는 송림(松林)에 후모를 남겨둔 채 고향으로 돌아왔다.

그 후 후모님이 고향으로 오셔 함께 살았다. 나는 철없이 후모님의 말을 안 듣고 반항을 해서 아버지의 속을 상하게 했다. 그럴 때마다 아버지는 나를 불러놓고 '넌 내가 죽은 후에 형네 집으로 떠돌아다니면서 형수가 해주는 밥을 얻어먹어 봐야만 그때 비로소 형수보다는 후모의 고마움을 알 수 있을 것'이라고 말씀하셨다. '어디서나 눈치 빠르게 행동하고 고분고분 말을 잘 듣고 약게 굴어야만 더운밥을 얻어먹을 수 있다'는 말씀도 몇 번이나 되풀이하셨다. 아버지가 돌아가시고 나니 다짐을 받으시던 아버지의 말씀이 귀청에 들리는 듯하였다.

어제 오후 3시 창춘으로 떠나는 우리를 전송하기 위해 형 두 분과 누님, 일가친척이 황주역 구내에 도착했다. 친지들은 모두 "잘

가라, 잘 해야 해, 눈치 빠르게 약게 굴어야 한다"는 말과 "말 잘 들어야 한다"고 몇 번이고 나에게 주의를 주었다.

부산(釜山) 발 창춘행 특급열차 광호(光號)[1]는 맏형과 나를 태운 채 기적소리도 요란하게 울리면서 평양(平壤)을 향해 북으로 북으로 고향을 뒤로하며 인정사정 보지 않고 달려가기만 했다. 열차가 한 번 굴속에 들어갔다가 나오기만 하면 열차 안은 온통 검은 연기와 매연냄새로 가득했다. 머리가 지끈지끈 아프고 어지러웠다. 게다가 창문에 붙었던 석탄재가 바람에 날려서 얼굴과 옷에 붙어 떨어지지 않았다.

신안주를 통과하면서 이동경찰의 매섭고, 따갑고, 싸늘한 조사를 받아야만 했다. 이동경찰은 열차 안과 승객들의 몸수색을 철저히 하였다. 소지품 검사를 하다가 갑자기 연행되어 가는 사람들도 있어 그야말로 긴장된 분위기가 계속되었다. 나는 형님만 믿었다.

열차는 한밤중에 신의주(新義州)를 통과하고 압록강(鴨綠江)을 건너가 딴둥(丹東)에 도착했다. 딴둥에서는 세관검사(稅關檢査)를 한다고 소지품과 휴대품을 가지고 검사대 앞으로 나오라고 했다. 나는 아무 것도 가진 것이 없었기 때문에 형의 손가방 하나를 들고 형의 뒤를 따라서 세관검사대 앞으로 갔다. 세관원들은 검사대 좌우에서 차례대로 검사했다. 차례가 되어 내가 들고 있던 맏형의 손가방을 뒤져 보더니만 별 볼일 없다고 생각했는지 아무 말 없이 돌려주었다.

둥산성으로 오고가는 길은 신안주의 이동경찰과 딴둥의 세관만

---

[1] 1936년 부산~만주 구간을 운행한 일본에서 도입한 시속 60㎞의 특급열차 히카리호[光號]

무사히 통과하면 한시름 놓을 수 있다고 하는 말이 실감났다. 특히 이 두 곳이 독립운동가들이나 또는 사상가, 그리고 밀수를 하는 사람들에게는 위험천만한 곳임도 확인하게 된 것이다.

딴둥세관검사가 한 시간 만에 끝나고 열차는 선양(瀋陽)을 향해 달려가고 있었다. 한밤중인데다 달까지 없어 창밖에는 칠흑 같은 캄캄한 어둠 뿐이었다. 여러 번 굴속을 통과하면서 열차 안은 매연과 매연의 구린 냄새가 꽉 차서 매스꺼움과 어지러움에 두통까지 겹쳐 정신을 차릴 수가 없었다. 게다가 창문 틈으로 들어오는 석탄재가 옷은 말할 것도 없고 눈에 들어가 따갑고 아팠다. 새벽녘에 선양에 도착하여 많은 사람들이 내리고 또 많은 사람들이 열차에 올랐다. 그 와중에 열차는 밥장사, 과일장사, 과자장사, 식수를 팔러 다니는 사람들로 어수선했다. 형은 밥 두 상자와 물 한 병을 사 가지고 우리도 조반을 하자고 했다.

약 30분간 정차했던 열차가 요란한 기적소리와 함께 창춘을 향해 달리기 시작했다. 날이 밝아오기 시작하자 창밖으로 끝없이 탁 트인 허허벌판이 눈에 들어 왔다. 산이 전혀 보이지 않는 벌판에서 해가 멀쩡한 지평선 위로 솟아 올라오고 있는 것이 희한했다. 내 고향에선 언제나 앞산 중턱에서 올라오던 해였다. 여기의 해는 내 고향의 해하고는 전혀 달랐다.

끝없이 트인 벌판에는 여기저기 부락이 흩어져 있었고 수목들이 여기저기 널려있었다. 석재로 전면을 쌓아 올린 것은 방공호 같았다. 그 옆쪽에는 관 같은 것들이 놓여 있는 것이 보였다. 방공호 같이 보이는 곳은 조상들의 시관(尸棺)을 모시는 안치실이라 했고 그 옆쪽에 놓여 있는 관들은 부모가 생존해 계시면 자식들이 시관을

밖에 두었다가 부모가 돌아가신 후에 안치실로 모신다고 했다.

열차는 북쪽을 향해 지평선을 가로질러 달려가고 있었다. 하늘에는 검은 구름들이 몰려들더니만 어느새 눈이 펄펄 날리고 있었다. 창춘역에 도착한 것은 내 고향 황주역을 떠난 지 23시간이 지난 뒤였다.

창춘역에 장조카 종원(鍾元)이와 황하달(黃河達) 영감님이 마중 나와 있었다. 형은 황 영감님께 나를 소개하면서 나에게 인사를 드리라고 하였다.

마차를 하나 불러서 타고 따퉁따제(大同大街)를 따라서 씨공원(西公園)을 지나 타바허(泰發合) 백화점 앞을 통과하여 뚱싼마루(東三馬路)에 있는 맏형이 살고 있는 집으로 갔다. 먼저 큰형수 서경임(徐敬任)에게 인사를 드렸다.

생존 시 아버지의 하시던 말씀과 어제 고향땅을 떠날 때 내 귀청을 따갑게 했던 친지들의 말들을 다시 한 번 가슴에 새겨 두었다.

2. 배부르면 집 생각 안 난다

맏형이 거주하고 있는 뚱싼마루(東三馬路)는 창춘(長春)시가에 있었다. 살고 있는 집은 방 하나에 부엌밖에 없어 나와 장조카 종원이가 거처할 방이 없었다. 우리 둘은 날마다 밤만 되면 부엌 바닥에 널판지를 깔아놓고 잠자리를 마련해야만 했다. 침구가 부족해서 옷을 입은 채로 요 한 깃을 깔고 덮고 잠을 잤다. 일찍 일어나서 집 안팎을 청소하고 나면 어느새 손님들이 모여들기 시작했다. 맏형이 돌아왔다는 소식을 전해 듣고 찾아 온 사람들이었다. 그들은 형님이 계시냐고 묻고는 자기 집 안으로 들어가듯 서슴없이 들어들 가는 걸로 보아 이골이 난 사람들로 보였다.

뭘 하는 사람들인지 왜 찾아왔는지 용무를 알 수 없는 사람들이었다. 외형상 보기에는 국내에서 일할 여건이 안 되어 민족의 긍지를 품고 신생 만주국에 찾아온 지사들 같았다. 더러는 새로운 꿈과 희망을 안고 신천지를 찾아 온 개척자들 같아 보이기도 했다. 그들의 차림새는 비록 궁색하게 보였으나 번쩍이는 눈동자나 당차게 가꾼 기풍은 민족의 정기가 서려 보이기도 했다.

매일같이 아침이면 십여 명의 손님이 찾아와서 집 안에는 앉을 자리, 서 있을 자리조차 없어서 밖에서 기다리고 있는 손님도 많았다. 개중에 어떤 손님은 잽싸게 구걸을 해 얼마간의 용돈을 얻어 가지고 돌아가는 사람도 있었다. 어떤 손님은 벽에 걸려있는 철이 지난 옷을 보고 달라고 해서 가져가는 사람도 있었다.

아침 8시경 조반상이 차려지면 앉을 자리가 없어 선채로 밥 한 공기와 콩나물국 한 그릇으로 요기를 했다. 그들은 8시 반경 형이 출근길에 나서면 그 뒤를 따라들 갔다. 나는 맏형을 따라 온 지 얼마 되지 않아서 맏형의 성격이나 생활습관을 몰랐기 때문에 때로는 이해할 수 없는 일들이 너무도 많았다. 형수는 조카 종원이의 계모였다. 친모와 같은 사랑을 받아보지도 못한 종원이는 자기 부친인 맏형한테서도 용돈 한 푼 얻어 본 적이 없다고 했다. 그런 형은 자기 자식에게는 1원 한 장 용돈을 주지 않으면서 찾아온 손님들이 구걸하면 호주머니에 있는 돈을 모조리 다 털어주는 성격이었다.

 손님을 치르고 맏형이 출근하고 난 뒤에 나와 형수, 종원이는 한상에서 조반을 먹었다. 나는 보통 한 끼에 밥을 열 공기쯤 먹어야만 배를 채울 수 있는 대식가였다. 겨우 다섯 공기와 콩나물국 한 그릇을 다른 사람이 한 두 공기 먹는 사이에 입안에 밀어 넣고 물러나기가 아쉬웠다. 게다가 맏형은 한 공기밖에 안 하고 종원이는 보통 두 공기 정도 하는데 나만 다른 사람의 배나 먹고도 부족하다고 하면 형수의 눈총을 받을 것이 뻔했다. 배불리 먹었다는 흉내를 내고 물러나면서도 내 눈은 밥통에 가 있었다.

 배불리 먹었다고 흉내를 낸 내 자신이 멋쩍기만 했다. 그럴 때마다 내 고향 내 집에서 배불리 먹던 때가 생각이 났다. 생존 시에 늘 하시던 아버지의 말씀이 머리에 떠올라 후모님께 잘못했었던 일들이 송구스러워 마음속으로 몇 번이고 용서를 구했다. 때로는 한적한 곳에 가서 내 신세를 한탄하며 울어도 보았다.

 우리가 살고 있는 집 뒤쪽에는 중국인이 경영하는 여인숙이 있었다. 아침에 환기를 시키려고 뒤 창문을 열고 내다보면 마당 한 가운데에 말 밥통 같이 보이는 긴 통나무가 보였다. 받침대에 걸쳐 올려놓은 통 안에 물을 부어두었다. 그 옆에는 잠자리채 같이 만들어 놓은 포대주머니가 매달려 있었다. 여인숙에 투숙했던 손님들은 아침에 나와서 여럿이 일렬로 서서 세수를 했다. 앞사람들이 사용한 물이 더러워지면 옆에 놓여 있는 잠자리채 같은 포대주머니를 가지고 걷어내고 세수를 했다. 뒤에 나오는 손님도 그런 식으로 세수를 했다. 물이 귀한 이 고장에서는 자고로 그렇게 하고 살아왔다고 한다.

둥산성(東山省)의 중국인 서민들이 초겨울에 겉옷을 한번 걸치고 나면 그 옷을 벗어 세탁해 입는 것을 보지 못했다고 하는데 역시 물이 귀한 탓이었을까? 중국 사람들은 천연수 자체는 못 먹는 물로 알고 먹는 물은 반드시 끓여 먹는다. 창춘구시가에는 어디를 가나 빅, 빅하고 물 끓는 소리가 들려 왔다. 점심때 거리의 노동자들은 전병 한 개를 사들고 끓는 물 한 잔을 얻어 요기를 했다. 서민층은 끓인 물을 사다가 먹는 것이 편하고 경제적이라 해서 우리도 끓인 물을 사다 먹고 있었다.

3. 식민지화를 위한 만주국 창건

일본은 1932년 9월 군대를 동원해서 둥산성(東山省)의 군벌 장쥐린(張作霖) 세력을 몰아내기 위해 전쟁을 도발하고 만주사변이라 했다. 왜 일본은 타국간의 전쟁을 사변이라고 하는지, 그 저의가 무엇인지 사전을 찾아보았다.

[사변]
　가. 사람의 힘으로는 피할 수 없는 천재나 그밖에 큰 변고
　나. 병력을 동원하지 않을 수 없는 국가적 사태나 난리
　다. 선전포고로 이루어진 국가간의 무력충돌

[전쟁]
　국가와 국가 사이 무력에 의한 투쟁 싸움

　이론의 여지가 없는 타국간의 전쟁을 야기하고 자기나라 영토 안에서 일어난 난리나 무력충돌이 발생했을 때 사용할 수 있는 사변이라는 용어를 사용한 일본의 저의가 무엇인지 알 수가 없었지만 침략의 합리화를 위한 얄팍한 수단이라는 것은 알만하다. 심지어 1937년 7월 7일 중국 루거우차오(盧溝橋)에 불법 침입하여 군사훈련을 하다 중국 민중의 항의를 받자 기다렸다는 듯이 이유 불문하고 선전포고를 했다. 일본은 지나사변(支那事變)이라고 하지만 중국은 중일전쟁(中日戰爭)이라고 했다. 또한 일본은 둥산성(東山省)을 만주(滿洲)라 하고 중화민국(中華民國)을 지나(支那)라고 불렀는데, 중국인은 만주나 지나가 어느 나라 어느 지방을 지칭하고 있는지 도무지 아는 사람이 없었다. 심지어 일본은 1941년 12월 8일 미·영(美·英)을 상대로 선전포고를 하면서 대동아전쟁(大東亞戰爭)이라고 했는데 왜 대동아사변이라고 안했는지 불가사의한 일이 아닐 수 없다.
　일본은 만주사변 후 푸이(溥儀)를 강제로 불러 들여다가 만주국

의 황제로 추대한 후 수도를 창춘으로 정하고 새로운 서울이라 이름 지어 씬징(新京)이라 했다. 당시 우리 한국의 우국지사와 독립운동가들이 장쥐린의 비호 하에 둥산성을 거점으로 하여 무력항쟁에 박차를 가하고 있었다. 국토수복(國土收復)의 꿈을 안고 조국의 독립을 쟁취하려는 굳은 결의가 어느 때보다 강했다. 그 세력이 무시할 수 없을 만큼 강대해짐에 큰 위협을 느낀 일본 제국주의 군벌들은 조기에 타도하고 몰아내는데 혈안이 되었고 극기야 만행을 저지르게 되었다.

일본은 만주국을 건국하면서 (1) 만족 즉 중국족 (2) 몽고족 (3) 백계노서아인족 (4) 한국족 (5) 일본족을 합하여 5개 민족의 협화체로 구성하고 상호평등 하에 합법적으로 살 수 있는 생존권을 부여한다고 했다. 외견상 여기에 일루(一縷)의 희망을 안고 우리 한국 사람들은 국내에서 일본인의 착취와 박해에 시달리다 못해 만주에나 가면 좀 나을까 하는 기대감을 가지고 부모와 형제 처자식들을 이끌고 정든 고향산천을 버린 채 이주해 오는 사람들이 많았다. 이런 추세로 가다가는 종말엔 송두리째 고향 땅은 일본인에게 내주고 이국에 와서 빌붙어 살아야 하는 세상이 오지나 않을까 하는 의구심마저 들게 되었다. 일본인의 그 사악하고 야심적인 5족 협화체가 무엇을 의미하는지를 알면 소름끼치는 일이 아니겠는가.

씬징의 따퉁따제(大同大街)는 도로나 건물 면에서 세계 어디에 내놓아도 손색이 없는 도시였다. 도심에는 관동군사령부를 위시해서 중요한 기관 건물들이 즐비하게 들어서 있었다. 특히 관동군사령부 건물은 유사시를 고려해서 설계를 한 특수한 건물로 공중폭격이나 지상의 어떤 공격에도 안전하게 만든 건물이었다. 표면상

건물 자체는 6층이지만 지하는 8층이나 되고 지상건물의 전부가 파괴된다 해도 지하에서 수년간 작전을 지휘할 수 있도록 시설과 장비를 갖춘 요새화된 건물로 소문이 나 있었다.

신경방송국 역시 지상은 5층에 불과하지만 지하는 12층이나 되고 지상건물이 몽땅 없어져도 지하에서 계속 방송을 할 수 있는 생활 제반시설을 갖추고 있다고 했다. 이러한 요새화된 건물은 일본이 대륙침략을 공고히 하여 식민지 만년대계를 위해 건설된 건물들이었다.

우리 한인들은 각별한 주의를 기울여 통행할 때 조심하지 않으면 안 되었다. 관동군사령관 우에다(植田) 대장이 1932년 4월 29일 상해 홍커우공원(上海虹口公園)에서 윤봉길(尹奉吉) 의사의 폭탄세례를 받아 두 다리가 몽땅 잘려나간 사건이 있은 후 검열이 강화되었기 때문이었다. 일본군은 한국 사람에 대해 원한을 품고 그 앙갚음을 하려는 구실 만들기에 혈안이었다. 관동군사령부 앞을 지나가는 사람들 중에 카메라를 들었거나 만년필을 보이는 곳에 꽂은 사람을 불심검문 하다가 한국 사람이란 걸 알게 되면 스파이로 몰아세우고 체포했다.

한국 사람들은 아예 관동군사령부 앞을 피해 다른 길로 돌아다녔다. 만주국의 육상 마라톤 대표선수였던 우리나라 엄선수가 콴청즈(寬城子)에서 하숙을 하면서 매일 아침 콴청즈를 기점으로 출발해서 관동군사령부 앞을 지나 신경방송국 앞 로터리를 돌아서 가는 마라톤 연습을 하다가 어느 날 관동군 사령부 앞에서 불심검문에 걸려 끌려간 후 행방불명이 되고 말았다. 당시 엄선수가 스파이로 몰려 처형된 것이 아닌가 하는 사람이 많았다.

일본 관헌은 한국 사람의 인권을 때와 장소를 가리지 않고 짓밟았다. 심지어는 없는 죄를 만들어 마구 덮어씌우고 있었다. 그러면 그럴수록 우리 한인들은 굴복함이 없이 기어이 조국의 독립을 쟁취하고 말겠다는 결의로 목숨을 걸고 투쟁했다. 둥산성 벽지에서 어려운 처지에 있음에도 불구하고 날마다 크고 작은 대일항전을 벌이고 있다는 소식을 접할 때마다 한국인들은 긍지를 가지게 되었다. 특히 독립투사들의 투철한 애국정신을 높이 찬양하고 있는 우리 동포들을 볼 때마다 내 자신의 조국관이 무엇인지 각인하는 계기가 되었다.

4. 만신창이가 된 동포들

씬징(新京)의 뒤안길은 창춘(長春)인데 옛날부터 조용하고 평화스럽게 살아온 곳이었다. 그러나 만주국의 수도 씬징이 건설되면서 각지에서 노동자와 장사꾼들이 몰려들었다. 더러는 돈을 많이 벌었다는 소문이 나돌았다. 경기가 좋아지면서 음식점과 술집, 도박장, 카바레, 홍등가가 즐비하게 들어서 장관을 이루었다. 중국인들이 주축을 이루고는 있었지만 한국인, 일본인, 로서아인들도 한 몫을 차지하고 있었다.

만주사변 전 어느 로서아인이 경영하고 있는 홍등가에 팔려왔던 어느 일본여인의 신세타령하던 하소연 소리가 유행이 되고 있기도 했는데 그 일본여인의 하소연하던 한 토막을 소개하면 이러한 내용이었다.

㉮ 로츠키 이야다(로서아인 싫다)
㉯ 기다이츠키 이야다(중국인 싫다)
㉰ 가레츠키 이야다(한국인 싫다)
㉱ 스끼나 야뽕츠키니와 가네가 나이(좋아하는 일본인에게는 돈이 없다)

만주사변 전 홍등가에 팔려와 있던 일본여인들은 사변 후 일본 관헌이 일본인이 경영하는 신시가 일본육각촌으로 데려갔다고 한다. 구시가의 환락가 뒷길에는 아편 밀매업자와 아편쟁이들이 한 자리를 차지하고 번창일로에 있었지만 대개는 말기 아편쟁이들이어서 조만간 죽을 사람들이었다. 아침에 뒷골목에 들어서면 집 앞 현관이나 담 벽에 기대어 앉아 죽은 아편쟁이가 여기저기 이 구석 저 구석 할 것 없이 하나 둘씩 있었다. 때로는 여러 명이 죽어 있는 경우도 있었다. 이렇게 연일 수십 명이 죽어나가고 있는데 죽은 시체만을 수거해 가는 트럭이 와서 오물 수거해 가듯 쇠갈고리로 시체를 찍어 화물칸에 던져버리는 장면은 보기가 흉했다.

우리 한인 동포들도 아편에 중독된 사람이 많았다. 우리가 살던 뚱싼마루(東三馬路) 집이 좁아서 창퉁루(長通路) 씬징형무소(新京刑務所) 근처로 이사해서 살 때였다. 어느 날 이른 아침에 핏기가 없고 입술이 두터운 깡마른 젊은 사람이 찾아온 것을 황하달(黃河達) 영감님이 보시고 아무 말도 없이 끌고 나갔다가 잠시 후 혼자 돌아왔다. 아침 식사 후 같이 시내에 가다 형무소 앞을 지나가게 되었다. 형무소 정문 안에서 소란스럽게 떠들어 대는 소리가 있어 무슨 일인가 하고 형무소 안을 들여다보니 아침에 우리 집에 찾아왔던 젊은 사람이 형무소 안에 들어가 있었다. 나는 깜짝 놀라서 황 영감님께 물어보았더니 "저 젊은 사람은 아편쟁이야. 저런 사람들 때문에 우리 동포들이 얼굴을 들고 다닐 수 없을 정도야."라고 했다. 만주사변 전에는 우리 동포들이 아편을 밀매하거나 아편을 먹는 사람이 없었다고 한다. 또한 돈 벌기 위해 나쁜 짓을 하는 사람도 없었다고 한다. 만주사변이 난 후 일본군대를 따라온 동포들이 유곽(遊廓)을 차려놓고 인신매매업을 하는 자, 금괴를 밀수하는 자, 아편밀매와 아편에 중독된 자들이 생겨났다. 황 영감님은 이들을 볼 때마다 분통이 터져 그대로 내버려두고 볼 수가 없었다고 한다. 아침에 찾아왔던 아편쟁이도 그런 부류의 사람으로 끌고 가서 형무소 담 안으로 던져 버렸던 것이다.

일본 관헌이 우리 동포들을 돈벌이 시켜주겠다고 꼬드겨 끌고 다니면서 온갖 나쁜 짓만 골라 시켰다. 그러한 이유로 중국 사람들은 우리 한국 사람을 사람처럼 여기지 않게 되었다고 한다.

황하달 영감님은 황해도 안악사람으로 키가 6척 장신에 힘이 천하장사로 소문난 분이었다. 60세를 넘기신 고령임에도 젊은 사람이 부러워할 정도로 혈기가 왕성했고 둥산성에서 30여 년간 농장을 하면서 독립운동가들을 많이 도와준 분이었다.

어느 날 황 영감님에게 이끌려 스핑제(四平街)에 있는 사형장을 구경 간 적이 있었다. 사형장 주위에는 식빵을 한광주리씩 가지고 온 아낙네들과 구경꾼들이 형장 주변에 몰려있었다. 사형장은 넓은 광장 주위를 철조망으로 엉성하게 둘러쳐져 있었다. 안쪽으로도 별다른 시설물이 없었고 건물 출입구에 경비실과 경비병만 있는 것이 보였다.

오후 2시경 트럭 3대가 형장 안으로 들어와 사형장 근처에서 정차하고 트럭에서 헌병과 군인들이 내렸다. 푸른 옷에 양손을 결박당한 채 눈을 가린 죄수 10여 명을 10미터 간격으로 꿇어앉히고 그 옆 좌우에 헌병과 군인 한 사람이 감시하고 있었다. 그때 일본의 무사 차림에 갑옷을 걸친 도사들이 신병을 끌고 와서 검을 들고 설명을 하는 것 같았고 설명이 끝나자 신병들이 죄수 옆으로 다가가서 군도를 빼들고 있을 때 도사들의 호령이 떨어지자 일제히 죄수의 목을 향해 사정없이 내려치기 시작했다.

죄수들의 목은 잘려져 나가 땅에 떨어져 데굴데굴 굴러대는 것이 있는가 하면 모가지가 앞쪽에 매달린 채 피가 솟아올라 흐르고 있었다. 울타리 밖에서 식빵을 한광주리씩 가지고 와서 이때만을 기다리고 있던 아낙네들이 쏜살 같이 뛰어 들어가 피가 솟고 있는 곳에 식빵을 갖다 뿌리고 피를 받느라 정신들이 없었다. 피를 받은 식빵을 한약방에 가지고 가면 보약재로 많은 값을 받을 수 있다고 했다.

공개 처형의 목적은 신병들의 담력을 키워주기 위한 것이라고 했다. 그러나 처형현장을 공개해서 일반에게 보여주는 것은 일본에 항거하는 자는 이렇게 처단한다고 본보기로 삼기 위함이었다.

도무지 이 땅에서 인권을 찾기란 하늘의 별을 따자는 격이었다. 만주사변을 통해서 단 한 명의 포로도 없었으며 형무소 재소자 중에 단 한 명의 국사범도 없었다고 주장하는 일본인들의 주장은 무엇을 말해주고 있는가. 그들은 이용가치가 없는 자는 즉결처분했고 이용가치가 있는 자는 이용할 대로 이용하고는 모두 처단해 버렸다. 일본 군국주의의 잔인하고 무자비한 행동을 나열하자면 끝이 없다.

5. 열화 같은 동포애

 2년에 한 번씩 개최되는 全 만주국 도시대항 축구경기가 개막되는 날 경기장에 가서 우리 한국인의 동포애가 무엇인지 일목요연하게 확인할 수 있었다. 만주국 산하 모든 경기에 참가하는 팀의 구성은 5족협화체로 구성하는 걸 원칙으로 하고 있었다. 씬징을 위시해서 각 도시의 팀은 대부분 선수나 임원이 5족협화체에 걸맞게 구성되었다. 그러나 간도에서 온 선수나 임원은 한국인 일색으로 구성된 것을 볼 수가 있어 특이했다.
 경기가 시작되면서 각 팀 응원단의 응원소리가 요란해지기 시작했다. 관중석 여기저기서 "야! 고만 차라, 따라가지 마라, 비켜줘라 비켜줘"하고 소리를 질러대는 관중은 한국인밖에 없었다. 간도팀이 경기를 할 때에는 한국인은 씬징에 살거나 할빈에 살거나 어느 지방에 살든 너나 할 것 없이 하나가 되어 간도팀을 응원했다. 각 팀에 소속되어 있는 한국인 선수도 간도팀과 경기할 때에는 요령껏 적당히 했다.
 씬징팀의 주장 최 선수는 황해도 황주 출신으로 전 만주국 대표적인 선수로 명성을 한 몸에 받고 있는 선수였다. 간도팀에서는 최 선수에게 동포인 점을 내세워 기회 있을 때 마다 스카우트 제의를 했다. 그럴 때 마다 기이하게도 최 선수는 여러 가지 사정으로 씬징팀을 떠날 수가 없었다. 또한 씬징팀에서는 만주국의 수도팀이라는 체통 때문에 최 선수를 놓아줄 수 없는 사정이었다. 씬징팀의 위상은 최 선수에게 달려 있음은 누구나 아는 바였다.
 대회 전부터 씬징팀과 간도팀은 막상막하라는 평가를 받고 있었다. 토너먼트로 결승전에 올라 온 씬징팀과 간도팀은 우승을 놓고 한판 승부를 보겠다고 벼르고 있었다. 만주 각지에 산재해 있는 우리 동포들이 씬징으로 몰려와서 경기장은 한국인들로 초만원을 이루고 있었다. 경기 전 관중석에서는 어쩌다 아는 사람이나 친지가 멀리 떨어진 좌석에 있는 것을 보고 큰소리로 '아저씨, 형님' 하고 불러대면서 비좁은 관중석을 헤치고 달려가 부둥켜안고 뜨거운 정을 나누는 사람들이 많았다. 혹은 달려가다가 넘어지는 사람, 관중석을 뚫고 나갈 수가 없어서 두 손을 번쩍 들어 올리고 울부짖는 사람들로 경기장은 온통 한국인의 열기로 충만했다. 이러한 장면은 어느새 너나 할 것 없이 동포애로 승화되었다. 우리 동포들은 모두가 한마음이었다.

　대망의 결승전 경기가 시작되자 공을 간도팀이 잡으면 한국사람의 함성이 요란했고 씬징팀이 잡으면 일본, 중국, 몽고, 로서아(露西亞)인의 함성이 터져 나왔다. 경기가 무르익어 갈수록 치열한 응원전의 함성은 더욱 높아만 갔다. 간도팀 선수들의 기량은 고르게 갖추어져 있었지만 씬징팀 선수들의 기량은 층하가 있어 보였다. 그 중에 최 선수는 군계일학(群鷄一鶴)과 같은 존재로 단연 두각을 나타내고 있었다. 최 선수가 공을 잡기만 하면 관중석의 한국인들은 그만 차라고 소리를 질러대고 심지어는 죽인다고 협박 공갈까지 치고 덤벼들기도 했다. 같은 동포지만 간도팀 외에 소속돼 있는 우리 한국동포 선수들은 간도팀하고 경기를 할 때에는 동포들로부터 대접을 받을 생각은 아예 버리고 욕이나 먹지 않도록 조심해야 할 형편이었다. 최 선수도 그 예외가 될 수는 없었다. 간도팀 대 씬징팀의 경기는 피차간 일진일퇴를 거듭하며 무르익어

갈수록 관중들의 흥분은 점입가경이었다. 최 선수는 관중들의 그러한 분위기에는 아랑곳하지도 않은 채 공을 잡아가지고 간도팀의 문전을 향해 비호같이 달려 들어갔다. 간도팀의 어느 선수 하나가 잽싸게 달려 들어가 공은 내버려둔 채 최 선수의 오른쪽 종아리를 인정사정없이 일격에 까뭉개 놓았다. 최 선수는 나가떨어진 채 들것에 실려 나갔고 경기는 숙연한 분위기 속에 막이 내려졌다.

　최 선수는 종아리 근육이 파열되어 수술을 받고 3개월 뒤에 퇴원한 후 은퇴했다. 은퇴 시에 간도팀이 자기를 그렇게 하기를 천만다행이라고 오히려 감사하게 생각한다고 했다. 만약 그때 자기가 그대로 공을 몰고 가서 골인을 하고 승패가 판가름이 났더라면 자기는 영원히 동포사회에서 매장당해 살아남을 수 없었을 것이라며 오히려 간도팀이 자기를 도와준 거라고 말했다. 둥산성에 사는 우리 한인들의 동족애는 강인한 의지 속에서 우러나온 진실한 동포애로서 고국을 떠난 동포들 간에 부모와 형제자매 같이 하나로 만드는 연결고리가 되었다.

6. 7.7사변으로 나래를 편 전쟁상인들

　씬징(新京)의 여름은 한낮에는 뜨거운 열풍으로 여름임을 실감나게 하지만 아침이나 저녁은 선선하고 밤에는 써늘한 편이었다. 내가 씬징에 왔을 때만 해도 봄이었건만 북풍한설이 날리고 내 고향의 한겨울 같은 느낌이었는데 어느 사이 봄은 가고 여름이 다가왔다. 내가 중국어를 배우려고 청년학관에 등록한 지도 2개월이 되었다.

　하루는 황주에 사는 둘째 형의 처남 이병연(李秉淵)씨가 찾아왔다. 그는 만주국에나 가면 무슨 할 만한 일이 있을까 하여 왔다고 했다. 아침 조반상을 물리고 나면 누가 기다리고 있는 사람처럼 부지런히 행장하고 밖에 나갔다가 저녁 무렵 허기진 채 기운 없이 돌아왔다. 그런 모습이 한심하다기 보다 딱하게만 보였다. 나이 40여 세의 그에게는 만주국 신천지에서 할 일이 없었던지 종내 귀국하고 말았다.

　그 무렵 이번에는 송림에 사는 누님의 소개편지를 가지고 시동생 박래면(朴來冕)이 찾아왔다. 그는 나이 20세의 젊은이로 일거리를 찾아 매일 거리를 헤매고 다녔다. 학교와 취직을 고민하던 차에 많은 사람들이 그에게 만주군관학교를 권했다고 한다. 만약에 만주군관학교를 나와서 만주국의 군인으로서 만주국을 수호하기 위해 목숨을 바쳐 충성을 다짐하게 되면 조국을 배반하는 일인데 그것을 권하는 사람들이 이상한 사람들이라고 했다. 자신은 일본의 식민지 전쟁에 뛰어들어 씻을 수 없는 오욕을 안고 조국을 배신한 죄로 고국에도 돌아갈 수 없는 객귀(客鬼)가 되기는 추호도 생각이 없다고 했다. 일본의 앞잡이 노릇을 하라고 권하는 사람들의 심정을 이해할 길이 없다고 한숨만 쉬고 있다가 아무리 생각해보아도 내 고향 땅, 내 조국만 못하다 하고 돌아갔다.

　맏형이 1935년경 간도에서 동흥중학교(東興中學校) 이사장을 하고 있었던 관계로 동흥중학교 출신 학생들이 많이 찾아왔다. 어떤 날은 두 학생이 취직문제를 의논하다가 맏형의 권유로 취직을 포기하고 국내로 진학의 길을 택하고 떠나는 걸 보았다. 당시 만주국의 학생들은 국내로 공부를 하러 들어가는 경우가 있었고 국내의 학생들은 만주로 유학을 왔었다. 당시 만주에는 만주국립건국대학이나 만주군관학교밖에 없어서 선택의 여지가 없었다. 만주건국 초기에는 만주군관학교에 지망하는 학생이 많았으나 차차 국립건국대학으로 지망하는 학생이 늘어만 갔다.

7월 초 셋째 형의 처남 박기환(朴基煥) 장로교 목사가 구직차 찾아왔다. 7월 7일 루거우차오(蘆溝橋)에서 일본군의 계획적인 군사훈련의 불장난이 드디어 중일전쟁으로 비약되는 바람에 전시체제로 전환해가는 시국 하에서 박기환 목사가 일할 자리를 구하기란 하늘의 별 따기보다 어려운 일이었다. 25세의 나이에 목사라는 얼굴을 가지고는 어디를 가나 말을 붙여볼만한 곳조차 찾아볼 길이 없었다. 그는 늦게나마 상황을 깨닫고 사람이 살만한 곳이 아니라 생각했는지 고향으로 돌아가고 말았다.

중일전쟁 당시 일본군

전쟁통에 때를 만난 듯이 군대를 따라 중국으로 진출해가는 사람들로 성시를 이루어 일자리를 구하러 씬징으로 몰려오던 일은 이미 지나간 옛날의 일이 되었다.

일본군은 사전에 계획해 두었던 작전계획에 따라 베이징(北京), 텐진(天津), 난징(南京), 상해(上海), 광둥(廣東) 등 중요 대도시만 점령을 하고 나면 중국정부가 항복을 해오든지 아니면 어떤 조건을 내세우고 화평을 제의해 올 거라고 믿었다. 그러나 예상과는 반대로 오히려 중국정부는 중일전쟁으로 인하여 국공합작이 이루어지고 지방 군벌들이 중앙군사위원회(中央軍事委員會) 산하로 편입해옴에 따라 지휘계통의 일원화로 군통수권의 확립과 동시에 획기적으로 전력이 보강되었다.

중국정부는 전면적인 전쟁을 피했다. 일본군이 쳐들어오면 내주고 물러가면 따라가고 하는 식의 전형적인 중국인의 기질에 어울리는 게릴라 전법을 펼쳤다. 중국 정부는 서두르지 않고 장기적인 전략을 수립해 놓고 일본군을 도처에서 괴롭히기 시작했다.

일본군은 전 중국을 점령하기 전에는 완전 승리를 거둘 수 없다는 결론을 내고 인적·물적 보강을 어떻게 하느냐 하는 사항을 고민했다. 일본국 내외의 일본인 남자를 전원 소집해 무장을 시키고 전 중국을 점령해 승리를 했다고 가정할 때에 일본이 자국 본토의 공동화(空洞化) 현상을 수습할 수 있는 대안이 없었다. 사계(斯界)의 정책가들로부터 의견을 수렴한 결과 득보다는 실이 많다는 결론을 내고 정책가들 사이에서는 그 대안마련에 부심했다.

전 관동군사령부 참모장 이사하라 간지(石原完爾) 중장이 만주사변에서 얻은 경험에서 일본이 전쟁을 계속하다 보면 일본인 남자는 전부가 군인노릇을 하는 길밖에 달리 방도가 없다는 결론을 내놓았다. 그는 그 대안으로 ㉮ 국방은 공통 ㉯ 정치는 독립 ㉰ 경제는 제휴 ㉱ 문화는 교류라는 동아연맹(東亞聯盟)의 4개 원칙을 내놓았다. 여기에 뜻을 같이 하고 추종한 한국인으로 만주국 폴란드 총영사 박석윤(朴錫胤), 간도성장 이범익(李範益), 협화회 간부 진학문(秦學文), 윤상필(尹相弼), 유홍순(劉鴻淳) 등이 있었고 국내에는 공산당에서 전향한 강영석(姜永錫)과 장덕수(張德秀) 등이 있다고 했다.

일본은 중일전쟁을 지나사변(支那事變)으로, 중국은 중일전쟁이라 일컬었다. 일본은 중국을 지나(支那)라 하고 중국인을 지나인(支那人)이라고 했다. 그러나 중국인 자신들은 지나가 어느 곳에 있는지 지나인이 어느 나라사람인지 모르고 있었다. 중국인 자신이 모르는 지나인을 중국인에게 지나인이라고 부르고 있었으니 기현상이 아닐 수 없었다. 왜 지나인이라고 일본인이 즐겨 쓰는지에 대해 장제스 총통은 지나인이란 뜻은 '사지가 병신'이라는 뜻으로 중국인을 병신 취급하는 모욕적인 말이라고 했다. 뿐만 아니라 일본은 미국(米國)이라고 쌀 미(米) 자를 쓰는데 반해 중국은 미국(美國)이라고 아름다울 미(美) 자를 쓰고 있음도 언급했다. 일본이 쌀미 자를 쓰는 이유는 일본(日本) 국기(國旗)에 태양(太陽)을 표시하고 있음을 이유로 자신들이 태양이라고 자처하고 태양은 쌀을 결실시키는 대기원소라 태양이 없이는 쌀을 생산해 낼 수 없는 것과 같이 태양의 영양 하에 있다는 것을 과시하고 있는 증거라고 했다. 이러한 일련의 일본의 행위는 모두가 침략근성 때문에 즐겨 쓰는 말이라고 장제스(蔣介石) 총통은 주장하고 있었다.

장제스

남을 칭찬할 줄 모르고 존경할 줄 모르는 일본 민족이 어느 민족한테서 존경을 받을 수 있겠는가? 일본인은 백 번이고 천 번이고 반성해야 할 민족이라고 규탄하고 있는 것은 우리 한인(韓人)만이 아니었다.

7. 사업가로 변신한 최능진

내가 랴오닝성 뻔씨후(遼寧省本溪湖)에 도착한 때가 1941년 2월초였다. 상해에 있던 맏형이 고향 황주에 들러 동생들을 불러놓고 둘째 성재(城載)는 뻔씨후의 아세아상공사(亞細亞商工社)에 가서 최능진(崔能鎭)과 같이 꼬량(高梁, 수수) 정제공장을 운영하라고 했고, 셋째 여재(璵載)는 중국저장성항저우(中國浙江省抗州)의 동화산업사(東和產業社)를 인수해 농장을 경영하라고 하고 나 순재(珣載)는 랴오닝성톈쓰부(遼寧省田師付)에 아세아상공사 분공장에 가서 경리를 맡아 하라고 했다. 그리고 셋째 형과 내가 아버지로부터 상속받은 동내 뒤쪽의 과수원 두 필지는 장조카 종원(鍾元)에게 인계해 주라고 하고 맏형은 서울과 평양을 다녀서 상해로 돌아갔다.

우리 형제들은 맏형의 말대로 직장을 찾아서 고향을 떠났다. 나도 내 직장을 찾아 뻔씨후에 갔다. 뻔씨후는 사방으로 산이 줄서 있었고 한쪽에는 뻔씨후제철소(本溪湖製鐵所)와 또 한쪽에는 유연

석탄광(有煙石炭鑛)이 있었다. 시가지는 산골짜기 사이사이에 자리를 잡고 계단식 주택으로 계단식 통로가 나 있어 산꼭대기에 자리 잡고 있는 우리 숙소는 마치 수십 층 옥상에서 사는 기분이었다.

아세아상공사와 꼬량정제 공장은 산 아래쪽에 1천여 평 되는 부지를 매입해 놓고 건설 중에 있었다. 주민은 제철소와 탄광에 종사하는 사무원과 노무원들로 주축을 이루고 있었고 기타 주민은 제철소와 탄광에 종사하는 사람들을 상대로 하는 영세 상인들이었다.

우리가 하려는 사업은 노무자용 식량으로 수수(꼬량) 표면의 딱딱한 껍데기를 망에 갈아서 정제한 후 수수밥을 해먹을 수 있도록 하는 소위 수수정제공장이었다. 이 사업을 착안한 최능진 씨가 상해에서 맏형과 합작해서 각기 5만 원씩 출자해 10만 원의 자본을 가지고 아세아상공사를 창립하고 뻔씨후(本溪湖)와 텐쓰부(田師付)에 두 공장을 건설하고 있었다. 아세아상공사 사장은 최능진 씨, 부사장은 둘째 성재 형이, 텐쓰부 분공장의 책임자는 이윤몽(李允夢), 경리는 내가 맡았다.

최능진 씨는 평안도 사람으로 미국유학 당시 안창호(安昌浩) 선생이 영도하는 흥사단(興士團)에 가담하고 독립운동을 하다가 상해와 국내에 와서 살았다고 한다. 최능진 씨는 공장건설 자재구입차 한 달의 반은 선양(瀋陽)에 가서 살다시피 하고 있었는데 전시 상황이라 자재구입에서 운반 등 공정을 맞추기가 무척 어렵고 힘들었다. 예정했던 공장 건설은 지연되고 그러는 동안 자재 값은 하루가 다르게 올라서 기존의 자금으로는 뻔씨후 공장 하나 건설하기에도 부족한 상태가 되었다. 맏형 경재에게 자금을 융통해 보내달라고 여러 번 연락을 취해보았으나 소식이 없다고 최능진 씨는 나더러 맏형에게 서신을 해서 이쪽의 실정을 전해주고 자금이 필요하다는 걸 역설해 달라고 했다. 나는 맏형에게 내가 보고 느낀 사실을 있는 그대로 이쪽 실정을 들어 장문의 서신을 보냈다.

사업이라고는 한평생 해보지 못한 최능진 씨나 성재 형이 의욕만 가지고 '남이 하는 것 내가 왜 못해' 하는 식으로 기분만 가지고 될 만한 일이 아니라는 것을 자각하지 못하는 한 밑 빠진 독에 물 붓는 격으로 희망이 없다고 했다. 최능진 씨가 사업을 해 본 경험이 없었고 남들이 좋은 사업이라고 하는 말만 믿고 탁상계획에 의해 순간의 기분으로 시작한 일이라서 성공하기에 앞서 실패가 가로놓여 있는 우리 회사와 공장의 현황이 그와 같은 격이라 했다.

설사 하늘이 도와서 공장이 지어져도 공장이 가동되어 주문을 받는 과정에서 누가 어디서 어떻게 수주할 수 있는지도 문제가 아닐 수가 없었다. 최능진 씨나 이윤몽 씨가 사업가적 기질이 있어 한 번 가서 안 되면 두 번 세 번이고 될 때까지 노력할 수 있는 끈기가 있는지도 의문이었다. 둘째 형은 한평생 단돈 1원 한 장 벌어본 역사가 없을 뿐만 아니라 미두(米豆)장사를 한다고 하다가 단 한 번에 사기를 당해 아버지의 수백 석 재산을 날리고 난 후 손을 씻고 들어앉아 있던 사람인데 무슨 일을 할 수 있다고 기대를 하였는지 이해할 수가 없었다.

최능진 씨는 사업에 대한 경륜이 없는 사람이었다. 미국에서 독립운동을 한 투지와 애국심으로 시국과 정치에 대한 소재 하나를 꺼내놓기만 하면 하루해가 가는 줄 몰랐다. 자기 말에 도취해 열이 올라 울부짖듯이 열변을 토했다. 안창호 선생과 이승만(李承晚) 박사간의 알력과 흥사단(興士團)과 동지회(同志會)간의 알력을 말할 때에는 흥분한 나머지 격한 어조로 감정을 삭이지 못한 채 큰 소리로 욕설이 나오고 싸우려고까지 했다. 항상 이승만 박사는 속이 좁고 고집이 세고 돈에 인색하고 남의 일은 이해할 줄을 몰랐고 자기만을 위하고 생각하는 이기심이 강한 보수적인 독재자로서 동포들의 지지를 받지 못하고 고립돼 있었다고 말했다. 나라의 운이 없어 애국자요, 개척자요, 여명기에 선각자였던 안창호 선생을 잃은 것을 원통하게 생각을 하며 때로는 눈가에 눈물을 비쳐 보이기도 했다. 이러한 이유로 최능진 씨를 사업가로 보기보다는 독립운동에 대한 관심이 많아 사업은 기대를 안 하는 것이 좋겠다는 나의 견해를 피력해 두곤 했다.

최능진 씨는 해방 후 미군정 아래 경무부 수사국장을 역임했고 1948년 5월 10일 제헌국회의원 선거 때에는 김구(金九) 주석의 한국독립당 추천으로 동대문구 이승만 박사 출마구역에 입후보할 등록서류를 제출하다 경무부장 조병옥의 하수인 일당에게 탈취당해 등록을 못했다. 6.25 동란 때에는 서울에 잔류해 무교동 성남호텔에서 잔류파 국회의원들을 포섭공작하다 9.28 수복 후 내무부장 조병옥 지시에 의해 경찰에 체포된 후 1.4 후퇴 시 대전에서 총살당했다고 하는 말이 나돌았다.

8. 독립운동의 발상지 상해에 가다

상해에 있던 맏형 경재가 상해에 와서 아세아상공사에 대한 자세한 설명을 하라고 초청장을 보내왔다. 1941년 7월 초 뻔씨후를 떠나기에 앞서 최능진 씨는 나에게 상해는 우리나라 독립운동의 발상지

임시정부(臨時政府)

요 조국의 독립을 위해 선열들의 항일 발자취를 남겨둔 곳이어서 아직도 그 잔형이 남아있다고 했다. 상해에 가면 충칭(重慶)에 가 있는 우리 임시정부(臨時政府)의 소식을 들을 수 있을 것이고, 길을 모색하다보면 갈 수 있는 지하통로가 있다고 암시하기도 했다.

임시정부의 주석 이하 각료들이 고 안창호 선생의 측근들이라고 일러주면서 안창호 선생이 조직한 흥사단 계열의 최희송 씨가 상해에 있으니 찾아가 보라고 했다. 젊은 사람이 나라가 없는데 돈을 벌려고 집착하지 말고 나라를 위해 생각해 볼 때가 지금이라는 말로 조국관을 심어주기에 안간힘을 쓰고 있었다.

최능진 씨와 작별을 고하고 따렌(大連)으로 가서 다음 날 오후 2시에 출항하는 상해행 여객선 3등실 선표를 구해놓고 따렌에서 하룻밤을 묵어갈 여관을 찾아 나섰다. 따렌은 우리 국내에서 또는 둥산성(東山省)에서 독립운동을 하는 애국지사들이 상해로 오고가

는 관문이요 둥산성의 유일한 최대의 항구도시로 우리 한국 사람들이 경영하는 음식점과 여관, 술집도 많았고 애국지사들과 얽힌 일화가 많기로도 유명한 곳이었다.

상해에서 임시정부가 출범한 후 국내외 독립운동가들이 구름과 같이 상해로 몰려들었다. 일본정부는 그 대책의 일환으로 원경내각(原敬內閣)과 상해임시정부와의 대화제의를 해놓고 교섭을 벌이고 있었다. 여기에 귀를 기울이고 편승한 당시 임시정부 외무차관(外務次官)이었던 여운형(呂運亨) 씨가 일본정부와 담판을 해볼 욕심을 가지고 장덕수(張德秀)를 통역관으로 대동하고 일본으로 떠나간 후 상해임시정부와 국내의 독립운동가들 사이에서 큰 파란이 일어나 여운형을 국적(國賊)으로 몰아 사형을 주장하기도 하는 험악한 여론이 들끓었다.

단재 신채호(申采浩)

신채호(申采浩) 선생이 따롄(大連)에 와서 유지들을 모아놓고 말하기를 "여운형 씨가 장덕수를 통역으로 대동하고 우리 한국의 독립문제를 놓고 일본정부와 흥정을 하러 일본으로 떠나갔다고 하는데 '우리나라가 돼지냐? 소냐? 흥정이란 게 뭐냐, 장마당에 가서 돼지나 소를 놓고 얼마를 받겠느냐 주겠느냐 하고 흥정하는 걸 말하는 것 아니냐? 나라를 돼지나 소처럼 생각을 하고 팔겠다고 일본에 가서 흥정을 한다고 하니 이게 될 법이나 한 말이냐, 이런 얼이 빠진 작자들 때문에 독립운동이 멍이 들고 열이 식어 가는 것이다'라고 한탄하며 열변을 토했다고 한다.

우리 독립운동가들의 애환이 담긴 여러 가지 이야기들을 그날 밤 날이 새도록 여관주인한테서 듣고 다음 날 오후 1시에 상해행 여객선 3등실에 몸을 실었다.

 일등실에는 양인들이, 2등실에는 일본인들이 많았고 3등실 한쪽에 한국 사람들과 또 한쪽은 중국인들이 차지한 이 여객선은 오후 2시경 요란한 고동소리를 울리며 움직이기 시작했다. 선창가에는 손을 흔들어 전송하는 사람이 있는가 하면 선상에는 작별이 아쉬워 두 손을 모아 흔들어 답례하고 있는 걸 보며 문득 고향을 생각하니 나도 모르게 눈가에는 눈물이 고이기 시작했다.

 난생 처음으로 타보는 배라 호기심이 나서 선실 내부와 복도를 돌아보고는 선상 갑판으로 올라갔다. 망망한 대해의 파도를 헤치고 달려 나가는 이 배가 어쩌면 신천지를 향해 달려가는 내게 조국광복의 꿈을 찾아줄 것만 같은 예감이 들었다.

 3등 선실에는 한국인들이 화투를 꺼내놓고 나도 와서 한몫 끼라고 했다. 이 사람들은 한국 사람임이 분명한데 좀처럼 한국말은 하지 않고 일본말로 말을 했다. 일본어에 서투른 나는 이 사람들과 어울리고 싶지 않아서 한쪽 구석에 떨어져서 앉아 있었다. 한 사람이 나에게 일본말로 말을 붙이기에 나는 일본어가 서툴다고 한국말로 대꾸를 하는데도 그는 여전히 일본말로 지분덕거렸다. 일본말이 서툰 나에게 자기가 일본말을 잘한다는 것을 일부러 뽐내는 것 같아 기분이 언짢았다.

 나는 씬징(新京)에서나 뻔씨후(本溪湖), 따렌(大連)에 와서도 한국말만 사용했고 일본말로만 나불거리는 한국 사람들을 만나본 일이 없었다. 여객선 3등실의 한국인들이 일본말로만 지껄여대고 마치 일본인이 다된 척하고 우쭐대고 노는 꼴이란 정말로 보기조차 민망했다. 자존심마저 상해 여객선 분위기가 이럴 줄 알았으면 기차를 타고 상해로 갈 걸 공연히 여객선에 탄 것을 후회하면서 속을 태워야 했다.

다음 날 아침 여객선은 칭따오(靑島)에 닿았다. 어느 영상(映像)에서 본 먼 외국의 도시와 같은 울긋불긋한 양옥주택들이 산을 둘러치고 있는 호화장관이야말로 한 폭의 그림 같았다. 칭따오(靑島)가 이정도면 상해는 국제적인 도시라는데 얼마나 요란스럽고 사치스러울까 하는 생각으로 마음이 설렜다. 11시경 배가 칭따오(靑島)항에 기착하자 1등 선실의 양인들이 하선을 하고난 다음 2등 선실의 일본인들이 하선하고 마지막으로 3등 선실의 한국인과 중국인들이 하선했다. 승선할 때에는 1,2,3등 선실 구별 없이 개찰(改札)했는데 하선할 때에는 차별취급을 하는 걸 보며 3등실에 승선한 것을 후회를 했지만 경험부족에서 오는 천대를 감수하다보니 촌놈인 내가 처량하게 느껴졌다.

오후부터 승선하기 시작한 양인(洋人)들이 작별할 때 영화의 한 장면처럼 서로 껴안고 키스하다 헤어져 선상으로 올라오면서도 손을 흔들어 대고 수다스럽게 노는 꼴을 보며 낯이 뜨거워서 옆에 있는 사람들을 쳐다볼 수가 없었다. 칭따오에서 중국인 노동자들이 떼를 지어 승선하는 걸로 보아 어딘가 큰 노동판이 벌어지고 있다는 생각이 들기도 했다. 칭따오를 떠난 여객선은 다음 날 아침에 양쯔강(楊子江) 앞 황해를 통과하면서 양쯔강에서 밀려 내려오는 뻘겋고 누런 흙탕물로 온통 바닷물이 누렇게 된 것을 보고 황해(黃海)라 한 것이 아닌가 하는 생각이 들기도 했다. 누런 파도에 밀려 요동을 치다 어느덧 여객선은 황퓨강(黃浦江) 물살을 헤치고 들어서자 파도소리는 사라지고 기관발동소리만 요란하다. 황퓨강 양안 둑에서 뜨거운 열풍이 올라와 한여름의 삼복더위를 만난 것 같아 내가 입고 있는 옷들이 무겁고 덥기만 했다. 멀리 공장건물들이 드문드문 나타나기 시작하면서 강변 쪽 쓰촨루(四川路) 입구 가덴브릿지 옆 24층 건물 브로드웨이 맨션과 경마장 옆 빠꾸(國際)호텔 18층 건물이 보이기 시작했다.

오후 4시경 상해 양슈퓨(揚樹浦) 제1부두에 기착한 나는 손가방 하나를 들고 세관검사를 받고난 다음 환전소 앞에 가서 돈을 교환하려고 하는데 어디선가 '순재야, 순재야' 하고 나를 찾는 소리가 들려와 전망대쪽을 바라보았더니 맏형이 나를 부르고 있었다. 마중을 나오리라고는 생각도 못했는데 뜻밖이었다. 맏형이 누구를 마중하는 것을 보지 못했는데 하는 생각이 나서 고맙기도 했지만 막내인 내가 먼 길 찾아온다는 노파심에서 마중 나온 것이라고 생각하니 미안하기만 했다. 맏형은 그냥 나오라고 손짓을 해서 환전을 포기하고 출구를 향해 뛰어나갔더니 우리 고향 황주사람인 박성근(朴成根) 씨와 같이 마중을 나와 있었다.

뚱씨화더루(東熙華德路) 집에서 다음 날 아침 맏형이 옷을 맞춰 갈아입으라고 해서 박성근 씨와 같이 해닝루(海寧路)에 있는 우리 동포가 경영하는 해닝(海寧)양복점에 갔더니 따렌에서 나와 한 배에 타고 오면서 일본말로 나를 괴롭히던 사람이 그 양복점에서 재단사로 일하고 있었다. "어서 오십시오" 하고 한국말로 인사를 하고 있는 그를 보고 나는 양복을 맞춰놓고 난 다음 재단사에게 다가가서 "한국말을 한국 사람 만큼 잘 하시네요" 하고 말했더니

"너 또 일본 사람 흉내를 냈구나. 여기는 상해야. 상해는 우리 독립운동의 발상지요 임시정부를 탄생시킨 곳이야. 너 정신 차리고 말조심해야 해." 하는 주인의 노여움 섞인 주의를 들으며 발길을 옮겨 놓았다.

9. 어디를 가나 일본인들의 등살

상해는 47여 개 민족이 살고 있는 국제도시로 인구가 약 5백만이나 되는 세계 3대 도시의 하나라 했다. 특히 상해가 국제도시로 이름난 것은 3개의 조계(租界)가 있어 말하는 것 같았다. 조계는 중국으로부터 조차한 땅인데 중국 속에 중국이 관여할 수 없는 외국의 주권이 존재하고 있는 땅이었다. 3개 조계의 위치는 남쪽으로부터 법조계(法租界) 즉 불란서가 관할하는 지역이고, 그 다음에 공동조계(共同租界)는 구라파 7개국이 가지고 있던 조계를 영국을 주체로 통합해 가지고 공동조계라 하고 영국이 관할하고 있었다. 그 다음은 쓰촨교(四川橋)를 건너 북쪽을 홍커우(虹口)라고 하고 일본이 관할하는 지역이었다.

홍커우 공원

상해에는 우리 한국인이 약 7천 명 정도 살고 있다고 했는데 신 상해인(新上海人)은 태반이 홍커우 쪽에 살고 있었고 노 상해인(老上海人)은 주로 법조계에서 많이 살았으며 공동조계에서도 더러 살고 있었다. 홍커우 쪽 뻬쓰촨루(北四川路) 주깡지로에 가면 우리 신 상해 한인들만의 집단촌을 이루고 선술집, 빈대떡집, 떡 방앗간, 여인숙, 여관, 요정, 카바레 등이 있는가 하면 길가 노변시장도 있고 시장에는 과일, 채소, 식료품과 의류 등속을 팔기도 했다.

  법조계에는 노 상해 교포들이라 독립운동을 필생의 사명으로 삼고 살아오다가 중일전쟁 중 미처 상해를 탈출하지 못해 낙오된 사람들로서 입조심, 몸조심하고 홍커우 쪽 신 상해인하고는 담을 쌓고 살고 있는 형편이라 별로 교제가 없는 것 같았다. 홍커우 쪽에 사는 신 상해인들은 대개가 창씨를 했고 열심히 일본화 황국신민의 길에서 뒤질세라 발버둥치고 한국말 하는 것을 수치로 여기는 사람들이었다. 그들은 밖에서는 물론 가정에서까지 일상용어로 일본말을 쓰고 한국말만 하는 사람하고는 거리를 두었다. 신종 일본인의 모습을 보여주려고 애를 쓰고 있는 추한 동포들을 볼 때마다 내가 알고 있었던 상해하고는 너무나 판이해 따렌(大連)에서 상해로 올 때 여객선 안에서 일본말이 서툴러 말을 못해 수모 아닌 수모를 당했던 기억이 되살아나기도 했다.

  법조계나 공동조계에 사는 노 상해인들 중에는 일본어는 못해도 중국어나 영어, 불어, 노서아어 등에 능통하지만 자존심이 강해서 동포지간에 모국어 외에는 사용하지 않는 것을 예의로 알고 민족의 긍지를 지켜 왔다. 어쩌다 홍커우에 용무가 있어 갈 때에는 일본어를 아는 사람을 구해 동행하든가 아니면 대동하고 갈 때가 많았다. 그 이유는 홍커우 쪽으로 갈 때 공동조계와 경계선인 쓰촨교(四川橋) 중간선을 넘으면 홍커우 쪽 초소 경비를 담당하고 있는 일본군 육전대(陸戰隊) 경비병들이 초소 앞을 통과하는 사람 수하를 막론하고 어느 나라 사람이냐고 일본말로 물어보는데 그 때 한국 사람은 재빨리 신분증을 꺼내 보이고 일본인이라고 군대식으로 신고하듯 큰소리로 일본말로 외쳐대야만 '좋아' 하고 통과시켜 주었기 때문이었다.

한국 사람이 일본말을 몰라 우물쭈물하고 있는 것을 보고는 옳지 이때다 하고 기합을 주고 조롱을 하며 수모를 주기가 다반사여서 노 상해인들이 몹시 겁을 내고 있었다. 만약에 한국인이라고 말했다가는 크게 봉변을 당하기 일쑤였다. 한국이라는 나라가 어디 있느냐고 대라고 욕을 하며 덤벼들 듯이 눈을 부라리고 있다가 종내 대답을 못하고 가만히 있는 것을 보고는 "일본인이라고 해." 하고 시킨다. 이때 차렷 자세로 큰소리로 "일본인입니다." 하고 역시 군대식으로 신고하듯 해야만 놓아준다. 가느다란 목소리로 우물쭈물 말했다가는 길바닥에 붙들어 세워놓고 하루 종일 보내주지 않았다. 결국은 큰소리로 "일본인입니다." 하고 말해야만 풀려날 수가 있었다. 일본인이라고 했으니까 요다음 통과할 때에는 일본인이라고 하면 되겠거니 하고 이번에는 자신을 가지고 경비초소를 통과할 때 큰소리로 "일본인입니다"하고 말하면 경비병은 아래 위를 유심히 훑어보다가 "너 조선인 아니냐?"고 물어보고 그렇다고 하면 "조선인 주제에 일본인이라고 한다."고 놀려대기도 했다. 그 다음 통과할 때에는 조선인이라고 하면 되겠거니 하고 "조선인입니다."하면 이번에는 "너 반도인(半島人) 아니냐?" 하고 조롱조의 말투로 수모를 주는 것이 예사였다.

한국인은 어디서나 일본 군경들로부터 어느 나라 사람이냐고 질문을 받았다. 일본인이라고 하기에는 자존심이 허락하지 않아서 선뜻 일본인이라고 말을 못해 조선인이라고 사실대로 말을 하면 좋겠는데 조선인이라고 말했다가는 조선이라는 나라가 있느냐고 다그치면 할 말이 없었다. 생각다 못해 반도인이라고 하면 반도인 주제에 하고 '주제'에 힘을 주어 할 일 없는 자, 별 볼일 없는 자라고 우습게 여기고 인격을 모독하기가 예사였다. 만약에 뭐라고 대꾸를 했다가는 부정선인(不逞鮮人)으로 한국으로 퇴거를 당하게 되는 경우도 있었다.

나는 노 상해인들이 법조계와 공동조계에 살면서 한평생 그곳 관헌들로부터 어떠한 차별적인 부당한 대우나 수모를 받았다는 말을 들어본 적이 없었다. 그러나 홍커우 쪽에서 살고 있는 우리 한인들이 일본 관헌들한테 당한 온갖 수모를 들어보면 끝이 없었다. 우리 한인들이 일본의 침략으로 고국을 떠나 만주나 중국으로 가면 편안할까 하는 생각을 가지고 일본군 점령지역인 만주나 중국으로 나와 보았지만 하나도 다를 바가 없었다. 상해도 일본인 관헌들의 등살로 우리 한인들이 마음 놓고 살만한 곳이 아니었고 우리 한인들이 어디를 가면 나을까 하고 생각을 많이 하지만 갈 길은 오직 일본의 굴레를 벗어나기 전에는 달리 방법이 있을 수가 없었다.

10. 상해 속의 한인사회

상해는 우리 국내외 각계 각층의 독립운동가들이 모여서 임시정부를 수립하고 탄생시킨 독립운동의 요람지요 민족의 웅지를

상해 임시정부청사

품고 있는 애국지사들 가슴 속에 자리한 선망의 땅이었다. 국내외에서 많은 독립투사들이 상해를 동경하고 찾아들었다. 조국광복을 위해 온몸을 바쳤던 애국지사들의 애환이 남아 있어 모든 사람의 마음을 설레게 하고 있는 곳이기도 했다.

노 상해 한인사회는 임시정부가 탄생하면서 그 영향 하에 뿌리를 내렸기 때문에 배일사상(排日思想)이 어느 지역보다 강하고 민족적 자결주의(自決主義) 의식이 투철했다. 또한 완고한 국수주의(國粹主義) 사상을 가지고 있는 보수적인 집단으로 아집이 강하고 타협을 불허하는 사람들이라 낯선 사람과의 교제는 일체 기피하고 있어 어지간해서는 접촉하기가 용이하지 않은 걸로 소문이 나 있었다. 하지만 믿을 수 있거나 보증할 수 있는 사람의 소개가 있으면 동포이자 동지지간의 뜨거운 애정이 샘솟는 인간성만큼은 최고였다. 그들은 냉정할 때에는 얼음보다 차고 다정할 때에는 불덩이보다 뜨거워 아무 연줄도 없이 뛰어들었다가는 일본 놈의 첩자로 오해를 받아 크게 봉변을 당한다고 했다. 날마다 밤마다 조국이 해방되고 자주독립이 되는 날만을 손 모아 빌고 기다리는 그들 가슴 속에는 일본에 대한 원한이 쌓일 대로 쌓여 있었다.

중일전쟁이 일어난 후 임시정부 요인과 독립투사들 중 태반이 중국정부를 따라 충칭(重慶)으로 갔다. 상해가 일본군에 함락될 당시 미처 탈출하지 못한 투사들 중 일부는 중국인촌에 잠복해 은신하고 있었고 일본군에 체포되어 징역을 살고 있는 투사도 있었다. 체포되었다가 일본군의 문초를 받고 풀려나 근신하고 있는 사람도 있

김구선생 집무실

었다. 상해하면 우리나라 사람들 기억 속에 임시정부를 연상하게 되고 임시정부하면 백범 김구 주석(金九 主席)을 생각하게 하는 건 바늘 따라 실이 있는 것과 같았다.

상해 법조계 마땅루(馬當路) 임시정부청사를 폐쇄한 후에는 임시정부의 관인을 맡겨놓을 곳도 없었거니와 맡겨둘만한 사람도 없어 백범 자신이 손수 지니고 다닐 수밖에 없었기 때문에 백범이 있는 곳에 임시정부가 있었다는 말이 나왔다. 일본 관헌은 백범을 체포하려고 첩자들을 요소에 배치해 놓고 있었다. 백범은 그 첩자들을 피해 다녀야만 했는데 일본 관헌이 첩자들을 통해서 백범이 어디 있는 지를 알아냈다 해도 법조계 공안부에 가서 수속절차를 밟아가지고 공안형사를 대동하고 현장까지 가는데 최소한 30분 이상 소요된다고 했다. 그러므로 백범이 어디가 있던지 30분 이상만 지체하지 않으면 염려 없다고 보고 때로는 공원이나 아편쟁이소굴 또는 거지소굴로 찾아들어가 휴식을 취한 적도 한 두 번이 아니었다고 한다.

1930년 9월경 인성학교(仁成學校) 교원 박성근(朴成根) 결혼 피

로연 때 백범은 안창호(安昌浩) 씨, 조성환(曺成煥) 씨와 같이 참석을 하여 황해도식 냉면 한 그릇을 드셨다. 하도 맛이 좋아서 한 그릇을 더 청해놓고 기다리다가 30분 이상 지체된 듯싶어 자리에서 일어나 마당에 나와서 골목길을 내다보니 마침 일본 관헌이 법조계 공안부 형사를 대동하고 달려오는 것을 보고 황급히 옆집 담을 넘어 피했다고 한다. 일본관헌은 피로연 좌석을 둘러보면서 백범을 찾았으나 찾지 못한 채 안창호 씨, 조성환 씨가 있는 것을 보고 백범 대신 연행해 가겠다고 하자 공안부 형사는 영장에 명시돼 있지 않은 사람은 안 된다고 일언지하에 거절하자 일본관헌은 멋쩍은 얼굴로 아쉬움을 남기고 돌아간 일이 있었다. 백범은 그때 30분이란 시간을 지켜서 위기를 모면한 것이다. 백범은 가까이 지내는 황해도 사람들을 만나면 허물없이 으레 개똥쌍놈이라고 하는 것이 인사라고 했다. 교만하거나 거만하지도 않았고 소탈하고 대범한 성격을 가지고 약속이나 비밀은 철저히 지켰다고 했다.

윤봉길 동상

윤봉길(尹奉吉) 의사가 백범(白凡)을 찾아올 때 주위에 여러 사람들이 경계를 하고 만나지 말라고 건의한 일들이 많았다. 당시 윤봉길 의사는 홍커우 해닝루(虹口海寧路) 일본인상가 세탁소에 기숙하고 있었다. 노 상해인들은 동포지간이라 해도 홍커우에 사는 사람들을 의심하고 접촉을 기피했다. 홍커우에 기거하는 윤봉길 의사도 당연히 첩자가 아닌가하는 의심을 받을 만했다.

백범은 나름대로 사람을 관찰하고 신뢰한 후 사명을 주고 사업을 추진했다. 백범은 윤봉길의사가 담대하고 용감하고 입이 무겁고 실천력이 강한 큰 그릇이라 믿고 주위의 여러 사람들의 말을 듣지 않았다고 한다. 1932년 4월 29일 윤봉길 의사의 거사는 상해뿐만 아니라 전 세계를 발칵 뒤집어 놓았고 독립운동의 열망을 만방에 알리는 계기가 되었다.

노백린 장군

　상해는 임시정부 요인들의 일화가 많기로도 유명하다. 노백린(盧伯麟) 장군이 구한말 일본육군사관학교에 유학 갔을 때 어느 날 육사교장 참관 하에 육사 연병장에서 교련을 받고 있었을 때의 일이라고 한다. 교관 호령에 의해 앞으로 전진을 해서 연병장 끝까지 가서는 앞이 바다여서 더 이상 전진을 할 수가 없었다. 전 생도가 제자리걸음을 하고 있었으나 유독 노백린 학생만은 계속 전진을 해서 바다로 들어가고 물이 무릎 위를 넘어 가슴에 차올라오는데도 전진을 계속하고 있는 걸로 보아 그대로 두었다가는 물에 빠져 죽는 한이 있어도 전진할 것이 분명하다고 보고 육사교장은 뒤로 돌아오도록 교관에게 호령했다. 육사교장은 명령에 복종하는 군인정신이 투철한 용사라고 보고 교관에게 그 학생이 누구냐고 물었다. 교관이 한국에서 유학 온 노백린 학생이라고 하자 육사교장은 크게 한탄을 하며 일본에는 담대하고 용감한 군인이 없음을 슬퍼했다는 일화가 있다.

　노백린 장군이 상해 임시정부 국방부장관겸 대통령 직무대행을 하고 있었던 시절이었다. 어느 날 국무위원들이 국무회의에 참석하기 위하여 모였으나 회의는 제쳐두고 서로 다투고 욕하며 소란을 피웠다. 갑자기 방안에서 난데없이 고약한 구린 냄새가 진동을 해서 방안을 두루 살펴보니 대변을 배설해 놓은 것을 발견했다. 누가 배설해 놓았을까 하고 두리번거리고 있을 때 노장군은 이제 그만들 싸우고 이것들이나 먹고 물러들 가라고 일갈(一喝)한 적이 있었다고 한다.

노백린 장군의 묘소는 상해법조계 홍주루(紅條路)의 국제공동묘지 내에 안장되어 있다. 나는 법조계 뻬땅루(貝當路)에서 국립 상해대학에 학적을 두고 있었다. 어느 날 시간이 있어 홍주루(紅條路) 교회로 산책을 나갔던 길에 국제공동묘지에 있는 노백린 장군의 묘소를 찾아가 보았다. 내가 찾아갔을 때에는 생화가 한두 송이 놓여 있었다. 일가친척이 상해 어느 곳에 살고 있어 생화를 갖다 놓은 거라고 생각을 했다. 그러다 해방 후 노태준(盧泰俊, 노백린 장군의 2남) 씨에게 상해에 일가친척이 있었느냐고 물어보았더니 없다고 했다. 당시 생화가 놓여 있었던 것을 말해주었더니 생전에 생사를 같이하던 동지들이 찾아가 성묘한 것이 아니겠느냐고 했다. 그 시절의 동지들이 요시찰대상인 노장군 묘소를 찾아 생화를 놓는다는 것은 나라를 사랑하듯 용기 있는 동지가 아니면 할 수 없는 일로 그만큼 노장군이 신의를 가지고 살아온 것을 말해준 증거라 하겠다.

조선총독부는 상해를 특수지역으로 분류했다. 상해에 거주하는 한인을 표면으로는 관대한 대우를 하는 척했다. 그러나 철저히 요시찰 지역으로 지목해 두고 있었다. 그 이유는 상해가 임시정부를 탄생시킨 반일사상의 근거지라는 점과 충칭(重慶)에 가있는 임시정부를 회유 전향시키기 위한 목적으로 당근과 채찍을 가진 양면의 정책을 펴기 위함이었다. 여전히 독립투사들은 일본관헌의 표적이 되고 있었다.

최창식(崔昌植) 선생은 상해 임시정부 내무장관을 하다 1921년 소련 모스크바 피압박민족 해방대회에 한국 부대표의 자격으로 참가했다. 그 후 사회주의 운동에 투신하여 활동하다가 일본경찰에 피체되었다. 국내에서 옥고를 치른 후 상해에 와서 공동조계 난징루(南京路) 허퉁(合同)빌딩에서 부인 김원경(金元慶) 여사와 슬하에 1남 1녀를 두고 단란한 가정생활을 하고 있던 중 중일전쟁이 발발했다.

일본은 중일전쟁 조기수습을 위해 일방으로는 무력을 사용하여 중국군의 중요 군사시설을 공략해서 파멸시키고자 했고 정치일면으로는 평화공작으로 괴뢰정부를 수립할 목표를 두고 널리 인재를 물색하고 있었다. 언젠가는 최 선생 자신에게도 협력을 종용해 오리라는 걸 예측하고 환자로 위장한 채 중일전쟁 8년간을 꾀병으로 병상생활을 했다. 일본은 최 선생을 이용해 보려고 협력을 강요하기도 하고 공갈협박도 했지만 그럴 때마다 중병을 구실로 모면했다. 해방이 되자 항전 8년간을 꾀병으로 병자행세를 한 탓에 육신이 굳어버려 기동을 할 수 없게 되었다. 방안에 바위줄[2]을 매놓고 바위줄을 쥐고 기동연습을 하고 있어 집안 분위기가 처량하기 이를 데 없었다.

박시준(朴時埈) 형과 나는 해방 후 광복군 제1지대 2구대 소속

---

2) 밧줄

상해변사처장(上海辨事處長)으로 와서 제일 먼저 최 선생을 방문했다. 그때 최 선생은 몇 가지 시국사항과 당면한 교포문제를 타개하는데 주력을 하라고 당부했다. 여기가 중국 땅이라는 걸 기억하고 정치할 생각은 하지 말라고 주의를 환기시켜 주기도 했다. 두 사람만 모이면 다투고 세 사람만 모이면 주먹질하던 버릇 해방됐다고 어디 강 건너 간 것 아닐 터이니 항상 조심하라고 말을 더했다.

　해방 후 11월 초 임정요인들이 개인자격으로 귀국하면서 상해에 들러서 며칠간 체류했다. 임정요인 누군가가 최창식 선생을 한간(漢奸)이라고 탕언빼(湯恩伯) 계엄사령부(戒嚴司令部)에 고발해서 체포하도록 한 일이 있었다. 아무런 근거도 없는 말들을 전해 듣고 확인도 해보지 않은 채 옛 동지를 헌신짝 버리듯 나 몰라라 하고 그것도 부족해 옥에다 가두는 사고방식이 보기에도 민망할 따름이었다.

　1946년 3월 초순, 1차 귀국선으로 최영화(崔榮華. 당시 17세, 최 선생 1남)가 귀국해서 임정요인들을 찾아다니며 석방을 탄원해보았으나 아무런 성과를 거두지 못하고 일본에 가서 맥아더 사령부에 진정서를 제출한 결과 맥아더 사령부의 지시로 석방됐다고 한다. 미국에 거주하는 최창식 선생 부인 김원경 여사가 1976년경 최창식 선생 독립유공자 포상신청을 했다고 한다. 그 당시 어느 심사위원이 한간이라고 주장을 해서 포상에서 제외되었다. 몇 년 후 독립운동사편찬위원회 사무국장 권영창이 어느 심사위원과 같이 나를 찾아와서 최창식 선생의 내력을 물어보기에 전후사정을 소상하게 설명해 준 일이 있다.

그 후 건국훈장 독립장을 포상했다는 말이 있어 사필귀정(事必歸正)이라 생각했다.

노 상해인하면 임시정부와 음으로 양으로 관련이 없었던 사람이 없다. 중일전쟁 때 일본군이 상해를 치밀한 작전계획에 의해 기습점령함에 따라 임시정부가 황급히 철수한 관계로 많은 독립운동가들이 우왕좌왕하다가 본의 아니게 낙오되었다. 그들은 일본 관헌의 요시찰 감시대상 속에서 제약을 받고 있었다. 대략 다음과 같은 인물들이 이에 해당한다.

흥사단계의 최희송(崔熙松) 씨는 뻔씨후(本溪湖)에서 최능진(崔能鎭) 씨가 말하던 인물로 무직으로 소일하다 항저우(杭州)에서 동화산업공사를 운영하는 여재 형이 찐화(金華)에다 저장물산공사(浙江物産公社)를 설립하고 최희송 씨를 부사장, 이성용(李星鎔) 씨를 전무이사에 기용하여 물물교환업을 하고 있었다.

범조선민족혁명당(凡朝鮮民族革命黨)계의 박용철(朴容喆. 朴容晩 선생의 사촌동생)은 무직으로 소일하다 해방 후 충칭에 가서 임시정부 요인들을 방문하고 돌아와 애국동지회(愛國同志會)를 조직하고 정치활동을 하고 있었고, 조선민족혁명당계의 한태주(韓泰宙) 씨는 무직으로 소일하다 해방 후 광복군 제1지대 2구대 상해판사처(光復軍 第1支隊 2區隊 上海辨事處. 처장 金珣載, 朴時埈)의 고문으로 있었다.

한국독립당(韓國獨立黨)계의 김명수(金明水) 씨는 국립상해대학에서 영문학 교수였고, 혁신계(革新系)의 구익균(具益均) 씨는 사업을 하다 해방 후 박용철 씨와 같이 충칭에 가서 임정요인들을 방문하고 돌아와 박용철 씨와 같이 애국동지회를 조직하고 정치에 참여했다.

무정부주의(無政府主義) 계열의 정치화(鄭致和) 씨는 중국 국적을 가지고 법조계(法租界) 중국인촌에서 숨어살고 있었다. 그 외 국제적으로 이름난 체육인으로서 신국권(申國權) 씨와 현정주(玄正柱) 씨가 있었고, 사업을 하고 있는 인사 중에는 법조계 싸페루(霞飛路)에서 김시문(金時文) 씨가 시문상회라고 하는 피복점을 하고 있었다. 그 외 안중근(安重根) 의사의 유독자 안준생(安俊生) 씨가 법조계 싸페루에서 안생약국(安生藥局)을 하고 있었고, 공동조계에서 주유업을 하고 있는 임창복(林昌福) 씨도 있었다.

상해는 47여 개 민족이 어울려 사는 사회라 경제적인 유통과정이 다양해 물건을 매매하는 거래에는 브로커가 개입하지 않고는 성사가 이루어지기 어려웠다. 물건을 팔거나 사려고 하면 브로커들이 화주의 물량과 가격 등 상세한 정보를 가지고 있어 브로커를 통해야만 매매가 용이하다고 했다. 다국적 다원화된 사회조직 속에서 브로커의 역할이 지대한 영향을 가지고 있어 때로는 일확천금을 해서 호화 사치한 생활을 하는 자도 있었다. 소문난 브로커 중에 우리 노 상해인으로 이름난 사람을 손꼽으면 위혜림(韋惠林) 씨가 있었는데 일본어, 영어, 중국어 등에 능통해서 일본군관 요로와 공동조계 영국관변의 요인들, 왕자오밍(汪兆銘) 정권의 각료들하고도 교제가 많았다. 그는 국제적인 사교로 명성이 높아 경제인들과 거래도 많았고 가족의 구성이 국제적으로 결합돼 있다고 해서 생활양식도 다국적이라 했다.

브로커로 유명한 이 중에 박동현(朴東賢) 씨는 일명 공개평으로 통했다. 공개평 씨는 상해인, 광동인, 월남인, 싱가폴 등지의 화교(華僑)와 영국인들과 거래가 많아 그쪽 정보에 능통한 걸로 소문나 있었다.

그 다음 박진(朴進) 씨는 상해를 중심으로 백계노서아인, 이태리인, 불란서인, 중국인 중 닝피(寧彼)인들과 교제가 많아서 그쪽 정보에 밝고 정통하다는 소문이 나 있기도 했다.

신 상해인하면 중일전쟁 중 상해로 진출한 사람들로 이들 중에는 베이징(北京)과 상해간을 왕래하며 아편장사로 한탕해서 돈을 물 쓰듯 하고 다니는 사람들도 있었다. 당시 신 상해인 90%가 아편밀매꾼으로 취급되어 불명예스러웠지만 반면에 사업의 기틀을 잡아 착실하게 사업을 해서 재벌로 성장한 업체도 있는데 그 업체들의 내면을 살펴보면 다음과 같다.

봉명석(奉命石)은 중일전쟁 중에 상해에 와서 삼하흥업주식회사(三河興業株式會社)를 창설했다. 그는 일본군 중지나 파견군 사령부로부터 각종의 영업종목을 허가 취득해 두고 중국 중부지역에서는 어디서든지 지점이나 출장소를 개설할 수 있는 조치를 취해 놓고 있었다. 일자리를 찾는 사람이 오면 무슨 일을 어디서 할 수 있는지 보수를 정하고 3개월간 조건부 임시직원으로 채용을 했다. 3개월간 조건부 임시직원으로 일을 해서 자기가 받는 보수금액의 20%를 가산한 금액의 수익을 올렸을 때에는 임시기간 3개월간 재연장을 받을 수 있지만 목표를 달성하지 못하면 이유여하를 불문하고 물러나야 했다. 다음 연장된 3개월간 역시 전자와 동일했고 여기서 목표를 달성한 사람에게는 전자와 동일한 조건 하에 6

개월간 재연장을 해주고 여기서 목표를 달성하면 그때 비로소 정식직원으로 채용을 했었다. 누구든지 어디서 무슨 일을 하기를 원하든지 이러한 조건 하에 능력만 있으면 출장소장이든 지점장이든 본사의 중역도 할 수가 있었다. 이러한 운영방식을 가지고 봉명석 씨는 수하의 수만 명 직원들로부터 막대한 재산을 끌어 모았다. 이러한 운영방식은 법조계에서 불란서인들이 조계를 운영하는 방식이었다.

 법조계에 가보면 큰길가나 골목길에 순경이 24시간 연중 지키고 있었다. 휴지, 담배꽁초, 껌을 버리는 자나 노상방뇨, 고성방가, 무단주차, 싸움이나 소란을 피우는 자, 소위 기초질서를 지키지 않는 자는 인정사정 보지 않고 모조리 잡아 갔다. 이들을 연중무휴 24시간 개정해두고 있는 즉결 간이재판소에 넘기면 국적, 주소, 성명, 나이를 확인한 후 경범죄에 해당하는 벌금을 즉결처분했다. 즉석에서 벌금을 수금하는데 다행히 수중에 돈이 있어 납부하면 그만이지만 벌금 낼 돈이 없는 자는 어디든지 전화를 해서 돈을 가져와야 풀려났다. 벌금을 당장 낼 돈이 없는 자는 즉시 취로사업장에 나가서 노동을 해서 벌과금을 갚아 나갔다. 이처럼 법조계의 24시간 기초질서를 담당하고 있는 모든 순경이 3개월간 임시순경으로 자기가 받는 보수금액의 20%를 가산해 수입을 올린 순경에게는 계속 같은 조건 하에 재연장 해 주고 그 다음에는 6개월간 연장해 준 다음 1년을 정산해서 정식 순경으로 채용했다. 삼화흥업이 이러한 방식을 모방한 것이었다.

 중일전쟁 중에 일본의 국방을 위해 비행기 헌납을 제일 많이 한 화제의 인물이 손창식(孫昌植)이다. 그는 손전정밀기계공사(孫田精

密機械公社) 대표로서 중일전쟁 중 상해에 와서 일본군 중지나(中支那) 파견군사령부 상해방송국 운전기사로 근무할 당시 어느 일본인 여자 아나운서가 출퇴근하는 시간에 맞춰 자동차로 극진히 서비스를 한 인연으로 사랑을 하게 되었다. 그러나 여자 측 부모의 반대로 뜻을 이룰 수가 없게 되자 두 사람은 베이징으로 사랑의 도피행각을 벌였다. 여자의 부친은 일본인 상해교민회 부회장인 자신의 체면을 생각하고 소문이 두려워 결국은 결혼을 승낙했다고 한다.

손창식의 장인은 백수건달인 그에게 상해은행에서 일금 일백만 원을 기체해 주면서 그 돈으로 고철을 사두라고 했다. 대동아전쟁이 나면서 고철값이 몇 십 배 뛰어올라 일약 기천 만원의 거금을 거머쥐었다. 장인은 손창식에게 영국인이 경영하던 양슈퓨(揚樹浦)의 정밀기계공장을 적산으로 압수한 일본군부와 교섭하여 관리운영권을 얻어 주었다. 정밀기계 한 대에 기십 만원에서 수백 만원 하는 것을 훔쳐내다 팔아 돈을 모았다. 그는 축적한 돈으로 전 일본을 통해 최고기록을 세울 만큼 비행기를 헌납했다. 그는 일본인 부인이 폐결핵에 걸려 요양차 일본으로 간 후 조동선(趙東善. 독립운동가 조목사의 여식)과 재혼을 했다.

남복상(南福商)은 중일전쟁 중 조선총독부 전매청의 허가를 얻어 백삼과 홍삼을 수입해서 판매하는 상해대리점을 계약하고 경화산업주식회사(京華産業株式會社)를 설립했다. 중국 중부권에는 하나밖에 없는 독점영업체로 한국인삼을 좋아하는 중국인들에게 인삼이 없어서 못 팔 정도였다.

계택수(桂澤秀)라는 사람은 중일전쟁 중에 조선총독부 전매청과 계약하고 엽연초를 공급 받아 권련초 제조공장 덕창연공창(德昌煙工廠)을 경영했다. 중국에서는 연초의 제조나 판매가 자유이기 때문에 원료만 확보할 수 있다면 돈을 버는 것은 용이한 일이었다.

우후의 대동산업주식회사(大同産業株式會社) 사장 김용섭(金龍燮)은 무성영화 시절에 단성사(團成社)와 우미관(優美舘)에서 변사노릇을 하던 성우로 사람을 웃기고 울리는 비상한 화술을 가지고 있었다. 중일전쟁 중에 중국말을 몇 마디 배워 일본군대의 통역을 자원해 중국에 와서 통역을 하다 그만두고 일본인 아편밀매업자와 결탁하여 아편을 취급했다. 현지 일본영사관 경찰에 체포 구금 당한 채 현지 재판을 받게 되었다. 재판과정에서 김용섭은 최후진술을 통해 자기는 반도인(半島人)으로서 성전(聖戰)에 참여하여 내선일체(內鮮一體)의 황국신민(皇國臣民)으로 대우를 받은 그 은공만큼 목숨을 바쳐 보답은 하지 못할지언정 돈에 팔려 아편을 밀매한 반도인인 자기를 대일본제국을 위해 일벌백계(一罰百戒)의 상징으로 사형에 처해 달라고 애원했다고 한다. 이처럼 참회의 눈물을 흘리면서 열변을 토했다. 그러자 재판장은 즉석에서 개전(改悛)의 정이 현저하다고 보고 무죄석방을 했다고 한다. 동범인 일본인에게는 퇴거명령을 내렸다. 현지 재판은 퇴거 아니면 석방이었는데 퇴거 받은 자는 본국에 돌아가 정식 재판을 받았다. 자신의 장기인 화술 덕으로 퇴거를 면한 김용섭은 일본군의 비호 하에 양쯔강(揚子江) 뗏목장사로 큰돈을 벌었다. 그는 중국 중부역 한인사회에서는 현금이 많기로 소문난 부자였다. 1944년 초 상해 공동조계 광둥루(廣東路) 위하오따루(友好大路)에 상해지점을 설치해 두고 지점장에는 윤광빈(尹廣彬) 씨를 내세웠다.

상해에서 유명한 공동조계 홍등가(紅燈街)에서 우리 신 상해 한인을 빼놓을 수 없었다. 우리 신 상해 한인들이 일확천금을 잡으면 제일 먼저 찾아가 광을 내는 곳이 바로 이곳 홍등가였다. 상해에는 다국적 인종이 모여 살고 있어 어느 인종이나 광을 내다가 다투고 싸우는 일이 많았다. 싸움이 한판 벌어지기만 하면 필리핀인, 백계노서아인 아니면 이태리인, 영국 해병, 한국인 등이 거론되기 일쑤였다. 필리핀인은 성격이 괴팍하고 사나웠다. 백계노서아인은 술만 마셨다 하면 주사가 심해서 트집을 잡고 싸우자고 하기가 다반사였다. 또한 이태리인은 싸우는데 겁이 없고 영국 해병은 싸우자는데 사양해 본 적이 없는 강인한 군인으로 소문났었다. 우리 한국인도 싸우는데 소질이 있어 두려운 존재로 알려져 있었기 때문에 자주 거론 되었던 것이다.

어느 홍등가에서든 폭력패거리들이 판을 치고 있어 폭력배를 제재하기 위해 각급 홀에는 소위 깡패두목들을 지배인으로 채용해 두고 있었다. 1급 홀의 지배인은 양인들이 태반이었고, 2급 홀의 지배인은 한국인이 많았으며, 3급 홀의 지배인은 필리핀인이 차지하고 있었다.

공동조계 홍등가 어느 1급 홀의 지배인으로 있었던 영국 해병 출신 깡패가 상해에서는 제일 강하다고 소문이 났었다. 그는 저녁 출근시간 때 자기가 가는 길가에 누구든지 멀리 비켜서지 않고 자기 앞으로 다가오는 사람은 모조리 길가에 내던졌다. 그 사람이 출근하는 길가에는 통행하는 사람이 없다는 소문이 파다했다. 어쩌다 그 시간에 그를 만났을 경우 숨을 죽이고 가만히 있기만 하면 그냥 놔두고 가지만 일어나려고 하거나 대항하려고 하는 기색이 보이면 일어나기를 지켜보고 있다가 기절할 정도로 두들겨 팼다고 하였다.

　어느 날 한국에서 상해에 온 지 며칠 안 된 한국 청년이 아무 소식도 모른 채 그길로 지나가다가 그 사람한데 붙들려 내던져지는 바람에 길가에 나가 떨어졌다. 아무 이유 없이 봉변당한 것이 억울했던 그 청년은 있는 힘을 다해 일어나면서 벼락치듯 박치기를 했다. 그만하면 나가떨어질 것으로 생각을 했던 한국 청년은 그 사람이 우뚝 서 있는 것을 보고는 다시 손을 쓸만한 용기가 나지 않아 보고만 있었다고 한다. 영국사람 역시 대항할 기력을 상실한 채 정신없이 한참 동안을 서 있다가 출근을 단념하고 집으로 돌아가 짐을 싸들고 고국으로 돌아갔다. 그는 귀국차 들른 홍콩에서 신문기자들에게 말하기를 국적을 알 수 없는 5척 단구에 손이 겨우 어린애 주먹만한 사람한데 얻어맞았는데 뭘로 얻어맞았는지 맥을 출 수가 없었다고 소회를 말하면서 자기보다 강한 자가 나타났으니 자기는 물러나야 하는 것은 당연한 것 아니냐고 상해를 떠난 이유를 말했다고 한다. 당시 이러한 상황을 알린 소보(小報)의 기사가 한국인 박치기의 위력을 홍등가에서 널리 알려주는 계기가 되었다.

11. 청운의 뜻을 안고

　1941년 7월초 상해에 온 나는 뻔씨후(本溪湖)의 아세아상공사에 대한 현안을 경재와 여재 두 형에게 설명해 주고 성재 형과 최능진 씨에게 일임하여 임의처분토록 의견을 모았다. 나에 대한 문제

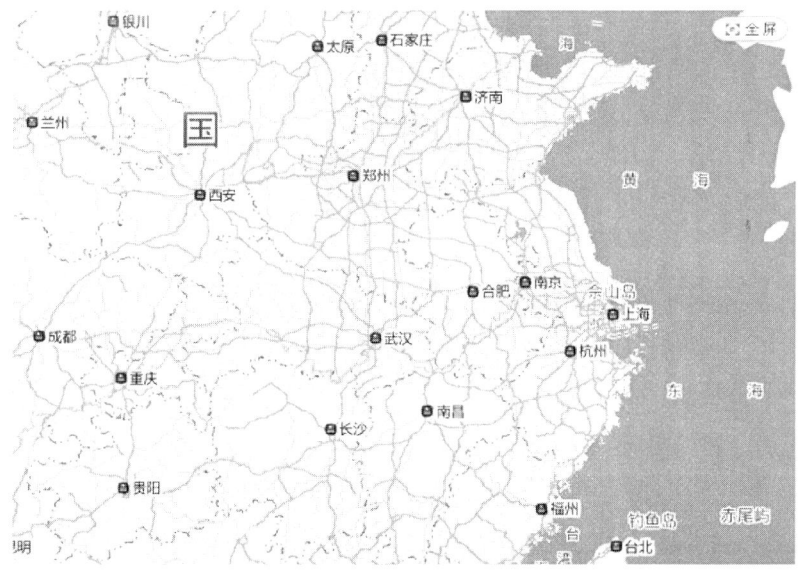

는 여재 형이 운영하고 있는 항저우 동화산업공사에서 사업을 같이 하는 것으로 의견을 모았다. 나는 상해를 두루 구경하고 1941년 8월초 항저우에 갔다.

　상해(上海)에서 항저우(杭州)까지는 급행열차로 4시간 소요되었다. 열차는 중간지점에 있는 쟈씽(嘉興)이라는 곳을 경유했다. 당시 쟈씽(嘉興)은 쌀로 유명했다. 또한 수로(水路)가 사통오달로 연결된 지역으로 수륙양면으로 교통의 중심지이기도 했다. 육로는 상해와 항저우와 연결되어 있었고 수로 또한 어디든지 갈 수가 있어 수로를 이용해 물자를 수송하거나 내왕하는 사람이 많아 선착장이 역보다 더 번화했다.

　백범 김구(白凡 金九) 주석이 1932년 4월 29일 윤봉길 의사 홍커우사건 후 일본관헌의 수사망을 피해 쟈씽(嘉興)에 와서 중국여성의 고기잡이배를 차대(借貸)하여 여러 곳을 주유하며 여자사공과 같이 선상생활을 한 곳이라 해서 우리의 눈을 끄는 곳이기도 했다.

상해에서 10시에 출발하는 항저우행 특급열차를 이용하여 쟈씽에 도착하면 12시경이 된다. 때마침 점심때라 누구나 도시락을 사느라 분주했다. 나도 도시락을 사서 시식을 해보았는데 쌀이 좋아서인지 밥맛이 좋아 반찬에는 젓가락이 가지 않을 정도였다. 우리나라 찹쌀과 같이 이렇게 차지고 기름진 쌀은 이곳이 아니면 찾아볼 수 없을 정도로 유명한 쌀이어서 타지의 부호들이 추수 전에 선매점해 두고 있기 때문에 좀처럼 구입하기가 어렵다고 했다.

항저우의 동화산업공사는 씨후(西湖)를 끼고 있는 중앙로에 위치한 중국 전통식 2층 가옥으로 건평 80여 평에 1층은 사무실로 쓰고 2층은 숙식용으로 사용하고 있었다.

농장은 첸탕쟝(錢塘江) 기슭에 자리하고 있으며 약 20만 평 된다. 채소재배를 주로 하는 야채농장으로 생산된 작물은 회사가 20%, 소작인 80%씩 분배를 정하고 소출 현장에서 분배받아 시장 도매상에게 위탁판매를 하고 있었다. 농장에는 중국인 직원 감독 2인이 상주하고 사무실에는 중국인 직원 3인이 농장과 시장에 나가 판매대금을 수금해 오는 일들을 하고 있었다.

중국인을 상대로 하는 일인 만큼 중국말과 중국인을 이해하고 신뢰를 쌓을 만한 사람이 필요했고 그래서 여재 형은 나와 같이 사업을 하자고 했던 것이다. 나 역시 뻰씨후(本溪湖) 아세아상공사에서 손을 뗀 이상 할일을 찾아야 할 때여서 항저우로 오게 된 것이다.

항저우는 중일전쟁 후 일본군에 의해 일찍이 점령당했다. 첸탕강(錢塘江)을 경계로 하여 일선기지사령부를 설치해 두고 있었기 때문에 시가지에는 언제나 일본군이 득실대고 있었다. 군위안소에는 한국여자들이 부대를 따라 이동해 와 있었다. 마치 군인도시를 방불케 하는 이곳 항저우에 한국기업체인 삼화흥업주식회사(三和興業株式會社)가 진출해 지점을 설치해 두고 있었다. 그 외 화물자동차 2, 3대씩 가지고 개인이 운수업을 하는 몇 사람의 한국인도 있었다.

항저우(杭州)의 명소로는 씨후(西湖)가 유명하다. 씨후는 세계적인 관광명소로 알려져 있거니와 첸탕강(錢塘江)의 음력 8월 추석 망월 때 밀려오는 조수의 파고 높기도 세계 3대 볼거리라고 한다. 또한 음력 8월 추석 망월 때에 한해서 씨후(西湖)의 신탄인위에(三潭印月)[3]에서 달을 셋이나 볼 수 있는 기적을 보기 위해 국내의 도처에서 몰려오는 관광객들로 인산인해를 이룬다고 한다.

씨후는 비가 오나 바람이 부나 물결이 일어나지 않아 언제나 잔잔한 호수, 마치 함지박에 물을 담아 놓아둔 것과 같은 정적인 호수이다. 4인승 유람선이 수백 척이 있는데 오전 10시전에 예약을 해두지 않는 한 구할 수가 없었고, 4인승 유람선은 발동선이 아닌 여자사공이 노 젓는 배로 배 한가운데 탁자가 놓여있고 탁자 전후 양쪽에 2인용 의자가 놓여 있어 4인이 이용하기에는 아주 안성맞춤이었다.

---

[3] 호상 3도(湖上三島), 남북으로는 곡교(曲桥)로 연결되고 동서는 토제(土堤)와 연결되어 있다. 공중에서 아래로 내려다보면 섬이 상당히 큰 전(田)자 모양으로 호중에 섬이 있고 섬 중에 호가 있는 모양이다.

신탄인위에(cafe.daum.net/shanghai-apt)

　유람선은 하루 종일 또는 시간제로 대절할 수 있고 관광안내원, 식사, 음료수, 과일 등은 물론이고 소개소에 부탁하면 유흥을 위해 기생도 부를 수 있어 관광객이 필요하다 싶은 건 뭐든지 있었다.

　유람선을 타고 씨후를 달리다 보면 신탄인위에(三潭印月)로부터 구경을 가는데 신탄인위에란 씨후에 돌기둥 세 개를 삼각형으로 세워두고 돌기둥 하나에 구멍이 세 개가 뚫려 있는 것을 보통 평일이나 또는 15일 달밤에 가서 어느 구멍을 들여다보든지 달이 하나 밖에 보이지 않는데 기이하게도 음력 8월 15일 망월 때 가서 들여다보면 달이 셋이 보인다. 이러한 천지조화를 구경하고자 세계 도처에서 몰려온 관광객들로 인산인해를 이룬다고 했다.

　신탄인위에 근처에는 조그만 본지 내에 관광객을 위한 토산물이나 기념품을 판매하는 곳이 5, 6개 있었다. 점포내의 물품 중에서 소동파(蘇東坡)와 백락천(白樂天)의 시집이나 인쇄물로 된 족자를 사가는 사람들이 많다고 한다. 소동파와 백락천은 은퇴 후 말년을 씨후 동쪽과 서쪽에 와서 여생을 보냈다.

　두 사람은 틈틈이 흙을 삼태기에 담아 호수 가에 둑을 쌓았다. 소동파가 쌓아올린 곳을 소제(蘇堤)라 하고 백락천이 쌓아올린 곳을 백제(白堤)라 하며 소제와 백제 사이를 연결해 다리를 놓았다. 씨후를 동서로 갈라 동쪽을 뺜씨후(表西湖), 북쪽을 루씨후(裡西湖)라 부르고 있었다.

　루씨후에는 연꽃이 꽉 차 있었고 루씨후를 건너가면 산중턱에 깐리쓰(高麗寺)라고 하는 조그마한 정자가 있었다. 아무런 부대시설이 없어 고려승(高麗僧)이 살았던 흔적은 찾아 볼 수가 없었다.

　루씨후(裡西湖) 옆쪽으로 가면 씨렁반점(西冷飯店) 14층에 관광호텔이 있다. 씨후를 끼고 우뚝 솟아 있는 건물이 요란하기도 했지만 내부의 시설과 음식이 좋기로도 유명했다. 14층 나이트클럽에는 상해 일류 댄서들이 와 있어 날마다 성황을 이루고 있는 곳으로 더욱 유명했다.

　씨후 남쪽으로 가면 별장촌으로 정부요인이나 이름난 부호가 아니면 끼어들 수 없었다고 하는 곳이 있다. 장제스(蔣介石) 총통 별장에는 지하 동굴로 된 대피소가 있었다고 하며 별장 앞 호숫가에는 수상비행장이 있어 장제스 총통이 별장에 와 있는지는 호숫가의 수상비행기를 보고 알 수 있었다고 한다.

　씨후 남쪽 끝을 지나면 야산 수백만 평 구릉지를 끼고 전학생을 기숙사에 수용하고 전 교수와 직원들의 주택과 내빈용 숙소까지 마련해 두려고 계획했던 저장대학(浙江大學)건설현장이 있다. 중일전쟁으로 중단된 채 방치된 이곳을 점령한 일본 군인들은 중국 아녀자들을 납치해 능욕하고 증거를 남겨두지 않기 위해 살해하고 방치 했다고 한다. 비가 오거나 궂은 날은 앙상한 여인의 유령들이 나타난다고 한다. 이처럼 일본 군인이 지나간 자리에는 어디서나 그들의 천인공노할 만행이 자행되었음을 알 수 있다.

나는 항저우에 와 동화산업에 근무하면서 항저우가 제2의 고향이 될지도 모른다고 생각했다. 중국인 직원들을 우리 동포와 같이 생각하고 신의와 화목을 도모하기 위해 내 나름대로 최선을 다했다. 그들과 동고동락하며 성의를 다해 베풀고 눈여겨보고 있을 때 그중에서 천더썽(陳德生)이라는 24세 된 저장성 싼씽인(浙江省 紹興人)에게 마음이 끌려 공사간 모든 일을 털어놓고 의논했다. 1941년 8월 중순 천더썽은 자기는 제3전구 사령장관부 조사실(第3戰區 司令長官府 調査室)소속 육군중위라고 자신의 신분을 밝혔다. 그리고 항저우와 일본군 일선기지 사령부 주둔지의 일본군 동태를 살피기 위해 항저우지구에 파견되었노라고 했다. 지하공작을 담당하고 있다면서 자기의 정체를 드러내 놓고 나에게 고백한 후 자기와 같이 반일 지하공작에 협력해 줄 것을 간청했다. 나 역시 조국의 독립을 위해 반일 항전의 뜻을 품고 상해에 와서 지하공작의 길을 내탐하고자 항저우에 오게 되었다고 동기를 말해주었다. 그러자 그는 내 손을 끌어 쥐고 이제야 사생을 같이 할만한 평생 동지를 만났다고 나를 제3전구 사령장관부 조사실 주임 마오완뤼(毛萬里) 장군에게 추천하여 지하 요원으로 지명해 주겠다고 약속을 했다.

우리는 이 사실을 어디까지나 우리 둘만의 일로 엄비(嚴秘)에 부쳐 두기로 약속한 후 평상시와 같이 동화사업공사 본연의 업무에 충실히 근무하다 나는 11월에 휴가를 얻어 상해로 갔다.

12. 태평양 전쟁과 상해

▌대동아 전쟁과 상해

1941년 12월 8일 새벽 3시경 고요하고 적막한 밤에 갑자기 벼락이 치는 듯한 불덩어리가 굉장한 폭음과 함께 날아가는 소리가 창문을 뒤흔들어 놓고 있었다.

우리 3형제(맏형 경재, 둘째 성재 형과 나)는 뚱씨화더루(東熙華德路) 집의 3층에 있는 방에서 함께 취침을 하고 있다가 깜짝 놀라 깨어나 창문으로 밖을 내다보았다. 대포, 기관총, 소총 탄알이 뒤범벅이 된 채 황퓨강(黃浦江)을 향해 소나기가 휘몰아치듯 밀려가다가 약 20분 만에 끝났다. 아닌 밤중에 갑자기 도깨비 춤추듯 미친 사람 지랄발광하다 그만둔 것처럼 사격을 한 까닭이 무슨 일인지 도

태평양 전쟁

시 알 길이 없었다. 아침 5시경이 되어서야 상해시보(上海時報)사에서 일본이 미국과 영국에 대하여 선전포고를 했다는 일본대본영 발표를 전해왔다.

하룻강아지 범 무서운 줄 모르고 덤벼든 격으로 일본이 망할 때가 다가오고 있음을 직감했다. 그렇다면 이제 우리 조국의 독립도

가까워 졌음이 아니겠는가. 평소 일본이 미국과 영국에 대하여 인식하고 있기를 미국은 향락주의 사상이 강해서 전쟁엔 관심이 없고 또한 겁이 많아서 전쟁을 두려워하고 있기 때문에 개전 초기에 위협적인 선제공격으로 공포분위기를 만들어 놓고 겁을 주면 화해의 교섭이 올 걸로 믿고 있었다.

영국은 강인한 나라이기는 하나 독일과 전쟁 중이여서 여력이 없는 걸로 보았다. 일본의 미, 영에 대한 선전포고의 주목적은 중일전쟁을 종식시키기 위해 아시아 지역에서 미, 영의 세력을 몰아내기 위함이었다. 두 나라를 몰아내면 중국을 고립무원 시킬 수 있고 동시에 아시아 전역을 장악한 후 일본의 공영권하에 두고 중국의 항복을 강요해 보자는 계략이라고 했다.

일본군은 황퓨강(黃浦江) 연안에 정박 중인 미국과 영국 함정 각각 1척에 대하여 선전포고를 전달한 후 동시에 항복을 받기 위하여 상해 주둔 해군사령부에서는 7일 오전 10시경 해군 중좌 하라(原)를 불러들여 이제부터 집에 돌아가서 먹고 싶은 음식을 차려먹고 입고 싶었던 양복을 차려입고 오후 1시까지 브로드웨이맨션(상해해군사령부가 12층 이상 전용하고 있었다) 24층에 나와서 대기하고 있으라고 명령했다.

12월 8일 새벽 2시에 일본은 미국과 영국에 대하여 선전포고를 했다. 중좌 하라(原)에게 그 사실을 알려주고 황퓨강(黃浦江)에 정박 중인 미국과 영국 함정 2척을 찾아가 항복을 받아 오라고 했다. 그는 사명을 수행하기 위해 부하 2명을 대동하고 먼저 미군 함정을 찾아 갔다. 함장을 찾았으나 출타 중이라 당직사령에게 선전포고를 전한 후 항복을 종용하자 순순히 항복에 응해서 본부에 연락을 한 다음 영국함정을 찾아 갔다. 함장을 만나 선전포고를 전하고 항복할 것을 강요했으나 불응했기 때문에 돌아오는 도중 본부에 연락을 해서 포격을 가했다. 어제 저녁의 대포와 기관총, 소총 소리는 이런 연유에서 일본군이 영국 함정을 공격한 소리였다. 영국군은 일본군 해병 사령부에서 전날부터 면밀히 답사해서 조준해 두었던 대포로 포격을 가했음에도 불구하고 여기에 굴하지 않고 용감히 대응했던 것이다.

영국이 상해에 상륙한 지 한 세기 동안 기세가 당당하던 시대는 이미 지나갔다. 이제는 옛날에 가덴브릿지 공원 정문에 중국옷을 입은 사람과 개는 들어오지 말라고 호기롭고 위엄 있게 팻말을 매달아 놓았던 그 자리에서 치욕을 당하고 있다. 영국함대가 일본군 포격에 의해 황퓨강(黃浦江)에 침몰되고 영국해병 장병들이 헤엄을 쳐서 공동조계 연안 가덴브릿지 공원 앞으로 올라오는 것을 일본군 육전대가 붙잡아 포승줄로 결박한 채 그대로 놓아두었다. 영국병사들은 물에 젖은 옷에 강바람까지 차가워 추위에 오들오들 떨며 좌열해 있었다. 한나절 동안 보란 듯이 상해 시민들에게 구경을 시키고 있는 광경이야 말로 영국인에 대한 중국인의 구원의 적개심을 돋우어 보려고 안간힘을 다하는 것 같았다.

이제 공동조계를 일본군이 접수하고 나면 상해도 법조계만 남아있어 국제적인 도시의 면모는 사라져 서산의 낙조와 같은 신세가 될 수밖에 없었다.

공동조계를 접수한 일본군 사령부는 공동조계 내에서 일본의 군, 관, 민에게 테러를 가하거나 납치할 경우에는 범인을 체포할 때까지 사건현장을 기점으로 사방 500m내를 봉쇄하고 생필품 유입금지와 거주인의 외부출입을 차단한다는 포고령 제1호를 발표했다.

이 무시무시한 청천벽력 같은 포고령이 선포 됐음에도 아랑곳하지 않고 공동조계 위웬루(愚園路) 일우에서 사건이 발생하자 일본군은 기다리고 있었다는 듯이 육전대로 하여금 포고령에 명시한대로 즉시 현장을 철통같이 봉쇄를 하고 경비에 나섰다.

봉쇄선 안에 갇혀있는 사람들은 하루가 지나고 5일이 지나면서 자연발생적으로 생존경쟁이 일어나는 바람에 가난한 사람들은 부유한 집에 쳐들어가 약탈하고 부유한 집들은 자체방위를 위하여 판자나 철판 등으로 철통같이 문을 막아 놓고 있는 실정을 일본군 경비병은 보고만 있었다. 내부에서 일어나는 살인, 강탈 등 여하한 일도 일본군은 일절 관여하지 않고 무법천지로 방임해 둔 채 오직 테러한 범인을 잡아 내놓을 때까지 요지부동한 자세를 취했다. 결국 테러범은 잡지 못한 채 40일 만에 봉쇄를 해제하니 이 지역의 주민 50%가 굶어죽었고 살아남은 사람도 폐인상태라고 하였다.

이 소문이 상해공동조계 전역에 퍼지자 일본군 관민이 나타나기만 하면 그 지역 주민들이 보호를 하느라 소동이 벌어지기도 했다.

일본은 전 상해지역에 거주하는 미, 영 민간인을 본국으로 송환하기 위해 장황에 집단수용을 했다. 공동조계와 법조계에서 미, 영국인이 살던 호화주택을 일본인이 점유하기 시작하면서 주거공간을 일본식으로 꾸미느라고 돗자리(다다미)가 동이 났다.

유태인은 중일전쟁 때 폭격으로 폐허가 된 양슈퓨(楊樹浦) 일대에 집단이주 시켜놓았는데 이주 후 1년쯤 되자 단층집을 짓더니 2년쯤 되자 2층으로 올렸고, 3년쯤 되자 빌딩으로 변하는 것을 볼 때 이주 초에는 생활이 어려워 몸을 팔기 위해 남편이 길거리에서 손님을 끌어들이는 딱한 정경도 보였지만 어느새 돈을 모았는지 경제적 기적을 이룩해 놓았다.

일본군은 공동조계에 유흥가를 종전과 같이 유지하되 옛날보다 더욱 화려하게 발전시켜 놓았다. 이와 같은 조치는 충칭(重慶) 산골에 가 있는 부호들이 상해를 동경하고 돌아오기를 유혹해 보자는 꼼수였다.

중일전쟁이 장기전으로 접어드는 상황에서 장제스(蔣介石) 군은 각 전선에서 편의대(便衣隊)로 유격전(遊擊戰)을 전개했다. 일본군이 치고 들어오면 도망가고 달아나면 따라가 달려들고 하는 식의 작전으로 일본군을 조롱했다. 성질이 급한 일본군의 고통은 이만저만이 아니라 했다.

전쟁은 어제가 오늘 같고 오늘이 어제 같은 전황 속에서 장제씨 군은 세계 열강국의 물심양면의 후원과 특히 미국의 군사적인 후원에 힘을 얻어 날이 갈수록 패기왕성해졌다. 어느 때보다 중국군은 일본이 망할 때가 다가오고 있다고 독전을 재촉했다. 일본인이 중국 복장을 입고 중국말을 배우고 중국음식을 좋아하고 즐겨 먹고 있는 현상은 곧 중국에 동화(同化)돼 가고 있는 현상이라고 환영했다.

일본은 인적 자원이 부족함을 느끼고 낳아서 키우자는 생산 장려를 외쳐댔다. 전쟁물자가 부족하자 국민이 가지고 있는 것을 공출했다. 전쟁비용이 딸려서 국민의 헌금을 강요하는 등 총력전을 펼쳤으나 전쟁을 장기전으로 끌고 가기에는 역부족임을 깨달았다. 조기에 전쟁을 끝내기 위해서는 미, 영국을 아시아 지역에서 몰아내 장제스 정부에 지원을 하지 못하게 차단하는 것이었다. 그러면 고립 무원한 상태에서 장제스 정부가 항복할 것으로 보았던 것이다. 일본은 미, 영과의 전쟁을 중일전쟁의 종말로 결정지을 계획이었다. 그러나 미국과 영국을 가볍게 평가한데서 오는 중압감을 느끼기 시작하면서 전쟁의 승패에 비관하는 일본사람이 많아 졌다.

13. 포고령 위반으로 맏형이 구속당하다

1942년 2월 초순경 일본군이 싱가폴을 함락했다는 호외가 나오고 요란스러운 승전무드를 타고 시가행진 등 환영일색으로 기세가 하늘을 찌를 듯 했다. 그날 밤 9시경 뚱씨화더루집에는 일본헌병이 영사관 형사를 대동하고 와서 맏형을 포고령 위반혐의로 연행하여 빼쓰촨루 일본 헌병대(北四川路 憲兵隊)에 유치했다.

연행해 가는 현장에는 둘째 성재 형과 내가 있었지만 경재 형과 말은 하지 못하게 해서 포고령 위반내용이 무엇인지 알지 못해 답답했다. 그날 밤 항저우에 있는 셋째 여재 형에게 연락을 하고 상해시보사 공무국장 이지택(李智澤) 씨, 위일리스극장 총지배인 장두철(張斗撤) 씨, 동향인 박성근(朴成根) 씨 등에게 이 사실을 전하고 무슨 일로 연행했는지 알아보아 달라고 부탁을 해두었다.

다음 날 아침 이지택, 장두철, 박성근 씨 등이 여기저기 수소문해 보았으나 알 수가 없다고 했다. 오후에는 항저우에서 셋째 형도 상해로 왔다. 하루가 가고 열흘이 지나도 맏형의 소식은 전혀 알 길이 없었다.

  2월 말경에 형이 연행된 지 2주일쯤 되는 날 오전 중에 상해시보사와 위일리스극장에 일본헌병이 찾아왔다. 그들은 상해시보사 간부들을 불러 모아 놓고 전시하 언론통합령에 의거 신문사를 폐쇄 처분한다고 했다. 위일리스극장 총지배인 장두철 씨에게는 양화(洋畵) 전속 상영관임을 지적하고 이적행위라고 폐관처분 압류해놓고 돌아갔다.

  극장의 폐관처분을 확인하고자 헌병대에 가서 경재 형과 면회 신청을 제출해 보았으나 허락되지 않았다. 이지택, 장두철 씨와 대책을 협의해 보았으나 속수무책이었다. 지금 상황으로는 경재 형의 신상이 언제 어떻게 귀결이 될지도 예측불허였다. 신문사와 극장 관련 인사들의 신상문제는 각자 판단에 맡기고 기다려 볼 수밖에 달리 도리가 없었다.

  그러던 4월 초순 어느 날 빼쓰촨루 일본 헌병대에서 내일 오전 중에 헌병대에 와서 맏형과 면회를 하라는 전화 연락이 왔다. 다행히 경재 형이 헌병대에 끌려간 후 초조하게 기다리던 중 반가운 소식이었으나 맏형을 만나면 무슨 말로 위로를 해야 할지 여러 가지 생각으로 공상만하다 뜬눈으로 밤을 새웠다. 다음 날 근 두 달 만에 일본 헌병대 유치장 면회실에서 만나본 경재 형은 얼마나 고생이 많았느냐고 되레 나를 위로해 주기 바빴다. 어둡고 음침한 사회와 단절된 이곳에 이골이 났는지 고통스러운 모습은 찾아볼 수가 없었고 오히려 동생인 나를 보기에 안쓰러웠던지 형들은 잘들 있느냐하고 여러 번 되물었다.

  신문사와 극장이 폐쇄되고 압류당한 것과 직원들이 뿔뿔이 떠나간 일들을 말해주자 내말이 떨어지기 전에 경재 형은 "그건 네가 걱정하고 간섭할 일이 아니야, 없었던 걸로 하면 그만 아니냐. 신경 쓰지 마라."라고 나를 위로했다. 면회시간 1분이 눈 깜짝할 사이 지나가고 입회하고 있던 헌병을 따라 나가는 경재 형의 뒷모습을 보고 우리가 무슨 죄를 지었기에 이 고통을 받아야 하는지 울화가 치밀어 분을 참을 수가 없었다.

   1925년 공산당 재건 사건으로 서대문 형무소에서 경재 형이 옥살이를 할 때 아버지는 우리나라 고래 풍속에 따라 선비들이 일상생활에서 문밖 출입할 때 행장하듯이 상투 트시고 갓을 쓰시고 서대문형무소에 면회를 갔다가 상투 틀고 갓 쓴 사람 면회를 시켜주지 않는다고 해서 한평생 지녀온 상투를 자르고 갓을 벗어버리고 면회를 하셨다. 한 달에 한 번 밖에 면회를 허락해 주지 않아 황주시골에서 매달 한 번 서울에 올라가서 면회를 할 때면 가족들이 면회를 오지 않아서 고생하고 있는 동지들이 많다고 차입을 부탁해서 차입을 해주느라 많은 돈이 지출됐다고 한다. 또한 경재 형이 서대문형무소에서 옥살이 할 때에는 옥안에 갇혀 있는 아들보다 옥밖에 계시는 아버지의 고생이 더 많으셨다.

   경재 형이 옥살이를 끝내고 출옥한 후 고향집에 와 있을 때에는 요시찰인이어서 2일에 한 번은 경찰서 형사나 지사 순경이 교대로 찾아왔다. 그들은 서신과 친지 내왕, 가족의 동정 등을 감시했다. 주위의 동태까지 면밀히 살피고 있었기 때문에 집안 식구들조차 자유롭지 못했다. 뿐만 아니라 시골집 촌락 안과 바깥동네 합쳐서 50여 호 밖에 안 되는 동네 전체가 요시찰 대상이 되어 있었던 상황이었다. 무슨 일이라도 생기면 형사들이 뻔질나게 찾아오는 것을 보고 아버지와 동네 유지들은 세상 돌아가는 시국의 동정을 짐작할 수 있었다고 한다.

아버지는 맏형이 장자요, 두 살 때 어머니를 여의고 후모인 나의 어머니 품에서 자라나고 있음을 불쌍히 여기시고 극친히 사랑하셨다. 5살 때 망아지 새끼가 어미를 따라다니는 것을 보고 그 망아지를 달라고 떼를 써서 아버지가 망아지 주인을 찾아가서 사정사정해 사다 준 일이 있었다고 했다. 어려서부터 머리가 좋아서 수원고등농림학교(水原高等農林學校)를 월반해 졸업을 한 후 일본 동경제국대학농과(日本 東京帝國大學農科)에 유학을 보냈다.

아버지는 장자 위주로 가통을 이으려고 하였기 때문에 장자는 일본유학을 보내면서도 세 살 아래인 차자 성재 형에겐 중학교 조차 보내지 않았다.

아버지는 32세에 맏형을 얻으셨다. 당신의 몸이 허약해서 일상 신병치료를 하고 계셨기 때문에 집안을 걱정하신 나머지 장자인 형에게 생활을 맡길 계획을 하시고 있었다. 형이 동경유학을 마치고 돌아오면 군수라도 한자리 하는 걸로 기대를 하고 있다가 뜻밖에 대학졸업을 앞두고 조국독립운동에 투신하여 상해로 간 것을 아시고는 독립운동에 필요한 자금까지 뒷바라지를 했다.

1923년 나의 생모가 돌아가시자 맏형이 고향집에 와서 아버님을 모시고 있었다. 당시 고향집은 안채, 사랑채, 2층의 다락방으로 되어 있었는데 사람이 출입하는 대문, 방문, 다락문, 광문, 창고문, 곡간문 등 문이라는 문마다 부적이 붙어 있었다. 방안에는 각양각색의 신주가 걸려있었고 광이나 곡간, 창고에도 신주를 모셨다. 장독대에는 장독대감이 자리를 잡고 있었다. 그것들은 집안을 지켜준다는 수호신으로 오랫동안 지켜 내려 온 풍습이었다. 그러나 경재 형은 미신으로 취급하고 깡그리 끌어내다 불살라 버렸다. 그 광경을 보신 아버지는 아무 말도 하지 않은 채 그 현장을 묵묵히 지켜보고만 있었을 뿐 경재 형에게 집안을 맡겨 놓은 일이라 생각을 하셨는지 일체 간섭하지 않았다고 한다.

그때부터 경재 형은 기독교 예배당에 나가 예수를 믿었다. 기독교에서 설립한 황주양성학교(黃州養成學校) 교장으로 재직하다가 1925년 서울에 가서 공산당 재건운동에 동참하다 옥살이를 했다.

출옥 후 신문사, 잡지사에 기고해 생활하던 중 1933년 만주사변 중일 때 비상시국하 예비 검속령에 의해 서울용산 헌병대에 연행되어 구금당했다는 소식을 시골집에서 들으셨다. 아버지는 용산헌병대에 찾아가 면회를 한 후 사식을 대느라 시골집으로 돌아가시지 않았다. 용산헌병대 근처에 하숙을 정해놓고 있던 중 3개월 만에 구금이 해제된 것을 보고 집으로 돌아오셨다고 한다.

형은 1935년 간도용종 동흥중학교(間島龍井 東興中學校) 재단이사장에 취임하기 위해 용종으로 갔다. 1921년 소련의 압박 민족해방대회에 참가했다가 둥산성에서 여러 독립단체에 전전하고 다닐 때 아버지는 돈이 떨어져 고생하고 있지 않나 걱정되어 인편에 거액의 자금을 보내주었다. 그때 백만여 평의 농토를 사서 용종 동흥중학교에 기증한 인연으로 해서 간도용종중학교 이사회에서 재단 이사장으로 추대한 거라고 하였다.

형은 1936년 씬징(新京)으로 가서 만선일보 논설위원을 했다. 1939년에는 일본동경제국대학농과 동기 동창인 중국인 쑤(紹) 씨의 초청으로 상해에 갔다. 쑤 씨는 저장성 재벌로 상해에서 사업을 하고 있었는데 그의 후원으로 중국어판 상해시보 일간지를 발행하고 있었다. 신문경영에서 오는 손실을 보완하기 위해서 위일리스극장을 매수하여 운영도 했다. 태평양 전쟁으로 인하여 신문은 폐간되고 극장은 압류 당했던 것이다.

맏형이 구금된 이유는 포고령 위반이라는 죄목이었다. 이적행위를 한 요시찰인으로 예비검속령에 의해 구금해 두고 있었던 것이라 했지만 사실은 극장을 압류하기 위한 악랄한 수법에 불과했다. 맏형은 구금된 지 2개월여 만인 4월 중순경 풀려났다. 아버지가 생존해 계셨으면 이런 상황에서 자애하신 아버지의 보살핌을 받았으련만 경재 형은 동생들을 위로해 주기에 여념이 없었다.

14. 나의 길을 찾아

형은 그간 신문사와 극장 운영 등으로 바쁘고 고달픈 날을 보냈다. 일본헌병대에 끌려갔다 석방된 후 할 일도 하고픈 일도 없어졌는지 찾아오는 손님도 멀리했다. 매일 산책을 다녔다. 영화나 중국 창극을 보러 다니는 것이 일과처럼 되었다. 맏형과 나는 상해에서 관광하면서 하는 일 없이 소일하고 있었다. 셋째 형한테서 항저우에 오라는 연락을 받고 상해를 떠난 때가 1942년 5월 말이었다.

셋째 여재 형이 나를 부른 것은 사업구상 때문이었다. 일본군이 지난 2월 절감작전(浙贛作戰)을 개시한 후 첸탕강(錢塘江) 건너 류지(諸暨), 위우(義烏), 찐화(金華)를 점령하고 찐화에다 전방기지 사령부를 설치하기 위해 항저우에 두고 있던 일선기지 사령부를 이동하고 있는 중이었다. 중국인 직원들이 큰 관심을 가지고 찐화에 진출해 물물교역을 하면 어떠냐고 건의를 하고 있었다. 형은 중국인들의 건의에 대해 나의 견해를 물어보기 위함이었다.

나는 육감적으로 천더썽 형의 계획이라 보고 며칠간 여유를 얻어 천더썽 형을 만나 의논했다. 당시 일본군의 절감작전(浙贛作戰)의 목적은 항저우에서 찐화(金華), 쟝산(江山), 쌍라오(上饒), 창샤(長砂)를 연결하는데 있었으나 중국 제3전구 사령장관 꾸저우퉁(顧祝同) 장군의 30만 대군이 건재함을 보고 점령했던 쌍라오(上饒), 쟝산(江山), 옌저우(嚴州)를 철수하려는 것이었다.

천더썽은 일본군이 절감작전에서 찐화(金華)만을 점령한 채 제3전구를 전면으로 배치해 두고 있는 중요한 군사적 요충지로서 찐화에 우리 동화산업공사가 방제회사를 설립해 진출하면 제3전구를 대상으로 한 물물교역에 유리할 뿐만 아니라 일본군의 동태를

파악해 전세를 유리하게 유도하는데 일조가 될 것으로 믿고 있는 눈치였다.

어느 날 천더썽 형이 차 한 잔 하자고 호반다방에 끌고 갔다. 작년 8월에 나를 지하공작 요원으로 제3전구 사령장관부 조사실 주임 마오완뤼(毛萬里) 장군에게 추천한 일이 있었다. 그간 조사실에서 지하요원으로서의 적격여부를 두고 10개월간에 걸쳐 나의 신상을 내사한 결과 전적으로 신임한다는 통보가 6월초에 왔다고 알려주었다. 지금까지 한낱 지하공작원이었던 때에 비하면 지하요원은 신분상 차원이 다르다. 이제부터 나의 신분은 조사실 소속 지하요원으로 지명됨에 따라 필요한 경우 언제 어느 때든지 항일지구로 갈 수 있다는 신임을 얻은 것이다. 항일독립운동을 위해 더할 수 없는 배경을 개척해 둔 것이라서 천더썽 형의 각별한 배려가 고마웠다. 나 또한 10개월을 그냥 허송세월로 보낸 것이 아니라 조국을 위해서 일할 수 있는 기회가 오직 이 길뿐이라는 내 나름대로의 신념으로 일상생활에서 중국인 직원들과 호형호제하며 지낸 일이라든가 공동체 구성을 위해 노력한 보람을 느끼게 했다.

나는 상해에 가기 위해 둥산성을 떠날 때부터 상해에 가면 조국을 위해 내가 할 수 있는 일을 찾아야겠다고 다짐했었다. 기대했던 좋은 기회가 온 이상 밥 먹고 살기 위해서나 돈 벌기 위해 사업할 생각이 없어졌다. 천더썽 형이 구상하고 있는 찐화(金華) 진출 계획에 대한 이해를 하고 여재 형에게 찐화 사업에 대한 본격적인 관심을 가지고 보다 적극적으로 추진하라고 일렀다.

항저우의 동화산업공사는 상해에서 할 일 없어 고생하고 있는 친지 박성근(朴成根) 씨를 총경리로 기용하기로 했다. 박성근 씨에게 연락을 해서 동화산업공사의 사업내용을 말해주고 총 경리직을 맡아달라고 하자 기꺼이 응낙을 했다. 그는 서둘러 1남 세환과 1녀 해선의 전학수속을 하고 2남 세용, 2녀 선이를 이끌고 부부가 1942년 8월 총알같이 항저우에 달려왔다. 동화산업의 사업은 농장관리에서부터 농산물 판매의 전 과정이 중국인을 상대로 한 일이여서 중국말이 통해야 하는데 상해말을 할 줄 알고 중국인을 이해하고 중국 풍속에도 익숙한 사람이었으면 했는데 이런저런 점에서 박성근 씨가 적임자였다.

내가 할 수 있는 일을 찾는데 많은 고심과 허송세월을 보내고 있을 때 1942년 10월초 천더썽 형은 나를 보자고 했다. 그는 난징(南京)에 가서 국립중앙대학(國立中央大學)에서 유학을 하면 어떠냐고 말문을 열었다. 그런 길이 있겠느냐고 했더니 내가 난징국립중앙대학으로 유학을 가겠다고 결심만 하면 지금 조사실 연락원이 항저우에 와 있으니 조사실 마오완뤼(毛萬里) 주임에게 연락을 해주겠다고 했다. 나는 더 생각하고 더 두고 볼 일이 아니라고 생각하고 승낙을 했고 학과는 농학과를 선택한다고 하자 천더썽 형은 그렇지 않아도 학과는 농학과로 선택하라는 지시사항이라고 했다. 그 이유는 우리 동화산업공사가 농장을 경영하고 있는 현황을 들어 농학과로 유학을 가면 첫째 일본관헌의 의심을 피할 수 있을 것이라 보았고 그러한 틈을 이용해 동지를 구하기 위한 활동이 가능하다고 보았다. 둘째 반일항전이 장기전으로 계속될 때를 대비해서 게릴라전법으로 농촌에 농민들과 농사를 지으면서 동고동락 속에서 반일항전 사상을 양성하자는데 있었다.

이제 내가 해야 할 일이 무엇인가를 파악한 이상 서둘러 준비하지 않으면 안 될 것 같았다. 우선 박성근 씨를 찾아가 천더썽 형과의 약속은 비밀로 해둔 채 난징으로 유학 가는 길을 상의했다. 박성근 씨는 내 처지를 십분 이해하고 셋째 여재 형이나 맏형 경재에게는 비밀로 하기로 했다. 나는 상해에 가서 친지 몇 사람을 찾아다니며 사정을 말하고 난징(南京) 국립중앙대학(國立中央大學)으로 유학 갈 학자금을 마련했다. 박성근 씨는 국립상해대학(國立上海大學) 영문학교수 김명수(金明水)를 찾아가서 소개장을 얻어 가지고 왔다.

금년 초 송지영(宋志英)이 난징(南京) 국립중학대학 문학원(國立中央大學 文學院)으로 유학 갈 때 박성근 씨가 동행하여 수속을 해준 경험이 있어 이번 내 일은 손쉽게 생각하고 있었다. 1943년 1월 박성근 씨와 같이 난징국립중앙대학에 가서 지난해 만났던 안면 있는 교무과 주임을 만나 금년 내가 유학 오게 된 사정을 말하고 김명수 교수의 소개장을 내놓았다. 교무주임은 나에게 중국에 온 지 얼마나 되며 지금 어디서 뭘 하고 있냐고 물었다. 중국에 온 지는 5년이 되나 항저우에서 농장을 경영하는 동화산업공사에 참여한지는 1년 5개월이라고 하자 잘 알았다고 하며 앞만 보고 학업에 열중해 달라는 격려의 말을 해주었다. 농학원 등록서류를 내놓고 서명 날인해 달라고 해서 박성근 씨의 보증서명으로 입학수속은 끝냈다.

박성근 씨는 이번 일은 손쉽게 생각은 하고 있었지만 의외라고 하는 걸로 보아서 조사실 마오완뤼 장군의 배후 작용이 있었던 걸로 추측해 보았다. 박성근 씨와 상해에 돌아와서 맏형 경재에게 전후사정을 밝혔다. 항저우에 가서 여재 형에게도 말해주었더니 앞으로 학자금 일체는 자기가 부담하겠으니 타인에게 절대로 폐를 끼치지 말고 학업에 전념하라고 했다.

천더썽 형을 찾아가서 난징국립중앙대학에서 교무주임과의 대화 내용을 설명해주고 조사실에서 도와준 데 대하여 사의를 표하자 나의 유학 준비는 이제 끝난 일이니 자기와 차 한잔 하자고 해서 씨후(西湖) 호반다실로 갔다. 천더썽 형이 말하기를 여재 형이 찐화에다 저장물산공사를 설치해 놓고 사업을 착수했다고 자기를 그쪽 찐화로 오라고 한다는 것이다. 찐화에서 사업을 하자면 자기가 있어야 신변과 상거래에 있어 위험부담이 없다고 하더란다. 나는 그렇지 않아도 여재 형이 나더러 천더썽 형을 저장물산공사 영업과장으로 기용해서 찐화와 항저우에 15일씩 교체 근무하는 조건으로 찐화에 가라고 하면 갈 것 같으냐고 의사를 타진해 보라고 해서 기회를 엿보고 있었던 참이라고 말해주었다. 그러자 천더썽 형은 너무 좋아서 두 손을 모아 치하하면서 난징으로 유학 가서 동지를 구하고 내일을 위해 대비하는데 최선을 다해달라고 했다.

나는 난징으로 돌아가기 전 상해에 가서 신세를 진 여러 친지들에게 인사를 드리기 위해 항저우를 떠나야했다.

15. 난징 유학시절

1943년 2월 초 아침 7시 법조계(法曹界) 뻬당루(貝當路) 집을 나와서 삼륜차를 타고 상해 역에 도착했다. 8시 출발 난징(南京)행 급행열차 3등실에 올라 앞으로 펼쳐질 학창생활의 설계를 하는데 골몰했다.

무엇보다도 정의로운 학우를 찾아나서는 일이 나의 의무처럼 느껴졌다. 특히 중국인 학우들과의 관계에 있어서 친선과 우의를 다지고 영원한 친구요, 동지로 사귀는 일이 학업 못지않게 중요하다는 생각을 해보는 동안 어느덧 오후 4시 난징에 도착, 송지영 형을 찾아갔다.

요전에 박성근 씨와 난징에 왔을 때에는 일부러 찾아보지 않고 돌아갔지만 이번에는 상해에서 송지영 형에게는 미리 연락을 해 놓았기 때문에 내가 오는 것을 알고 기다리고 있었다. 우리는 차 한 잔 하러 시내로 들어갔다. 다방에서 난징국립중앙대학 문학원의 송지영 형과 동학인 중국인 마훠잉(馬厚英)을 만나 송지영 형의 소개로 인사를 나누었다. 마훠잉에게 하숙할만한 중국인 가정집을 구해 달라고 부탁을 하자 벌써 송지영 형한테서 연락을 받고 물색해 놓았다고 걱정하지 말라고 한다.

우리 3인은 찻집 한두 곳에 더 들렀다. 송지영 형의 단골집 중국음식점에 가서 채 둘에 탕 하나를 주문해 배불리 밥을 먹고 계산을 해보니 상해에서 일인 분 값밖에 안 되는 정도로 음식 값이 싼데 마음이 놓였다.

그날은 송지영 형 숙소에서 하룻밤 쉬기로 하고 마훠잉과는 내일 만나 얻어놓은 하숙집으로 이사하기로 약속하고 헤어졌다.

송지영 형 숙소에 가서 하룻밤을 보내는 동안 송 형의 그 동안 살아온 사연과 고민을 들을 수 있었다. 충청도 어느 산사에 들어가 한학수업을 하다가 서울에 가서 동아일보(東亞日報) 수습기자로 일했다고 한다. 동사특파원으로 만주에 파견취재활동 하던 중 만선일보(滿鮮日報)로 전직한 후 만선일보의 특파원으로 상해에 왔다고 했다. 상해시보(上海時報)사에서 나의 맏형 경재를 만나 기자생활을 하던 중 맏형 경재의 도움으로 난징 국립중앙대학으로 유학을 오게 되었고, 경재 형이 일본헌병대에 끌려가서 신문사와 극장 등 전 재산을 빼앗기고 나와서 아무것도 하는 일없이 소일하고 있는 형편을 알면서 학비니, 하숙비니 하는 말을 할 수도 없었다고 했다. 고민 중인데 엎친 데 덮친 격으로 자기의 사정을 모르는 대학에서는 등록금을 독촉하고 있어 어디서 구해다 주나 고민이라고 하였다.

송지영 형은 나하고 사귄지는 1년여 밖에 안 되었지만 상해에 오면 집에 들러서 한 식구처럼 지내왔기 때문에 못하는 말, 감추는 일 없이 털어놓고 지내는 사이였다. 학비와 하숙비를 구하러 무후(無湖)와 한커우(漢口)에 갔다 오겠다고 했다. 사실 송지영 형에게 얼마간의 용돈을 주려고 가지고 온 돈이 있었다. 송지영 형의 사정을 듣고 보니 용돈 가지고는 안 되겠다 싶어 한 학기 학비와 하숙비를 마음 크게 먹고 털어줬다. 형은 깜짝 놀라면서 어디서 구했느냐고 묻기에 상해 친지들을 찾아갔던 일과 앞으로 셋째 형이 학자금을 대주겠다고 하는 말을 해 주었다.

송지영 형은 이번 학기는 학자금이 마련됐으니 열심히 공부나 하고 다음 학기는 다음 학기대로 그때 가서 형편 돌아가는 대로 하겠다고 한시름 놓는 눈치였다.

다음 날 마훠잉과 만나 침구와 침대를 사가지고 그가 얻어놓은 쏴(紹)가네 집으로 이사를 갔다. 쏴가네 집은 2층 건물로 침실 일곱 개, 응접실 두 개로 노모님을 모시고 여덟 식구가 한집에 살고 있었다. 형은 난징교육청에 다니는 교육공무원이고 동생은 중앙대학 법학원 학생으로 근근이 살아가는 처지라 방 하나를 세놓는 것이었다.

식사는 매식하기로 하고 방세는 1년치를 선불로 지불했다. 송지영 형과 만나기로 약속한 금문(金門)다실로 가서 국립중앙대학법학원 이일범(李一凡), 이복록(李福綠), 문학원 박시준(朴時埈), 농학원 박철원(朴哲遠), 남방대학법학원(南方大學法學院) 이정선(李正善) 제형들과 송지영 형의 소개로 인사를 나누었다. 차 한 잔을 하면서 여러 얘기를 하는 사이 일구여면이라더니 벌써 구면처럼 친해졌다.

이복록, 박철원, 이정선 학형은 선약이 있다고 간 후 남은 우리 4인은 중국음식점에 가서 몇 가지 요리를 주문해 놓고 빼갈 한 잔씩 하는 동안 취기가 돌아 젓가락 장단에 맞추어 흘러간 옛 노래를 부르며 신나게 놀다보니 10년 묵었던 체증이 떨어져 나간 것 같아 속이 후련한 기분이었다. 이제사 나는 우리 세상을 만난 것 같았다. 그날 음식 값은 내가 지불했다. 다음 날 송지영, 박시준, 마훠잉(馬厚英) 학형과 같이 계명사(鷄鳴寺)로 소풍을 갔다. 송지영 형은 중국인 주지와 시 한수씩을 짓고 필담을 나누었다. 송지영 형은 중국말 보다는 고문(古文)에 능해 문인대접을 받았다. 영어와 신학문을 공부하느라 줄창 책을 끼고 다녔고 잠시도 책을 멀리하지 않았다. 다방엘 가나 음식점엘 가나 틈틈이 책을 들여다 보다 명상에 잠기기도 했다. 참으로 열심히 사는 모습이 보기 좋았다.

내가 난징국립중앙대학에 재학 중일 때 한국인 유학생은 법학원 이일범(李一凡), 이규해(李圭海), 조일문(趙一文), 유완(柳浣), 이복록(李福錄), 전원일(全元一), 김영휘(金永輝), 문학원 송지영(宋志英), 박시준(朴時埈), 농학원 박철원(朴哲遠), 의학원 전채순(田采淳), 정영호(鄭英昊) 외에 한두 사람이 더 있었던 걸로 기억이 난다. 특히 여러 학형 중에서 이일범, 박시준, 송지영하고는 의기투합해 절친하게 지냈다.

이일범 형은 평양숭실학교를 중퇴하고 베이징(北京)에 가서 베이징고등학교를 필업(畢業)하고 난징에 와서 가정교사를 하면서 대학에 다니고 있었다. 예의가 바르고 학우간에 신의가 두터울 뿐만 아니라 민족의식이 강하고 매사에 신중하며 예민한 사고와 판단력을 갖고 있어 누구에게나 친근감을 주며 사교적인 면에 능숙했다.

박시준 형은 평양사범을 졸업하고 카이펑(開封)에 가서 카이펑 국민학교에서 훈도를 했다. 그는 민족의 웅지를 품고 난징으로 유학 온 평남 중화출신으로 성질이 유하고 의지와 인내심이 강한 사나이로 돈이 있거나 없거나, 혹은 먹을 것이 있거나 없거나, 갈 곳이 있거나 없거나 걱정하는 일이 없었다. 태산이 무너진다 해도 살아남을 길은 있다고 믿고 있는 철인이었다.

송지영 형은 '頭大日 英雄이고 足大日 賊'이라는 격언처럼 왜소한 체구에 머리에는 맞는 모자를 구하기가 어려웠고 발은 작아서 국민학교 학생이 신는 신발이면 족했다. 머리는 좋아서 오만가지가 들어가 있고 수양이 잘 되서 참는데 끈기가 있고 오라는 데는 없어도 갈 데는 많아서 항상 분주하게만 보였다. 흠이 있다면 말과 같이 실천력이 미흡할 때가 많았지만 난징에서 학창생활하던 그 시절 나는 세 학형들과 같은 대학에 적을 두고 있는 것만으로도 기쁘고 마냥 즐거웠다.

4월 어느 날 쉬안우후(玄武湖)에 가서 우리 한국인 학생들만이 모여서 동학야유회를 하였다. 때가 4월인데도 난징의 쉬안우후는 따뜻한 봄기운이 나지가 않았다. 쉬안우후의 크기는 씨후(西湖)의 5분의 1정도가 될 만한 호수로 물결이 일어나 배를 흔들어 대서 안정감이 없었지만 15명의 학우가 한배에 타고 가지고 온 음식물을 꺼내놓고 먹고 마시는 동안 흔들리는 배가 우리들 노래장단에 맞추어 여흥을 돋아 주기도 했다.

5월초 어느 날 아침 일찍이 마훠잉 형이 찾아와서 법학원 재학 중인 우옌창(伍延長)이 동학 7명을 규합하여 반중원 대학총장 추방운동을 전개한 후 왕자오밍(汪非銘) 정권타도 성명을 내고 반일운동을 선동하다 옌안(延安)으로 도망갔다고 전했다. 우리가 1주일 전에 우옌창 학우와 같이 저녁 회식을 한 일을 누구한테 발설한 적이 있느냐고 묻기에 나는 박시준 형에게 말한 적이 있으나 박 형은 입이 무거운 사람이라 괜찮을 거라고 말했다. 마훠잉 형은 만일을 위해서 입조심 하도록 주의를 해 두는 것이 좋겠다고 해서 마형과 같이 박시준 형을 찾아가 엄비에 부쳐두도록 부탁을 했다.

　이 일이 있은 후 학교 당국은 초긴장을 했다. 우옌창(伍延長) 학우가 기숙사에 있었던 관계로 해서 외부인의 기숙사 출입을 불허했다. 기숙사에 있는 학생들이 수난을 겪었다.

　중국은 어디를 가나 토화(土話) 때문에 언어소통이 불편한 정도가 아니라 곤경에 처할 때가 많았다. 베이징(北京)에 가면 베이징말, 상해(上海)에 가면 상해말, 광둥(廣東)에 가면 광둥말을 해야만 말이 통할 수가 있었다. 말 자체가 근본적으로 많이 다르기 때문에 상통이 안 되는 것은 말할 것도 없거니와 베이징말, 상해말, 광동말을 다 한다 해도 오지에 가면 단 한마디도 안 통하는 데가 부지기수였다. 나의 학교생활도 교수에 따라 자기 출신 지방어를 사용할 때가 많았다. 대학에서 강의하는 교수 자체가 그러니 교수의 말을 정확히 알아들을 수 있는 학생은 그 교수와 같은 지방 출신밖에 없었다. 때로는 얼치기 말 즉 상해말, 베이징말, 정확한 발음이 아닌 비슷한 말 속에서 그 뜻을 헤아려 어림잡아야 했다. 무슨 내용의 말인지 알아들으려면 열심히 귀를 기울여 들어야 가능했다. 그래서인지 학생들 사이에서는 여러 지방 출신 중에서 그 교수의 말을 정확히 필기해 놓은 노트를 빌려다 보는 것이 절실히 필요했다.

　언어의 통일이 안 되어 모든 사람이 어려움을 겪지만 일본의 침략을 대적하기에 바쁘기 때문인지 몰라도 언어 문제를 논할만한 여유는 없었다. 중국의 표준어는 베이징어라고들 하나 표준어에 대한 관심이 적어서 그런지 모두가 베이징어를 표준어로 이해하기 보다는 베이징 지방어로 인식하고 있는 경향이 많았다. 특히 상해는 국제도시라고 하는 점에서 베이징어를 이해하려는 의욕보다는 영어를 배우려고 하는 욕심이 강했다. 그러한 풍조는 상류사회에서 영어가 공용어처럼 사용되었던 점으로 엿볼 수 있다. 혁명기에 국민당 당무회의에서 서로 간 언어가 통하지 않아 영어를 사용했다고 하는 너무나 유명한 일화가 생겨나기도 했다.

5월 어느 날 난징마라톤 대회에 난방대학(南方大學) 법학과에 적을 둔 우리나라 학생 이정선 선수가 참가했다. 이일범, 박시준, 송지영 등 세 형과 같이 응원을 갔다. 우리 이정선 선수가 씩씩한 얼굴로 1착으로 골인 하는 것을 보고 달려가 이정선 선수를 둘러싸고 있을 때 얼굴을 망사로 가리고 챙이 큰 모자를 쓴 마치 제정 노서아 시대의 귀부인식 양장을 한 50대의 풍만한 여인이 다가왔다. "여기에 모인 사람이 한국 학생들이요?" 하고는 1착을 한 선수가 난방대학의 한국학생이라 하는데 사실이냐고 물었다. 너나할 것 없이 모두가 대답을 못하고 있었다. 도대체 이 요란스러운 여인이 어디서 온 뭘 하는 여인인지 갈피를 못 잡고 쳐다만 보고들 있었다. 여인은 안 되겠다 싶었는지 자기의 신분을 밝혔다. 그녀는 중화민국 국민정부 장(江) 문교부장관의 초청으로 난방대학 교수로 온 오소파(吳小波)라고 했다. 마라톤 경주가 있다기에 구경왔다가 우리나라 젊은이가 1착을 하는 것을 보았단다. 같은 동포로 민족의 긍지를 떨치고 있는 것을 보고 무한히 기쁘다면서 또한 우리를 만나보게 되니 참으로 영광이 아닐 수 없다고 했다. 그때서야 우리는 인사를 하고 다방으로 모시고 갔다.

오소파 여사는 20년간 상해에서 중국신문사 기자생활을 했다고 한다. 여름 방학이 되면 상해를 가려고 하는데 상해에서 온 학생이 있는지 물어보았다. 송지영 형이 맏형 경재의 이야기를 하면서 내가 막내 동생이라고 소개했다. 그러자 오소파 여사는 맏형 경재를 잘 안다고 하며 상해 갈 때 같이 가자고 동행을 요청해 왔다.

6월 초부터 학기말 시험이라 시험이 끝나면 모두가 그날로 각자 갈 길로 떠나갔다. 그때는 만나기 어려우므로 시험 준비에 여념이 없는 틈을 내서 박시준 형과 긴요한 상의를 하기 위해 중산공원으로 갔다. 산책길에서 박시준 형에게 6월 말경 찐화(金華)에 갈 예정인데 그 전에 상해에서 긴요한 일로 의논할 일이 있으니 상해에 오라고 여비를 주었다. 박시준 형은 카이펑(開封)에 있는 친구들이 항전지구(抗戰地區)로 탈출할 길을 모색해 두겠다고 오라고 해서 카이펑에 가려고 하니 무슨 일인지 지금 말해 줄 수 없느냐고 했다. 나는 지금까지 비밀로 간직해두었던 천더썽(陳德生) 형과 밀약했던 내용을 모두 말해주었다. 그렇다면 카이펑에 가서 정세를 관망하고 상해로 갈 테니 그 때 카이펑과 찐화를 놓고 검토한 후 행동을 같이 하기로 의견을 모았다.

우리는 중산공원에서 내려와 중국음식집에서 간단히 저녁이나 하자고 한 것이 빼갈을 한 잔 두 잔 마시다 만취가 된 채 박시준 형 숙소로 가서 쓰러져 잤다. 다음 날 우리는 어제 나눈 이야기들을 다시 한 번 확인했다. 그러나 송지영, 이일범 두 형과 상의해 보기로 한 일에 대하여 두 형의 사정으로 볼 때 송형은 다음 학기 학비조달을 위해 한커우(漢口), 우후(蕪湖)와 상해(上海) 등지로 구걸계획을 세워놓고 있는 형편이고, 이일범 형은 국내에 가서 누님을 모셔다 난징에서 사업을 하고 있는 정윤관(鄭允官) 씨와 결혼시킬 계획으로 정신이 팔려있는 상태라 마음이 안정된 후 때를 봐서 말하기로 했다. 우리들만의 비밀로 지켜둘 것을 서로 다짐을 해두고 박시준 형의 숙소를 나와 쏴가네 하숙집으로 돌아갔더니 마훠잉(馬厚英) 형이 와서 나를 기다리고 있었다.

마훠잉 형이 학기말 시험이 끝나면 일본으로 유학 갈 계획을 세우고 수속준비를 하고 있다고 여비 걱정을 늘어놓기에 나는 얼마간 여비에 보태 쓰라고 도와준 일이 있었다. 송지영 형이 1985년도 타이완(臺灣)에 갔다가 마훠잉 형을 만났다면서 나에 대한 안부를 묻더라는 말을 전해 온 일이 있다.

6월 중순경 학기말 시험이 끝나서 상해에 갈 준비를 했다. 오소파 여사에게 연락을 취해 놓고 마차를 대절해 모시고 난징역에 나갔다. 오소파 여사를 모신다는 생각에서 내 딴에는 없는 돈을 무리를 해 2등실 차표를 구해놓고 좌석을 찾아갔다. 오소파 여사는 남의 호주머니 사정은 아랑곳하지 않고 왜 1등실을 두고 2등실로 가느냐고 창피하다는 투정을 하면서 자꾸만 1등실로 가자고 했다. 가진 돈이 없어 그럴 수 없는 주머니 사정을 말해도 이해하지 못한 채 그만한 돈도 없이 어떻게 유학을 왔느냐고 꾸짖는 건지 비웃는 건지 알아들을 수 없는 말을 늘어놓고 있었다.

점심 때 식당으로 모시고 가서 무얼 드시겠느냐고 했더니 정식을 들겠다고 해서 대접을 했다. 내 호주머니에는 집에 갈 교통비만 남았다. 상해역에 도착을 해서 어디로 가실건지 행선지까지 모셔다 드리겠다고 하자 내가 가는 맏형 집으로 같이 가자고 해서 할 수 없이 모시고 갔다. 맏형은 갑작스럽게 모시고 온 오 여사를 유심이 살펴보시다 누구냐고 했다. 내가 오 여사를 소개 해야만 했고 오 여사가 맏형을 잘 안다고 한 것도 거짓말이었다는 것이 드러났다. 오 여사는 옛날의 상해 이야기를 몇 마디하고 나서 할 말이 없는지 꿀 먹은 벙어리 모양을 하고 말없이 앉아 있었다. 저녁때가 되어 저녁을 먹고, 밤이 깊어 가는 데도 갈 생각을 하지 않았다. 할 수 없이 오늘은 여기서 하루 밤 쉬시겠느냐고 하자 그랬으면 한다고 해서 나는 내 방의 침대를 내주고 거실에 나와서 잠을 잤다.

다음 날은 몸이 아프다고 하면서 하루 종일 침대에 누워 있었다. 그러나 음식은 하나도 남기는 것 없이 밥그릇과 접시를 비웠다. 다음 날은 병원을 안내해 달라고 하면서 일본인 병원으로 가자고 했다. 병원에 가서 나더러 일본말로 통역을 해달라고 했는데 병원으로 들어가자 수부의 간호원이 와서 환자의 주소 성명과 연령, 직업을 대라고 하니까 붓과 종이를 달래가지고 붓글씨를 쓰는 것을 보니 보통 솜씨가 아니었다.

간호원은 챙이 큰 모자에다 그물로 얼굴을 가린 양장을 한 오소파 여사가 붓글씨를 쓰는 것을 보고 기가 질린 모습을 하고 안으로 들어갔다. 정중하게 오 여사를 모시고 의사한테 갔다가 다시 모시고 나오면서 대화하는 오 여사의 일본말은 유창한 정도가 아니라 일본사람과 다를 바가 없었다. 진료비를 지불해 달라고 해서 진료비까지 지불하고 생각해 보니 기가차고 어이가 없었다.

모시고 돌아와서 이제는 어떻게 해야 하나 고민되기 시작했다. 맏형 경재가 노 상해 친구를 찾아가 오소파 여사의 내력을 알아보앉다. 그녀는 대구의 예기(藝妓) 출신으로 20여 년 전에 상해에 와서 사교계에 몸담고 있었다고 한다. 무슨 일로 상해에 왔는지 정체를 알 수 없는 오 여사를 우리 집에 두고 있을 이유가 없다고 형이 내보내라는 암시를 주었다. 오늘 오소파 여사의 행동과 언행을 보고 나 역시 도시 믿을 수 없는 사람이라 한시바삐 내보내야겠다는 생각을 하고 있었다. 나는 항저우에 있는 셋째 여재 형의 핑계를 대고 항저우에 간다고 했다. 오 여사는 하루만 연장해 달라고 사정을 하면서 내일 자기와 갈 곳이 있는데 거기까지만 수고해 달라고 부탁을 해서 어쩔 수 없이 승낙을 했다.

다음 날 오 여사와 같이 삼륜차를 타고 공동조계 하퉁(哈同)저택을 찾아갔다. 하퉁은 유태인으로 개항기에 상해에 와서 전기기사로 일하다 건축 사업을 해서 떼돈을 번 사람이었다. 그는 하퉁빌딩, 하퉁은행, 하퉁상사, 하퉁임대주택 수만 호를 소유하고 있는 세계 5대 재벌의 하나로 손꼽히는 막강한 재산가였지만 슬하에 소생이 하나도 없어 양자만 20여 명을 두었다. 그는 세계 30여 개국의 여성을 소실로 두었고, 만여 평 되는 대지에 30여 동의 주택과 20여 동의 부속건물, 수영장, 정구장, 골프장, 화훼 온실 등을 갖추고 있는 대저택에서 살다가 세상을 떠났다.

언제 연락을 해두었는지 정문에서 비서 같은 사람이 오 여사를 안내를 해서 응접실로 모시고 갔다. 잠시 후 한 40대로 보이는 중국인이 와서 오 여사에게 인사를 하고 상해말로 대화를 하는데 알아듣는 걸로 보아 오 여사의 상해말도 더듬대기는 해도 통할 수 있는 정도로 보였다. 그 중국인이 오 여사에게 마님이라고 하는 걸로 보아서 하퉁(哈同)과 어떤 관계가 있어 보였다.

하퉁은 세상을 떠난 지 몇 해가 됐건만 그 명성은 공동조계 황퓨강변 황퓨탄루(黃浦灘路) 광장에 하퉁 동상으로 남아 있어 상해를 찾는 이에게 하퉁의 존재를 알아 볼 수 있게 하고 있었다.

그 동안 오 여사는 나에게 자기 정체를 철저히 감춘 채 자기 목적지까지 찾아가는데 최대한 나를 이용한 셈이었다. 어찌됐든 이제 오 여사를 하퉁저택에 남겨두고 나오니 홀가분하여 몸도 마음도 날아갈 것만 같았다.

16. 상해 학창시절

1943년 6월말 경 항저우(杭州)에 온 지 며칠 안 된 어느 날 난징국립 중앙대학 농학원 박철원(朴哲遠) 형이 찾아왔다. 박철원 형은 대학동문으로 나의 선배이기는 하지만 나와 별로 가깝게 지내던 처지는 아니었다. 여기까지 어쩐 일로 나를 찾아왔는지 의문이 났지만 찾아 온 이유가 무엇인지는 별로 관심을 두고 싶은 생각이 없었다.

하룻밤을 쉬고 나서 박철원 형은 찐화(金華)에 가서 박규정(朴奎楨) 형을 찾아보려고 하는데 수중에 가진 노자(路資)가 부족하니 도와달라고 했다. 내 수중에는 가지고 있는 돈이 없어 천더썽(陳德生) 형을 찾아가 얼마간 돈을 융통해 달라고 했다. 무엇에 쓰려고 하느냐고 묻기에 사실대로 말했다. 형은 돈을 빌려주면서 박철원 형의 사람됨을 캐물었다. 박철원 형이 자기한테 항저우에서 항전지역(抗戰地域)과의 거리가 얼마나 되는가를 물어보았다면서 나한테 그런 것 물어보지 않더냐고 반문했다. 나한테는 그런 일을 물어보거나 무슨 말도 한 일이 없었다. 박철원 형이 또 접근해 와서 무슨 부탁을 하면 알아서 도울 수 있는 일이면 도와주라고 하며 거동을 두고 보자고 했다.

다음 날 아침 일찍이 항저우에 가서 찐화행 열차를 타고 가는 박철원 형을 전송하고 돌아왔다.

당시 천더썽 형은 한 달의 반은 항저우에서 또 반은 찐화에서 근무하고 있었다. 다음 달 초부터는 찐화에서 근무하게 된다고 자기와 같이 찐화에 가자고 하는 걸 나는 난징국립중앙대학 문학원 박시준 형이 찾아온다고 했더니 기다리고 있다가 박시준 형이 오면 그때 가도록 해보겠다고 했다. 난징에서 박시준 형과 밀약한 일들을 나는 천더썽 형에게 말해주고 우리 3인은 동지적인 입장에서 만난을 무릅쓰고 동생공사(同生共死)할 것을 다짐해 두었다.

박철원 형이 찐화로 떠난 지 2일 후 항저우 일본영사관 형사가 찾아와서 박철원이가 오지 않았었느냐고 물었다. 3일 전에 와서 하룻밤을 자고 다음 날 아침 차로 찐화에 있는 박규정을 찾아갔다고 말해줬다. 언제 돌아온다는 말은 없었느냐고 해서 그런 말없이 갔다고 하니까 아무 대꾸도 없이 돌아갔다.

다음 날 오후 4시경 박철원 형이 찐화에서 돌아왔기에 나는 박철원 형을 끌고 차 한 잔 하러 씨후(西湖) 호반다방에 갔다. 차 한 잔을 하면서 항저우(杭州) 일본영사관 형사가 찾아와서 물어보고 간 자초지종의 말을 해줬더니 내 말을 듣고 난 박철원 형은 창백한 얼굴을 하고 안절부절 못하는 모습이었다. 빨리 상해에 가봐야겠다면서 상해행 열차가 몇 시에 있느냐고 물었다. 6시 출발하는 차가 있다고 하자 항저우역으로 간다고 허둥지둥 떠나갔다.

2시간 지난 7시경 어제 왔던 영사관 형사가 다시 찾아왔다. 그는 박철원이가 돌아오지 않았느냐고 물었다. 4시경에 돌아와서 나와 같이 씨후 호반다방에 가서 차 한 잔을 하면서 어제 귀관이 나한테 와서 물어보고 간 내용을 말해줬다고 했다. 박철원이 빨리 상해에 가봐야 하겠다고 하고 6시 출발 상해행 열차를 탄다고 항저우역으로 갔다고 하자 내 얘기를 듣고 난 형사는 미심쩍어 하며 어이가 없다는 표정을 짓다 돌아갔다. 다음 날 또 그 형사가 와서 박철원이가 정말로 상해에 간다고 하였느냐 재차 물었다. 물어본 말을 또 물어보고 1주일간 계속 조사한다고 오라 가라해서 영사관 형사실에서 살다시피 하다가 결국은 구속당하고 말았다.

구금당한 지 한 달 만에 불러내 난징중앙대학을 포기하고 항저우와 상해에 거주제한 조건을 달아서 나에게 각서를 받고 셋째 여재 형을 보증인으로 세우고 석방되었다.

천더썽 형은 내가 풀려났다는 소식을 전해 듣고 찐화(金華)에서 항저우(杭州)로 달려왔다. 자기가 박철원 형을 항전지역으로 안내해줬다는 말을 했다. 그날 박철원 형이 무엇에 미친 사람처럼 허둥대며 상해로 가봐야 하겠다고 할 때 나는 6시 상해행 열차표를 구하기가 어려우면 천더썽 형한테 부탁을 해보라는 말을 해 준 일이 있었다. 박철원 형이 나한테는 숨기고 행동하고 있는 몇 가지 의심스러운 점을 간파했다. 그래서 천더썽 형을 만나 상의해 보도록 은연중 미끼를 던져준 것이었다. 박철원 형은 내가 말한 대로 천더썽 형을 전화로 불러내 중국 여관에 가서 자신이 일본형사한테 쫓기고 있는 몸이니 자기를 구해달라고 애원했다고 한다. 나와는 둘도 없는 동지간인데도 후일을 위해서 나에게 피해를 끼치지 않으려고 말 못한 일이 많음을 밝히더란다. 항전지역으로 건너갈 수 있도록 길을 안내해 달라고 사정을 하는 바람에 사정이 딱한 것을 알고 천더썽 형은 박철원 형을 데리고 자기 집에 가서 중국 복장으로 변장시킨 후 위조 양민증을 만들어 그날 밤 푸양(富陽)으로 데리고 가서 항전지구 편의대에 인계해 주었다고 한다.

천더썽 형은 쥐도 새도 모르게 감쪽같이 일을 처리한 후 다음 날 찐화에 가서 사태를 주목해 보고 있었다면서 내가 날마다 일본영사관에 불려 다니다 구금당했다는 소식을 전해 듣고 걱정을 많이 했다고 한다.

나는 천더썽 형한테 일본영사관 형사한테서 취조를 받을 때 박철원 형하고 나눈 얘기를 사실 있는 그대로 말을 다해줬지만 내가 박철원 형에게 6시 상해행 열차표를 구하기가 어려우면 천더썽 형한테 부탁해 보라고 한 그 얘기 하나만은 숨기고 말하지 않았음을 이야기 했다. 일본형사가 추적하지 못해 오늘 우리가 이 자리에 있을 수 있음을 말해주고 이제 박철원 형에 대한 일은 없었던 걸로 잊어버리자고 했다.

천더썽 형은 나를 찐화로 데리고 가서 편안히 쉬고 정양하기를 바랬지만 내가 거주제한으로 갈 수 없음을 알고 서운해 했다. 박시준 형이 오면 찐화로 보낼 터이니 박시준 형을 나처럼 믿고 만사를 상의해 일을 추진하라고 하고 다음 날 천형은 찐화로 가고 나는 상해로 갔다. 그때가 1943년 8월 중순이었다.

상해에는 박시준 형이 7월 초에 와서 내가 박철원 형이 항전지구로 도피한 방조혐의로 항저우 영사관 유치장에 구금돼 있다는 소식을 전해 듣고 걱정을 하고 있었다. 내가 상해에 온 것을 알고 찾아와서 박철원, 송지영 두 형이 충칭임시정부에서 밀파된 김중린(金仲麟)을 6월 중순 난징(南京)에서 만나 반일지하 독립운동을 전개하기 위한 동지를 규합하기로 모의한 일이 탄로가 나서 송지영 형은 상해에서, 김중린은 난징에서 체포되어 영사관에 구금돼 있다고 전했다.

사건의 발단은 송지영 형이 상해에 와서 황류군관학교 출신 전향자 최상교를 찾아가서 충칭 임시정부에서 밀파한 김중린과 모의한 내용 일체를 털어놓고 말한 다음 이제부터 조국광복운동에 가담하면 전과(前科) 일체를 불문에 부치고 용서해 준다고 하니 자기와 같이 일을 하자고 종용했다고 한다. 최상교는 송지영의 말을 듣고 나서 일언반구 대꾸도 않고 있었다고 한다. 송지영이 간다고 일어나자 지금 어디로 갈거냐고 묻더란다. 유인섭(柳仁燮) 형을 만나러 가려고 한다고 하자 그러냐고 하고 작별인사를 하고 난 후 최상교는 일본영사관에 연락을 했다고 한다. 송지영 형은 그런 사실도 모르고 유인섭 댁을 찾아가 문전에서 부저를 누르고 있다가 일본영사관 형사한테 검거되었다. 송지영 형이 끌려가는 걸 유인섭은 때마침 현관문을 열다가 그 광경을 보았다고 한다.

박시준 형은 그간 상해에 와서 카이펑(開封)에서 가까이 지내던 유인섭을 만나 같이 기거하면서 유인섭을 통해 최상교와 송지영 간에 얽힌 사연을 소상히 알고 있었다.

난징의 우리 한인사회는 김중린과 송지영의 사건으로 긴장상태에 처해있었다. 국립중앙대학 한인학생 등록은 일본영사관 감시대상에 속해 있어 등록하기가 마음에 놓이지 않아 포기하려고 했다.

박시준 형은 찐화(金華)에 보내 달라고 했다. 나는 그렇지 않아도 천더썽 형과의 약속도 있고 해서 박시준 형을 찐화에 보내려고 하던 참이었다. 1943년 9월초 박시준 형을 찐화에 보내면서 항저우에 있는 여재 형에게 나와 둘도 없는 동지임을 알리고 각별히 부탁했다.

8월 중순경 박성근 씨는 나의 학교 문제로 국립상해대학 영문학 교수 김명수 씨를 찾아가 상의했다. 김명수 씨는 국립 상해대학 법학원에 편입지원서를 내보라고 했다. 공동조계 씨미루(西摩路)에 자리 잡고 있는 국립상해대학 법학원에 가서 수속한 결과 김명수 선생의 주선으로 전형도 없이 입학허락이 나서 부담 없이 등록을 끝냈다.

9월 초에 개학을 하고 학교에 나가보니 난징국립중앙대학하고는 분위기가 판이했다. 우리 한인학생도 3, 4인 있었으나 사회적 경험이 없는 순수한 학생들이라 말이 통할 것 같지 않았다. 교제하기가 힘들어 여러 날을 두고 생각하다 포기했다. 학업이 끝나면 고서점에서 시간을 보내는 것을 일과처럼 소일하고 지냈다.

내가 대학에 간 이유는 표면상 학업을 위해 간 것처럼 위장한 것이요, 학업보다 더 중요하게 생각한 것은 친구와 동지를 구함이었는데 국립상해대학에도 나의 그러한 뜻을 이해해줄만한 친구나 동지가 나타나지 않아 실망한 나머지 정이 들지 않았다.

그러던 어느 날 찐화(金華)에 간 박시준 형한테서 찐화에 오라는 전보를 받았다. 1943년 10월 초에 찐화에 달려갔더니 박시준, 천더썽 두 형은 부사장 최희송(崔熙松)과 경리 유재명(柳在明) 등 2인을 상해로 돌아가도록 하면 좋겠다는 생각을 갖고 있었다. 맏형이나 셋째 형에게 자기네들이 건의할 입장이 못 되어서 나더러 말을 해줬으면 했다. 이유가 뭐냐고 했더니 우리가 벌이고 있는 지하공작에 지장이 있다고 했다. 나는 즉시 맏형 경재와 셋째 여재 형에게 일반 민간인들이 소개(疏開)하고 있는 실정을 들어 우리도 시국에 따라 일부는 상해로 소개해 두는 것이 좋겠다고 말했다. 그거 좋은 생각이라고 대책을 세워보겠다고 했다. 때마침 두 분도 상해로 돌아가겠다는 의사를 표시해 와서 순조롭게 해결이 됐다. 일선지구에 와서 그간 많은 고생을 한 보람이 있게 퇴직금이라기보다 사업에 기여한 공로위로금으로 후하게 예우하는 것이 좋겠다고 셋째 형에게 건의하자 쾌히 응낙을 해서 두 분에게 알려드렸더니 흡족해 했다.

박시준과 천더썽 두 형은 서로 호흡이 잘 맞았다. 모든 일에 협조적이어서 물자를 운반하는 일이나 물물교환 판매하는 일이 이견이 없이 진행되었다. 막대한 물량을 거래하며 수익이 날로 늘어나고 있어 큰 기대를 모으고 있었다. 일선지구대 상거래는 저쪽과 이쪽이 필요한 물자를 가지고 교환하는 거래 형태였다. 이때 제일 중요한 것이 신용이었다. 물건을 먼저 내주기도 하고 가져오기도 하는 과정에서 믿느냐 못 믿느냐 하는 신용이 뒤따라야 하는 일이라 불신하자면 끝이 없었다. 따라서 상대를 신임하고 선뜻 응한다는 것은 매우 어려운 일이었다. 우리는 천더썽과 박시준 두 형이 있어 의심할 것도 없이 사업은 번창 일변도였다.

때로는 셋째 형이 걱정을 하고 주저한 때도 있었다. 천더썽과 박시준 형이 나와 절친한 것을 믿고 두 형에게 맡겨놓은 결과 예상을 뛰어넘는 큰 성과를 내고 있어 만족하고 있었다. 이 모두가 저쪽에는 조사실이 있고 이쪽에는 우리 3인이 있었던 덕분이었다. 위험부담 없이 일을 할 수 있었던 것은 우리 세 사람만이 비밀을 지키고 있었기 때문이었다.

천더썽은 박시준의 조사실 금화지구 지하공작요원 추천서를 1943년 9월 중순경 제3전구 사령장관부 조사실에 보냈다. 이제 돈도 벌고 나라를 위하여 일도 하여 뜻있는 동지로서 사생을 같이하는 전우로서 우리 3인이 굳게 뭉쳐 있음을 확인하고 나는 상해로 돌아갔다.

찐화에 다녀오느라 며칠간 결석했다. 학내 분위기는 난징국립중앙대학 박철원, 송지영 두 형 사건의 여파인지 경색된 분위기였다. 더구나 나에 대한 눈에 보이지 않는 감시가 뒤따르고 있다는 예감이 들기도 했다.

1943년 10월 말경 일본 상해영사관 유치소에 수감되어 있는 송지영 형한테서 집으로 전화가 걸려왔다. 모레 오전 11시에 국민복과 수허지(水許誌) 중국어판하고 돈을 조금 가지고 양슈퓨(楊樹浦) 일본상해영사관 유치소로 면회를 와 달라는 것이었다.

그날 오후 국민복 한 벌, 내의 두 벌, 팬티, 양말, 칫솔, 치약과 중국어판 수허지 상하 두 권, 일화 5천 원과 초콜릿, 과자 등을 준비해 가지고 11시 정각에 가서 면회신청서를 냈다. 형사는 나의 면회 신청서를 받아들고 가져온 차입물건을 다 뒤져보고 무슨 돈이 필요해서 그 많은 돈을 영치하느냐고 따졌다. 상해에는 송지영의 일가친척이 없고 오직 친우로서 나 하나뿐인데 돈이 필요할 때 누가 도와줄 사람도 없고 해서 무리해 돈을 마련해 왔으니 받아달라고 부탁을 했다. 그 형사는 나보고 의리 있는 사나이라고 하면서 송지영 형을 부르러 갔다.

　5개월 만에 유치장 면회실에서 만나게 될 줄이야 누가 상상이나 해보았겠느냐만 오늘따라 이상하게도 어쩐지 이곳에서 나와 만나기로 약속이라도 해두었던 것 같은 기분이 들었다. 일제하에서 우리들이 조국의 독립을 위해 투쟁하는 한 항일지구로 가지 못하면 유치장이나 형무소와 인연을 멀리할 수가 없겠다는 생각이 들었다.

　때로는 여기서 휴식을 취하며 재기의 기회로 삼고 과거의 미숙했던 일들을 정리하고 새로운 전략을 마련하는 기회이기도 하기 때문에 좌절해서는 안 된다고 생각했다. 송지영 형이 포승줄에 묶인 채 형사와 같이 면회실로 들어오는 것을 보니 만사를 태평하게만 생각을 하던 송 형에게도 걱정이 있었는지 파리한 모습이었다.

　나는 우선 가지고 온 물건을 내놓고 부족한 것이 있으면 차입해주겠다고 하자 고개를 떨군 채 눈물을 주르륵 흘렸다. 나도 모르게 덩달아 눈물을 흘렸다. 그때 입회하고 있던 형사는 포승줄을 풀어주고 들창가에 가서 바깥을 바라보았다. 송 형은 나더러 고맙다며 이 신세 언제 다 갚느냐고 했다. 일 한번 제대로 해보지도 못하고 여러 사람 놀라게 해서 미안하다고 천정만 쳐다보았다. 2, 3일 내로 일본으로 압송될 거라고 하였다.

　내가 송 형에게 어디를 가나 용기를 잃지 말고 건강에 주의하고 힘을 내라고 하자 송 형은 일본에 가서 재판을 받아봐야 알겠지만 운명에 맡길 수밖에 없지 않느냐고 나를 안심시켰다. 자신의 일에 걱정일랑 하지 말고 우리가 다시 만날 때는 서로가 필요한 인간이 되도록 노력을 하자고 내 손을 잡고 힘주어 말했다. 나는 송 형의 확고한 조국관과 끈질긴 기질을 알기에 마음속으로 기대를 하면서 건강만 지켜주기를 바라고 물러나려고 할 때 송지영 형은 여러 번 고맙다는 말을 되풀이 했다.

11월 초에 상해공동조계 YMCA강당에서 전딴대학(電旦大學) 재학생 옥인찬(玉仁贊)의 음악독창회날 후원인 격으로 참석했다. 난징국립중앙대학 법학원 재학생 이복록과 리자(이복록 부인), 나디아(이복록 처형), 전딴대학 재학생 박동현(朴東賢) 등이 와서 여러 가지 일들을 도와주고 있었다. 신기하게도 구경 온 관중들이 불란서인, 월남인, 백계노서아인, 중국인, 노 상해 한인들뿐이었고 일본인은 한사람도 찾아볼 수 없었다.

태평양전쟁 중이라 영·미인과 유태인이 없었기 때문에 양인들이 눈에 띄지 않았다. 화교와 태국, 필리핀인들이 차지한 좌석이 많았던 걸로 보아 옥인찬의 명성이 높아진 것 같았다.

1943년 11월 중순경 셋째 형으로부터 찐화에 오라는 전보를 받았다. 무슨 일인지 몰라서 황급히 달려가 보았더니 유재명이 풍토병에 걸려 한의사한테 치료를 받고 요양하고 있으나 차도가 없다는 것이었다. 상해에 가서 치료 받기를 원하는데 데려다 줄 사람이 없어서 나를 불렀다고 한다. 박시준과 천더썽 두 형은 내가 온 것을 보고 찐화에서 휴식을 하다가라고 만류해서 며칠간 묵기로 했다.

며칠 전에는 제3전구 사령장관부 조사실주임 마오완뤼 장군이 파견한 쉬 대위(徐大尉)가 상인으로 가장하고 씨뭔(石門) 물물교역장에 와서 천더썽 형의 소개로 박시준 형과 인사를 나누었다. 3인이 같이 회식을 하면서 애로사항을 묻고 갔다고 크게 고무되어 있었다. 앞으로 더욱 활발히 교역이 이루어질 것이 기대되었다. 그러나 우리가 해야 할 일은 사업도 중요하지만 하루 속히 일본을 타도하여 중국의 실지회복과 우리의 자주 독립이 우선이어야 한다는 점이었다. 우리가 항상 대비를 해 두는 것이 필요함을 당부하고 나는 유재명(柳在明) 내외를 대동하여 상해행 열차 2등실 좌석을 구해 찐화를 떠났다.

찐화와 항저우 간에 첸탕강(錢塘江) 철교가 파괴되어 약 2km를 걸어야 하는 길을 내가 유재명을 등에 업고 첸탕강 가교를 무사히 건너가 대기하고 있는 열차를 타고 요행히 상해에 왔다. 유재명 내외는 나에게 생명을 구해준 이 은혜를 평생 잊을 수 없다고 했다.

상해 법조계 뻬땅루 우리 집에는 형수조차 찐화에 가고 없어 중국인 파출부가 조석으로 와서 나의 식사를 마련해 주는가 하면 집안청소와 집을 지켜주기도 했다.

대학은 학기말 시험 준비로 한창이었고 그 시절 나 또한 밤낮 한시도 책을 놓아본 적 없이 학업에 몰두해 있었다.

17. 항일지구의 길목 찐화에서

1942년 일본군이 절감작전(浙贛作戰) 때 찐화(金華), 란씨(蘭溪), 탕씨(蕩溪), 장산(江山), 쌍라오(上饒)까지 점령했다. 창싸(長砂)와 연결을 시도하다가 지형적으로 방어선을 구축하기가 어렵다고 보고 점령했던 쌍라오, 장산, 탕씨, 란씨 등지를 포기했다. 그들은 찐화로 철수한 후 일선기지 사령부를 설치해 두었다. 찐화는 저장성(浙江省) 내에 있으나 장시성(江西省)과 근접해 있는 군사적으로 매우 중요한 요지였다.

찐화는 훠퉤(火腿)(돼지다리를 불에 익인 것)로 유명했다. 훠퉤는 몇 달 몇 해를 두고 먹어도 상하거나 변질 되지 않아 밥반찬이나 술안주로 즉석요리에는 그만이었다. 훠퉤는 타지방에서도 생산하고는 있으나 맛과 품질 면에서 찐화의 훠퉤와 비교가 안 된다고 했다. 또한 변질될 우려도 있어 저장해 둘 수가 없다고 하였다. 찐화의 훠퉤는 타지방 반출을 엄격하게 통제하고 있었기 때문에 일본인에게는 2쪽을, 중국인에게는 반쪽만을 휴대하도록 허가했다. 제3전구에서 찐화로 갈 수 있는 수로는 씬안강(信安江)을 통해 장산(江山)에서 탕씨(蕩溪)를 경유 란씨(蘭溪)로 또는 첸탕강 상류 푸양에서 부츈강을 경유하여 씬안강을 통해 란씨를 경유하여 찐화 간 내왕할 수도 있으나 찐화가 일본군에 점령당해 있기 때문에 란씨까지만 여객선과 화물선이 왕래하고 있었다. 육로는 찐화와 항저우 간 1일 1왕복 열차가 운행되고 있으나 첸탕강 철교가 파괴되어 약 2km는 걸어가야 했다.

찐화 일본영사관에는 한국인 순경도 몇 사람 있다고 했다. 정신대로 끌려온 우리나라 여성이 한 100여 명 있다고 했다. 일본군 종군상인들도 있지만 거의 다 군속으로 영내에 거주하고 자기네들끼리만 교제하고 있어 일반상인과의 접촉은 기피하고 있었다.

순수한 상인으로 찐화에 진출한 상사는 저장물산공사 하나뿐이었다. 우리 저장물산사업은 일선중립 지대에 출입하면서 물물교역을 추진하는 일로 일선 중립지대 교역장으로 제일 큰 씨뭰(石門)에다 중계상인을 배치해 두고 있었다. 씨뭰은 찐화에서 약 35km 떨어진 곳에 있는 약 60여 호 되는 부락으로 음식점과 여인숙 등이 있어 상인들이 진을 치고 거래선을 기다리고 있는 곳이기도 했다.

어느 교역장에서나 방언(方言)이 심해서 이쪽저쪽 상인들이 생필품과 농산물을 교환하느라 손짓발짓 다 해가며 의사를 소통하기까지는 다투는 것처럼 소란스러웠는데 여기도 예외는 아니었다.

전시하(戰時下)라 보따리 장사꾼들이 장사를 잘해서 한밑천 장만한다고 하지만 찐화는 교통이 멀고 불편해서 보따리 장사꾼이 많이 오지 않아 저장물산은 화물자동차 2대를 보유하고 강변에 300평 되는 창고 3동을 두고 거래에 필요한 것은 모두 갖추고 독립하다시피 했다. 천더썽과 박시준 두 형의 노력과 제3전구 조사실의 도움이 있었기 때문이었다.

나는 학기말 시험이 끝난 후 상해에서는 할 일이 없어 찐화로 갔다. 맏형 경재는 내가 오기를 기다리고 있었다는 듯이 점심을 같이 하자고 중국음식점으로 데리고 갔다. "얘 순재야, 너 내 집에서 밥 얻어먹고 있을 때 밥이 목에 걸려서 안 넘어 간적이 있니?" 하고 물어 보신다. 경재 형은 나한테 하고 싶은 말이 많은데 서두만 꺼내 놓으신 것 같아서 나는 "무슨 말씀이세요?" 하고 대답 대신 진의가 무엇인지 물어보았다. 맏형 경재는 "난 지금 네겐 형이요, 내겐 동생인 여재네 집에서 밥을 얻어먹고 있다 보니 밥이 목에 걸려 넘어가지 않을 때가 있어." 하신다. 자고로 동생은 형네 집에서 얻어먹는 밥은 내 것처럼 먹을 수 있지만 형이 동생 집에서 얻어먹는 밥은 내 것처럼 먹기가 어렵다고 하더니 그런 맏형 경재의 불편한 심기를 이해할 수 있었다. 나는 "왜 어렵게만 생각하세요?" 하고 맏형의 불편한 심기를 풀어드리려고 했다.

맏형은 한참동안 무슨 생각을 하셨는지 "내가 배다른 형이라고 해서 너희 형이 나를 형처럼 생각을 안 하는 것 같아." 하고 말하기에 아닌 밤중에 홍두깨 격이라더니 나는 난생 처음 듣는 말이라 맏형 경재가 무슨 말을 하고 있는 건지 이해할 수가 없어 맏형의 얼굴만 쳐다보고 있었다. 맏형 경재도 무슨 말을 하려다가 입을 닫은 채 들창 쪽만 바라다보고 말을 이으려고 하지 않았다. 무거운 침묵만 내 마음을 태우고 있었다.

맏형 경재는 "애 순재야. 이왕 말이 났으니 말이다. 내가 언제까지 너의 형 여재네 집에서 밥이나 축내고 있을 순 없지 않니. 난 서울로 돌아가련다." 하고 말씀을 하신다. 그때서야 나는 맏형의 처지를 이해하고 내가 도울 수 있는 일이면 말해달라고 했다. 주저주저하다가 맏형은 "여기는 중국이야, 언젠가는 우리도 고국으로 돌아가야 할 것 아니냐." 시국이 불안하다고 말하는 걸로 보아 맏형 경재도 서울로 돌아갈 생각을 하고 있는 것 같았다. 나는 어떻게 준비를 해드리면 좋겠느냐고 물어보았다.

맏형은 한화 5백만 원과 중국화폐로 약 4천만 원 정도는 있어야 고국에다 우리 형제들의 집을 장만해 두고 사업의 기틀을 마련해 둘 수 있으니 그만한 돈이 필요하다고 했다. 나는 더 이상 형의 의견에 토를 달지 않았다.

나는 맏형과 점심식사를 끝내고 다방에 가 혼자 앉아서 곰곰이 지나간 날을 돌이켜 보았다. 맏형이 우리와 이복형제였다면 아버님이 돌아가신 후 왜 나를 데리고 있겠다고 씬징(新京)으로 데리고 갔을까? 그대로 고향집에 있도록 내버려 둘 수도 있었던 나를······. 내 친 형제지간이요, 내 맏형이란 것만 알고 있던 나에게 오늘따라 이복형제란 것을 내세우는 저의가 무엇일까? 돈, 돈, 돈이 문제인 것 같았다.

　나는 아버지를 여의고 맏형을 따라 나선 후 맏형이 돈을 챙기는 것을 본 적이 없었다. 있으면 있는 대로 누구에게나 털어주고 없으면 없는 대로 살아온 분이 어쩌다 형제지간에 돈타령을 하게 됐는지? 형이 새 형수를 재작년에 만나고부터 극장과 신문사를 다 빼앗기고 난 후 돈에 대한 집착을 하게 된 것이 아닌가 생각해 보았다.

　나는 그날 밤 셋째 여재 형을 붙들고 맏형과 우리가 이복형제간이냐고 물어보았다. 여재 형은 그렇다고 했다. 맏형이 서울로 돌아가시겠다고 하는데 알고 계시냐고 물어보았다. 서울에 가신다는 말은 없었고 상해로 가시겠다고 돈 걱정을 하시는 걸 모른 체 했다고 한다. 돈 걱정을 하시면 돈을 드리지 않고 왜 모른 체 하셨느냐고 항의를 하자 맏형에게 돈을 줘봐야 밑 빠진 독에 물 붓는 격으로 소용이 없다고 했다.

　맏형이 서울로 돌아가신다 해도 모른 체 하실거냐고 하니 어떻게 하면 좋겠느냐고 나의 의견을 말해보라고 했다. 나는 나의 의견이 아닌 맏형이 구상한 내용을 말해주고 한화 5백만 원 중국 화폐 4천만 원만 내놓으라고 한 후 얼굴표정을 살폈다. 돈을 내놓을 의사가 있는 듯 했다.

　다음 날 맏형 경재를 만나서 돈이 된다고 전했다. 현금으로 4천만 원이면 고액권으로 두 마대가 되며 여기서는 송금이 안 된다고 하자 나더러 돈을 상해로 옮겨놓고 상해에서 베이징으로 환전해 송금해 놓으면 베이징시에서 국내로 가져가는 문제는 자신이 하겠다고 했다. 그렇게 분담하기로 작정을 하고 나는 이전부터 박시준과 천더썽 형하고 씨뭰(石門) 교역장에 한 번 가보자고 약속을 해두었던 일이 있어 내가 상해 가기 전에 다녀오기로 했다.

맏형과 셋째 형에게 씨뭔에 가서 하루 밤 묵고 돌아오겠다고 양해를 구하고 다음 날 박시준 형과 천더썽 형을 따라 씨뭔에 갔다. 우리만의 시간을 가지고 씨뭔 교역장을 돌아보면서 천더썽 형의 소개로 여러 상인들과 인사를 나누었다. 점심 때 어느 음식점에 가서 중식을 할 때 천더썽 형은 오늘 저녁식사는 제3전구 조사실 주임 마오완뤼 장군이 파견한 쉬 대위가 초대를 했다고 알려주었다.

박시준 형은 요전에 씨뭔에서 천더썽 형의 소개로 쉬 대위하고 인사를 나눈 적이 있지만 나는 만나본 적이 없었다. 오늘저녁 첫 대면 하는 날이었는데도 오래전부터 친분이 있었던 친구를 만난다는 기분이었다.

우리는 저녁때를 기다려 쉬 대위가 초대한 장소에 가서 인사를 나누고 화기애애한 분위기 속에서 지나간 일들을 화제 삼아 여러 가지 이야기를 나누었다. 쉬 대위는 1941년 8월경 천형이 나를 지하공작요원으로 천거했을 때 조사실 주임 마오완뤼 장군의 특명을 받아 나를 조사한 인물이었다. 근 10개월간에 걸쳐 가족관계, 교우관계, 인간관계 등을 조사·보고하여 조사실에서 나를 신임하고 그 결과를 천더썽 형에게 연락한 사람이었다. 그때가 1942년 6월 초라는 걸 확인하고 오랜 동지였음을 다시 한 번 확인했다. 우리는 최후의 승리를 위해 건배를 했다.

쉬 대위는 나이가 27세로 고향은 쟈씽(嘉興)이라 했다. 조사실 소속 대위로 항저우(杭州)지구를 담당하다 찐화(金華)지구로 전임한 성격이 꼼꼼하고 언행이 일치하는 사람으로 조직적이고 예의가 바른 군인이었다. 나를 접촉할 기회를 만들려고 천더썽 형하고 여러 번 상의를 했으나 사정이 여의치 못해 기다리던 중 박시준 형이 찐화에 오고 난 후 서로 만나는 것은 시간문제라 생각을 했 단다. 요전에 박시준 형을 만나고 나서 천더썽 형과 상의했더니 학기말 시험이 끝나면 온다고 해서 만사를 제쳐놓고 기다리고 있 었다고 그간의 사정을 말해 주었다.

  마오완뤼 장군이 나와 박시준을 만날 수 있는 기회를 만들어 보 라는 지시를 했다며 어떡하면 좋으냐고 해서 마오완뤼 장군의 사 정이 허락할 때를 정해서 연락해 달라고 했다. 또한 마오완뤼 장 군이 조사실을 통해서 그간 여재 형의 가족사항에 대하여 부인이 중국인이라는데 관심을 두고 재산 상태와 사업관계, 사회적 지명 도로 보아서 항일지구로 유인해 보자는 문제를 놓고 나와 상의를 해보라는 지시가 내려와 있다고 했다. 나의 의견을 묻기에 나는 박시준과 천더썽 두 형하고 심사숙고한 후 그 결과를 가지고 여재 형하고 상의할 수 있는 시간을 가져보자고 했다.

  쉬 대위는 조사실에서 여재 형에게 관심이 많다고 했다. 형과 내가 합자형태로 가지고 있는 재산면에서 물자와 현금이 막대할 뿐만 아니라 형이 찐화에서 사업체를 가지고 널리 알려진 유명인 사라는 점을 주시했다. 만약에 여재 형이 찐화를 탈출해 항일지구 로 갔다는 소문이 나면 찐화 사회는 물론이고 일본군관민에게 주 는 영향이 클 것이라는 것이다. 또한 이렇게 하면 중일전쟁의 종 말이 다가오고 있음을 많은 사람들에게 암시하는 바가 아니겠냐 는 것이었다.

  우리 4인은 조사실에서의 여재 형에 대한 상황평가가 상당하다 는 것을 인정하고 조기수습을 해 연락하기로 했다. 화제를 바꾸어 술 한 잔 하면서 머리를 식히자고 했으나 그날 밤 우리 4인의 마음은 하나가 되어 불타는 조국광복의 열망을 종내 식히지 못한 채 밤을 새우고 말았다.

다음 날 찐화에 돌아와서 여재 형에게 돈 준비가 됐느냐고 물어보았으나 아무 말도 하지 않고 자기 뒤를 따라오라고 했다. 형을 따라 창고 문을 열고 들어가 보니 창고 안에 돈이 수백 마대가 쌓여 있었다. 고액권으로 선별해 가져가라고 해서 2천만 원을 등산용 가방에 넣어두고 맏형 경재에게 2천만 원씩 두 번에 나누어 가져가겠다고 전했다. 맏형이 수고한다고 말을 했다. 맏형 경재가 이런 인사치레를 하는 것을 난생 처음 들어보는 일이라 내 귀를 의심 했다.

다음 날 두 형에게 1주일 안에 다시 오겠다고 하고 상해에 가서 은행에 돈을 예치해 두었다. 중국 전장(錢莊)에 가서 베이징(北京)으로 송금하는 문제를 협의해 둔 후 집으로 돌아가고 있었다. 그때 짱왕 쪽에서 폭격하는 소리가 하도 요란하게 들려와서 길가의 모든 시민들이 발걸음을 멈추고 짱왕 쪽을 바라다보고 있었다. 나도 하늘 높이 떠 있는 미 공군기에서 폭격을 해대고 있는 것을 보았다. 지상의 일본군도 대공포로 맞대응 했지만 미 공군기는 아랑곳하지 않은 채 시내중심가 상공으로 들어와서 보란 듯이 유유히 사라졌다. 나는 발길을 돌려 리자네 집으로 가보았다.

리자네 집에는 마침 전판대학생 옥인찬과 박동현이 와 있었다. 시국에 대한 소식을 물어보자 일본군이 남양군도에서 미군의 공격으로 후퇴를 계속하고 있다는 미군방송의 보도가 나오고 있다고 전해 주었다. 일본군 남방파견군사령부 보도과장 즈지대좌(辻

大佐)가 상해에 와 홍커우 국제극장(國際劇場)에서 시국강연을 할 때 일본은 감당할 수 없는 무모한 전쟁을 계속 확전시킨 결과 지금 전진도 후퇴도 할 수 없는 기로에 서 있다고 했다. 또한 전쟁이 종말로 다가오고 있는 이 시점의 시국은 한치 앞을 가늠할 수 없는 길로 치닫고 있다고 했다는 것이다. 최근의 여러 가지 시국에 대한 중대한 소식을 전해 듣고 나는 모든 예정을 앞당겨 찐화에 돌아왔다. 맏형에게 은행에 예치한 통장과 베이징으로 송금하는 문제도 해결해 두었음을 전해주고 시국에 대한 여러 가지 소식도 전했다. 어차피 고국으로 돌아갈 결심을 하셨다면 지금부터 준비를 서두르는 것이 좋겠다고 나의 견해를 말씀드렸다.

여재 형에게도 시국에 대한 소식을 전해주고 형만 좋다고 하면 우리도 나라를 위해 일할 수 있는 정의로운 광명(光明)의 길이 눈앞에 놓여있음을 말했다. 형은 나와 박시준, 천더썽이 하는 행동에서 눈치를 채고 있었다. 나에게 중국 형수와 은밀히 상의해 두면 어떠냐고 하는 걸로 보아 우리가 계획한 거사는 예상외로 용이하게 풀려가고 있음을 알 수 있었다.

나는 어차피 말이 나온 김에 중국 형수를 찾아가 아주 긴요한 우리들 일생일대의 중요한 일을 상의하러 왔다고 서두를 꺼냈다. 우리는 일본에 빼앗긴 나라를 찾는 것이 소망이요, 중국은 일본에 침해당한 국토를 회복하는 것이 소망이라 할 수 있는데 우리의 공동의 적 일본을 타도(打倒)할 수 있는 기회가 우리들 눈앞에 다가와 있음을 역설했다. 나와 박시준, 천더썽이 쉬 대위를 만난 사실과 제3전구 조사실 마오완뤼 장군 소속하에 우리들의 정체도 밝혔다. 그리고 형수만 좋다고 승낙하면 형편이 허락하는 데로 재산을 정리해 가지고 항일지구로 가자고 종용을 했다. 형수는 내 말을 다 듣고 난 다음 두 형하고도 상의해 보았느냐고 물었다. 나는 여재 형하고만 의논했음을 말하고 형수하고 은밀히 상의해 보라고 이르던 형의 말과 맏형은 서울로 돌아가려고 생각하고 있는데 구태여 상의할 필요가 있느냐? 쓸데없는 말을 해서 부담을 줄 필요도 없거니와 일본관헌의 요시찰 인물로 항상 주목만 받고 있어 자유롭지 못한 사람에게 편안히 지내도록 하기 위해서는 일체를 비밀에 붙여두고 우리들끼리 알아서 하는 것이 좋겠다고 말했다.

  나는 오직 맏형의 돈 시중만 거들어주고 있는 거라고 하자 형수는 내말을 이해하고 전폭적으로 지지하며 이제부터는 자기도 적극 협조하겠다고 했다. 다음 날 점심때 박시준과 천더썽 두 형에게 맏형 경재가 고국으로 돌아가실 준비를 하고 있는 일과 여재 형 내외와 상의한 소상한 내용을 말해주고 이제부터는 마음 놓고 두 형이 여재 형 내외와 기탄없이 의논을 해보라고 했다.

  나는 맏형의 나머지 돈을 챙겨가지고 맏형을 모시고 상해로 떠날 준비를 하고 있었다. 찐화와 항저우간 열차가 어젯밤 유격대의 습격을 받아 탈선되고 승객 중 많은 중국인이 납치당하고 일본인도 몇 사람 납치당한 사건이 발생해 또 다시 시국의 불안함을 느낄 수 있었다. 2, 3일간 정세를 보다가 맏형을 모시고 상해에 가서 은행에 돈을 예치해 주었다. 중국 전장에 가서 경재 형을 소개해 주고 베이징 송금관계를 일임해주고 나면 내가 경재 형을 위해서 해야 할 일은 이것으로 끝난다고 생각하니 홀가분한 기분이라기보다는 언젠가는 맏형을 뒤로하고 내가 가야할 길을 생각하니 몸도 마음도 무겁기만 했다.

18. 광복군 구대장을 만나기 위해 탕씨(湯溪)에 밀입하다

1944년 1월 말경 박시준 형한테서 찐화(金華)에 다녀가라는 전보를 받고 달려가 보았다. 제3전구 사령장관부 조사실 주임 마오완뤼 장군의 주선으로 광복군 제1지대 2구 대장 이소민(李蘇民) 상교가 우리를 2월 10일 탕씨 지구조사실에서 만나자는 전갈을 쉬 대위를 통해서 전해 왔다고 했다. 누군가 갔다 오기는 해야 하겠는데 여재 형이나 박시준 형이 탕씨에 갔다가는 저장물산으로 얼굴이 알려져 있어 소문이 날 우려가 있고 또한 가고 오는 데도 최소한 5일을 잡고 그간 사무실을 비워두는 것도 어려운 문제라 대책이 서질 않아서 나를 불렀다면서 방법을 강구해 보라고 한다.

나는 보안상 여러 가지 비밀을 유지하기 위한 내가 갔다 오지 않을 수 없는 입장에 처해 있음을 알았다. 박시준과 천더썽 두 형하고 의논한 결과 여재 형과 중국인 형수와 같이 상의를 해보자고 했다. 상의 결과 내가 갔다 오는 것이 좋겠다는 결론이었다. 떠날 준비를 위해 이소민 상교와 만나서 건의할 사항을 박시준 형과 협의해 두고 여재 형한테서 소요경비와 성금(誠金), 관금권(關金券) 50만원(왕자오밍화폐 1천만 원 해당)을 받아가지고 천더썽 형에게는 저쪽에서 온 안내원에게 연락해서 2월 8일 밤 12시에 행동개시 하기로 하고 그날 밤 나는 중국옷으로 변장한 후 약속해 둔 찐화강편으로 가고 있었다. 안내공작원이 나타나서 나를 알아보고 손짓을 하면서 자기 뒤를 따라오라고 하였다.

우리가 살고 있는 저장물산공사의 숙사는 찐화시내에서 강 건너 다리 밑에 강변을 끼고 있는 약 50여 호 되는 동네로 주민 태반이 배를 가지고 생활하는 사람들이었기 때문에 강가에 출입하는 사람이 많아 행동하기가 용이했다.

안내공작원의 뒤를 따라 약속해 두었던 장소에 가자 조사실 편의대원이 대기해 두었던 고기잡이배에 타라고 손짓을 하고 있기에 재빨리 배에 올라탔다. 서로 간에 말 대신 손짓으로 신호를 하더니 배는 숨을 죽인 채 떠났고 캄캄한 사방을 훑어보며 몇 시간을 달려가서야 우리는 서로 인사를 나누고 통성명을 했다.

동은 트기 시작했고 일본군 초소의 경계망을 벗어난 어느 강가의 주막집을 찾아가 죽 한 그릇으로 조반을 한 후 탕씨를 향해 달려가다 또 어느 선착장에 들러서 생선 요리로 푸짐하게 점심을 하고 떠났는데 안내공작원은 오후 6시경에는 란씨(蘭溪)에 도착할거라고 했다. 란씨에서 탕씨까지는 여객선을 대절해 잠은 배안 침상에서 자고 식사는 선착장 음식점에서 주문해다 하는 것이 보안상 좋겠다고 계획을 말해 주었다.

란씨에 도착한 우리는 선착장에서 조사실 편의대원의 안내를 받았다. 탕씨까지 예약해둔 여객선으로 옮겨가서 휴식을 취하다 저녁은 선창가에 있는 음식점에서 주문 해다 선실 내에서 편의대원과 같이 식사를 했다. 안내공작원은 또 선창가 상점에 가서 커피와 설탕을 사가지고 와서 커피까지 끓여줘서 마시기도 했다. 나는 안내공작원들이 규칙적이고 엄한 규율 속에 나의 신변을 호

위해 줄 뿐만 아니라 내가 커피를 좋아하는 것은 어디서 누구한테 들었는지 언행일체가 보통 군인 같지가 않았다. 어디서 훈련을 받고 주요임무가 뭐냐고 물어 보았다. 안내공작원은 안내니 사공이니 하는 명칭은 그때그때 주어진 임무에 따라 부르는 명칭이고 자기네들은 조사실 편의대 무술요원들이라고 하는 말에 놀라기도 했다. 나를 위해 이렇게 철저하게 보호해 주리라고는 상상조차 못했던 일이었다.

내가 어젯밤 집을 나와 약속장소로 오는 길목에도 무술요원을 배치해 두고 있었다. 약속장소에도 자기들 외에 무술요원이 경비를 하고 있었다고 한다. 란씨에도 선창가에서 우리를 지키고 있는 무술요원이 배치되어 있다고 하였다. 만일의 사태에 철저히 대비를 해두라는 상부의 지시로 여관을 정하지 않고 여객선을 대절하고 선실을 숙소로 정한 이유도 그러한 보안조치 중 하나였다. 무술요원의 훈련과정을 물어보았더니 훈련기간이 3년이고 18개 동작과 편의대의 변장술과 권총사격술을 익혀야 한다고 하였다.

무술요원의 전술 중 한 가지를 소개한다면 1939년 봄 베이징(北京)에서 일본 북지나 파견군(日本 北支那 派遣軍)소속 육군참모소좌 두 군인이 말을 타고 매일같이 새벽에 북경 시내를 순찰하던 중 어느 날 중국인 곰보한데서 권총사격을 받아 현장에서 즉사한 사건이 일어났다.

저격수가 곰보라는 걸 현장에서 목격한 여러 사람에 의해서 확인하고 일본군 산하 수사기관에서는 북경의 곰보는 모조리 잡아다 심문해 보았지만 진범을 체포하는데 실패하고 사건은 미궁에 빠진 채 오리무중이 됐다.

바로 이 유명한 저격수가 1등 사격수요, 곰보로 변장을 한 무술요원이었다는 것은 먼 훗날에 가서 중국의 유명한 유격전술가 장백리(蔣百里) 유격전술집에서 밝혀졌다.

곰보는 어떤 방법으로 만드는지 장백리 유격전술집에서 보면 닭똥을 말려서 가루로 만들어 마유(麻油)로 개가지고 양지 바른쪽에 앉아서 햇빛을 향해 얼굴을 쳐들고 거울을 보면서 콩알만큼 팥알만큼씩 찍어 얼굴에 곰보가 얽인 형태로 발라 붙이고 3, 4시간 햇빛에 말린 후 딱딱하게 됐을 때 떼어내면 얼굴은 태양에 타서 거무스름해지고 닭똥이 붙였던 자리는 하얗게 오무라들고 파진 것처럼 보여서 진짜 곰보와 흡사하다고 했다. 곰보가 된 얼굴을 다시 회복하려 할 때에는 돼지고기를 삶아먹고 돼지기름으로 곰보가 된 자리에 발라두면 2,3일내 완전히 회복이 된다고 하였다.

이러한 유형의 수백 가지 변장술을 가지고 기습공격을 가하는 유격전술에 놀아난 일본군은 도처에서 인명피해는 물론이고 통신과 교통이 두절되는 사태가 빈번하게 일어나고 있어 작전에 큰 지장을 받고 있다는 말이 나돌았다.

1944년 2월 10일 오후 6시경 탕씨에 도착한 나는 마중 나온 쉬대위를 따라 조사실 탕씨 지구 판사처에 가서 쉬 대위의 소개로 광복군 제1지대 2구대장 이소민 상교에게 초면 인사를 했다.

이소민 상교는 군복차림으로 나를 맞았고 나이는 40쯤 되어 보였다. 키는 1m 70cm 정도 되었으며 단정하고 인자한 인상과 다정하고 친근감을 주는 말솜씨에 놀란 나는 초면에 얼어붙었던 몸과 마음이 서서히 풀어지고 있었다. 때마침 식사준비가 됐다는 연락을 받고 쉬 대위의 안내로 음식을 장만해 놓은 식당에 갔다. 반주로 내놓은 노주(老酒) 몇 잔을 하는 동안 거추장스럽던 분위기는 사라지고 긴장이 풀렸다. 이소민 상교는 내 손을 당기면서 "이봐 순재, 이제부터 나하고 의형제를 맺고 나를 형이라고 하게. 나도 자네를 아우라고 하겠네." 하고 자기가 끼고 있던 금반지를 빼서 내 손가락에 끼워주면서 의형제 결의를 한 증표라 하며 내손을 꽉 쥐었다가 놓았다. 이 광경을 지켜보고 있던 쉬 대위는 축하하는 뜻으로 술 한 잔씩 따라 주면서 건배하자고 했다.

이소민 상교는 쉬 대위에게 나의 광복군 입대 선서식을 거행할 수 있는 식장을 준비해 놓으라면서 자기 손가방에서 태극기를 꺼내 단상 벽면에 걸어놓으라고 하는 걸로 보아 내가 오늘밤 밖에는 지체할 수 있는 시간이 없는 것을 알고 있는 이소민 상교는 서둘러 입대식부터 하고 난 다음 우리 할 일은 따로 말을 하자고 하였다.

식장준비가 됐다는 연락을 받고 이소민 상교 뒤를 따라갔더니 단상 벽면에 태극기가 걸려있고 단상 책상 위 양쪽에 촛불을 켜놓았다. 단상에 올라가 책상 앞에 와서 태극기를 향해 거수경례를 하고 양손에 수류탄과 서약서를 들고 광복군 입대 선서를 하라고 했다. 서약서에 명시한대로 나는 조국의 자유와 독립을 쟁취하기 위해 광복군에 입대하여 생명을 바치겠다고 우렁찬 목소리로 엄숙하게 서약서를 읽고 나서 서명을 하였다. 서약서에 입대한 년, 월, 일 란에 1943년 3월 5일 입대한 걸로 기록이 되어 있어 그 연유를 물어 보았더니 조사실 주임 마오완뤼 장군으로부터 나의 광복군 입대를 천거해 온 날짜라고 하면서 오늘 1944년 2월 10일은 나한테 재확인하는 절차라 했다.

박시준 형이 광복군에 입대한 것을 확인 보증을 하라고 하기에

서류를 보았더니 1943년 10월 중순경에 입대한 걸로 기록되어 있음을 확인하고 보증인 서명을 해 주었다.

이소민 상교는 서약서를 받고 난 다음 나에게 광복군 제1지대 2구대 소속 상해지구 지하공작 책임 직책을 주고 동지를 규합해 지하조직을 강화하는 동시 항일지구로 의거(義擧)해 오도록 최선의 노력을 다하라는 사명을 주었다. 조선민족 혁명당에 가입하라고 권유하는 것을 나는 정치에는 추호도 관심이 없음을 내세워 정중히 거절했다.

앞으로 연락관계는 현재와 같이 조사실을 통해 계속하도록 약속했다. 가급적이면 조속한 시일 내에 항전지구에 들어와서 여기서 자기와 같이 일을 하자고 했다. 항전지구에 들어오라고 여러 번 말을 되풀이 하는 걸로 보아 외로움을 하소연 하는 것 같았다.

나는 직무에 관한 사항은 대충 정리가 된 걸로 보고 이상교에게 드리려고 허리춤에 차고 온 전대를 풀어 관금권 50만 원(중국화폐 왕자오밍권 3백만 원)을 성금으로 내놓았다. 거금이라는데 놀라는 것 같았다. 저장물산이 상당한 재산이 있다는 것을 알고는 있었지만 이렇게 큰돈을 자기한테 주리라고 생각을 못했다면서 기쁨을 감추려고 하지 않았다. 쉬 대위도 큰돈을 내놓는 걸 보고 눈이 둥그레 가지고 있었다.

나는 이소민 상교에게 앞으로 사석에서는 형님으로 모시겠다고 했다. 찐화에서 이쪽 소식을 전해 듣기에는 생필품이 귀해 돈을 주어도 구하기가 어렵다고 했다. 우리는 항전지구로 올 때 가지고 오려고 생필품을 매집해 두고 있는데 그것을 이곳까지 운반해 올 수 있는가가 의문이었다. 다음은 항일지구로 건너오려고 계획을 세워놓고 보니 셋째 형네가 5인 가족이고, 사원 김 씨네가 4인 가족, 기타 찐화의 유지 2인과 박 형과 내가 합치면 13인이었다. 게다가 현금과 물자가 3화차나 되는 걸 어떠한 방법으로 운반해 올 수 있을지 걱정스럽다고 말을 전했다. 쉬 대위는 걱정하지 말라고 했다. 벌써부터 자기네들은 대비책을 강구해 놓고 결정적 시기만을 기다리고 있는 중이라고 했다. 이소민 상교도 조사실 자체가 그러한 일에는 오랜 경험과 완전무결한 조직적 능력을 갖추고 있다고 했다. 첸산(鉛山)에 돌아가면 마오완뤼 장군에게 자기도 부탁해 두겠다고 하며 중일전쟁은 3, 4년 내에 일본이 항복할 것으로 추정하고 있었다. 가급적이면 빨리 항전지구에 와서 같이 일을 하자고 애원하다시피 했다.

이상교는 우리가 준 성금을 뜻 깊게 사용하기 위해 승용차와 화물자동차를 사두고 남은 돈은 비상금으로 은행에 예치해 두겠다고 했다. 쉬 대위는 밤이 깊어 가고 있으니 취침하도록 하라면서 침대가 두 개 있는 방으로 이상교와 나를 안내해 주고 내일 아침에 오겠다며 돌아갔다.

침실에 가서 이상교는 잠이 안 온다고 하면서 노 상해인들이 하는 일들을 물어보고 나는 그 사람들의 근황을 말해주느라 밤을 새우다시피 했다. 내가 아는 노 상해인들은 거의 다 이상교가 아는 사람들이었다. 개중에는 연정에 얽힌 잊을 수 없는 사연도 있었다. 옛날 생각에 골몰하다 말을 채 잇지 못하고 그리움에 지친 때문인지 천정만 쳐다보다가 한참 만에 물어보고 또 물어보고 했다. 추억을 삭이지 못해 끝내 나의 손을 끌어 쥐고 낙루(落淚)하는 모양은 보기에 정말 딱했다.

때로는 격한 어조로 왜놈들 때문에 내가 살고 싶은 곳에서 살지도 못하고, 가고 싶은 곳에 갈 수도 없고, 보고 싶은 사람한테 편지 한 장 전해주고 받을 수 없는 현실을 비관했다. 일본의 침략에 맞서 우리가 힘을 모아 나라를 찾지 못하는 한 자유가 없음을 뼈저리게 느끼게 하는 말들을 할 때마다 분통(憤痛)을 자아내게 하고 있어 나라 잃은 민족의 서러움을 더해주고 있었다.

이 상교는 가슴 저린 추억에 잠긴 채 밤을 새웠다. 돌아갈 준비를 위해 작별해야 할 시간은 다가오고 있는데 나는 이 상교를 여기에 남겨두고 간다는 말을 차마 할 수가 없었다.

사람의 눈을 피해 새벽에 떠나기로 했다. 어제 저녁 같이 온 조사실 무술요원과 쉬 대위가 올 시간이 임박해서 나는 이 상교를 '구대장님' 하고 부르고 '다시 만나 뵈올 때까지 부디 강건하시고 안녕히 계십시오.' 라고 인사를 했다. 나도 모르게 눈물이 쏟아져 나와서 고개를 들 수가 없었다. 내가 울고 있는 것을 보고 이소민 상교도 눈이 뻘개가지고 내 어깨를 두드리며 용기를 내라고, 나약한 마음을 가져서는 안 된다고 했다. 큰마음으로 나라 일을 생각하고 정신을 차리라고 다독여 주었다.

이소민 상교와 나는 서로 만난 지 불과 10시간 밖에 안 되었지만 오랜 세월을 같이 지내다 헤어지기는 것 같은 깊은 정이 담긴 눈물을 토해내고 있었다. 이역만리에서 만난 애국지사의 조국애, 동포애, 나라를 찾아야겠다는 불타는 정열과 의지 속에서 하루 밤을 지새우는 동안 미로에 갇혀 있던 내가 갈 길을 찾았다는 신념과 환희의 눈물이라고 해야 할까, 아쉬움이 가득 찬 작별을 고하고 5시, 무술 요원과 쉬 대위와 같이 강변에 가서 쉬 대위만 남겨두고 찐화를 향해 탕씨를 떠났다. 돌아오는 길에는 어젯밤 이상교와 밤을 새우며 주고받은 말들이 떠올랐다. 여러 날 지친 몸을 더욱 무겁게 하고 있었다. 하지만 조국광복을 위해서 조국을 찾을 때까지 모든 사사로운 것은 잊어버리고 오직 조국 하나만을 생각하기로 마음먹자 힘이 불끈 솟았다. 불타오르는 조국광복의 투지와 동포의 정을 선물로 받은 만남이었다. 탕씨를 떠나 찐화에서 기다리고 있는 평생 동지 박시준과 천더썽 두 형을 찾아 돌아가는 길이였다.

란씨에 도착을 해서 하루 밤을 쉬고 다음 날 아침 5시에 어부로 변장을 했다. 고기잡이배를 얻어 타고 살아있는 물고기 한 망태기를 사서 뱃머리에 올려놓았다. 소병(燒餠)과 더운물을 마호병에 넣어가지고 식사를 했다. 사공과 안내공작원, 그리고 나까지 3인은 적진을 돌파해야 하는 마지막 길목을 향해 돌아오는 도중 오후 6시쯤부터 비는 부슬부슬 내리기 시작했다. 사방이 짙은 구름에 가려 지척을 분간할 수 없는 강 길을 따라 앞으로 전진하고 있던 중 다행히 일본군 초소망은 돌파한 것 같아 마음은 놓였다. 찐화 강변에 다가올수록 비는 소나기로 변해 한밤중 칠흑 같은 어둠 속을 헤매다 우리가 떠나온 강변에 도착을 했다. 사공과 안내공작원하고 무언의 악수만 나누고 집으로 가려고 발길을 돌렸다. 뜻밖에 천더썽 형이 우산을 가지고 마중 나와 있었다. 평생 동지의 고마움을 말로는 다 표현할 길이 없었다.

집에 돌아와서 대문을 밀어보았더니 문이 열려 있었다. 보아하니 내가 오늘 돌아올 걸로 알고 기다리고들 있다가 내가 대문에 들어서서 대문을 잠그는 소리를 듣고 박시준 형과 여재 형 내외가 현관문을 열고 나와서 맞이해 주었다.

나는 옷을 갈아입고 응접실에 마련해 놓은 커피 한잔씩 들면서 이소민 상교와 의형제 결의한 증표로 받은 금반지를 보여주었다. 우리가 제공한 성금을 가지고 기념으로 승용차와 화물차를 사고 남은 돈은 비상금으로 은행에 예치해 둔다는 말도 전했다. 또한 나와 박시준 형은 마오완뤼 장군의 천거로 광복군 제1지대 2구대장 이소민 상교 소속으로 입대되어 있음을 지난밤에 나의 입대식 때 서약서에 서명하면서 내 눈으로 정확히 확인하고 박시준 형에 대한 입대서약서에 내가 보증인으로 서명한 것까지 알려주자 박시준 형은 천더썽 형의 손을 붙들고 진정한 동지, 평생 동지로 신임을 맹서하며 굳게 악수를 나누었다.

나는 우리가 걸어온 길에서 조국독립을 위해 한 일이 없음을 부끄럽게 느끼게 한 이번 탕씨 행에서 얻은 교훈과 조국의 독립을 쟁취하기 위한 투쟁에서 이제부터라도 우리가 앞장 서야 하겠다는 각오를 새롭게 다졌는데 모두가 동감하고 결의를 다짐했다.

밤이 가는 줄도 모르고 이소민 상교하고 대화한 내용을 이야기했다. 새벽녘에 겨우 잠자리에 들었다. 조반도 점심도 거르고 저녁 무렵에 기상을 하자 중국인 형수가 나를 위해 산해진미의 만찬을 차려놓고 있었다. 여재 형과 박시준, 천더썽 두 형도 내가 기상하기를 기다리고 있었다. 이상한 것은 우리가 따지고 보면 불과 5일 만에 합석을 하는 셈인데 참으로 몇 년 만에 만난 것 같은 기분이 들었다.

이제 우리가 항전지구로 탈출하고자 한다면 박시준과 천더썽 두형이 쉬 대위한테 연락을 취해 여재 형과 합석을 해서 종합적인 계획을 수렵해 놓고 실행해 나가는 것이 좋겠다는 나의 견해를 말해두고 다음 날 나는 상해에 가기 위해 찐화를 떠났다.

19. 조국을 위한 일편단심

　상해에 돌아와선 경재 형 내외를 모시고 영화관과 공원산책, 일류 음식점을 찾아가서 외식을 즐기기도 했다. 언젠가는 내가 항일지구로 가거나 또는 맏형이 서울로 돌아가는 날이 올 것을 알기에 석별의 아쉬움을 달래고 위로라도 해드린다는 생각에서 였다. 그러던 어느 날 깊이 잠이 들어 있는 나를 누가 흔들어 깨우기에 눈을 떴다. "얘, 얘, 순재야, 순재야, 나다, 나야." 하고 속삭이듯 나지막한 목소리로 부르고 있어 잠이 덜 깬 눈으로 누군가 하고 자세히 살펴보았더니 경재 형이었다. 내 머리 맡에 와서 다급한 목소리로 얘기를 하자고 나를 깨우고 있었다.

　맏형은 대뜸 "얘, 얘 너 혹시 항일지구로 가려는 거 아니니. 지금 한밤중이라 너희 아주머니는 깊이 잠들어 자고 있어. 여기는 지금 너와 나 단둘이야. 너와 나는 형제야. 우린 서로 못할 말이 없지 않니? 안심하고 말해 봐. 내 절대로 네 비밀만은 지켜줄테니." 하고 나를 안심시키고 나의 진실된 말을 들으려고 몹시 애가 타 있었다.

　그 순간 나는 내 비밀을 경재 형이 아시고 하는 말일까 아니면 추측으로 하는 말일까 생각에 잠겼다. 더욱이 맏형이 형제간의 정의를 내세워 힘주어 말하고 있어 마음이 약해지기도 했다. 하지만 비밀이 내 맘대로 파기할 수 있는 노리개감이냐 하는 자책 속에서 정신을 차렸다. "원 형님 두, 제가 무슨 큰 뜻을 가지고 있다고 그런 엄청난 말씀을 하고 계십니까?" "형님 저는 아무 일도 없으니 안심하시고 어서 건너가 쉬십시오." 하고 얼렁뚱땅 아무 것도 없었던 일로 둘러댔다.

　그래도 형님은 곧이듣지 않는 눈치였다. 내말을 믿으려고 하지 않고 "내가 보기에는 네 얼굴에 항일지구로 간다고 써 있어." 하고는 예전에 자기가 동경제대를 나오고 상해로 몰래 도망해 올 때 자기는 누구에게나 상해로 간다고 내색을 한 적이 없었건만 친구들은 상해로 가는 거 아니냐고 해서 부인을 하면 "네 이마에 상해 간다고 써 있어" 하고 말했다면서 지금 네가 나한테 아니라고는 하지만 내가 너를 보기에는 그쪽으로 가는 것만은 틀림이 없다고 했다. 한번은 내 눈치를 보고 "항일운동이란 자주독립을 목적하고 있는 만큼 임정산하 지휘계통 속의 조직적인 항일투쟁에 참여해서 독립운동의 자주역량을 조성하는데 기여해야지 그렇지 않고 임정에서 이탈한 독립 운동자들 속에 끼어들었다가는 종파주의자로 낙인 되기 쉽다."고 주의를 주는가 하면 "넌 지금 항일지구로 안 간다고 하면은 내가 상해를 떠나고 나면 그땐 어떡할 작정이냐?" 하고 묻는 걸로 보아서 내가 끝내 형님을 속이고 있다고 보는 것 같았다. 나는 대학에서 졸업할 때까지 학업을 계속하는 것이 나의 유일한 희망이요, 목적이라고 둘러댔다. 그래도 미심쩍은 생각을 버리지 못하고 만약에 저쪽으로 가려고 할 땐 형님한테만은 말해 달라 하시고 물러가셨다.

　나는 끝내 맏형을 속이고 태연히 마음에도 없는 말을 꾸며서 해 놓고 나니 죄지은 듯 마음이 풀리지 않아서 잠을 잘 수가 없었다. 아버지가 돌아가신 후 맏형을 따라 둥산성(東山省)에서 상해까지

와서 같이 살았는데 무슨 이유로 형을 믿지 못하고 속여야만 하는지 내 자신 갈피를 잡을 수 없을 만큼 마음이 괴롭기만 했다.

　1941년 12월 말경에 새 형수를 만나 두 분이 동생들과 별거생활을 할 때에는 상당한 재산을 갖고 있었다. 1942년 2월 10일 두 분이 동거생활한 지 2개월 만에 형이 일본헌병대에 끌려가서 신문사, 극장 등 중요한 재산을 다 빼앗기고 난 후 빈털터리로 석방되어 부득불 동생들과 같이 동거할 때에는 임신 중이여서 어쩔 수 없이 함께 지냈다. 요행이 찐화에 가서 서울로 돌아간다고 여재 동생한테서 막대한 자금을 얻어가지고 와서 이제 호강을 누리고 살만하다고 부푼 희망을 가지고 있을 때에 내가 항일지구로 도망가려고 하는 걸 형수가 알면 가만두고 보겠는가 하는 점이다.

　또한 지금까지 이복형제간이라고 한 번도 내색을 하거나 발설한 적이 없었던 경재 형이 새 형수를 만난 후 그런 말이 나왔다는 것도 이간질을 하고 있었다고 보지 않을 수가 없었다. 나는 맏형이 일본관헌의 요시찰인으로 항상 감시 속에서 부자유하게 살아왔기 때문에 맏형의 처지를 이해하고 어떻게 하면은 나로 인해 피해를 받지 않도록 노력하고 있었다. 최선의 방법은 경재 형이 하루라도 빨리 상해를 떠나는 것이라고 생각했다.

　나중에라도 내가 항일지구로 건너간 일 때문에 맏형이 일본관헌에게 끌려가서 문초를 당할 때를 전제로 놓고 생각을 해보더라도 몰랐던 것이 오히려 부담스럽지 않고 짐을 덜 수 있지 않을까 하는 생각도 해 보았다. 이래저래 맏형에게는 말을 털어놓을 수가 없었다.

　나는 경재 형이 내가 항전지구로 갈 거라는 걱정을 버리도록 하기 위해서, 내가 그런 뜻이 없음을 증명이라도 하듯이 학업에 열중했다. 맏형이 생각하기에는 여재 형은 돈밖에 모르는 장사꾼이라 보고 있었기 때문에 나는 여재 형의 사업을 도와서 찐화에 내왕하는 척하면서 우리의 일을 추진했고, 맏형을 안심시키기 위해 내 나름대로 안간힘을 쓰고 있었다.

제 2 부

제 2 부

20. 찐화(金華)에서 거사모의

  1944년 6월 중순경 학기말 시험이 끝난 후 나는 찐화에 가서 여재(璵載) 형 내외와 박시준(朴時埈), 천더썽(陳德生) 두 형과 항일지구로 가기 위한 구체적인 찐화 탈출 계획을 세우기로 했다. 탈출하는 시기와 방법, 물자와 현금을 운반하는 문제, 탈출에 참여한 사람들을 안내하는 문제, 만일에 대비한 비상대책 등 많은 문제가 앞에 놓여 있었다. 우선 협의와 도움을 청하기 위해 조사실 주임 마오완뤼(毛萬里) 장군과 면담할 수 있는 기회를 주선해 달라는 부탁을 하기로 했다. 박시준과 천더썽 두 형을 씨뭔(石門) 중립지대 교역장에 보내 물물교역에 짬을 내어 쉬(徐) 대위에게 우리의 협의내용을 전달하고 돌아오도록 했다.

  우리는 7월 말이나 8월 초에는 소식이 올 걸로 예상하고 누가 마오완뤼 장군을 만나러 갔다 오는 것이 좋을까 하는 의논을 했다. 박시준, 천더썽 두 형과 나 셋이 갔다 오라고 하는 여재 형의 의견을 받아들여 인선을 정해놓았다. 만돈 장군을 만났을 때 우리가 조국광복을 위해 필요한 자금으로 헌금을 얼마나 하느냐 하는 문제를 놓고 상의했다. 우선 관금권 5백만 원(왕자오밍 정부화폐 3천만 원)을 제1차로 헌금하기로 의견을 모았다. 만일의 경우를 대비해 여재 형은 표면에 일체 내세우지 않기로 하고 우리 3인이 전적으로 책임을 지고 행동하기로 결의를 했다.

중국인 형수는 전적으로 나를 믿고 내가 여름방학 동안 찐화에 있으면서 모든 일을 결정해 놓기를 부탁했다. 박시준, 천더썽 두 형은 씨뭔에 가서 쉬 대위하고 내가 찐화에 있는 동안 협의사항을 종결짓도록 서두르고 있었다.

저쪽 소식만을 기다리며 강가에 나가서 물놀이로 한여름 세월을 보내고 있던 7월 어느 날 말로만 듣던 미공군 P51기가 찐화 상공에 나타나 찐화 역을 벼락치듯이 폭격하는가 하면 기관차와 화차, 객차 등까지 기관총 소사를 가하고 유유히 사라져 갔다. 다음 날 또 와서 일본군 기지사령부와 야전창고 등을 폭격하고 돌아갔다. 다음 날은 찐화역에 정류 중인 열차를 박살내고 돌아갔다.

연 3일간 P51기가 찐화 상공에서 활개치고 자유자재로 다녀도 일본군은 대응을 하지 않았다. 쥐 죽은 듯이 있다가 비행기가 돌아가려고 할 무렵에 대공포소리가 몇 번 나다 말았다. 일본관헌들도 얼이 빠진 듯 상황은 김빠진 맥주 같았다. 찐화 상공에 P51기가 나타났을 때 왜 대항하지 못했는지 까닭을 알 수는 없지만 찐화의 일본군 기지사령부가 가지고 있는 대공포가 구식이어서 소리만 요란했지 실용가치가 없는 시위용이라고들 말하고 있었다. 8

월 초에 씨뮐 쉬 대위한테서 연락이 왔다. 8월 10일 탕씨(湯溪)에서 조사실 주임 마오완뤼 장군이 만나자고 하는 내용이었다. 하루 전 9일까지는 탕씨에 도착하도록 준비를 하라고 했다.

지난 2월에 내가 다녀온 통로 그대로 이용한다고 하며 고기잡이배 두 척을 대기시켜 놓고 안내공작원을 찐화를 출발하는 7일 밤 11시경 우리숙소 주변으로 보낸다고 했다.

여재 형 내외에게 이 사실을 알렸다. 우리 3인은 그날 밤 어부로 변장하고 돈은 3인이 분배해 가지고 전대를 만들어 허리에 찼다. 숙소를 나와 약속장소로 가는데 안내공작원이 나타나 손짓을 해서 그의 뒤를 따라 강변에 대기하고 있는 고기잡이배 앞으로 갔다. 안내공작원의 손짓에 따라 박시준 형과 내가 한배에 타고 선두로 출발한 후 그 뒤 배에는 천더썽 형이 타고 따라오고 있었다.

8일 저녁에 무사히 란씨(蘭溪)에 도착했다. 우리는 란씨에서 여객선을 대절해둔 선상에서 1박하고 다음 날 새벽에 출발했다. 탕씨에 예정대로 9일 오후 5시에 도착했다. 우리는 탕씨지구 조사실 판사처로 갔다. 내일 오후 5시경 마오완뤼 장군이 오신다고 영접 준비에 바쁜 쉬 대위와 우리 숙소에 가서 저녁식사를 같이 하면서 마오완뤼 장군을 만나 전할 사항 등을 협의했다.

다음 날 우리는 숙소에서 온종일 찐화 탈출 계획서를 작성해 놓고 마오완뤼 장군이 도착하기만을 기다리고 있었다. 오후 6시경 쉬 대위가 와서 마오완뤼 장군이 도착했다고 알렸다. 우리는 거실로 안내되어 쉬 대위의 소개로 인사를 드렸다. 마오완뤼 장군은 만나보게 돼서 반갑다는 어두를 꺼내며 나의 손을 끌어 쥐었다. 조사실 소속 지하공작원에서 요원으로, 광복군 제1지대 2구대 지하 공작책으로 활약한 3년의 공로를 거론하였다. 한중양국 공동의 적인 일본을 타도하기 위해 윤함지구(倫陷地區)내 일본군이 발악하는 악조건 속에서 3인이 일체가 되어 합심협력 분투, 노력하고 있는 것을 높이 평가 하고 있다고 했다. 특히 천더썽 중위에 대하여 나라를 위해 큰일을 하고 있음을 자기는 잊지 않고 있다고 격려를 아끼지 않았다.

마오완뤼 장군은 2월 초 내가 이소민 상교와 만났을 때 의형제 결의한 것을 알고 있었다. 하루저녁 사이에 의형제까지 발전한 것을 보면 하늘이 맺어준 인연이 아니겠냐고 치하했다. 자기가 1943년 3월 5일부로 이소민 상교에게 천거하여 광복군 제1지대 2구대에 입대시킨 것을 내세워 생색을 내기도 했다.

이상교는 지난번에 우리가 성금한 것을 가지고 승용차 1대와 화물자동차 1대를 사서 운영하고 있다고 저간의 소식을 전해주었다. 이소민 상교는 우리가 가능한 한 빨리 항전지구로 오기를 기대하고 있었다. 언제쯤 찐화를 탈출할 계획을 하고 있느냐고 묻기에 우리는 10월 15일경 찐화를 탈출할 계획을 세우고 이쪽 사정이 어떨지 몰라서 찾아 왔다고 말했다. 마오완뤼 장군은 언제 어느 때든지 가능하다고 그 걱정은 하지 말고 계획 세운대로 진행을 하라고 했다. 우리는 작성한 찐화 탈출계획서를 제출했다.

마오완뤼 장군은 우리의 계획서를 훑어보고 난 후 중일전쟁 중 많은 사람들이 윤함지구를 탈출해 항일지구로 넘어왔지만 이렇게 많은 물자(광목 2화차, 담배 1화차)와 현금(180마대)은 처음이라며 놀라서 상기된 얼굴로 '아니 정말 이렇게 많은 재산을 갖고 있느냐'고 다시 한 번 재확인했다. 인원 18명 중 한국인 13명(남자 6

명, 여자 4명, 어린애 3명)하고 중국인 직원 5명이라는 걸 보고는 이건 마치 어느 한 부락이 이동하는 행차지 어디 탈출해 오는 거사라고 볼 수 있느냐고 하며 한국인으로서는 전후 사상 최대의 사건으로 기록에 남길만한 일이라고 했다.

특히 쉬 대위와 천더썽 중위에게 책임을 주며 모든 권한을 행사해서 차질 없이 거행하라는 지시를 내렸다.

그리고 조사실에서 차오(曺) 중교를 란씨에 파견해서 진두지휘하도록 조치하겠다고 했다. 그날을 전후해서 마오완뤼 장군 자신도 판사처에 대기하고 무선연락으로 상황파악에 힘쓰겠다고 단호한 결의를 보여주었다.

또한 우리가 제출한 계획서 내용 중 찐화를 탈출하기 2일 전 여재 형 5식구와 한국인 2명, 중국인 직원 5명하고 물자와 현금을 씨뭔에 옮겨놓고 중국인 직원 감독 하에 물물교환을 하는 양 조건을 내세워 선불하는 형식을 취하도록 하였다. 물건과 현금을 전부 항일지구에서 온 상인으로 가장한 조사실 공작원에게 인도해 줄 때 주위에 여러 사람이 다 들을 수 있도록 큰소리로 말하기로 하였다. 여러 번 2일 안에 차질 없이 교환한 물건을 가져와야 한다고 다그치고, 다짐을 받은 후 물자와 현금을 내준 후에 전원이 씨뭔에 남아 교환한 물건을 인수하기 위해 씨뭔에 대기하고 있는 것처럼 보여주고 있다가 우리가 찐화에서 탈출하는 10월 15일 밤 12시를 기해 동시에 탈출하도록 작정한 걸 보고는 마오완뤼 장군은 탁상을 탁 치면서 매우 훌륭하다고 호쾌하게 웃었다.

8시경에 마오완뤼 장군은 식사를 가져오라고 했다. 마오완뤼 장군, 쉬 대위, 천더썽 형, 박시준 형과 나 이렇게 다섯이 반주를 곁

들여 가며 자유로운 분위기 속에서 허심탄회하게 대화를 나누었다. 분위기가 무르익어가고 있을 때 우리 3인은 허리춤에 차고 온 관금권 5백만 원을 꺼내놓았다. 우리는 한·중 양국의 최후승리를 위한 헌금이라고 접수해 달라고 하자 조국을 위한 우리의 깊은 애국충정을 높이 치하해 주었다.

항진지구에 오면 구체적인 상의를 하겠지만 우선은 우리가 가져오는 물자와 현금 중 일부는 여재 형의 생활안정자금으로 공제하기로 했다. 나머지 물자와 현금은 한중 양국을 위해 헌금하기로 작정하고 가져오는 만큼 그 관리는 조사실 책임 하에 두자고 했다. 나와 박시준을 제외한 우리 한국인 일행에 대해서는 항전지구에서 본인의 자유의사에 따라 지위를 선택할 수 있도록 조사실에서 책임을 지고 지도 편달해 줄 것을 부탁했다.

우리는 내일 아침 일찍 탕씨를 떠나 돌아가기로 약속하고 왔기 때문에 오늘 밤 마오완뤼 장군의 고견을 듣고 싶다고 했다. 그러나 자기는 우리의 견해를 듣는 것만으로 만족스럽다며 오히려 우리더러 사양하지 말고 하고 싶은 말이 있으면 모두 털어놓고 말해 보라고 했다. 우리 일이 자기 일이라며 어찌 우리의 일을 우리의 일로 돌려둘 수 있는 일이냐며 우리는 최후의 승리를 가져올 때까지 한식구요 아니 영원한 동지라고 강조했다. 특히 나와 박시준을 두고 조사실과 관련해서 광복군과 연결된 만큼 조사실이 다르고 광복군이 다를 수가 있느냐고 일본이 우리 공동의 적인만큼 목적이 같음을 역설하고 있었다.

마오완뤼 장군은 제3전구 내에 한국독립운동가 저명인사들이 활약하고는 있지만 광복군으로서는 증모처와 제1지대 2구대가 있을 뿐이라고 만약에 우리 일행 중에 독립운동가들과 접촉하기를 원한다면 그건 자기가 책임지고 소개할 수는 없지만 몇몇 사람의 소재지는 알려줄 수 있다고 했다. 나라를 찾으려고 할진데 일본과 전쟁 중일 때 군인밖에 할 일이 또 무엇이 있겠느냐고 군사력의 중요성을 특히 강조했다.

12시가 넘어 밤이 깊어지자 더 붙들고 이야기를 계속 하기가 어려웠다. 자리에서 일어나 내일 아침 일찍 떠날 때에는 찾아뵙지 못하고 가겠다고 인사를 하고 물러나왔다. 우리 4인은 한방에 침대가 4개 놓여 있는 침실로 가서 몇 마디 얘기를 나누다 잠들었다. 누군가 기상하는 소리에 놀라 일어나 보니 마오완뤼 장군이 아침 일찍 찾아온 것이었다. 차질 없이 대비해 두고 있을 테니 안심하고 돌아가서 치밀하게 추진하라고 했다. 천더썽 중위한테는 좀 더 고생을 하라고 격려하며 우리가 떠나가는 길 문밖까지 따라 나와 두 손을 흔들며 환송해 주는 성의를 보였다.

우리는 탕씨를 떠나 란씨에 와서 하루 더 자고 다음 날(12일) 어부로 변장, 고기잡이배 두 척에 나눠 타고 민물고기 한 망태기씩 뱃머리에 얹어놓는 것을 잊지 않고 찐화를 향해 떠났다.

그날 밤 찐화에 다가올 무렵에 난데없는 소나기가 퍼부었는데 기이하게도 지난 2월에 내가 이소민 상교를 만나고 돌아올 때 소나기를 만났던 기억이 떠올랐다. 하늘도 우리들을 감싸주며 보호해주고 있음을 느낄 수 있었다.

여재 형 내외는 우리가 돌아 올 시간에 맞추어 음식을 준비해 두고 있었다. 우리가 온 것을 보고 반갑게 맞아주었다. 식사를 하면서 마오완뤼 장군과 대화한 내용을 소상히 이야기해 주었다. 여재 형은 우리의 이야기를 듣고 나서는 탈출계획대로 차질 없이 진행하자고 다짐을 했다.

다음 날 여재 형과 박시준 형에게 이르기를 아직 맏형이 상해를 떠나지 않고 있는데 내가 찐화에 너무 오래 있으면 큰형수의 의심을 살지도 모르니 나는 상해에 가서 기다리겠다고 했다. 10월초에 나한테 찐화에 다녀가라는 전보를 쳐달라고 부탁을 하고 상해로 돌아왔다.

경재 형은 상해를 언제든지 떠날 수 있도록 준비해 두고 있었다. 나는 10월 15일 찐화에서 탈출하고 나면 나와 접촉했던 사람들에게 본의 아닌 피해를 줄 수 있어 일체 누구하고도 만나지 않으려고 노력했다. 하루가 여삼추 같아 지루하고 좀이 쑤셨다.

시간을 보내기 위해 매일같이 고서점을 뒤지고 다녔다. 볼만한 헌책 몇 권을 사가지고 와서 방에서 밤낮 책하고 씨름을 했다. 시간이 흘러 10월 초가 되자 예정대로 전보가 왔다. 찐화에 다녀가라는 전보를 경재 형에게 보여 줬더니 빨리 가보라고 하면서 아무 것도 모르고 있는 경재 형은 내 등을 떠밀었다.

헤어지는 마당에 형님을 보기에도 생각하기에도 마음이 아팠지만 나라를 위하여 하는 일인데 어찌 그만한 일에 마음을 두랴하고 강하게 마음먹기로 하고 집을 나섰다. 보통 때와 다름없이 맏형에게 인사를 하고 나니 이제 기약을 할 수 없는 작별에 발걸음이 무거웠다. 조국을 찾지 못하는 한 다시 돌아올 수 없는 외길을 떠난다고 생각하니 발길마저 떨어지지가 않아 길가에서 한참 정신없이 서 있었다. 삼륜차를 잡아타고 상해역으로 가는 동안 나라 잃은 민족의 서러움이 물밀듯 다가왔다.

상해역을 떠나면서 우리나라 독립운동의 중심지요, 수많은 선열과 애국지사들이 거쳐 간 발자취를 늦게나마 따라 가고 있다는 생각에 나의 가슴 속에 자부심이 생겨났고, 우리 민족의 내일에 대한 희망이 솟구쳐 오르고 있었다.

21. 드디어 찐화를 탈출하다

10월 7일경 찐화에 도착했다. 벌써 탈출을 위해 만반의 준비를 끝내 놓고 있었다. 혹시 씨뭔(石門) 교역장으로 이동해 가는데 만에 하나라도 일본관헌의 의심을 살만한 일을 염려해서 가짜 물물교환에 대한 계약서까지 작성해 두었다. 그 내용은 씨뭔에서 물자와 현금을 인도해주고 그 대가로 받는 물자 전량은 3일 내에 가져온다는 내용이었다.

10월 13일 오전 9시 씨뭔 교역장으로 떠날 준비를 갖췄다. 천더씽 형의 지휘 하에 형님 여재, 중국인 형수 엽엽청(葉葉菁 예예영), 1남 김왕엽(金王葉 진왕예), 2남 김모엽(金毛葉 진만예), 형수 모친 5인 가족과 찐화 계림회(鷄林會) 회장 김씨, 45세 정도의 충청출신 계림회 총무 고씨(이름불상), 제주도인 (37세 정도, 이름불상) 2인하고 중국인 직원 5인은 탈출 준비를 마쳤다. 광목 두 화차와 담배와 현금 180마대를 한 화차에 적재했다. 12명이 3대의 화물자동차에 분승한 후 찐화를 출발했다. 전송하고 있는 나와 박시준에게 16일 돌아와서 보자고 주위에 있는 여러 사람들이 들으라는 듯이 큰소리로 여러 번 외치고 차는 출발했다.

찐화에 남겨진 사람은 나와 박시준, 그리고 한국인 직원 김씨 (이름불상, 인천인, 27세 정도), 김씨의 모친, 처와 딸 이렇게 6인 이었다. 우리는 15일 밤 12시에 탈출하기로 했다. 박형과 나는 강변숙소에서 숙식하던 것을 시내사무실로 옮겼다. 외형상 물자교환이라고 하고 씨뮌으로 간 것을 혹시라도 일본관헌이 의심을 하지나 않을까 염려되었기 때문이다. 우리 저장물산 사무실이 일본영사관 바로 옆집에 있었기 때문에 우리가 시내사무실 숙소로 옮겨놓고 있으면 일본영사관 형사들이 볼 때 자기네 눈앞에 와 있음을 보고 의심하지 않을 거라는 판단에서 취한 조치였다. 시내 사무실 내부숙소에선 김 씨네 식구가 기거하고 있었다.

우리는 강변숙소에 여재 형네가 기거하던 침구와 생활용품과 집기 등을 정리해 놓고 비어있는 집이 아닌 것처럼 위장해 두었다. 외부인이 무단출입하지 못하도록 대문을 잠가놓고 누가 와서 보더라도 빈집처럼 보여서는 안 되겠다 싶어 의심이 가지 않도록 해놓았다.

씨뮌으로 간 천더썽 형에게서 예정대로 순조롭게 진행되고 있으니 약속시간에 맞춰 행동개시하라는 연락이 왔다. 우리는 15일 밤 행동을 개시하기 전 탈출코스를 재확인해 두고자 찐화시 외각에 자리 잡고 있는 찐화역으로 나갔다. 찐화역에서 강변 쪽으로 나가 안내공작원과 만나기로 약속한 강변나루의 위치를 확인해 두었다. 15일 밤 10시경 사무실 흑판에는 16일 씨뮌에서 인수한 물자를 운반해 올 화물자동차 10대의 운행시간표를 작성, 계시해 놓았다. 우리가 기거하던 숙직실에는 아침에 볼 일이 있어서 출타한 것처럼 보이기 위해 잠자리를 그대로 두었다. 침실 책상 위에는 업무일지와 돈도 얼마간 놔두고 김 씨네는 김 씨 가족이 사용하던 물건을 그대로 놔두게 하고 가족의 의류만 챙겨가지고 고국으로 간 것처럼 위장해 놓았다. 김 씨 가족을 고국으로 보낸다고 벌써부터 소문을 퍼트렸기 때문에 가족은 고국으로 가고 김 씨만 남아있는 것처럼 보이기 위함이었다.

우리가 밤 12시에 찐화시내에서 탈출을 시도하게 된 이유는 찐화와 항저우 간 열차운행을 야간에만 하기 때문이었다. 지난 7월 이전에는 주간운행을 했다. 그러나 7월에 P51 미공군기가 연 3일간 찐화역에 집결해 있는 기관차, 객차, 화차 등을 무차별 폭격하고 기관총을 난사하고 간 후 주간운행은 중단한 채 야간운행만 하고 있었다. 우리는 그러한 점을 역이용 했다. 밤 2시에 찐화를 출발하는 항저우행 열차를 타기 위해 역에 간다고 핑계댄다면 찐화시내의 삼엄한 경계망을 빠져나가기가 용이한 점을 착안한 것이었다.

찐화시내 야간 통행은 일본군의 철통같은 경계망 때문에 특별한 용무가 아니면 통행할 수 없었다. 우리는 15일 밤 12시 약속 시간에 맞추어 김 씨네 가족이 고국으로 돌아가는 것처럼 행장을 위장했다. 옷 보따리를 챙겨들고 김 씨와 박시준과 나는 전송 차역에 가는 것처럼 간단한 옷차림을 했다. 11시 사무실 대문을 나와 박시준 형이 앞장을 서서 인도하고 그 뒤 김 씨네 가족이 따르도록 하였다. 내가 맨 뒤를 따라 나섰다. 일본영사관 앞을 지나 찐화역으로 가는 도중 만에 하나 일이 잘못될 경우를 대비하여 나는 회사에 비치해 두었던 모젤2호 권총을 휴대하고 따라 나섰다.

찐화역으로 가는 길목에서 일본군 보초병이 어디로 가는 사람들이냐고 물었다. 박시준 형은 김 씨네 가족이 고국으로 소개(疏開)하기 때문에 전송 차 역에 가는 길이라고 말하자 가라고 손짓을 했다. 찐화시내를 무사히 빠져나와 찐화역에 도착했다. 이제 찐화역에서 강변나루터까지는 약 2km 쯤 된다. 역밖에 있는 화장실 뒤쪽으로 가서 철로를 건너가면 강변 둑 밑이 나오고 거기서 둑 밑으로 소로를 따라가다 보면 수양버드나무 같은 수목 몇 그루가 있다. 그곳에서 둑방을 넘어가면 강변나루터에 안내공작원이 대기하고 있겠다고 했다. 찐화역에서 한 사람씩 화장실에 가서 용변을 보는 체 하다가 나와서 화장실 뒤로 돌아가 차례대로 철로를 건너갔다. 선두에 선 박시준 형을 눈여겨 따라가도록 일러두고 그 뒤를 김 씨 모친이 따르고 다음 김 씨네 부부가 딸을 등에 업고 따라갔다. 내가 맨 뒤에서 쫓아갈 때에는 달이 없는 밤이라 박시준 형은 보이지 않았고 김 씨네 부부가 딸을 등에 업고 달랑 달랑 따라가는 모습만 보였다.

　강변 나루터에는 안내공작원이 고기잡이배 2척을 대기시켜 두고 있었다. 한 척은 박시준과 김씨 모친을 태우고 떠났다. 김씨 부부와 내가 배에 타고 나루를 건너가 보니 나루를 내왕하는 나룻배가 있었다. 왜 나룻배를 이용하지 않고 고기잡이배를 이용하느냐고 물어보자 나룻배를 이용하면 소리가 크게 나고 사람들이 한 곳에 모여 있으면 달 없는 밤이라지만 강물이 거울 같은 역할을 해서 멀리서 형체를 알아 볼 수도 있다고 했다. 게다가 나루터 배는 밤중에 운행하지 못하게 되어 있는데 사용했다는 증거를 남겨두면 도피경로를 추적당할 우려도 있어 사용하지 않았다고 한다.

　안내공작원을 따라 산기슭에 도착한 우리 일행 6인은 잠시 동안 휴식을 취했다. 시계를 보니 벌써 2시, 찐화를 탈출한 지 2시간이 지났던 것이다. 우리들이 앉아있는 앞쪽 강 건너 찐화시가에는 불빛이 여기저기서 가물거리고 있었다. 찐화역의 불빛도 반짝이고 있지만 감상에 젖어있을 만한 시간적 여유가 없었다. 빨리 움직여 이곳을 벗어나야 한다는 생각만이 앞섰다. 안내공작원은 여기서 3조로 나누어 조별로 각자 선택한 다른 길로 가기 때문에 18일 저녁에 란씨에서 만나게 될 거라고 했다. 그렇게 알고 안내공작원 뒤만 따라 아무 걱정 말고 앞으로 앞으로 발만 내밀면 된다고 했다.

  1조에는 박시준과 김씨 모친, 2조에는 김씨 부부와 딸, 3조에는 나 혼자였다. 나는 갖고 있던 노자를 사람 머리수로 박시준과 김씨에게 나누어주고 안내공작원에게도 똑같이 일정한 금액을 나누어 주었다. 각각 다른 길로 흩어지는 바람에 이제 란씨(蘭溪)에 가기 전에는 서로 간에 만나볼 수 없게 된 사실에 허전함을 떨쳐 버리기가 어려웠다. 하지만 신변의 안전을 생각해본다면 허전함 따위가 문제가 아니었다. 마음을 달래고 나니 안내공작원의 말대로 발만 내밀면 된다고 한 말에 공감했다. 나는 작년 2월에 이소민 상교와 만나기 위해 이 길을 갔었고, 지난 8월에 마오완뤼 장군을 만나러 란씨를 경유 탕씨에 두 번이나 갔다 온 경험이 있었기 때문이다.

  나는 홀가분한 기분으로 안내공작원 뒤를 따라 가다가 어떤 주막집에 들어갔다. 안내공작원이 외형상 농부같이 보이기 위해 나더러 옷을 갈아입으라고 했다. 허름한 중국옷으로 갈아입고 농립모를 머리에 걸치고 혈색도 농부같이 보이게 맨 재를 가지고 얼굴과 목 언저리, 손등에 문지르고 찍어 발랐다. 운동화 대신 초신으로 갈아 신고 나선 것을 안내원이 보고 이제 그만하면 누가 보아도 타지사람으로 보지 않을 거라고 했다.

우리가 산 밑 기슭으로 돌아갈 때 동이 터오기 시작했다. 산꼭대기에는 일본군 전망대 초소가 있었다. 지금 이 시간에 사람이 내왕하는 걸 보면 의심할 우려가 있다고 생각해서 산중턱 길로 들어섰다. 더구나 찐화에서 우리가 탈출한 것을 감지했다면 외각선에 수배령이 내려졌을 것이다. 검문이 강화되었다면 전망대 초소에서 행인들의 내왕을 더 유심히 살필 것이다. 전망대 초소의 시각에 잡히지 않도록 주의를 하자고 했다. 다행히 아직 새벽 5시 밖에 안 되어 찐화에서 우리가 탈출한 사실을 포착하기에는 이른 시간이다. 그러나 씨뭔에 가 있는 우리 일행에 대한 단서가 잡히면 예외일 수도 있어 잠시도 낙관할 수는 없었다.

6시쯤 산중턱 초막집에 들어가 흰죽 한 그릇씩 먹고 식대를 내놓았더니 집주인이 손을 내저으면서 안 된다고 펄쩍 뛴다. 거두어두라고 해서 나는 내가 안 된다고 받으라고 탁상에 내놓았더니 내 어찌 귀한 손님한테 흰죽 한 그릇 대접하면 안 되느냐고 한다. 한참동안 주거나 받거니 하다가 종내 주지를 못하고 어쩔 수 없이 그냥 나왔다. 안내원이 곡괭이자루를 주면서 어깨에 걸어 메고 가자고 했다. 곡괭이자루를 쥐고 나오면서 이 집 주인이 어찌 나를 귀한 손님이라고 지칭하는지 안내공작원에게 물어보았다. 며칠 전에 오늘 아침 귀한 손님을 모시고 갈테니 흰죽을 준비해 두라고 부탁을 했었기 때문에 알고 있는 거라고 이 집은 자기네들 비밀통로의 주막집이라고 하였다.

주막집에서 곡괭이를 얻어가지고 어깨에 걸쳐 메고 산골짜기 논밭으로 내려와 둑을 타고 건너 쪽 산기슭으로 다가갔다. 그쪽 산 중턱에 계단식으로 조성된 밭고랑을 따라 가다가 도랑으로 들어가 허리를 숙이고 안내공작원 뒤만 따라 어느 산막에 들어갔다. 12시경이라 점심식사를 주문하자 쌀밥에 채 두 접시와 두부탕 한 그릇이 나왔다. 배불리 먹고 내가 식대를 지불하려고 하는 것을 안내원이 보고 계산을 끝냈다고 거두어두라고 했다. 여기서 다리 쉬엄을 하고 가자고 했다.

나는 지친 몸에 식곤증까지 겹쳐서 산막에서 한두 시간 오수를 즐겼다. 안내원을 따라 산막을 떠날 때에는 메고 온 곡괭이는 산막에 놔두고 대신 지팡이를 하나씩 들고 나왔다. 뒷산에 우거진 산림 속으로 들어가 하늘도 잘 보이지 않는 침침한 수림 속을 헤치며 어느 지점에 가서 안내공작원은 어떤 표식 같은 걸 보고는 산 밑으로 내려가 소로로 들어서면서 우리 일행이 현재까지는 순조롭게 별일 없이 행진하고 있다고 안심해도 좋다고 했다. 나는 그걸 어떻게 아느냐고 했더니 사고가 생기면 즉시 연락 장소에 소식을 전달해 두도록 약속이 돼있다고 하며 우리 3조가 1조나 2조보다 뒤떨어져 가면서 앞서가는 1조와 2조의 주위에서 일어난 동정을 연락 받아 가며 대책을 세워 사태를 수습해야 하는 임무를 가지고 있기 때문이라고 한다.

란씨에 도착하는 18일까지는 하루에 한번씩 3개 처에 연락장소가 마련돼 있는데 오늘은 무사했으니 내일도 모레도 무사하기를 비는 걸로 보아 우리 일행 안내공작원 중 책임자 같았다.

저녁 7시경 어느 초막집에 들어가서 오늘 낮의 식사와 같은 쌀밥에 채 두 접시와 두부탕으로 우리 두 사람은 배를 채우고 침실로 안내받아 잠자리에 들었다. 자리에 누우니 팔과 다리 온몸이 무거웠다. 녹초가 된 채 세상모르고 잤다. 아침 5시에 기상을 하려고 하니 정신은 멀쩡한데 몸이 제대로 움직여 주지를 않았다. 오늘 하루를 어떻게 이겨내고 걸을 수 있을지 걱정이 앞섰다. 그러나 안내공작원에게 나약한 작태를 보여서는 안 된다 싶어 용기를 내고 일어났다. 기운을 차리니 그런대로 오늘 하루를 버틸 수 있을 것 같았다.

아침식사로 멀건 흰죽 한 그릇에 두부장이 반찬으로 나왔다. 조반을 하고 나서 숙식대를 지불하려고 했더니 안내공작원이 지불 안 해도 된다고 내 손을 붙잡고 거둬두라고 해서 그냥 고맙다는 인사만 남기고 나왔다. 시원한 바람, 맑은 공기, 높은 하늘 아래서 산림 속으로 들어가자 이슬에 채여서 바지가 흠뻑 젖었다. 산중턱을 돌아서 앞산으로 넘어가고 다음 산으로 넘어가 숲이 우거진 밀림 속을 헤치며 가고 있었다.

산꼭대기 쪽에는 한 번도 올라가 보지를 못한 채 산중턱만 타고 돌고 돌았다. 강이 내려다보이는 산 밑에는 민가 몇 채가 있었다. 그리로 내려가기 전에 잠시 다리쉬엄을 하고 가자고 하며 잔디에 주저앉았다. 안내공작원이 일본군 일선초소 경비망은 다 벗어났으니 저 밑에 민가에 가서 점심이나 하자고 했다. 나는 긴장이 풀려서 앉았다 일어서는데 다리가 후들거렸다. 어깨마저 내리눌려서 산중턱을 내려오는데 몇 번인가 넘어질 뻔 했다. 간신히 민가에 와서 주저앉아 버렸다. 주인영감이 나와서 안내공작원에게 아무 일도 없었다는 전갈이 왔다고 하면서 축하한다고 하는 걸로 보아 우리 일행이 모두 무사함을 알았다.

오늘 중식 반찬에는 채식 대신 돼지고기 요리와 민물생선 요리에다 계란탕이 나왔다. 이제 산막촌은 벗어났다는 기분이 나기도 했지만 나는 이틀 만에 접하는 돼지고기가 한 2년 만에 구경하는 것 같았다. 그 맛 역시 입안에서 슬슬 녹아 목구멍으로 허겁지겁 넘어가는 바람에 감칠맛을 느껴볼 사이도 없었다. 포식을 하고 나서 식대를 지불하려고 하니까 안내공작원이 또 내 손을 붙잡고 안 된다고 거두라고 했다. 일체의 소요경비는 조사실에서 계산할 것이니 신경 쓰지 말라고 말해 조사실의 공작이 이렇게 철두철미하게 준비되어 있을 줄은 미처 생각하지 못했다.

우리는 점심식사를 하고 난 다음 대청마루 난간에 나가 참대로 만든 침상에 누웠다. 지나온 여정을 눈을 감고 생각해보니 어제와 오늘이 다른 세상처럼 느껴졌다. 이제 나는 조국의 독립에 헌신해야하는 항일 전사여야 한다. 안내공작원들의 따뜻하고 친절한 인간미에 고마움을 느끼면서 늦게 항전지구로 온 것이 부끄럽기도 했다. 지금이라도 오기를 잘했구나 하는 안도감 속에서 오수를 즐기고 있는 이 시간이 행복하기만 했다.

오후 2시경 기동한 우리는 산비탈 오솔길을 따라 란씨로 가는 직행 길을 찾아 걸었다. 지금까지 산 속에 들어가 방향만 잡고 길이 아닌 길을 헤치면서 산 넘어 오던 때를 생각하면 비록 소로 길이지만 뚫린 길로 가고 있어 보행이 수월했다. 그러나 걸음걷기가 힘들기는 매 일반이어서 내 몸이 많이 지쳐있음을 느꼈다.

안내공작원의 뒤를 따라 힘들다거나 발이 아프다는 말 한마디 못하고 쫓아가야만 했다. 6시경 아직 해가 중천에 떠 있는데도 나를 어느 주막집으로 끌고 들어가 오늘은 여기서 쉬고 내일 아침에 가자고 했다. 내가 지쳐있는 것을 알고 쉬게 하려고 하는 안내공작원의 말을 사양할만한 힘도 없어 못 견디는 척하고 그러자고 했다.
 그날 저녁은 식사 때 반주 몇 잔을 하고 잠을 잤다. 다음 날 아침 5시에 일어나려고 하니 일어나려는 건 마음뿐 육신이 말을 들어주지를 않았다. 어떻게 걸어갈 수 있을지 걱정이 태산 같은데 안내공작원은 자전거 2대를 얻어놨다고 했다. 좀 더 쉬다가 늦게 일어나도 좋다고 했다. 그러나 자전거라는 말에 이제 살았구나 하고 힘이 나서 나도 모르게 잠자리에서 벌떡 일어났다. 사람의 일이란 마음만 있으면 못할 일이 없건만 용기를 낼 수 있는 자극제가 필요하다는 것을 새삼 느꼈다.
 아침식사는 가뿐한 기분으로 두부탕 한 그릇으로 요기를 했다. 주막집을 떠나 자전거를 타고 꼬불꼬불한 소로 길을 빠져나와 란씨를 향해 가는 대로변 산봉우리에 흰 깃발이 펄럭이고 있었다. 무슨 깃발이냐고 안내공작원에게 물어 보았더니 일본군 동태를 알려주는 깃발이라고 하며 흰 깃발일 때에는 별일 없다는 신호이고 붉은 깃발일 때는 경계신호라고 했다. 경계 신호일 때에는 일단 피신해서 일본군의 동태를 탐색한 후 다음 부락으로 연락을 취해줘야 한다고 했다.
 그런데 지금까지 우리가 경유한 지역주변에서 흰 깃발이든 붉은 깃발이든 어떠한 표식도 볼 수가 없었는데 그 까닭이 무엇이냐고 물어보았더니 일본군이 출동을 했다하면 대로변을 따라 진격해 오기 때문에 대로만 비켜주던가 내주면 그만이라고 했다. 일본군이 중일전쟁 때에도 대도시를 점령하고 촌락은 그대로 두었듯이 우리가 어제 오늘 촌락을 거쳐 온 이유를 알 수 있었다. 촌락은 감시가 좀 느슨했기 때문에 탈출이 가능하였던 것이다. 일본이 백년을 두고 전쟁을 해도 중국을 정복하기에는 어불성설이라고 보지 않을 수가 없었다.

대로를 따라가면 란씨가 나오는데 거리가 약 8km쯤 될 것이라 했다. 산봉우리에 흰 깃발이 휘날리고 있었다. 우리가 찐화를 탈출한 지 2일이나 지나가고 있어 일본관헌이 벌써 알고 있을 터인데 지금까지 가만히 있는걸 보면 그들도 별다른 대책이 없었던 것 같았다.

점심때쯤 대로변에 자리 잡고 있는 어느 주막집에 도착했다. 씨뮌에서 탈출한 여재 형 일행은 어제 오전에 통과했고 찐화에서 탈출한 박시준과 김 씨네는 오늘 아침 통과했다고 하였다. 주막촌에서 점심을 한 후 떠나려고 할 때 뒤쪽 산봉우리에 붉은 깃발이 나부꼈다. 정자나무 밑에 자리를 하고 있는 노인들에게 일본군이 오고 있느냐고 물어보았더니 40여리 밖에서 일본군이 동원해 오고 있다고 했다. 사태를 보고 있는 중이라고 하기에 우리는 다리쉬엄을 할겸 누워 있다가 잠이 들었다. 한잠 자고 깨어나서 산봉우리에 붉은 깃발 대신 흰 깃발이 나부끼고 있었다. 어찌된 일이냐고 물었더니 일본군이 40리 밖까지 왔다가 돌아갔다고 하는 말을 듣고 란씨를 향해 출발했다.

우리가 란씨에 도착한 것은 18일 오후 3시경으로 전원이 한자리에 모였다. 일본인한테 천대만 받아오다 지금 중국인한테서 사람대접을 받고 보니 항일지구로 오기를 잘했다고 모두가 즐거워하며 이야기꽃을 피웠다. 조사실의 마오완뤼 장군이 파견한 총책임자 차오(曺) 중교한테 인사를 가자고 했다. 나와 박시준이 일행을 대표해서 쉬 대위를 따라 란씨지구 조사실 판사처에 갔다. 차오 중교한테 인사를 하고 우리 일행 중 한사람의 낙오자도 없이 전원 무사히 항일지구에 올 수 있도록 지휘감독을 해주신 데에 대한 사의를 표했다. 그는 우리의 거사는 사상유래를 찾아 볼 수 없는 큰 사건으로 사람과 물자 하나하나가 아무 사고나 지장 없이 순조롭게 진행된 점을 들어 이 어찌 천우신조라고 말하지 않을 수가 있느냐고 했다. 오늘 저녁은 자기가 초대를 한다하여 갔더니 우리 일행 13명과 중국인 직원 5명하고 쉬 대위와 천더썽 형, 안내공작원 5명, 란씨 판사처장과 직원 24명, 차오 중교, 도합 50명 외에 물자와 현금 운반시 지휘에 관여한 각급 공작원 120명도 참석 했다. 우리를 새로운 역사의 장으로 이끌어준 10월 18일을 기념하여 행사를 가졌다.

　물자와 현금 운반은 씨뮌(石門)에서 란씨(蘭溪)로 직통로를 이용했다. 각급 부락의 지하요원들을 동원해서 란씨 판사처 관할창고에 보관해 놓고 있다고 했다. 수로나 육로로 직통 길을 이용했으면 당일로 올 수 있는 길을 우리가 찐화를 탈출한 후 어느 쪽으로 갔는지 그 행방을 찾아 볼 수 없게 하기 위하여 연막전술의 일환으로 3조로 나누어 각자 우회도로를 이용해 연 3일이나 잠적해 온 이유를 말하면서 지금 우리 일행이 란씨 한 곳에 와서 각급 공작원 170여 명과 함께 만찬을 하고 있는 줄은 일본관헌이 꿈에도 상상 못하고 있을 거라고 차오 중교가 놀려 대고 있는 바람에 모두가 오랜만에 한바탕 박장대소(拍掌大笑)가 터져나와 오래도록 여운을 남겨놓았다.

22. 교육과 진급행사

　박시준 형과 내가 반일항쟁으로 조국의 독립을 쟁취하기 위하여 반일항전 지구로 가려고 일본군 점령지역인 찐화(金華)를 탈출할 구상을 할 때만 해도 몸만 무사히 탈출할 수만 있어도 다행이라고 생각했다. 1944년 2월에 반일항전 제3전구 탕씨에 잠입하여 광복군 제1지대 2구대장 이소민 상교를 만나보고 동년 8월에는 천더썽(陳德生), 박시준 두 형과 같이 또 탕씨에 잠입하여 제3전구 사령장관부 조사실 주임 마오완뤼 장군을 만나보고 나서 생사를 무릅쓰고 거사를 결행하기로 결심한 것이 오늘 우리들을 항일용사로 탄생하게 한 계기라 할 수 있겠다.
　만약에 거사의 전모가 탄로 나서 피체되는 경우를 생각하면 목숨을 구하기란 바랄 수 없는 엄청난 일을 모의하고 있었다고 해도 과언이 아니었다. 탈출에 가담한 한중 양국인만해도 18명이라는 대집단이었다. 물자와 현금의 규모만 보아도 광목 2화차, 담배 1화차, 현금 180마대(마대당 1천만 원×180마대=180억 원 왕자오밍화폐)로 상상을 초월한 막대한 재산이 아닌가. 반일항전 지구로 밀반출해 가지고 중일전쟁 중 일본군 점령지역인 윤함지구(倫陷地區)를 탈출한 우리들의 거사는 우리 독립운동사상 유래를 찾아볼 수 없는 일이었다. 광복군 제1지대 2구대장 이소민 상교와 제3전 사령장관부 조사실 주임 마오완뤼 장군은 우리들의 거사를 극찬하였다. 일본관헌이 볼 때에는 적을 이롭게 하는 행위로 중벌을 면하기 어려운 일을 우리가 과감하게 해낼 수 있었던 힘은 우리가 조국을 찾아야만 한다는 구국일념에 불타는 우국충정의 사명을 보여준 거사임을 자부하고 있는 것이었다.

  지금까지 일본군 점령지역인 윤함지구에서 조국의 독립운동을 위해 정체를 숨기고 가슴을 졸이며 지하운동을 했다. 이제부터 우리는 광명한 천지에 와서 우리의 독립운동을 크게 소리 내어 외쳐댈 수 있는 자유를 얻은 것이다. 반일항전지구에 온 것이 꿈만 같았다. 그동안 억압당했던 생활의 울타리를 벗어난 지금 밝고 명랑한 세상에서 살 수 있다는 사실이 더없이 행복함을 느끼게 해주고 있었다.

  여재 형은 중국인 직원 5인에게 퇴직상여금을 주려고 했더니 중국인 직원들이 자기네들도 조사실의 공작원이었던 신분을 밝히고 나라를 위해 해야 할 일을 당연히 한 것뿐인데 무슨 퇴직상여금이냐고 사양하는 바람에 나라 일은 나라에서 회사일은 회사에서라는 논법으로 설득해 강제로 퇴직금을 안겨 주다시피 했다.

  우리는 중국인 직원들을 보호할 의무가 있어서 반일항전지구로 대동하고 왔다. 알고 보니 오히려 중국인 직원들은 우리들 모르게 우리들의 신변을 보호해 주기 위해 신분을 감춘 것이 아닌가. 이루 형용하기 어려운 동지들의 많은 도움을 받고 있었다는 사실을 이제야 알게 된 것이다. 때늦은 감이 있으나 단순히 직원인 줄 알았던 사람들이 동지들이었다는 점에서 또 한 번 놀라지 않을 수가 없었다.

  이번 일의 성공으로 천더썽(陳德生) 중위와 쉬 대위에 대한 포훈이 거론되었다. 제3전구 사령장관부 조사실에서는 천더썽 중위는 2계급 특진시켜 소교(小校)에 임관하고 쉬 대위는 1계급 특진하여 소교로, 회사 직원이었던 중국인 5명의 사병에게는 1계급씩

특진 발령을 냈다.

천더썽 소교와 박시준 형과 나에게는 첸산에 있는 제3전구 사령장관부 조사실에 와서 공작지시를 받으라는 연락이 왔다. 쉬 소교는 푸양지구 조사실 주임으로 보직이 나고 중국인 직원 5명에겐 란씨지구 조사실에 원대복귀 명령이 났다.

우리는 쉬 소교와 중국인 직원 5명을 초대해서 환송연을 베풀었다. 쉬 소교에게 전별금을 주면서 작별하기에는 너무나도 애석함이 더해 눈시울마저 뜨거워졌다. 쉬 소교는 우리에게 잊을 수 없는 은인이며 생사를 같이한 동지로서 한없이 서운하고 안타까운 마음만 남겨놓았다. 그러나 명령에 따라야할 군인의 길을 가는데 누가 막을 수 있겠는가.

11월 초순에 천더썽 소교의 인솔 하에 박시준 형과 내가 첸산(鉛山) 조사실에 가기 위해 란씨를 떠났다. 우리는 천더썽 소교 인솔 책임 하의 란씨 조사실 소속 공작원 5인을 대동하고 광목 1백 50필, 담배 1백 50보루를 조사실에 기증하기 위해 화물선 2척과 여객선 1척을 장산까지 대절하여 길을 떠났다. 여재 형에게 우리가 다녀오는 동안 잔여 물자를 란씨지구 조사실 한 곳에 보관시켜 두고 남아있는 일행과 같이 자신들이 투신하고자 하는 일에 대하여 구상해 보도록 일러 놓았다.

란씨에서 장산(常山)까지는 6일 가량 걸릴 거라고 하며 선착장 거리에 따라서 하루에 30km 내지 40km를 갈 때도 있다고 했다. 선착장에 일단 도착을 하고나면 치안상 가급적이면 숙박을 하고 다음 날 새벽녘에 출발하는 걸로 정해놓았다. 야간에 운행하는 것은 도적떼나 강도들의 습격을 자초하기 쉬운 일이었기 때문이다.

란씨에서 장산으로 가는 수로는 내려오는 물이라 물을 타고 거슬러 올라가려면 수심은 얕고 물살은 빨라서 노를 저어 갈 수 없기 때문에 뱃머리에 바위 줄을 동여매가지고 강기슭에서 6인이 한 조가 되어 끌고 가야만 했고 선장은 배 뒷전에서 조정을 해야 했다. 올라갈 때는 끌고 가지만 내려올 때에는 물길 따라 수심 깊은 곳을 골라서 노 저어 내려오다가 수심 얕은 곳에서는 긴작대기로 밀어낸다고 했다.

큰 선착장에는 음식점과 선술집, 식료품상과 잡화상, 과일 가게 등이 있었다. 필요한 물건은 뭐든지 구할 수 있었다. 기착한 여객선과 화물선으로 성시를 이루고 있었다. 이곳 선착장도 예외는 아니어서 나그네의 피로를 달래주기 위한 사격장(射擊場)과 마작(麻雀), 다실(茶室)과 유곽(遊廓) 등이 자리를 잡고 있었다.

우리의 식사는 선주가 마련해 주는 음식으로 하기로 정해 놓았다. 선장 부인이 배 뒷전에서 만들어 낸 흰죽으로 조반을 들었고, 점심과 저녁은 채 두 가지에 탕(국) 하나와 쌀밥으로 끼니를 해결했다.

공작원들은 배가 선착장에 도착하면 전원이 무장을 하고 철야경비를 하다가 배가 선착장을 떠나면 취침을 했다. 우리 일행은 별다른 이상 없이 예정대로 6일 만에 오후 3시경 장산에 도착했다.

장산에서 쌍라오(上饒)까지는 철로가 부설돼 있었다. 하루에 두 번 오전 9시, 오후 2시에 출발하는 쌍라오행 객차가 있다고 해서 장산에서 일박하고 다음 날 오전 9시에 출발하기로 했다. 장산은 식칼을 든 도적떼들이 많다고 해서 우리공작원들은 철통같이 야간경비를 하고 있었다.

장산역 근방에는 간이비행장이 있으나 비행기는 보이지 않았다. 장산역에서 기차를 타니 꿈만 같아 믿어지지가 않았다. 막상 장산을 떠나 쌍라오로 달려가는 요란한 기적(汽笛)소리 때문에 여기가 반일항전지구요, 절감작전 때 일본군에 점령당했던 수복지구라는 것을 새삼 상기할 수 있었다.

　반일항전지구에 온 지 20일이 되었다. 그동안 산골짝의 오솔길을 따라 란씨(蘭溪)에 왔고 배를 타고 수로를 따라 장산(常山)까지 왔다. 장산에서 기차를 탈 줄은 아니 기차가 있는 줄도 미쳐 생각해 보지도 못했다. 깊은 산골에서 도회지에 온 벅찬 가슴과 함께 우리 모두가 들뜬 기분을 억제하지 못했다. 우리는 오후 1시경 쌍라오(上饒)에 도착했다. 물자를 쌍라오역 창고에 보관하고 중산공원(中山公園)입구 다리를 건너가기 전 왼쪽 개울 길 옆쪽에 자리 잡고 있는 씨후여관에 투숙했다.

　쌍라오는 1942년 여름철 일본군이 절감작전 때 점령하여 시가 전체를 소각하고 완전 폐허를 만들어 놓고 철수한 때문에 피난 갔던 주민들이 복귀하여 판자로 임시 가건물을 마련해 놓고 생활하고 있었다. 노점상가에는 판자와 천막을 둘러치고 장사를 하고 있었다. 물건만은 일본군점령(윤함지구) 도시와 손색이 없이 다 갖추고 있어서 놀라지 않을 수가 없었다.

　특히 양키물건은 상해 공동조계 난징루(南京路) 점포에 진열해 놓은 물건들보다 더 많은 물건이 쌓여 있었다. 또한 귀금속 거리에도 별의별 귀금속이 다 있었다. 포목상 거리에는 포목상대로 광목과 옥양목에서부터 4계절 값진 비단까지 진열 돼 있었고 잡화상 거리에는 신발과 내의, 양말 등 속옷에서부터 일용품이 산적해 있었다. 게다가 양담배와 양주는 물론 일본담배와 일본 술 정종까지 있어 우리의 눈을 의심할 정도였다. 산더미같이 쌓아놓은 이 물건들은 전부가 일본군이 점령하고 있는 윤함지구에서 밀반출해 온 것이었다. 수많은 중국 사람들이 어깨에 메고 등에 지고 일본군의 감시를 피해 전선을 돌파한 후 수천리 길의 수로와 육로를 따라 운반한 물건들인 것이다. 보통 생필품과는 비교도 할 수 없이 귀하고 값진 최고급의 사치품들까지 가져다 놓고 팔고 있어 말문이 막혀 버렸다.

우리가 일본군치하 윤함지구에서 귀에 못이 박히도록 들은 바로는 장제스(蔣介石) 총통치하 반일항전지구에는 돈 가지고 살 수 있는 물건이 없다고 했다. 그것이 날조된 허구였음을 단번에 알 수 있었다.

일본은 연일 언론매체를 통해 승전을 외쳐댔다. 그러면서 식료품, 생필품 모두를 배급했다. 부족한 물량으로 늘 헐벗고 굶주리고 사는 것만 보았다. 상해에 처음 왔을 때 무슨 물건이든 돈 가지고 자유롭게 살 수 있었던 점과 환락가를 24시간 개방해 두고 있었던 점이 의아했었다. 상해의 자유로운 분위기로는 전쟁이 진행되고 있다는 느낌을 느끼지 못했었다. 일본이 상해를 개방해 두고 있는 이유는 재벌을 회유하기 위함이라고 했다. 중일전쟁 중 중국의 재벌들은 장제스 정부를 따라 충칭(重慶) 산간벽촌으로 갔다. 그들은 돈이 있어도 살 물건이 없고 쓸모가 없는 환경 속에서 생존가치를 찾을 수 없는 생활을 비관할 것이고 자연스럽게 상해를 동경(憧憬)하며 그리워하다가 되돌아 올 것이 아니냐는 의도가 깔려 있다는 것이다.

지금 쌍라오에 와서 민중의 동정을 살펴보니 일본군의 의도를 무색하게 하고 있었다. 상해의 인위적인 개방을 동경할 이유가 없었다. 쌍라오가 외관상 건물이라든가 도시 미관상 상해(上海)와 비교가 안 될 뿐이지 쌍라오 중산공원은 상해의 어느 공원을 놓고 비교해 보아도 손색이 없을 만큼 깨끗하고 편의시설이 많았다. 산책 나온 소풍객들로 인산인해를 이루고 있었다.

일본은 승산 없는 전쟁에 광분하여 침략을 일삼다가 국민을 굶주림과 도탄에 몰아넣었다. 반면 중국은 일본군의 침략으로 도시는 내주었을지언정 산간벽촌 생활에도 불구하고 국민의 자유생활이 보장되며 먹고, 입고 하는 의식주와 생필품에 구애됨이 없었다. 심지어 일본군점령 지역인 윤함지구에 가서 밀반입하여 모자란 것을 충당하며 반일항전 8년이라는 세월동안 불평불만없이 버텼다. 최후의 승자는 벌써 결론이 났다고 해도 과언이 아니지 않은가.

세상 어느 나라를 보더라도 국민의 신임을 받지 못하는 정권은 존재할 수 없었다. 일본이 중국 국민의 마음을 사지 못하는 한 중국을 정복했다고 외쳐대는 것은 눈 먼 장님이 코끼리 만져보고 자기 주장하는 것과 다를 바가 없다.

일본군은 절감작전 때 찐화(金華)와 창싸(長砂) 간을 연결하기 위하여 란씨(蘭溪), 탕씨(湯溪), 장산(常山), 쌍라오(上饒) 등지를 점령했다. 중국은 제3전구 사령장관부 사령관 꾸저우퉁(顧祝同) 장군이 주둔하고 있는 첸산쎈우뚜(鉛山縣五都)에만 15만의 친위정예부대를 두어 방어하고 있었다. 우뚜(五都) 주변에는 여하한 부대도 주둔할 수 없도록 엄중한 경계망을 설치해 두고 있었고 우뚜로 가는 길은 요소마다 친위부대가 검문소를 설치해 두고 있었다. 게다가 우뚜는 지형적으로 첩첩이 산이 둘러쳐 있어 날아다니는 새 조차 침입하기가 어렵다고 하는 천연적 요새라 일본군이 침범치 못했다.

또한 제3전구 각지에는 꾸저우퉁 장군 계열의 30만 병력이 완전무장을 갖춘 채 건재했다. 일본군은 절감작전에서 여전히 도시만을 점령한 채 꾸저우퉁 장군의 단 한 개 예하 부대에 대하여도 손상을 주지 못했다. 일본군은 실패한 작전임을 절실히 통감하고 점령한 도시를 유지하기 위한 방어구축이 용이한 일이 아님을 알았다. 단지 찐화만을 점령한 채 점령했던 모든 지역을 포기하고 후퇴하지 않을 수 없었다.

쌍라오(上饒)는 제3전구 교통의 중심지로 수륙양면으로 동서남

북의 통로가 있었고, 제3전구 사령부 소재지 첸산쎈우뚜와의 거리는 약 45km정도여서 사령부에서 소요되는 각종 식료품, 생필품, 일용잡화 등 일체의 물품을 조달 공급해주는 기지역할을 하고 있었다. 뿐만 아니라 국고은행인 중국국민은행 쌍라오지점이 설치되어 있어 금융신탁을 할 수 있는 유일한 곳이기도 했다.

우리는 3일 동안 쌍라오에 있는 씨후여관에서 휴식을 취했다. 15일 화물자동차 1대를 대절해 조사실에 기증하기 위해 가지고 온 광목 1백 20필과 담배 1백 20보루를 적재하고 공작원들을 첸산조사실로 보냈다. 나와 박시준 동지와 천더썽 소교는 버스를 타고 잔쎈리반(戰線日報) 옆쪽 버스정류장에서 하차했다. 다시 잔쎈리반 앞쪽으로 돌아가 연못을 끼고 완써우꿍(萬壽宮)을 지나서 산 밑 기슭에 자리 잡고 있는 제3전구 사령장관부 조사실을 찾아갔다. 우리가 일본군 점령지역 찐화를 탈출하여 반일항전지구 란씨로 올 때 란씨에서 총지휘 감독을 했던 차오 중교가 뛰쳐나오면서 쌍수를 들어 우리를 영접했다. 차오 중교는 우리가 쌍라오에 와 있는걸 알고 있었다며 금명간 찾아 올 걸로 보고 기다리고 있었다고 했다.

그 날은 점심과 저녁을 차오 중교가 제공했다. 차오 중교는 완써우꿍으로 우리를 안내하여 숙소를 정해주고 긴 대화를 나누다 돌아갔다. 다음 날 아침 차오 중교가 찾아와서 내일(11월 17일) 아침 광복군 제1지대 2구 대장 이소민 상교가 오면 같이 마오완뤼 장군을 찾아보라고 했다. 1944년 11월 20일부터 1945년 2월 20일까지 3개월간 나와 박시준 동지를 위해 단기 특수교육을 정해놓고 있다고 알려주고 돌아갔다.

나는 이소민 상교가 찾아오면 여러 문제를 상의하려 했다. 우선 박시준 동지를 소개시키고 이번에 반일항전지구에 온 인원과 물자, 현금 등을 보고하는 일이었다. 한·중 양국을 위해 얼마나 헌금을 하면 좋을지도 타진해보고 또 헌금절차상의 문제도 상의해야 했다. 오래전부터 천더썽 소교와 박시준 동지하고 상의 했던 일이었다. 아울러 조사실에 광목 1백 20필, 담배 1백 20보루를 그동안의 고마움을 표하는 사례로 기증하려고 하는 문제도 있었다.

다음 날 이소민 상교를 만나 자초지종을 보고하고 상의를 하였다. 이소민 상교는 지금까지 우리가 중국정부에게 신세만 끼치고 살아온 것을 생각하면 우리들이 반일항전지구에 와서 금액의 다과를 막론하고 한·중 양국을 위하여 헌금을 내놓을 수 있는 성의 표시가 필요하다고 했다. 헌금의 액수가 8억 원(汪兆銘 왕자오밍 정부화폐)이면 장제스(蔣介石 화폐) 관금권 1억 3천만 원에 해당하는 큰돈이라고 입을 딱 벌렸다. 우리 때문에 이제 자기도 허리를 펴고 살 수 있겠다고 좋아했다. 내가 조사실에 광목과 담배를 사례로 기증하는 자리에 참석하여 줄 것을 요청하자 이소민 상교는 기꺼이 승낙했다. 마오완뤼 장군을 즉시 찾아가서 시행하자고 해서 이소민 상교와 같이 조사실로 마오 장군을 찾아갔다.

마오 장군은 우리의 방문을 반가워했다. 우리의 찐화(金華) 탈출작전은 그야말로 신출귀몰(神出鬼沒)하는 유격 전술이었다고 격려와 위로를 아끼지 않았다. 우리를 전적으로 믿는다고 하며 승리를 할 때까지 우리는 한식구요, 영원한 동지라고 이소민 상교의 동의를 구해가며 일본을 타도하는데 힘을 모으자고 하였다.

마오 장군은 우리가 사례로 기증한 광목 1백 20여 필과 담배 1

백 20보루를 보고 입을 딱 벌렸다. 너무 많다고 광목 1필이면 백미 80kg씩 물물교환 하고 있는 실정을 말하면서 사례도 너무 많이 하면 모양이 좋지 않다고 이소민 상교에게 필요한 만큼 가져가라고 하였다.

이소민 상교는 마오 장군에게 우리들의 찐화 탈출사건은 반일 항전사상 가장 값진 한·중 협력 작전이었으며 앞으로 한·중 합동작전시에 여러 가지 공작을 구상해 볼 수 있는 계기가 되어줄 큰 성과였다고 높이 평가하면서 마오 장군의 탁월한 지휘능력과 그간의 노고에 고마움을 표했다.

그날 오찬은 마오 장군이 베풀고 장시간 긴 대화를 나누었다. 오찬이 끝난 후 우리는 천더썽 소교와 같이 이소민 상교의 승용차에 편승하여 광복군 제1지대 2구대가 주둔하고 있는 첸산시 서문외 귀계향 사범학교내(貴溪鄕 師範學校內)에 가서 이상교 부인에게 인사를 드렸다. 중국 엽차를 대접받고 약 30분 정도 있다가 왔다. 천더썽 소교는 우리에게 귀엣말로 여기가 광복군 제1지대 2구대 주둔지라고 일러주었다. 이소민 상교는 우리에게 어디라는 말 없이 자기가 거처하고 있는 집이라고만 해서 그와 같이 알고 쌍라오 서후여관으로 갔다. 그날 밤(17일) 박시준 동지에 대한 광복군 제1지대 2구대 입대 선서식을 거행하였다. 마오완뤼 장군이 1943년 10월 15일부로 박시준 동지를 천거하여 입대한 서류에 내가 지난 2월 10일 탕씨에서 이소민 상교를 만나 입대 서명할 당시 박시준 동지에 대해 확인 서명한 것을 이제사 자기 스스로 자신의 신분을 확인하고 감격에 겨워 내 손을 잡아 흔들었다.

입대식이 끝난 후 이소민 상교는 우리의 신분은 광복군 제1지대 2구대 소속이지만 구대에서 우리가 할 만한 일이 없으니 조사실에서 복무하다가 기회가 오면 원대복귀해서 일을 하자고 했다.

당시 2구대의 사정은 7, 8명의 대원과 같이 제3전구 사령부에서 공급해주는 군량과 봉급을 받아다 호구하기에도 어려운 형편이었다. 마오 장군과 개인적인 친분으로 그간 여러 가지 지원을 받고 있는 이때 우리가 조사실과 관련돼 있는 것이 천만다행한 일이라고 했다. 조사실에서 우리를 신임하고 단기 특수교육을 시킨다고 하는 것은 따지고 보면 특별한 대우를 해주려고 하는 명분상 교육인 만큼 감사하게 생각하고 최선을 다해 보라고 하였다.

우리는 이소민 상교에게 탕씨에 있는 우리 일행도 광복군에 입대시키면 어떠냐고 건의하였더니 자기도 그런 생각을 하고 있었던 참이라 했다. 내일(18일) 천더썽 소교가 돌아가는 편에 자기도 같이 가면 어떠냐고 해서 천더썽 소교에게 모시고 가도록 부탁을 했다. 이소민 상교는 부대에 돌아가 행장을 준비해 가지고 쌍라오역에서 내일 아침에 만나기로 약속하고 돌아갔다.

다음 날(18일) 쌍라오역에는 천더썽 소교 인솔 하에 탕씨로 돌아가는 일행과 동행하는 이소민 상교를 전송했다. 헤어진다는 마음에 갑자기 허전함과 외로움이 몰려왔다. 무심코 중산공원으로 발길을 돌려 산중턱에 올라가 요란하게 기적소리를 울려대며 떠나가는 기차를 바라보았다. 천더썽 소교와 나라를 걱정하던 때가 엊그제 같았는데 벌써 3년이란 세월이 흘렀다. 그동안 친구로 동지로 때로는 형제와 같이 지내다 앞으로 한동안 떨어져 있을 것을 생각하니 허전한 생각이 들었다. 술 한 병을 사들고 한적한 곳을 찾아서 박시준 형과 나눠 마시고 밤중에서야 씨후여관으로 돌아갔다.

다음 날(19일)은 시장에 가서 돌아다니다 우리 저장물산공사와 거래하던 상인 세 사람을 우연히 만났다. 언제 여기에 왔느냐고 반색을 하며 자기네 점포 안으로 끌고 들어갔다. 세 사람이 서로 점심을 산다고 한바탕 설치고 떠들어대다 세 사람이 한 번씩 사기로 했다. 오늘 점심과 저녁, 내일 점심까지 그들이 산다고 해서 저녁은 우리가 산다고 했더니 일언지하에 거절했다. 여기는 자기네들 울타리 안이라고 손님은 주인이 하자는 데로 하는 거라고 우리에겐 언권을 주지 않으려고 했다. 우리가 어디에서 유숙하고 있는지 물으며 자기네 집에서 유하라고 하였다.

이 세 사람은 우리 저장물산공사와 오랫동안 거래를 해 온 친숙한 사이었다. 서로 허물없이 대해주고 믿어주고 있었기 때문에 우리는 오늘 오후 첸산으로 가야하는 사정을 이해시켰다. 오늘 점심만 하기로 했다. 오찬 후 작별하려고 할 때 봉투하나 주는 것을 받지 않으려고 사양을 했더니 한사코 강제로 호주머니에 넣어줬다. 씨후여관에서 꺼내보니 소의(小意)치고는 너무나 큰돈이어서 놀랐다. 중국 사람은 자기와 거래하던 정을 잊지 않고 언제 어디서 만나도 한결같았다. 그것이 중국 사람의 특성이며 인간적인 교제이기도 했다.

우리는 20일 개강을 앞두고 19일 오후 씨후여관을 떠났다. 첸산행 버스정류장으로 가서 버스를 타고 첸산으로 돌아가 차오 중교를 찾았다. 차오 중교는 우리를 완써우꿍으로 안내하고 완써우꿍 관리장에게 앞으로 3개월간 교육기간 중 숙식제공 등 모든 편의를 부탁한다고 했다. 오늘부터 완써우꿍에서 숙식을 하라고 하고 돌아가면서 내일 판사처에 나와서 교육담당을 찾아보라고 했다.

다음 날(20일) 판사처에 나갔더니 차오 중교가 교육을 담당할 천밍(陳明) 선생을 소개하여 주었다. 그는 34세인 닝피인(寧波人)이고 조사실 전임강사로 재직하고 있다고 했다.

지휘감독자는 차오 중교이고 교육 장소는 완써우꿍 무전실 옆에 10평 정도 되는 사무실로 우리 두 사람을 위하여 교육실로 사용하도록 마련해 놓았다고 하였다.

10시경 우리는 차오 중교와 천 강사를 따라 마오완뤼 장군께 신고하러 갔다. 마오 장군은 우리의 신분은 광복군이지만 직책은 조사실 소속하에 있음을 확인시켜 주면서 직무수행상 이해력이 필요한 1차적인 교육인 만큼 열성을 다해주기를 바란다고 했다. 간략한 훈시 속에 깊은 뜻이 있음을 이해하고 차오 중교와 천밍 강사를 따라 완써우꿍 교실로 가서 차오 중교의 지시사항을 듣고 난 후 천밍 강사의 수업 일정표를 확인하였다.

교육내용을 보면 매주 월요일부터 금요일까지는 오전 9시부터 오후 4시까지 점심시간 2시간을 제하면 1일 수업 5시간이라 했고 토요일은 오전수업 3시간만 한다고 했다. 교육과목은 우선 삼민주의(三民主義)와 국공관계(國共關係), 반일항전의 역사적 사명(反日抗戰의 歷史的 使命)과 한중관계(韓中關係)에 두고 과외로 일선방문을 통해 일선현장을 관찰해 보자고 했다.

실내교육 기간은 2개월 예정으로 1월 20일경 종강이었다. 그 후 1개월로 예정하고 있는 일선방문은 이왕이면 우리와 같이 찐화탈출모의를 하였던 쉬 소교가 조사실 푸양지구 주임으로 있는 푸양 방면으로 하자고 건의를 한 결과 그렇게 하는 것이 좋겠다고 승낙을 했다. 천 강사는 수업 첫 날인만큼 교육내용과 일선방문 등을 설명해 주고 다음날부터 수업을 하기로 하고 돌아갔다.
　조사실에서 우리의 교육목적을 유격훈련이나 정보교육에 둔 것이 아니고 우리가 한국인이라는데 주목하고 한·중 협동체 구성하에서 모종 공작을 시도해 보려고 하는 1차적인 교육이 아닌가 하는 생각이 들기도 했다.
　다음 날 우리는 8시에 강의실에 가서 청소를 한 후 4각형 책상과 의자를 정돈해 놓고 천 강사를 기다렸다. 천 강사는 9시 반경에 나와서 책상에 마주앉아 강의할 내용을 설명해주었다. 우리를 위하여 합당한 교재를 구할 수가 없다고 했다. 뿐만 아니라 졸지에 시작한 강의라 강의할 내용을 편제해서 줄만한 시간적 여유도 없다고 이해를 구했다. 우리의 교육목적이 한·중간에 친화단결을 위한 공통관심사를 가지고 미력하나마 자기의 견해를 피력하려고 하며, 강의한 내용을 가지고 시험해 볼 계획도 없고 노트에 필기할 필요도 없으니 자기의 강의를 듣고 이해만하여 주기를 바랄 뿐이라고 했다.
　강의는 주로 자기가 담당을 하겠지만 때로는 조사실 내의 유력한 인사가 강의를 해줄 수도 있을 거라고 기대하여 보자고 한다. 이러한 교육의 방식은 종래에 한 번도 경험해 보지 못한 특수한 일이라고, 우리 두 사람을 위하여 이해를 증진시키고 상호협동정신을 가지고 일을 하는데 도움이 되도록 이끌어 보자고 하는 것이 주요 목적이라고 했다.
　우리는 천 강사의 강의를 경청하면서 우리의 인간성을 천 강사가 저울질하고 있을 거라고 보고 성실한 자세로 열중한 결과 어느새 천 강사는 우리를 전적으로 신임하고 무슨 일이든 도와주려고 했다.

11월 말경에 이소민 상교가 란씨에 갔다가 돌아와서 수업하고 있는 강의실로 우리를 찾아왔다. 천 강사는 우리들에게 대화할 시간을 주려고 수업을 중단한 채 이소민 상교와 여러 얘기를 나누다 내일 수업을 하자고 하고 돌아갔다.

　이상교는 지난 11월 22일 란씨에 도착했다. 그 날 저녁 여재 형이 베풀어준 만찬대접을 받고 숙소에서 우리 일행을 찾아 온 목적을 말했다. 모두가 찬동을 하고 협조를 해서 그날 밤 광복군 제1지대 2구대 입대 선서식을 거행했다. 전 저장물산공사(前浙江物産公司) 사장 김여재를 광복군 제1지대 2구대 재정부장에 임명하고, 전 저장물산공사 직원 김씨(이름불상)를 인천인 동대 재정부원에 임명했다. 전 금화계림회(前金華鷄林會) 회장 김씨(이름불상)를 충청도인 동대 충청도 공작책임자로 임명하고, 전 금화계림회 총무 고씨(이름불상)를 제주도인 동대 제주도 공작 책임자로 임명했다고 하였다.

　이번에 입대한 4인에 대해서도 우리와 같이 조사실 소속하에 두고 광복군 제1지대 2구대가 자립능력을 갖출 때까지 대기해 두고 보자고 하였다. 현재와 같은 여건 하에서는 무족적지인 우리의 조국으로 공작을 보내기가 속수무책인 점을 말하면서 그러한 공작의 초점을 갖추기 위해서는 상해(上海)를 주목해 두고 연구 검토할 필요가 있다고 했다. 우리가 조사실에 있는 것을 최대한 활용해 보려고 하는 의도였다.

　이소민 상교는 란씨를 떠나기 전날 천더썽 소교의 안내로 일선을 시찰하고 다음 날 란씨를 떠나 돌아올 때 여재 형이 제비용에 보태 쓰라고 관금권(關金券) 1백만 원을 줘서 받아 가지고 온 것을 자랑삼아 말했다.

2개월간에 걸친 우리의 교육은 천 강사를 위시해서 여러 인사가 담당했다. 내용을 추려 보면 국공합작(國共合作)의 실패와 국론분열(國論分裂)에도 불구하고 항전의 승리를 확신하고 있는 것이 주론이었다. 또한 중국의 승리는 한국에게는 독립이라는 큰 의미를 부여한다는 내용이었다.

신해혁명(辛亥革命)으로 국가를 재건할 무렵에 국부 손문(國父孫文)의 서거와 국공분열로 내정이 취약할 때인 1937년 7월 7일 일본군의 침략으로 중일전쟁이 난 후 국공합작의 성사를 공부하였다. 또한 오랜 역사와 함께 전국 각 지역에 군웅할거(群雄割據)하고 있었던 군벌이 반일항전 중 북부에 펑위썅, 우페부, 옌씨싼과 중부에 꾸저우퉁 등이 중국군사위원회 산하로 편입되어 전구사령관에 추대 받아 전국을 통일한 예는 중국역사 상 수천 년 만에 이룩한 대업(大業)이라고 평가하고 있었다.

비록 도시는 일본군에게 점령당해 있을지언정 반일항전에 대한 중국국민의 의식과 사기는 충천하여 승리를 자신했다. 또다시 국공분열의 조짐이 보이기 시작하면서 여러 지방이 내전상태에 있지만 반일항전에는 변함이 없다고 자신했다. 현하 삼민주의(三民主義) 사상 논쟁에서 국민당(國民堂)이 민족(民族), 민권(民權), 민생(民生) 문제에서 민족문제를 우선과제로 삼는 것과는 대조적으로 공산당(共産黨)이 민생문제를 제일 순위로 정해놓고 투쟁을 벌이고 있는 것은 국부 손문의 위대한 삼민주의 사상의 한 깃을 물고 국민의 신망을 얻어 보자는 얕은 수법이요, 현실을 도외시하고 망각한 자가당착이라고 했다. 중일전쟁을 들어 민족문제가 아니고 민생문제라고 했다.

한·중 관계에 있어서 특기할만한 것은 충칭에 대한민국임시정부가 대일선전포고를 한 사례를 들어 한국의 독립운동이 중국의 반일항전을 지원하고 있고 중국의 항전은 한국의 독립을 촉진하고 있어 한·중 양국은 영원한 동지적 우방임을 강조하고 있었다.

1945년 1월 20일 종강을 하고나니 구정 명절이 다가오고 있었다. 선물 몇 가지를 장만해 가지고 푸양에 가 있는 쉬 소교에게 주려고 부푼 가슴을 안고 쌍라오 선착장에 가서 푸양행 여객선에 몸을 맡겼다.

원래 일선방문 계획에는 천 강사가 난창(男昌) 방면으로 생각하고 있었다. 그러나 우리의 생각은 달랐다. 우리와 생사를 같이한 쉬 소교가 일선 푸양지구 조사실 주임으로 근무하는 푸양을 생각했다. 푸양을 방문하게 되면 앞으로 우리의 공작대상 지역인 항저우나 상해로 가는 길목인 푸양에다 관심을 두지 않을 수가 없었기 때문이었다. 천 강사에게 건의했더니 이의 없이 동의했다.

쌍라오에서 푸양까지 선착장 마다 정류하다보면 2주일이 걸린다. 손님들이 모두 푸양 가는 사람들이라 직행을 하면 10일 내에 도착할 수 있다고 했다. 우리가 탄 여객선의 침실은 16석인데 여객손님은 우리 3인을 포함해 13명밖에 안 되었다. 남은 3개 침실은 우리가 부담하기로 선주와 합의하고 직행하기로 결정했다.

푸양이 가까워질 때쯤 구정명절이 임박했다고 각 부락에서 폭죽을 터뜨리고 불꽃놀이가 한창이다. 선주가 명절을 맞아 준비해 놓았던 음식을 내놓자 선객도 준비했던 과자와 과일을 내놓고 나그네의 객수를 달랬다. 푸양에 이르러 우리는 푸양선착장 건너 쪽

강변 기슭에서 하선했다. 쉬 소교를 찾고 있을 때 웬 젊은 사람이 쫓아와서 첸산에서 오시는 손님이 아니냐고 물었다. 누구냐고 했더니 쉬 소교의 부관이라면서 2일 전부터 여기에서 기다리고 있었다고 했다. 아마도 쉬 소교가 우리가 오는 걸 연락받고 부관을 대기시켜 놓은 모양이다.

부관은 우리가 마련한 선물 보따리를 들고 산 밑을 향해 논밭 길을 헤치고 약 2시간쯤 걸었다. 약 70여 호 되는 부락이 있었고 그 부락 내에 푸양지구 조사실이 있었다.

쉬 소교는 우리가 온다는 연락을 받고 뛰쳐나와 우리의 손을 붙잡고 반가워서 어찌할 줄을 모르고 한참 동안 감정을 추스르지 못했다. 첸 강사를 소개하고 관공서로 들어갔더니 이 광경을 지켜보고 있던 천 강사는 우리의 우정은 혈연보다 더 진하다고 감탄했다. 지난날 일본군 점령 하에 찐화를 탈출할 때 맺어진 동지적 결합은 위대한 우정을 남겨 놓았다고 부러워하는 기색을 숨기려고 하지 않았다.

푸양조사실은 푸양에서 강 건너 약 8km 떨어진 한적한 촌락에 자리 잡고 있었다. 푸양에서 항저우(杭州)까지는 36km였다. 버스가 내왕하고 있어 장사꾼들의 왕래가 많은 곳이었다. 업무가 산적해 있고 또 시간을 내기가 어려운데도 불구하고 우리를 위해 시간을 빼앗기는 일이 많아 예정을 앞당겨 돌아가려고 했다. 그러나 한사코 붙잡고 놓아 주지 않아서 예정한 5일간을 쉬 소교의 극진한 대접을 받으며 지냈다. 폐만 끼치고 있는 것 같아 미안하기만 했다.

어느 날 쉬 소교의 안내로 첸탕강 부근 일선 전방으로 시찰을 나갔다. 일본군의 동태는 별 이상이 없다고 하였다. 그러나 공산군계열의 씬쓰쥰(新四軍)이 야간에 습격해 와서 소란을 피우고 있기 때문에 민심이 동요되고 있었다. 그나마 부락유지들이 진정하고 있어 다행이었다.

2월 5일에 쉬 소교가 예약해준 여객선으로 푸양을 떠나 2월 18일 첸산에 돌아왔다. 2월 20일에 3개월간의 교육이 끝나는 종료식이 있었다. 이소민 상교, 마오완뤼 장군, 찬 중교, 천 강사와 초대 강사 등이 참석했다. 박시준과 나는 광복군 제1지대 2구대 소속 소교로 임명되었다. 동일부로 조사실소속 근무 발령을 하면서 한·중양국을 위해 맡은바 소임을 다해 조국을 빛내라고 훈시하였다. 마오 장군은 우리의 신분은 광복군이나 조사실 소속하에 있음을 명심하고 한·중 합동으로 가칭 전지공작대(戰地工作隊)같은 것을 조직해보라고 했다. 다시 말해 적 후방 공작을 구상해 보라는 지시를 하면서 란씨에 있는 우리 일행들을 첸산으로 인솔해 오라고 했다.

종료식 후 다과회를 가졌다. 조사실에서는 우리에게 공작원 2인을 대동하고 란씨에 가서 우리 일행을 첸산으로 인솔해 오라고 했다. 우리는 공작원 2인을 대동하고 이소민 상교와 같이 쌍라오에 가서 씨후여관에 투숙해 마오 장군이 지시한 전지공작대에 관한 사항을 협의했다. 이상교는 박시준을 항저우(杭州)지구 공작책임자로 임명하고, 나를 상해(上海)지구 공작책임자로 각각 임명했다. 임명장을 주면서 그 지역에 대한 관심을 가지고 공작을 추진해 보라고 했다. 다음 날(2월21일) 아침에 이소민 상교는 부대로 돌아갔고 우리는 란씨를 향해 떠났다.

23. 탕씨(湯溪)에서 군관민(軍官民) 환영대회

2월 27일 란씨에 도착한 우리는 4개월 만에 여재 형과 우리 일행을 만났다. 마오완뤼 장군이 첸산으로 초대한 뜻을 전하고 떠날 준비를 하느라 분주했다. 천더썽(陳德生) 소교가 와서 탕씨지구에서 3월 10일 우리 일행을 위하여 탕씨 군관민 합동환영대회를 개최한다는 연락이 왔으니 거처를 탕씨지구 조사실로 옮겨가자고 했다. 란씨는 일선 전방과 근접해 있어 우리 일행이 란씨에 계속 거처하고 있으면 일본군의 표적대상이 될 수도 있고 란씨에서 환영대회를 개최하기에는 부적합한 지역이라고 해서 탕씨에서 하자는데 합의를 했다고 한다.

란씨는 인구가 약 2만이라고 하지만 1942년 초 일본군의 절감작전 때 점령당했던 관계로 주민이 피난을 간 후 일선지역이라고 복귀하지 않고 있어 민간인보다는 군인이 많았다. 군인이라고 하지만 지방자치대에서 조직한 지역민방위군과 조사실 소속 편의대가 있을 뿐이었다.

어느 날인가 아침 일찍 거리에 나갔더니 밤사이에 군인과 주민이 도망가고 거리가 온통 비어있었던 것을 보았다. 일본군이 출동했다는 소문만 듣고 노루 제 방귀에 놀라 도망가듯이 도망을 갔다가 돌아오는 주민들의 표정 또한 내가 언제 도망을 갔냐는 표정이었다. 방위군들이 도망을 가니까 따라갔다가 오는 길이라고 부끄러운 빛은 찾아볼 수 없을 만큼 태연했다. 돌아오는 도망꾼들의 어깨에 맨 목도채에 매달린 보따리에는 대나무로 만든 조립식 침대하고 식량 그리고 초신(집신) 몇 켤레가 대롱대롱 매달려 있었다.

아무데서나 잠을 잘 수 있는 대나무로 만든 조립식 침대가 퍽 인상적이라고 생각했다. 중국은 어느 지방에서나 맨땅에 누워서 자는 것을 볼 수 없다. 이쪽 지방 주민들은 맨땅에서 잠을 자면 풍토병에 걸린다고 해서 잠자리만은 침상 같은 것이 있어야만 했다.

탕씨는 인구가 약 7만이나 되는 행정과 교육의 도시였다. 수륙(水陸) 양면으로 통로가 있어 전후방 교통의 중계지라 할 수 있었다.

우리 일행은 서둘러 짐을 정리해 가지고 3월 4일 천더썽 소교의 안내로 탕씨지구 조사실 숙소로 옮겨갔다. 그날 저녁 탕씨지구 조사실 주임 허(何) 중교가 찾아와 탕씨지구에서 군관민 합동환영대회를 개최하게 된 동기는 제3전구 조사실 마오완뤼 장군 지시에 의해 준비한 것이라 했다. 중·일전쟁 중 일본군치하 윤함지구에서 항일지구로 거사해 온 사람이 한 두 사람이 아니었다. 그러나 우리의 거사는 집단적이었고 우리처럼 많은 물자와 현금을 가지고 온 예가 없다고 했다. 군관민합동으로 대회를 개최하여 환영해 보기는 제3전구 내에서는 역사상 한 번도 없었던 일이라고 했다.

우리의 거사가 환영대회를 열 정도로 중요한 이유는 첫째 군관민에게 주는 영향으로 지금까지 중국군이 불행하게도 후퇴만 해오던 전세가 급전직하로 반전되어가고 있다는 증명이 된다는 것과 둘째로 이번 행사는 승전을 구가하는 환영 행사인 만큼 군관민 모두가 최후의 승리를 확신하고 그들에게 자신감을 심어줄 수 있다는데 그 의의를 크게 부여하고 있었다.

우리 일행은 탕씨지구 조사실 주임 허 중교의 꾸밈새 없고 기탄없는 말에서 감동을 받았다. 그리고 제3전구 사령장관부 조사실주임 마오완뤼 장군이 우리에게 지대한 관심을 가지고 있음에 고마움을 느꼈다. 중일전쟁 중 제3전구 내에서 환영대회를 개최하여 본 역사가 없었다고 한다. 우리의 항일거사를 가지고 탕씨지구 군관민 합동환영대회를 개최하도록 지시한데 대하여 우리는 우리 나름대로 성의표시를 하기로 했다. 탕씨지구 군관민 합동대회 앞으로 광목 1백 필과 담배 1백 보루를 기증하기로 한 것이다. 그리고 한·중 양국을 위해 첸산에 가서 마오완뤼 장군과 이소민 상교가 합석한 석상에서 8억원을 헌납하려고 기획하여 두었던 것을 탕씨지구 군관민 합동 환영대회장을 통하여 헌납하기로 의견을 모았다.

3월 10일 오전 10시 우리 일행은 주최 측의 안내를 받아 환영대회장소인 탕씨우심중고등학교(湯溪牛心中高等學校) 운동장에 입장하였다. 운동장 내외에 꽉 찬 수만의 군중이 환영하는 것을 바라보면서 한국의 독립운동과 중국의 반일항전은 세계의 평화와 인류의 행복을 위해 기어이 성공해야 한다고 생각했다. 일본의 제국주의 침략을 타도하여야 한다는 한·중양국의 역사적인 사명 앞에, 또한 환영인파들의 결의에 찬 표정을 대하며 대일항전이야말로 우리 모두의 소명임을 다시 확인했다.

대회가 선언되자 바람에 펄럭이며 게양되는 한·중 양국기를 향해 우리 일행은 또다시 조국을 위해 우국충성(憂國忠誠)을 맹세하면서 나는 난생 두 번째 태극기를 향해 경례를 했다. 나는 작년 2월 10일 조사실 안내공작원을 따라 바로 이곳 탕씨에 잠입하였다. 탕씨지구 조사실 판사처에서 쉬 상위의 소개로 이소민 상교를 만났다. 조사실 주임 마오완뤼 장군의 천거로 1943년 3월 5일 광복군 제1지대 2구대에 입대한 것을 서약하기 위하여 한손에는 서약서 또 한손에는 수류탄을 들고 조국의 독립을 쟁취하기 위하여 내 한 몸 바치겠다고 태극기 앞에서 맹세했다. 그 탕씨에서 오늘은 우리의 거사를 가지고 탕씨지구 군관민 합동환영대회를 열게 되었으니 감개무량할 뿐이었다.

탕씨 군관민 합동환영대회의 회장인 탕씨 조사실주임 허 중교는 우리 일행을 한 사람씩 소개했다. 찐화 유지 김씨와 고씨, 전 저장물산공사 사장 김여재, 김여재의 처 예예징(葉葉菁), 김여재의 1남 왕예(王葉), 2남 마오예(毛葉), 전 저장물산공사 직원 김씨와 김씨의 처, 딸, 모친 그리고 박시준과 나를 차례로 소개했다.

우리 일행을 한 사람씩 소개할 때마다 수만 군중의 함성과 박수소리는 탕씨의 하늘을 뒤흔들어 놓았다. 특히 우리가 찐화를 탈출할 때 광목 2화차, 담배 1화차, 현금 180마대라는 막대한 물자와 현금을 가지고 반일항전 지역으로 의거한 사실이 중·일 전쟁 중 볼 수 없었던 큰 사건이라고 소개했다. 사실 일본군 점령지역인 윤함지구에서 중국인은 담배 한 보루, 광목 반 필 이상은 휴대하지 못하게 단속했다. 반일 항전지구에는 생필품 공장이 없기 때문에 밀반출해가지 않을까 하는 우려 때문에 철저히 단속했던 것이다. 이러한 상황에서 우리가 가지고 온 품목은 상상할 수 없는 규모였던 것이다. 이를 이루어낸 우리의 투지와 과감한 실행을 극구 찬양하였다. 우리가 대회의 주최 앞으로 기증한 광목 1백 필과 담배 1백 보루와 한·중 양국을 위해 헌금한 8억 원을 말할 때에는 모두가 놀란 표정으로 우레와 같은 박수와 함성소리로 탕씨 하늘을 뒤덮었다.

평생 동지 박시준 형이 답사를 하기 위해 단상으로 올라갔을 때에는 다시 한 번 하늘이 떠나갈 듯 요란한 함성과 박수소리가 터져 나와 천지가 진동하는 것 같았다. 박수소리와 함성소리는 멈출 줄을 몰라 박시준 형은 '여러분, 여러분' 하고 수만 군중을 향해 외쳐댔지만 함성과 박수소리가 진정되지 않아 한참 동안 단상에서 진정되기를 기다리고 있었다. 말문을 열어 우리는 지금 막 일을 시작한 것 뿐 오늘 우리의 조그마한 거사를 가지고 군관민의 환영을 받기에는 부끄러운 일이라고, 우리가 언젠가는 찐화의 일본군 기지 사령부를 박살내고 야전창고를 털어가지고 왔을 때 여러분의 환영을 받고 싶은 심정이라고 역설하고 답사를 끝내자 요란한 함성과 우레 같은 박수소리는 탕씨 하늘을 또 다시 뒤흔들어 놓았다.

환영대회가 끝난 후 군관민 유지들이 마련한 오찬장으로 우리 일행을 안내하여 격려와 위로를 해주었다. 우리가 기증한 광목과 담배에 대한 과분함을 표하면서 한·중 양국을 위한 헌금은 조사실 주임 마오완뤼 장군에게 보내서 이소민 상교와 협의 하에 처리하도록 하겠다고 했다.

우리 일행이 3월 12일 첸산을 향해 탕씨를 떠날 때에는 조사실 주임 허 중교와 군관민 다수가 눈물어린 석별의 아쉬움을 더해 마치 정든 고향을 떠나가는 것 같은 기분을 억제하기가 어려웠다.

3월 19일 쌍라오에 도착한 우리는 가지고 온 광목과 담배를 처분했다. 사례금으로 천더썽 소교에게 주었더니 펄쩍 뛰면서 나라를 위해서 주어진 임무를 수행한 것뿐이라고 완강히 사양하는 것을 강제로 떠맡기다시피 했다. 우리 일행에게도 필요한 만큼 비상금으로 나누어 주고 다음 날 3월 20일 첸산 조사실로 갔다.

조사실 주임 마오완뤼 장군은 우리가 돌아온 것을 보고 탕씨에서 군관민합동 환영대회를 통해 한·중 양국에 헌금한 8억원은 광복군 제1지대 2구대장 이소민 상교와 상의 하에 충칭으로 보내겠다고 했다. 우리들의 애국 충정심을 높이 평가한다는 말을 여러 번 했다. 조사실에서는 우리 일행 전원이 완써우꿍에서 숙식하도록 조치해 놓고 있었다.

완써우꿍은 우리가 삼개월간 숙식제공을 받으며 교육장소로 사용한 곳이라 정이 들어 있던 곳이다. 이곳에 거처할 수 있도록 배려해 준 것은 특별한 대우를 해 준 것이다.

이 모두가 푸양에 가 있는 쉬 소교나 아직도 우리 주변에서 우리의 일을 도맡아 하고 있는 천더썽 소교의 인간적이며 동지적인 차원에서의 배려라 하겠다. 다음 날(3월 21일) 마오완뤼 장군과 인사주임 쉬 소교가 방문을 했다. 우리 일행이 사용하고 있는 침실과 거실을 돌아보며 불편한 점이 없느냐고 물었다. 또한 완써우꿍 관리장에게 우리가 불편하지 않도록 각별히 신경을 쓰라고 지시했다. 그간 우리의 교육계획을 주관했던 차오 중교는 일선지구로 부임했다. 앞으로 우리의 일은 인사주임 쉬 상교가 도와주기로 했다.

다음 날(3월 22일) 조사실에서 우리 일행 4인을 대상으로 우리가 받은 교육처럼 단기특수 교육을 시행하려고 하는 문제를 가지고 천더썽 소교가 와서 우리에게 견해를 물었다. 본인들의 의사를 타진해보기로 했다. 박시준 형이 우리 일행 4인에게 의사를 타진해 본 결과 모두가 이의 없이 전폭적으로 찬성을 했다. 교육기간은 3개월로 하고 현지시찰 1개월은 취소하기로 했다. 교육 일정은 4월 1일부터 6월 30일까지 하기로 하고 교육 장소는 우리가 교육

받던 완써우꿍 교육실로 정했다. 교육은 우리를 담당했던 천밍 강사가 또 수고를 한다고 했다.

우리는 일행과 함께 완써우꿍에서 생활을 했다. 그간 서로 간에 몰랐던 인간미를 더욱 느낄 수 있었다. 전 저장물산공사 직원이었던 인천인 김 씨는 우리 나이와 비슷했다. 김 씨 부부는 딸 하나를 두고 어머님을 모시고 살았다. 날마다 조석으로 어머님께 문안 드리고 매사 어머님과 상의하는 효자로 주변의 칭송을 받았다. 찐화 전 계림회장 김 씨는 40여 세에 충청도 양반임을 내세워 까다롭기는 했어도 마음씨가 착하고 이해심이 많아 친근한 감을 주는 사람이었다. 찐화 전 계림회 총무였던 제주도 고 씨는 한 쪽 다리는 절고 있었는데 성격이 과격한 면이 있었으나 설득력이 강했고 사교적이었다.

충청도 김 씨나 제주도 고 씨는 여재 형과 친분이 있는 사람들로 여재 형이 독립운동을 하기 위해 반일항전지구로 탈출할 때 권유해서 찐화에서 따라나선 분들이라 박시준 형이나 나와는 초면이었다.

24. 일본군 보급로 차단과 민심교란 작전전개

1945년 4월 3일 찐화(金華)지구 일본군의 보급로 차단과 민심교란을 위한 공작을 하기 위해 천더썽 소교와 박시준 소교, 내가 동참하여 편의대 공작원 10명을 대동하고 란씨로 떠났다. 먼저 조사실에 들려 마오완뤼 장군에게 신고를 했다. 완써우꿍 우리 일행의 전송을 받으며 첸산을 떠나 쌍라오 역에 가서 다음 날(4월 4일)

아침 9시 장산행 열차표를 구해놓고 씨후여관에 투숙했다. 이소민 상교가 찾아와서 우리들이 참여한 이번 공작은 시험적인 첫 공작인만큼 용기와 지혜를 가지고 용의주도하게 대처해야 한다고 했다. 또한 여러 가지 예를 들어 격려하며 주의를 주고 부대로 돌아갔다.

이소민 상교를 전송하고 여관문 안으로 들어오다 박시준 소교와 나는 여관출입구에 자리 잡고 있는 관상소를 발견하였다. 누가 먼저라 할 것 없이 관상소 문전에서 서로 얼굴만 쳐다보다가 엉겁결에 관상소 안으로 들어가고 말았다. 여기 관상소가 어제 오늘 생긴 것도 아니고 우리가 작년 11월에 씨후여관에 찾아와서 투숙할 때부터 있었던 곳인데 오늘따라 마음이 끌렸던 것이다. 아마도 예측할 수 없는 앞일을 점이라도 쳐보고 싶었던 심정이 부지불식간에 생겼던 듯하다. 우리에게 주어진 첫 공작인데다가 시험대라 하니 심리적으로 무엇이든 잡아보고 싶었던 것이다.

우리가 찐화를 탈출할 때도 불안한 마음은 있었지만 점을 쳐보거나 운이 어떨까 하고 나약한 생각을 해본 적이 없었다. 그러나 막상 막강한 일본군을 타도하기 위하여 막중한 공작사명을 앞에 두고는 긴장이 되었던 것이다.

박시준 소교와 나는 관상쟁이 앞으로 다가가서 우리들의 관상을 봐 달라고 하였다. 관상쟁이는 우리 두 사람을 아래위로 훑어 보았다. 나부터 보자며 생년월일을 물어보고 난 후 손금을 들여다 보다가 얼굴을 찬찬히 훑어보았다. 상을 보고 하는 말이 일인지하 만인지상격이라고 했다. 내년 3월경에는 환향(還鄕)을 하겠는데 환향한 후 북쪽으로는 가지 말고 남쪽에 가서 살아야만 길하다고 했다. 벼슬길에 올랐을 때 정적들의 모함으로 죽는다고 하는 말이 나오겠으나 무사히 풀려난다고 했다. 말년에는 하는 일 없이 지내는데 지방유지격 대접은 받을 것이며 살기에는 부족한 것이 없겠다고 했다.

박시준 소교를 보고는 내년 9월경에 환향을 할 거라고 하며 북에 가나 남에 가나 매일반 다를 것이 없다고 어디에 가 있든지 별일이 없을 거라고 했다.

관상쟁이는 우리 두 사람을 놓고 한 사람은 내년 3월에, 또 한 사람은 내년 9월에 환향한다고 했다. 우리가 이신동체요, 한국 사람이란 점에서 생각해 볼 때 환향을 한다면 한날 같이 갈 것이요, 전쟁은 최소한 앞으로 2, 3년은 지나야 결말이 날 판인데 거기에다 북쪽이다 남쪽이다 말하는 자체가 정말 무슨 뜻으로 하는 말인지 그 당시에는 이해할 수 없었다. 단지 얼토당토않은 망발을 늘어놓기만 하고 우리가 지금 관심을 기울이고 있는 당면한 공작에 대하여는 단 한 마디 말이 없어 실망스러웠다. 복채로 내 놓은 돈이 아깝기만 했다.

그날 저녁식사는 천더썽 소교가 산다고 해서 중산공원에 갔다. 우리 일행 13명 전원이 한 자리에 모여 앉아 회식을 했다. 박시준 소교와 나는 우리 편의대 공작원들의 이름과 계급 그리고 얼굴 익히기 위한 놀이를 하면서 즐거운 한 때를 보냈다.

다음 날(4월 4일) 쌍라오 역에서 9시에 장산행 열차를 타고 장산에 도착했다. 이어 란씨행 여객선을 대절해서 그날 밤 선실에서 취침을 하고 다음 날(4월 5일) 아침 일찍 출발했다. 란씨로 가는 강물은 흘러내려 가는 물이라 장산으로 올라올 때 육지에서 여섯

명이 한 조가 되어 끌고 오던 때와는 달랐다. 노를 저어 수심이 깊은 곳을 따라서 가다가 수심이 얕아 배가 강바닥에 닿으면 긴 작대기로 밀어냈다. 물살이 빙글빙글 도는 수심이 깊은 곳에서는 배의 방향을 잡느라 쩔쩔매기도 했다.

선착장까지 도착하는데 걸린 시간이 강물을 거슬러 올라올 때보다는 빨랐다. 어떤 곳에서는 하루에 두 선착장을 달려가기도 했다. 선착장에 도착하는 시각은 보통 4시경이었는데 선착장 주변에 큰 음식점이 있을 때에는 선실에서 식사를 하지 않고 전원이 음식점에 가서 식사를 했다.

장산을 떠난 지 4일 만(4월 8일)에 란씨에 도착했다. 란씨 지구 조사실에서 마련해 준 숙소에 거처를 정해놓고 난 후 천더썽 소교하고 공작진행을 협의하기 시작했다. 천더썽 소교와 나는 항저우 동화산업공사에서 만난 이래 만 3년 8개월 동안 크고 작은 일을 추진하면서 단 한 번도 견해를 달리해 보거나 자기 주장만을 내세워본 적이 없었다. 누가 먼저 의견을 내놓으면 찬동하고 따라나섰던 아름다운 역사만 가지고 있었기 때문에 이번 공작의 책임을 지고 있는 우리 3인은 서로 간 주장을 내세우기 전에 천더썽 소교의 견해를 물어보았다. 천더썽 소교는 박시준 소교나 나의 지시에 따르려고 입을 꽉 다물고 있었기 때문에 서로 간 눈치만 보다가 웃어넘기는 일이 많았다.

우리 사이에 공과 사가 따로 없었지만 천더썽 소교는 그 한계를 벗어나려고 하지 않았다. 나이로 보아서도 나보다 3살이나 위였건만 연장자로서 군림할 생각도 하지 않았다. 항상 공과 사의 정의감에 사로잡혀 있었기 때문에 그러한 천 소교의 인간적이고 아름다운 마음씨로 말미암아 박시준 소교와 나의 마음은 때때로 감정에 젖어 눈가에 눈물이 맺힐 때가 많았다.

우리는 누가 먼저 제안한 것은 아니지만 3인 1조로 3개조를 구성하고 찐화(金華), 위우(義烏), 쥬지(諸暨) 3개 지구에 1조씩 파견해서 그 지방 정세를 정찰해 오도록 했다.

찐화와 항저우 간 철도 연변에 위치한 중요한 주차역이라 주목해 볼만한 지역이었고, 그 외 쥬지에서 항저우(杭州) 쪽으로 가자면 첸탕강을 건너가기 전 쌰싼(蕭山)역이 있기는 하나 그 쪽까지 지형을 정찰하기에는 란씨에서는 부적당했다.

정찰임무에 대한 문제를 란씨 지구 조사실측과 협의를 해야 하는 건지 몰라 천 소교의 견해를 타진했더니 우리 공작 임무에 대한 것은 누구하고도 상의해서는 안 되고 필요한 경우에 한해 지원 요청을 하는 것은 예외라고 하였다.

4월 20일경 찐화, 위우, 쥬지 3개 지역에 정찰공작원을 보내면서 쥬지지방에는 란씨 지구 조사실에 부탁해서 그 지방 지리에 밝은 안내공작원의 지원을 받기로 했다. 10여 일간의 기한을 주면서 5월 초순경까지는 되도록 돌아오도록 하라고 천더썽 소교가 지시를 했다.

공작원들이 떠나간 후 천더썽 소교와 우리들은 대기공작원 한 사람을 데리고 강가에 나가서 고기잡이로 소일을 하면서 공작원들이 무사히 돌아오기만을 빌고 있었다.

4월 말경 찐화에 갔던 공작원들이 돌아와서 보고한 내용에 의하면 미공군 P51기가 때때로 공습해 와서 군사시설만 폭격했다고 한다. 또한 찐화와 항저우 간을 운행 중인 기관차만을 골라 집중 기총소사를 가해서 기관차가 거의 다 수리 중에 있어 정시운행을 하지 못한다고 한다. 찐화 역에는 열차를 타려고 하는 사람들로, 역 구내외에는 대기하고 있는 사람들로 인산인해를 이루고 있는 실정이라 하였다.

찐화 거주 중국인의 여론은 일본군이 1, 2년 내에 철수할 걸로 보고 있어 일본이 망하고 중국이 승리할 것을 의심하는 사람은 찾아볼 수 없었다고 했다.

찐화(金華)의 일본영사관은 우리가 찐화를 탈주한 사건을 사전에 탐색하지 못한 감독과 책임을 물어 영사는 파면되고 정보계, 고등계 형사들은 직무유기 등 형사적 책임을 지워 상해 양쓔퓨형무소(陽壽浦刑務所)에 수감시키고 영사관은 폐쇄해 버렸다고 한다.

찐화에서 한국인은 찾아 볼 수가 없었다고 한다. 계림회 간판도 없어졌다고 하였고 한국인 군위안부만이 남아 있다고 했다. 2, 3일 후에는 위우에 갔던 공작원들이 돌아왔다. 위우에도 미공군 P51기가 공습해 와서 위우역에 정차하고 있는 기관차에 기총소사를 가해서 기관차마다 벌집 구멍이 나듯 했다는 것이다. 탄환자국에 땜질을 해서 만신창이가 된 기관차를 볼 때 한두 번 기총소사를 당한 것이 아니라고 했다. 그러한 기관차가 제 성능을 내는지도 의문이었지만 정시운행을 하지 못해 위우역에도 대기하고 있는 사람들로 혼잡을 이루고 있었다고 하였다.

위우에는 일본 민간인이나 한국인은 찾아볼 수가 없었고 일본군 수비대만 있었다고 한다. 미군의 폭격에 대해 속수무책인 점을 들어 중국인들은 일본이 곧 망한다고 확신하고 있어 일본에 협조적인 사람은 찾아볼 수 없다고 했다.

쥬지에 간 공작원들이 5월 초순이 지나도록 소식이 없었다. 천더썽 소교와 상의해 보아도 그도 역시 소식을 몰라 답답해 하기는 우리와 같았다. 찐화나 위우보다 거리가 멀어서 가고 오는데 일주일 정도는 걸려야 할 거라고 했다. 어림잡고 있었지만 산길이나 수로에 따라서 10일 이상 걸릴 수도 있어 좀 더 두고 기다려 보기로 했다.

하지만 하루 이틀 날이 지나갈수록 걱정은 태산 같았다. 예정일에서 5일이 지나갈 무렵 쥬지에 갔던 공작원 전원이 씩씩한 모습으로 돌아왔다. 소식을 전해 듣고 모두가 뛰쳐나가 공작원들을 끌어안고 어깨를 두드려 주며 위로해 주기에 바빴다. 공작원들이 돌아온 때가 저녁이어서 보고는 내일로 미루고 음식점에 가서 만찬을 준비해 자축연을 벌였다.

다음 날 쥬지지방 공작원들이 보고한 내용도 찐화나 위우와 유사한 내용이었다. 공작기간 중이었던 지난 초순경 뜻밖에 류지(諸暨)에서 항저우행 야간열차를 비적(匪賊)들이 습격하여 쥬지와 쏴싼의 중간지점쯤에서 열차를 정지시킨 후 2등실에 침입하여 여객들의 금품을 털어간 사건이 발생했다고 한다. 사건 후 요소마다 검문소가 설치되고 통행인의 신분을 엄중히 조사하고 있었기 때문에 초소를 피해 외곽 산길을 돌아서 오느라 예정보다 늦어졌다고 하였다.

　나는 박시준 소교, 천더썽 소교와 상의하여 일본군의 보급로 수송을 차단하고 민심을 교란시키기 위해 공작을 추진함에 있어 항저우(杭州)와 찐화 간 어느 지점을 선택하는 것이 효과적인가를 검토했다. 그 결과 쥬지와 위우 간 철로를 파괴하여 찐화행 군용화물열차를 전복시켜 일본군의 사기를 꺾어 전의를 상실시켜야 한다는데 의견을 모았다.

　지난번에 비적들이 쥬지와 쏴싼 간에서 여객열차를 습격하여 금품을 털어간 사건이 있었으니 이번에는 쥬지와 위우 간에서 화물열차를 전복시켜 일본군의 보급수송을 차단시키고 있다는 소문을 내기로 했다. 쥬지지방에 항일유격대가 근거하고 있는 것처럼 위장해 두고 일본군의 주목을 끌게 한 후엔 쏴싼이나 찐화(金華)를 공작해 보자는 계략을 구상해 두고 있었다.

　이번 철로폭파 공작에는 7인이 한조가 되어 야간에 결행하도록 했다. 위우를 담당했던 3인이 전원 동참하고 찐화조에서 두 사람 쥬지조에서 두 사람을 선발해서 2인 일동 3분하에 조장의 지휘를 받도록 했다.

　철로폭파에 필요한 폭약과 축전지, 전선 등을 란씨 조사실에서 지원하기로 했다. 5월 17일 아침 일찍 현지를 향해 출발 시킨 후 남은 공작원과 우리는 란씨와 위우 중간 어느 촌락에 가서 잠복대기하고 있기로 했다. 우리가 찾아간 대기 장소는 내가 찐화를 탈출해 안내공작원을 따라 항일지구로 올 때 2일 만에 안내공작원이 일본군의 초소망을 벗어났으니 산 밑 민가에서 점심을 하자고 해서 갔을 때 돼지고기와 민물생선 요리에 계란탕을 대접받고 오수를 즐겼던 곳이었다.

　나는 집주인을 금방 알아볼 수 있었는데 집주인은 나를 알아보지 못했다. 작년 10월 중순경 신세를 끼쳤던 말을 했더니 알아보고 유별나게 나를 친절하게 대해 주었다. 우리는 대기 하는 동안 강가에 나가서 고기잡이를 해가지고 그 집주인에게 요리를 부탁했다. 민물생선 요리 맛에 세월 가는 줄 모르고 있었다. 5월 23일 저녁 철로파괴공작에 갔던 공작원들이 돌아와서 의외의 큰 성과를 올렸다는 보고를 했다. 그날 밤은 술 한상을 장만해 놓고 밤이 가는 줄 모르게 시간을 보냈다.

　22일 밤 11시경 공작원들은 쥬지와 위우 사이에 있는 어느 지점 철로에 폭약을 설치해 놓고 대기하고 있던 중 23일 오전 2시경 화물열차가 통과할 때 철로를 파괴시켰다고 한다. 기관차가 탈선하면서 중간에 연결된 3, 4개 화차가 전도 되는 바람에 엉망진창이 된 것을 보고 왔다면서 득의연한 모습이었다.

　우리 일행은 다음 날 그 곳을 떠나 어느 주막촌에 들렀다. 그 곳 주민들이 일본군 보급 화물열차가 찐화로 가던 중 위우 근방에서 폭파돼 찐화에 주둔하고 있는 일본군대가 동원되고 가두 검색 등 경계가 삼엄하다는 말을 나누고 있었다. 그 소식은 어디서 들었느냐고 물었더니 씨뭔(石門)에 장사하러 갔다가 돌아오는 사람들이 말하더라고 했다.

　천더썽 소교와 우리는 공작원들이 올린 성과에 대하여 매우 흡족한 마음을 가지고 란씨로 돌아갔다. 그리고 찐화와 쏴싼 공작을 두고 구체적인 계획을 구상해 보았다.

　란씨에 돌아와서 진 소교와 찐화와 쏴싼에 대한 2개 지역을 놓고 검토한 결과 쏴싼은 우리가 위치하고 있는 란씨하고는 거리관계상 차후 검토해 보기로 하고 찐화를 선택해 놓고 일본군 보급창을 폭파할 것인지 아니면 일본군 사령부를 폭파할 것인지 또는 찐화 역을 목표로 할 것인지의 문제로 천더썽 소교에게 결정권을 위임했다. 언제나 매사에 천더썽 소교는 우리에게 위임하고 우리는 천더썽 소교에게 위임했었다. 이번에는 공작의 중요성 때문인지 말문을 열지를 않아 결정도 하지 못한 채 2, 3일간 소요하고 있을 때 이윽고 박시준 소교가 일본군 보급 창고를 목표로 정하고 현장 탐색을 해보자고 해서 이의 없이 채택했다.

철로파괴 공작에 참여하지 않았던 4인을 선정하고 2인 1조로 각자 탐색해 오도록 천소교가 지시를 하고 있었다.

6월 5일에 탐색공작을 보내놓고 일본군 보급창고 폭파에 소요되는 자재와 경비를 계산하여 자재는 란씨 조사실에서 지원받기로 하고 자금은 박시준 소교가 소지하고 있는 비상금 미화 1천불을 차용하기로 했다.

만반의 준비를 다 해놓고 찐화에 간 탐색공작원들이 돌아오기만을 기다리고 있던 중 6월 12일에 첸산조사실 마오완뤼 장군으로부터 첸산으로 급히 돌아오라는 연락이 왔다. 란씨 조사실에서는 우리 일행 전원에게 공작을 중단하고 첸산으로 빨리 올라가 보라고 하였다.

란씨 조사실에서는 우리가 하려던 공작을 알고 싶어 하는 것 같았다. 천더썽 소교에게 우리가 하려던 공작을 위임하고 가자고 했더니 그럴 필요가 없다고 하는 걸로 보아 공작에 대한 비밀은 엄격하다는데 놀랐다.

찐화에 갔던 공작원들이 전원 무사히 6월 13일 돌아와서 보고한 내용에 의하면 보급창 소속 일본군은 고령자들로 대체해 놓아서 규율과 경비 면에서 허술해 보였고, 잡부 중 일부는 중국인들을 고용하고 있어 침투하기가 용이해 얼마간의 공작비만 가지면 매수할 수도 있다고 어느 잡부가 귀띔을 해줬다고 하면서 공작에 자신감을 보였다. 우리 모두가 공작의 호기를 놓치는 것 같아 아쉬웠지만 마오완뤼 장군의 소환명령이니 내용은 알 수 없지만 공작원들을 대동하고 서둘러 란씨를 떠날 수밖에 없었다.

다음 날(6월 14일) 장산행 여객선을 대절해 가지고 란씨를 떠나 장산을 경유 6월 19일 쌍라오에 도착했다. 씨후여관에 투숙하고 마오 장군이 우리를 소환한 내막을 이소민 상교는 알고 있지 않을까 해서 연락을 취했다. 그날 밤 이소민 상교는 씨후여관에 우리를 찾아 와서 마오완뤼 장군이 우리를 불러들인 것은 상해(上海) 공작의 중요성을 인식하고 상해(上海) 공작을 추진하도록 할 계획이니 천더썽 소교와 박시준 소교와 나 3인이 숙의를 해서 윤곽을 잡아보라고 하는 것이었다.

이소민 상교가 항상 관심을 가지고 상해공작을 염두에 두고 있었던 점으로 미루어 보아 이소민 상교가 마오완뤼 장군에게 건의를 해서 마오장군의 결심을 얻어낸 거라고 볼 수가 있었다. 우리는 이소민 상교가 돌아간 후 그날 밤 3인이 모여서 상해공작에 대한 구상을 해두고 다음 날 첸산으로 갔다.

천더썽 소교와 우리 3인이 마오완뤼 장군을 찾아가 도착신고를 했다. 일본군의 보급로 차단과 민심교란을 위해 철로를 폭파한 소식을 벌써 전해 듣고 있었다면서 공작의 소질이 풍부함을 인정한다면서 상해공작을 담당해보라고 하였다.

상해공작은 마오완뤼 장군 자신이 상해따스제(上海大世界)에 모인 인사를 통해 연락해 놓고 있었다. 일차적으로 천더썽 소교를 따씨지에 취직을 시켜 거점을 마련해 놓은 후 박시준 소교와 내가 진출하도록 계획을 세워 두라면서 천더썽 소교는 7월초 출발준비를 해두라고 하였다.

나는 천더썽 소교가 상해(上海)에 가면 항저우(杭州) 동화산업에 있었던 박성근 총경리, 찐화 저장물산공사에 있었던 최희송 부사장 등을 수소문해서 극비밀리에 찾아보도록 했다.

박시준 형도 상해의 친구들을 소개하려고 했으나 천더썽 소교 자신이 지면이 없기 때문에 접촉하기가 어려울 것 같아 다음 기회로 미루어 두었다.

천더썽 소교가 상해공작을 담당하게 되어 7월초에 떠날 준비를 하면서 우리 일행 중에서 상해공작에 대하여 좋은 구상을 가지고 있는 사람은 없을까 하고 우리 일행이 교육을 받고 있는 교실을 찾아갔다. 천밍 강사가 우리가 온 것을 보고 반색을 하며 뛰쳐나와 교실로 데리고 들어가 2개월 만에 정을 나누는 장면을 보고 천밍 강사는 우리와 우리 일행의 정다운 시간을 주기 위해 오늘 수업은 이만 끝낸다고 하고 나갔다.

우리 일행이 마오완뤼 장군이 불러서 돌아온 사유를 말해주었다. 천 소교가 상해공작 차 7월초에 상해로 가는데 공작에 도움이 될 만한 구상이 없는지 타진해 보았더니 충청도 김 씨와 제주도 고 씨가 상해공작에 자기들을 참여시켜 달라고 하였다. 6월 30일이 되면 3개월간의 교육이 끝난다며 상해로 진출했다가 국내로 잠입할 수 있는 길을 모색해 보자고 했다. 우리는 천더썽 소교에게 김 씨와 고 씨가 국내로 잠입하기 위해 상해공작에 참여하기를 원하고 있으니 유념해 두라고 했다.

7월초 천 소교가 상해로 떠나기까지는 10여 일간 시간이 있었다. 천 소교와 우리는 날마다 들로 강가로 산책을 하며 공작구상을 했다. 때로는 창지(唱劇) 구경을 하며 머리를 식히기도 하였다. 7월초 천더썽 소교가 상해공작 차 첸산을 떠나는 날 박시준 형은 소지하고 있던 미화 천불을 내놓고 오백불씩 나누어 가지고 있자고 했다. 천더썽 소교에게 줬더니 펄쩍 뛰면서 자기에게도 상당한 공작금이 있으니 걱정하지 말라고 사양했다. 박시준 소교는 자기가 가지고 있는 미화 천불은 비상금이 아닌 생명금(生命金)이라며 우리는 생사를 같이하는 동지 간에 생명을 나누어 두는 증표로써 주는 거라고 억지 이유를 붙여 사양하지 못하게 했다.

천더썽 소교를 상해로 보내놓고 난 우리는 어미 잃은 망아지처럼 어디에도 정을 두지 못한 채 우울한 나날을 보내고 있었다. 어느 날 이소민 상교가 찾아와서 쌍라오 중산공원으로 소풍을 가자고 해서 기분전환을 위해 따라갔다. 돌아와서는 우리 일행과 어울려 교육장에 가서 천밍 강사의 강의를 방청하기도 했다. 6월 말이면 3개월 교육기간이 끝나는데 7월초까지 교육을 하는 이유를 몰라 천밍 강사에게 문의 했다. 5월 중순서 5월말까지 휴가를 얻어 쉬었기 때문에 7월 중순까지 교육을 하기로 우리 일행과 사전합의를 해두었다고 한다. 우리가 시간이 있으면 언제 어느 때고 사양하지 말고 자기의 강의를 방청하도록 허락해 주고 신이 나서 강의를 하고 있었다.

우리가 교육을 받을 때의 기후는 우리나라 가을과 같은 때여서 춥지도 덥지도 않았건만 지금 7월초 여기 기후는 가마솥에 들어가 앉아있는 것 같아 미칠 지경이었다.

오전 수업 2시간 하고나면 벌써 몸이 끈적끈적하고 기운이 빠졌다. 오전수업을 끝내고 강가에 나가서 멱을 감다보면 조금은 기운이 났다. 돌아와 중식을 하고 오수를 즐기다 오후 수업 때가 되면 더위가 한창이어서 힘들고 지쳐있을 때가 많았다. 일진광풍이 일어나고 순식간에 검은 구름이 몰려와서 하늘을 뒤덮더니 요란한 우레 소리와 함께 20분 내지 30분 정도 사정없이 소나기를 퍼붓고 비바람이 지나갔다. 오후 수업은 언제나 비바람이 한몫을 거들어 주어 공부할 맛이 났다.

비바람이 지나 간 후 거리에는 가게들이 문을 열고 손님을 맞고 있었고 강가에는 뻘건 물이 늘어나서 강둑을 적시고 있어 비바람은 강을 따라 올라간 것처럼 보였다.

천 강사의 강의내용은 우리가 교육을 받을 때와 같은 한·중관계 친선을 위한 내용에 중점을 두고 공동의 적인 일본을 타도하기 위해서는 한·중협력 공동체 구성의 필요성을 강조하고 있었다.

특히 제3전구와 같은 경우 항일전은 한·중편의대를 구성해서 전후방을 차단하여 일본군을 고립화시키는 공작이 필요하며 일본군 점령지역 내에 침투하여 정보 수집을 하거나 방화, 테러 등으로 민심을 교란하는 공작 등은 정규군의 군사작전 이상으로 중요하다고 역설하고 있었다.

우리 일행은 천 강사의 강의 내용에 수긍하고 조국을 위해 내 한 몸 바쳐 일본을 타도하는 일이라면 무슨 일이거나 어떠한 험난

한 일이라도 한다는 굳은 결의와 각오가 되어 있었다.

3개월 교육기간이 끝나는 7월 15일 수료식 때 조사실 인사주임 쉬 상교와 광복군 제1지대 2구대장 이소민 상교가 참석하여 격려와 축사가 있었고 수료식이 끝난 후 쉬 상교 주관으로 대반점에서 연회를 열어 성대한 만찬을 베풀었다.

만찬석상에서 쉬 상교는 공작 차 상해에 가 있는 천더썽 소교에게 그 쪽 상황을 타진해 보기 위해 연락원 2인을 선발해 보냈으니 연락원이 돌아올 때까지 상해 공작에 대한 설계와 구상을 해두고 있으라고 했다.

우리 일행은 상해 공작에 지대한 관심을 가지고 연구 검토를 하고들 있었다. 그러한 우리들을 보고 이소민 상교는 상해공작에 대하여 더욱 큰 관심을 기울여 두고 기대하고 있었다.

8월 5일 오후 6시경 조사실 편의대 2인이 헐레벌떡 찾아와서 자기네들을 숨겨달라고 사정사정을 해서 완써우꿍 구석진 곳에 방 하나를 내줬다. 방에 들어가자마자 휴대하고 있던 권총 모젤1호를 꺼내놓고 분해한 후 소지하고 있었다. 무슨 일이냐고 물었더니 설명은 나중에 하겠다고 탄환 2알만 취해 달라고 통사정을 했다. 도대체 무슨 일로 이 야단이냐고 말해 보라고 했더니 일선에 갔다가 배타고 돌아오는 길에 허커우에서 하선했는데 제3전구 사령장관부 소속 경비병이 달려와서 신분증과 소지품을 보자고 하는 것이 수상해서 신분증을 꺼내는 척 하다가 권총으로 사살해 버리고 왔다고 했다. 필시 조사하러 올 것 같아서 총알을 보충해 두는 거라고 하였다.

어떻게 그 사람들이 조사실 사람인줄 알고 조사하러 올 거라고 생각을 했느냐고 물어보았다. 그들이 처음에 누구냐고 물어보기에 조사실이라고 했는데도 신분증을 보자고 하고 소지품이 뭐냐고 하며 달려들기에 저의가 수상해서 해치웠다고 했다. 소지품 중에는 중요한 비밀문서가 있었기 때문에 순간적으로 그 문서를 노리고 수색하려고 하는 것이 아닌가 의심이 들어 빨리 해치워 버리고 도피하는 것이 상책이라고 생각을 했다고 한다.

이런 일은 조사실 공작원들에게는 흔히 있는 일로써 이력이 난 행동방식으로 현장에서 피체를 당하거나 증거만 남겨두지 않으면 그만이라는 의식관념이 농후했었다.

후일 수사기관에서 조사할 때 물적 증거가 없으면 구인할 수 없었다. 의심만 가지고 조사실 공작원들을 함부로 강제수사 한다는 건 더욱 있을 수도 없었다. 현장에서 목격자가 있었다 해도 목격자에 의한 인상과 착의했든 옷 등을 찾아내지 못하면 입증이 안 되었다. 인상문제는 목격자가 조사실 편의대라는 걸 알고 나면 보복이 두려워서 사실을 말하려고 하지 않아서 소용이 없었다.

조사실에서는 편의대들을 그런 식으로 은연중 교육을 시켜온 터라 증거만 잡히지 아니하면 그만이라 할 수 있었기 때문에 편의대원의 신분을 보장하고 비호하는데 철저하다 못해 지독하다할 만큼 강경하지만 상대방이 제3전구 사령장관부 소속 경비병이라고 하니 손 놓고 있을 수 없었다.

이쪽 조사실의 수법을 잘 아는 상대방이 정상적인 방법으로 조사하러 오지 않고 비상한 수단을 동원에서 밤중에 기습해 올 우려가 있었다. 완써우꿍 경비원들에게 야간출입을 금지시키고 대문을 잠가두고 대문 안에 기관단총을 고정해 놓고 파수를 세워두고 있었다. 완써우꿍 우리 숙소는 이러한 일로 무더운 한여름 밤을 더 무겁고 더 무서운 밤으로 변해 버렸다.

하루가 지나고 이틀, 사흘이 지나도 별 일이 없어 긴장이 풀리자 공상은 많아지고 상해에 간 천 소교의 소식만을 기다리다가 때로는 술 한상을 차려놓고 박시준 소교와 나는 호연지기(浩然之氣)에 젖어 밤을 새우는 일이 있는가 하면 일본을 타도하고 독립을 성취하고 나면 우리는 고향으로 돌아가 향토개발의 꿈을 이야기하며 밤을 새우는 일도 많았다.

할 일이 없는 우리는 매일 조반으로 흰죽 한 그릇을 먹었다. 조식 후 들로, 강가로 싸다니다 거리로 들어가 점심을 사 먹고 창지 구경을 하고 돌아와 저녁을 하고나면 피곤해 잠자리에 일찍 들었다. 한밤중에 잠에서 깨어나 천더썽 소교의 소식만을 기다리며 이런 저런 공상으로 잠을 이루지 못하고 있었다. 그러던 중 난데없이 콩 볶는 듯한 소리가 멀리서 들려왔다. 귀청을 때리는 소리에 놀라서 이거 큰일이 났구나 기어이 제3전구 사령부경비대가 쳐들어 왔나 보다 생각했다. 긴장한 채 침상에서 일어나 옷을 입고 박시준 소교를 깨웠다. 앞마당으로 나오자 우리 일행들이 뛰쳐나와서 무슨 일이냐고 서로들 물어보고 있었으나 아는 사람이 없었다. 근심스러운 표정으로 서로들 얼굴만 쳐다보고 있었다. 총소리와는 다른 폭죽소리라는 걸 확인하고 대문을 열고 뛰쳐나가 지나가는 사람들에게 무슨 일이 일어났느냐고 물어보았다. 일본이 항복을 했다고 했다. 다들 대문밖에 나와서 하늘에 오색찬란한 불꽃이 덮여있는 것을 보았다. 이것이 꿈인지 생신지 몰라 종아리를 쥐어뜯어 보기도 했다. 그래도 믿어지지가 않아서 확실한 정보를 구하기 위해 서로 간 두리번거리고 있었다. 마침 조사실 소속 무선기사들이 와서 완써우꿍 한쪽에 있는 간이무선실로 가서 충칭 군사위원회 조사통계국(軍事委員會 調查統計局)과 연락을 취해 본 결과 일본이 무조건 항복할 의사를 밝혔다고 하는 외신보도를 확인했다. 바로 그 시각이 8월 10일 밤 11시 반경이었다.

완써우꿍 숙소에 있는 우리 일행은 일본이 무조건 항복한다는 소식을 전해 듣고는 맥이 빠진 채 서로 간 할 말을 잃고 밤하늘만 쳐다보았다. 한 자리에 모여 앉아서 일본이 무조건 항복을 한다는데 누구보다도 좋아서 환성을 지르고 춤을 추어야 할 우리에게는 그런 기분이 나지가 않았다.

자주독립을 쟁취하기 위해 기어이 우리 손으로 일본을 타도하겠다고 이역만리를 찾아와서 꿈을 키우며 공작을 진행하던 중 손도 써보지 못한 채 맨손으로 돌아갈 생각을 하니 지금까지 걸어온 길이 허무하기만 했다.

3년여 동안 지하에서 공작한 후 정체를 숨기고 꿈을 키우다 찐화를 탈출했다. 막대한 자금과 물자, 많은 인원을 대동하고 제3전구에 어렵게 왔다. 그간 기초적인 준비를 해놓고 공작을 눈앞에 둔 시점에서 일본이 항복한다고 하니 우리는 운이 없어 조국을 위해 헌신할 사이도 없구나 생각했다. 지나간 세월이 주마등같이 지나가면서 몸과 마음을 억눌러 답답하다 못해 미칠 지경이 되었다.

착잡한 마음을 달랠 길 없어 술상을 마련해 놓고 우리 일행은 둘러앉아 말없이 한 잔 두 잔 마시다 보니 말문이 터지기 시작했다. 그 첫 한마디가 이제 우리는 어디로 가느냐 하는 문제였다. 말문이 막힌 채 서로 얼굴만 쳐다보고 있었다.

조사실하고의 관계도 오늘로 끝이 났다고 봐야했다. 광복군 제1지대 2구대 관계도 할 일이 없어 보였다. 이제 우리 일행이 한데 어울려 지내온 완써우꿍의 생활도 오늘로 마지막이라는 생각이 들었다.

독립을 위해 생사를 같이 하던 사람을 두고 나이가 많거나 적거나 누구에게나 동지라고 불러대던 버릇도 이제는 그런 용기가 나지 않았다. 조국의 독립을 쟁취하기 위해 내 한 몸을 바쳐 일본을 타도하겠다고 서약을 했던 우리의 사명은 누가 우리 대신 일본을 타도해 줬으니 우리가 할 일을 다 빼앗긴 거나 다름이 없어 이제 어디 가서 무얼 해야 하나 하는 걱정이 앞서고 있었다.

우리들은 우울한 기분을 억누를 길이 없었다. 서로 간 답답한 심정을 달랠 방도가 없었다. 반면에 중국인들은 기뻐서 어쩔 줄을 몰라 폭죽을 터뜨리며 요란스럽게 함성을 질러대고 있었다. 하늘에는 오색찬란한 불꽃을 쏘아 올려 경축을 하고 있는 감정을 이해하지 못하는 건 아니나 외면한 채 울고 싶은 심정뿐이었다.

하지만 우리들이야말로 목이 터져라 하고 일본이 망하기를 외치고 손이 닳도록 빌고 기원했었는데 이제 일본이 항복했으니 좋아서 날뛰고 기뻐서 춤을 춰야 마땅하지 않은가?

그런데 갑자기 일본이 항복한다고 하니 웃어야 할지 울어야 할지 정신을 차릴 수 없을 정도로 얄밉고 간사하고 더욱 오만해 보이기만 했다. 예측도 추측도 못한 상태에서 준비 없이 일본의 항복을 받아들여야 하는 우리의 처지가 딱하기만 해서 울음을 삼켜야만 했다.

25. 일본이 무조건 항복, 왠 말이냐

우리 일행은 10일 일본이 무조건 항복한다는 소식을 듣고 밤이 가는 줄도 모르고 허탈한 감정을 술로 달랬다. 만취하도록 마시다 날이 밝았다. 아침에 눈을 붙이고 나니 11일 오전 10시경 조사실 인사주임 쉬 상교가 찾아왔다.

8.15 광복

쉬 상교는 일본이 패망을 했으니 얼마나 기쁘냐고 했다. 광복군 제1지대 2구대장 이소민 상교가 우리 일행을 오늘 중 자기부대로 보내달라는 연락을 해왔다. 오후 2시에 자기가 버스를 가지고 올 테니 출발준비를 하라고 일러주면서 마오완뤼 장군은 어젯밤 상부의 지시를 받느라 밤을 새우고 지금도 판사처에서 대기하고 있는 상태여서 찾아보지 못하는 것을 이해하라고 하였다.

이제 일본은 패망했으니 고국에 돌아가서 건국에 이바지 할 때라고 하루빨리 나라를 세워 한·중 친선에 앞장서 줄 것을 부탁까지 하며 2시에 오겠다고 하고 돌아갔다.

우리 일행은 서둘러 소지품을 챙겨 가지고 출발시간을 기다리고 있었다. 쉬 상교는 조사실소속 버스를 가지고 와서 우리 일행과 동승했다. 첸산을 떠나 광복군 제1지대 2구대가 주둔하고 있는 첸산시 씨믄왜 꿰씨쌍사범학교내(鉛山市 西門外 貴溪鄕師範學校

内)에 도착한 때가 4시경이었다.

 박 형과 나는 이 곳을 두 번째 찾아왔는데 맨 처음 찾아왔을 때에는 제3전구에 와서 작년 11월 10일 첸산에서 이소민 상교를 만나 같이 마오 장군을 찾아가서 물자를 기증하고 쌍라오 씨후여관으로 돌아갈 때 이소민 상교가 어디라 말하지 않고 자기 집에 잠시 들렀다 가자며 들렀던 곳이 바로 여기 광복군 제1지대 2구대 주둔지였다. 그 당시 이소민 상교는 우리에게 감쪽같이 비밀로 해 두고 오직 부인에게만 우리를 소개하고 우리의 신상만 알려주고 떠났던 곳이지만 당시 천더썽 소교는 귀엣말로 여기가 광복군 제1지대 2구대 주둔지라고 말했던 기억이 나서 낯설지 않아 마음이 놓이기도 했다.

 이상교가 우리에 대하여 그렇게 한 이유는 공작상 비밀이요, 조사실과 관계된 일은 엄비에 부쳐 두어야 한다는 불문율의 규칙을 지키려고 한 것이다. 이제 일본은 패망했으니 여기는 중국 땅이고 우리가 할 일은 없으니 부대 동지들과 어울려 마음껏 놀다가 고국으로 돌아가자는 마음에 여기 오기를 잘했다고 생각해 오히려 마음이 편하기만 했다.

 이소민 상교는 우리 일행을 자기 처소로 안내하고 조사실로 돌아가려는 쉬 상교에게 감사하다는 인사를 전했다. 우리도 쉬 상교에게 그간에 지도편달해주신데 대하여 감사함을 표하고 떠나올 때 마오 장군을 찾아보지 못한 결례와 그간 보살펴 준 은혜를 보답하지 못한 죄 용서해주기 바라는 우리들의 마음을 전해달라고 했다.

 조사실 쉬 상교가 돌아간 후 이소민 상교는 박시준 소교와 나를 불러놓고 자기와 같이 쌍라오(上饒)로 가자면서 소지품을 챙기라고 했다. 자기 부인에게는 오늘 밤 쌍라오에서 자고 내일 아침 돌아온다고 전하며 여기에 와 있는 우리 일행을 불편함이 없도록 해달라고 했다. 자기 승용차로 우리를 대동하고 쌍라오 선착장에 가서 내일 아침 6시 출발 푸양행 여객선 4인의 선표를 구입했다. 씨후여관으로 가서 방을 정해놓고 우리에게 지시하기를 어젯밤에 자기는 일본이 항복한다는 소식을 전해 듣고 마오완뤼 장군에게 확인하고 난 후 구상한 일이라면서 상해는 우리 관내에 두고 있는 만큼 교민의 생명과 재산을 보호해야 할 임무가 우리에게 있다고 상해로 직행할 것을 명령 했다.

마오 장군한테 협조를 요청해서 조사실 공작원 2인이 푸양까지 우리의 안내 책임을 지고 내일 아침 6시에 푸양행 여객선으로 출발해 마휘쌍라오 선착장으로 보낸다고 약속해 놓았으니 선표 4장을 내주면서 간수해 두라고 한다.

푸양에 가면 푸양지구 조사실 주임 쉬 소교가 있고 상해에 가면 천더썽 소교가 있다. 또한 상해에 가기가 용이하고 상해에서 활동할 수 있는 기반을 가지고 있을 뿐만 아니라 상해에 거주하고 있었던 인연으로 우리 한인사회를 잘 알고 있어 더 없이 적격이라고 우리를 내세우는 이유를 말해주었다.

또한 내가 광복군 제1지대 2구대 상해지구 공작책임자로 있었던 관계로 해서 동대 주호판사처(駐滬辦事處) 처장에 임명한다고 했다. 이소민 상교는 내가 주호판사처장으로 부임함에 있어 상해교민의 생명과 재산을 판사처 관할 하에 두고 보호할 권한을 행사할 수 있도록 조사실에 협조의뢰를 요청하였더니 상해지구 계엄

군사령부에 시달해서 조치하겠다는 확답을 받아두었다고 했다. 상해에 도착하는 즉시 계험군 사령부에 등록을 해두라고 하였다. 아울러 충칭(重慶) 임시정부에 위 사실을 보고한다고 했다.

이상교가 우리에게 위와 같은 신임장을 작성해 두었다가 주는 걸로 보아 용의주도하게 준비해놓고 있었던 것을 알 수가 있었다.

우리가 일본이 항복한다는 소식을 듣고 손을 놓고 허탈한 생각에 빠져 정신을 잃고 있었던데 비하면 이소민 상교는 앞으로 해야 할 일을 밤사이에 모두 다 챙겨두고 우리를 불러들이고 대내적으로 비밀에 부쳐둔 채 우리를 쌍라오 씨후여관으로 끌고 가서 상해 공작에 대한 임무와 책임을 주면서 특히 주의해야 할 사항까지 말해주었다.

상해는 우리 임시정부가 탄생한 곳이며 독립운동의 발상지로 독립운동가들 누구나가 상해에 대한 큰 관심을 가지고 있는 것은 무리가 아니었다. 또한 이소민 상교 역시 상해에 애착심이 강했다.

저녁식사를 하러가서 이소민 상교가 상해에 가는 노자와 비용을 주는 것을 받지 않았는데 박시준 소교와 나는 상당한 비상금을 가지고 있었기 때문에 사양을 했다.

저녁식사를 하고 중산공원 다방에 갔더니 손님이 대만원이어서 자리를 잡지 못했다. 나오려고 하는데 찻집주인이 특별히 자리를 마련해 주면서 일본이 어제는 항복한다고 하더니 오늘은 전쟁을 계속한다고 하니 세상이 어떻게 돌아가는지 도대체 알 수 없다고 하며 우울한 표정으로 어깨를 들썩해 보였다.

이상교는 다방 주인의 표정을 보고 우리에게 일본이 항복하지 않으면 푸양에서 대기하고 있다가 항복한 후에 행동하라고 했다.

만용은 금물이라며 막판에 일본관헌에게 피체되는 경우 살아남기 어려우니 명심하고 매사에 조심하며 신중을 기해 대처해야 한다고 노파심에 재차 강조하였다.

이상교와 우리는 중산공원에서 돌아와 씨후여관에 와서도 계속해서 상해공작에 대한 이것저것 모두 챙기다 한 잠 못자고 5시경 씨후여관을 떠나 쌍라오 선착장으로 갔다.

선착장에는 조사실 안내공작원 2인이 대기하고 있다가 우리가 오는 것을 보고 반갑게 인사를 했다. 안내공작원 2인은 우리와 같이 란씨에서 찐화공작에 참여했던 지면 있는 동지들이라 믿을 수 있는 친구들이었다. 세심하게 살펴준 마오완뤼 장군에게 진심으로 사의를 표했다.

6시 정각 여객선은 떠나려고 노를 젓기 시작하였다. 이소민 상교는 선창가에서 우리가 떠나가는 모습을 넋이 나간 듯 바라보고 있었다. 외로이 서서 손을 흔들며 우리가 가는 길에 영광이 있기를 마음속으로 빌고 있는 자세였다.

노 투사의 진심어린 환송을 받으면서 우리는 저 노 투사의 기대와 성의에 보답할 것을 마음속에 다짐하면서 손을 흔들고 있는 노 투사의 모습이 보이지 않을 때까지 우리도 손을 흔들었다.

우리는 우리 일행에게 어디로 간다 온다는 말없이 떠나온 것이 면목이 없었지만 이소민 상교가 돌아가면 자연히 알게 될 거라고 생각하며 우리의 처지를 이해하여 주기를 바랐다.

여객선 선주는 다음 선착장까지의 거리가 백리길이라 했다. 물살을 타고 내려가는 길이라 다음 선착장에 일찍 도착을 한다 해도 밤길은 가지 않기 때문에 하룻밤을 쉬고 다음 날 떠나는 것이 사공들의 상례라 푸양 도착은 약 2주일 정도 예정하면 된다고 하니 8월 25일경이면 도착할 걸로 보았다.

우리는 푸양에 도착할 때까지 어느 선착장이든 하선하지 않고 될 수 있는 한 여객선에서 주는 음식으로 식사를 해결했다. 선상생활에 말조심하고 우리의 정체가 노출되지 않도록 주의를 기울이기로 했다. 우리 여객선에는 승객이 도합 15명쯤 있었는데 모두가 푸양까지 가는 걸로 보아 다음 행선지는 항저우(杭州)나 상해방면인 것 같았다.

선착장에는 한여름에 나는 과일뿐만 아니라 배와 석류, 물밤까지 나와 있어 구미를 당기고 있었지만 나는 배탈이 날까 두려워서 사양했고 박시준 소교와 공작원들에게 사먹으라고 권했으나 다들 먹으려고 하지 않았다.

더위가 기승을 부려서 진땀을 빼고들 있었는데 빈대까지 덤벼들고 있어 신경질이 나서 여객선 뱃머리에 나와 앉았다. 떠나올 때 우리 일행 동지들에게 인사를 못하고 온 것이 종내 마음에 걸렸다. 죄송한 생각이 떠올라 마음의 부담이 되고 있었는데 이소민 상교가 부대에 돌아가서 사정을 말했을 것으로 믿으니 내심 부담이 덜 되었다. 그래도 조국광복을 위해 이역만리에 와서 생사를 같이하는 여재 형이나 우리 일행 동지들을 내팽개치고 떠나온 것 같아서 마음이 무거워지기만 했다.

조국광복을 위해 독립운동에 투신하려고 부모와 형제, 처자식들을 내버려 둔 채 떠나온 사람들의 대다수가 당연한 일로 알고 그러하건만 동지를 내버렸다는 사람의 말은 어디서나 들어 본 적이 없는데 우리는 우리 일행 동지를 버리고 떠나온 것은 아닌가 하는 마음에 속을 태우며 후회하고 있었다.

　우리가 해야 할 일 즉, 교포의 생명과 재산을 보호하기 위해 부임하는 일에 이소민 상교가 이면에서 큰일을 구상하고 비밀에 붙여두고 실행한 일들이 아닌가. 우리에게 시간적 여유를 주지 않고 서둘러 소지품을 챙겨가지고 쌍라오로 가자고 하는 바람에 정신없이 따라나섰던 것이 본의 아니게 상황이 이렇게 된 것이다. 여재 형이나 우리 일행에게 미안한 것을 갚기 위해서는 더욱 열심히 임무를 수행하는 수밖에 없지 않겠는가 하며 자위하였다.

　우리는 이소민 상교가 이면에 구상하고 있는 자금과 인재를 모아서 큰 틀을 짜고 실행을 하려고 하는 일이 지금 이 시점에서 현실적으로 실효를 거둘 수 있을지 반신반의하고 있는 사이 상해로 한발씩 다가가고만 있었다. 쌍라오를 떠난 지 5일경 어느 선착장에 왔을 때 신문에 대문짝만한 활자로 일본이 무조건 항복을 했다는 기사가 난 것을 우리 안내 공작원이 가지고 와서 보고 난 후 우리는 상해로 가는 마음에 조바심이 나기 시작했다.

　여객선은 예정대로 순조롭게 가고 있건만 한발자국이라도 앞서 가고 싶은 조급한 마음이 앞서 선실에서 앞쪽으로 뛰어가 보기도 했지만 마음뿐이지 설쳐봐야 어쩔 수 없음을 알고 앞으로 10여 일 선상생활에서 이상교가 구상하는 공작과 사람됨을 면밀히 검토해 보는 시간을 가지기로 했다.

　우리가 작년 11월부터 첸산 조사실에 와서 있었는데 같은 첸산현 내에 주둔하고 있는 광복군 제1지대 2구대에 그간 한 번도 구경을 시켜주거나 부대 동지들 중 단 한사람도 소개해 준적이 없었다. 작년 11월 14일 첸산에서 이상교와 쌍라오 씨후여관으로 갈 때 어디라 말하지 않고 자기 집에 잠시 들렀다 가자고 하고 들렀던 곳이 부대 주둔지였건만 그 당시 부대와 같이 있다는 말을 하지 않았다. 우리와 만날 때 자기 부대에 있는 어느 누구도 같이 온 적이 없었고 심지어 자기 운전수 조차 우리에게 인사시킨 일이 없었다.

지난 2월 20일 우리가 3개월간의 조사실 교육이 끝나는 종료식 때 이상교가 참석하고 마오완뤼 장군 입회하에 박시준 소교와 나에게 광복군 제 1지대 2구대 소속 소교에 임관한 것도 따지고 보면 자기부대에서 부대동지들 참관 하에 임관식을 거행하는 것이 상식인데 반하여 조사실을 이용하는 저의가 뭔가 숨겨진 이면을 가지고 있는 사람처럼 보였다.

현재 우리가 상해로 가는 임무도 오직 이소민 상교만 알고 있을 뿐 아무도 우리의 임무를 아는 사람이 없음을 볼 때 이 모두가 연막 속의 유령처럼 느껴지는 기분을 떨쳐 버릴 수가 없었지만 이 모두가 비밀공작의 본질임을 이해할 수밖에 없었다.

혹시 내가 작년 2월에 탕씨에서 이상교를 처음 만났을 때 관금권 50만 원(왕자오밍화폐 일천만 원)을 준 것을 발설해 소문을 낼까봐 우리를 부대 대원들과 격리시키고 있는 것은 아닌지 오늘따라 의구심을 풀만한 대안을 찾지 못한 채 이소민 상교가 그렇게 협소한 인간이라면 큰일을 할 독립군으로 신뢰하기가 어렵겠다는 생각이 들었다.

우리에겐 그만한 돈이 있어 마오완뤼 장군에게도 우리의 성의를 표시한 적이 있고 우리는 열심을 다해서 벌어드린 사재를 가지고 와서 조국의 자주독립과 중국의 반일 항전을 위해서 8억 원(왕자오밍화폐)을 헌납하고 가지고 온 물자 대부분을 조사실측과 조사실을 통한 이소민 부대에 기증한 것은 모두가 우리의 애국충정심의 발로임은 두말할 필요가 없었다.

그간의 일들을 의심하다 보면 의심이 의심을 낳아서 오해를 살 수 있는 소지가 있어 우리는 이소민 상교가 쌍라오 선창가에서 우리가 보이지 않을 때까지 손을 흔들고 있었던 장면만을 기억 속에 남겨둔 채 잡념을 털어버리고 이소민 상교를 위해, 조국을 위해 마지막 봉사를 영광스럽게 마무리 할 수 있도록 있는 지혜를 짜보기로 했다.

푸양까지 예정대로 여객선은 순탄하게 왔다. 여행객들은 서로가 위로해 주며 작별한 후 우리는 푸양 조사실 주임 쉬 소교를 찾아갔다. 쉬 소교는 우리가 온 것을 보자 뛰쳐나와서 사무실로 안내하고 음료수와 과일 등을 내놓고 근황을 설명했다. 일본군이 무조건 항복은 했어도 중국군이 접수할 때까지는 현 상태로 치안을 위임해 두고 있기 때문에 일본군 검문소가 그대로 있을 뿐만 아니라 씬쓰쥰(新四軍)의 침입을 저지하기 위해서 더욱 경비가 강화된 상황이라고 하였다. 푸양 관내에도 밤마다 씬쓰쥰이 나타나 국공전(國共戰)의 양상은 심화돼가고 있어서 중일전쟁만 끝나면 편안히 살 수 있다고 생각했었는데 매일 밤 깨어지는 소리가 점차 높아지고 있다고 수심어린 말을 계속하고 있었다.

상해지구 계엄사령관에는 탕언빼(湯恩伯) 장군이 임명됐다고 하는데 부임했는지 알 수 없으나 항저우(杭州)지역은 일본군이 현 위치에 그대로 무장을 하고 있기 때문에 전쟁은 종결된 실감이 나지 않는다고 했다.

쉬 소령은 상부에서 별도 지시가 있을 때까지 현 위치에서 대기하라고 해서 있는 중인데 어디로 이동이 될지는 알 수 없다고 하며 천더썽 소교는 상해에 계속 있을 거라고 했다.

쉬 소교로부터 근황 정세를 전해 듣고 상해(上海)가는 길이 바빠서 쉬 소교에게 길안내를 부탁했다. 푸양에서 배를 대절해 가지고 쉬 소교와 같이 쌍라오에서 온 공작원 2명을 대동하고 첸탕강 철교 아랫마을 동네 유지를 찾아갔다. 내일 아침 일찍이 첸탕강을 도강할 수 있는 고기잡이배 2척을 부탁해 두고 숙소를 정해놓고 저녁식사를 했다. 동네 유지가 찾아와서 준비해 놓았다고 해서 돈을 주려고 했더니 쉬 소교가 자기 관할지역에 와서 돈을 내놓으면 자기 체면이 어떻게 되느냐고 해서 할 말을 찾지 못했다.

그날 밤 우린 숙소에서 술 한 잔을 나누면서 어쩌면 오늘이 쉬 소교와 마지막일지도 모르겠다는 생각에 지나 온 일들이 앞을 가로막고 뜨거운 정이 솟아올라 찐화를 탈출하던 때 그 시절 우리들이 가졌던 포부와 야망이 그리워 가슴이 메어지는 것만 같았다.

밤이 새도록 쉬 소교와 우리의 눈에는 눈물이, 코에는 콧물이, 얼굴에는 순정이 한·중 두 나라의 고난의 역사를 대변이라도 해주듯 서글프게 흘러 내렸고 더욱더 술잔을 기울이게 했는데 한없이 슬픈 길로 몰아가고 있는 것만 같이 느껴져 그날따라 한밤중에 씬쓰쥰(新四軍)이 쳐들어와서 밖에서는 콩 볶는 소리가 요란했다.

다음 날 새벽 3시에 고기잡이 어부가 찾아와서 도강을 하자고 했다. 첸탕강 강변에 가서 박시준 소교와 나는 공작원 1명씩 대동하고 고기잡이배에 올랐다. 오르기 직전 쉬 소교하고 작별하고자 손을 잡았다가 놓기가 아쉬워 긴 시간을 붙들고 어쩌면 이것으로 영영 작별이라는 아쉬움에 서로 간 눈물을 보이고야 말았다.

박시준 소교가 탄 배가 앞장을 서고 내가 탄 배가 그 뒤를 따랐다. 짙은 안개가 깔려서 한치 앞을 분간할 수 없어 첸탕강 둑에서 경비하는 일본군 초소를 피하기에는 안성맞춤이었다.

물소리를 내지 않으면서 조용하게 두 시간쯤 걸려서 강을 건너가 근방을 자세히 살펴보았더니 항저우 동화산업 시절 갖고 있던 첸탕강 강변의 농장 근처 같아 보였다. 고기잡이 어부에게 후한 팁을 주고 공작원을 돌려보내려고 했더니 한사코 따라 나섰다. 우리 4인은 어쩔 수 없이 공작원을 대동하고 안개 속을 헤치고 농장쪽을 향해 걸어가 보았더니 예전의 우리 농장이 틀림이 없었다.

농장은 예전 그대로 그 사람들이라 대뜸 나를 알아보고 반색을 하며 다짜고짜 자기네 집으로 우리들을 끌고 갔다. 이 사람들은 내가 항저우를 떠나 난징으로 유학 갔던 일과 찐화에서 저장물산 직원을 대동하고 막대한 재산을 가지고 항전지구로 망명한 일들을 낱낱이 알고 있었다. 또한 우리 일행들이 제3전구에서 푸양을 경유 첸탕강 건너에 와서 고기잡이배를 이용해 새벽에 도강해 온 것도 손바닥 보듯이 말하고 있었다.

이제 자기네들도 마차에 야채를 싣고 항저우 시내로 들어가야 하니 동행하자면서 농부 옷 두 벌을 내놓으면서 갈아입으라고 했다. 두부탕하고 위탸즈(油條子)로 조반을 하고 난 후 우리는 공작원 두 사람에게 이제 그만 돌아가라고 했더니 쉬 소교로부터 항저우까지 모시고 가서 상해행 열차를 타는 것을 확인하고 돌아오라는 명령을 받고 왔다며 돌아가려고 하지 않았다.

농장을 떠날 무렵 자기네들의 소의(小意)라고 봉투를 주면서 전송하는 중국 사람들의 두터운 정은 너무나 큰 감격을 나에게 안겨

주워 눈물이 날 지경이었다.

　박시준 소교와 나에게 야채 실은 마차 한 쪽에 자리를 마련해 주면서 앉으라고 했다. 마차타고 소풍가는 기분으로 농장을 떠나 항저우 시내로 들어가는데 그 길목에 자리 잡고 있는 일본군 검문초소를 통과할 때에는 앞장서서 마차를 몰고 가던 마차주인이 일본군초소 경비병 앞으로 가서 야채 한 다발을 주면서 마차에 타고 있는 우리를 자기 일행이라고 말하자 일본군 경비병이 군말 없이 하오하오(好好)하고 셰셰(謝謝)하고 고맙다는 말을 여러 번 하는 걸로 보아 세상이 많이 바뀌고 달라진 것을 느낄 수 있었다.

　항저우(杭州) 시내에 와서 농장 사람들과 아쉬운 작별을 나누고 우리 4인은 여관을 정했다. 목욕과 이발을 하고 옷을 사 입고 항저우역에 나갔다. 상해행 급행열차 2등석 2매를 구하려고 하였더니 10여일 앞까지 매진된 상태였다. 역장을 찾아가 신분을 대고 용무를 말했더니 우리를 유심히 쳐다보다 호위병이 2인이 있는 것을 보고는 태도를 바꾸어 친절하게 대했다. 우리가 예정하는 시간 때에 차표를 주겠다고 해서 28일 오후 7시로 정하고 열차요금을 내놓았더니 군인무료 우대승차권을 주면서 융숭한 대접을 했다. 비로소 우리도 전승 군인임을 깨달았다.

　우리는 8월 12일 쌍라오를 떠난 지 15일 만에(8월 26일) 항저우(杭州)에 도착했다. 상해(上海)에 가서 할 일을 생각하면 한시가 바쁘고 지체할 여유가 없었지만 따라온 조사실 두 안내공작원들을 생각해서 한 이틀 항저우에 묵기로 했다. 씨후 구경을 시켜주고 위로를 해주고 싶어 28일 오후 막차로 상해에 가기로 했다. 두 공작원은 지난 4월 찐화 공작 차 란씨에 갔을 때 생사를 같이 한 두터운 동지로서 신임하고 있던 차제에 금번 쌍라오에서 항저우까지 오면서 우리를 그림자처럼 지켜준 은혜를 저버리고 갈 수가 없었다.

　우리는 두 공작원을 인솔하고 씨후에 나가서 유람선을 대절해 가지고 씨후를 일주했다. 유명한 씨렁반점(西冷飯店)에 가서 양식을 대접해 주고 다음 날(8월 27일)은 씨후 외각을 관람했다. 그 다음 날(8월 28일)은 시장에 가서 선물을 장만해주고 관금권 10만 원(그때 왕자오밍 화폐는 조석으로 시세가 떨어지고 있어 관금권이 안전할 때였다)을 주었더니 한사코 사양하는 것을 강제로 떠맡기다시피 했다. 해지기 전 돌아가라고 하는데도 우리가 상해로 떠나는 것을 보기 전에는 좀처럼 우리 곁을 떠나려고 하지 않았다. 우리가 상해행 막차로 떠나는 것을 전송하고 푸양으로 돌아가겠다고 한다. 공작원들이 돌아가는 시간이 너무 늦을 것만 같아 우리가 7시 막차를 5시 출발하는 차로 바꿔 타고 갈 수 있는지 역장에게 문의했더니 좋다고 허락해줬다. 우리는 5시 정각 상해행 열차를 타고 떠났는데 공작원들은 플랫폼에서 보이지 않을 때까지 손을 흔들고 있어 작별의 아쉬움만을 더해 주고 있었다.

　밤 9시 상해역에 도착했는데 출구에는 중국헌병과 일본헌병이 공동으로 검문하고 있다가 우리의 신분증을 보고는 경례를 하고 친절하게 택시를 잡아 주어서 우리는 불란서 조계 샤뻬루(霞飛路)에 살고 있는 홍보식(洪普植) 형 댁을 찾아갔다.

　홍보식[박용철(朴容喆)씨 조카 사위였음)] 형 부부는 나와는 허물없이 지내는 사이였다. 박시준 소교를 소개하고 그날 밤은 홍 형 댁에서 하루 밤을 쉬면서 시국에 대한 정세와 우리 교포들의 동향을 타진해 보았다.

26. 광복군 제1지대 2구대 상해판사처를 개설하다

8월 28일 밤 9시에 상해에 도착한 박시준 형과 나는 홍보식 형 댁에서 하룻밤을 쉬고 다음 날(8월 29일) 조반 한 상을 얻어먹고 공동조계 난징루 허퉁(合同) 빌딩에 거주하고 계시는 최창식(崔昌植)선생을 찾아갔다.

광복군 제1지대 2구대 주호판사처장으로서 어제 밤 9시에 상해에 도착한 후 인사드리러 온 길이라고 말씀을 드렸다. 광복군 제1지대장과 2구대장이 누구냐고 해서 지대장에 김원봉(金元鳳) 씨고 구대장에 이소민 상교라고 하자 최창식 선생은 우리 보고 조선민족혁명당(朝鮮民族革命黨) 당원이냐고 물었다. 우리는 광복군 군인일 뿐 당하고는 전혀 관계가 없음을 분명하게 말씀드렸더니 최창식 선생은 납득이 안 되는 듯 기이한 눈초리로 우리를 응시하고 있었다.

그때 최창식 선생 부인 김원경(金元慶) 여사가 차 두 잔을 가지고 와서 차를 들라고 권하는데 우리가 방안에 굵다란 동아줄을 매 놓고 있는 곳을 향해 두 눈을 팔고 있는 것을 보고 김원경 여사는 중일전쟁이 난 후 일본관헌들이 최창식 선생을 찾아 와서 일본에 협력하라는 압력을 가해올 것을 염두에 두고 협력을 회피하기 위해 중병환자로 가장하고 침상에서 해방되는 날까지 항전 8년간을 꾀병생활을 했다고 한다. 그것 때문에 그만 신체가 굳어져 병신이 되었다고 했다. 혼자서는 제대로 서지도 못할 뿐만 아니라 걸음마를 하기에도 역부족인 상태라 방안에 줄을 매놓고 줄을 잡고 일어나서 걸음마를 연습해 보고 있는 중이라고 했다. 해방의 기쁨을

맛보기 보다는 슬픔만이 더해 보여서 일제하 우리 애국지사들이 입은 정신적 육체적 고통과 상처가 이곳저곳에 잔영(殘影)으로 남아 있어 우리들의 눈을 뜨겁게 했다.

우리는 김원경 여사로부터 일제하에 처참하고 애통한 생활 속의 이야기를 듣고 상심한 채 심각한 표정을 짓고 있었다. 최창식 선생은 화제를 바꾸어 보려고 잔기침을 몇 번인가 하고 나서 우리에게 그간 우리 국내 소식을 들어본 것이 있냐고 물어보셨다. 사실은 우리가 물어보고 싶었던 말씀을 하시고 계셨기 때문에 우리는 아무 소식을 갖고 있는 것이 없다고 해야만 했다.

최창식 선생은 일본이 망했으니 이제 우리 국민의 의사대로 나라를 건립할 수 있을지가 문제인 것 같이 미심쩍은 말씀을 하셨다. 우리들의 얼굴을 훑어보시고는 열강들이 우리나라에 와서 정치판을 벌여 놓치나 않을지 걱정이 된다고 했다. 한치 앞을 내다볼 수 없는 시국이라고 하면서 우리에게 상해에서 무슨 일을 할 참이냐고 물어보시기에 우리는 교민의 생명과 재산을 보호하기 위해 상해에 온 기본적인 사명과 임무를 말씀해 드렸다.

우리들의 말이 떨어지기가 바쁘게 최창식 선생은 기다렸던 말이라도 들은 것처럼 얼른 우리말을 받아가지고 "정말로 생각을 잘했어. 여기는 중국이야 우리 땅이 아니야 옛날의 상해와 오늘의 상해는 판이해, 그때는 우리가 앉을 자리도 서 있을 자리도 없어 찾아왔지만 이제는 상황이 달라졌다"고 했다. 당신의 망명생활 동안의 긴 사연을 말하고 나서 여기서 쓸데없는 일들을 벌여서는 안 된다고 힘주어 말하시고 고국으로 돌아갈 준비를 서둘러야 한다고 했다.

최창식 선생 말씀이 끝나자 김원경 여사는 우리가 숙소를 정해 놓은 곳이 없으면 허퉁빌딩 뒷 쪽에 자신이 사무실로 사용하던 방에 침대도 있고 책상도 있으니 그걸 사용 하라고 해서 임시숙소로 작정을 하고 우리는 공동조계 쓰마루(四馬路)에 있는 따스제(大世界)로 천더썽 소교를 찾아갔다.
　천 소교는 우리가 찾아왔다는 전갈을 받고 뛰쳐나와서 오늘이나 내일은 우리가 올 거라고 기다리고 있었다고 했다. 점심때가 되어 난징루 신도반점으로 데리고 갔다. 광동식(廣東式) 요리 6개 채에다 1개 탕을 주문해서 요리다운 요리로 요기를 하고나니 내가 살던 고향에 찾아온 것 같은 기분이었다.
　음식 값을 천 소교가 낸다고 억지를 써서 우리는 손을 들 수밖에 없었다. 식사 후 우리 3인은 탕은빼 상해지구 계엄사령부(戒嚴司令部)에 찾아가서 등록수속절차를 물어보고 있었는데 직원이 제3전구 조사실에서 연락이 와서 등록은 돼있다고 연락장소와 전화번호를 알려달라고 했다. 아직 판공서를 정하지 못하고 있으니 정하는 대로 연락을 하기로 하고 천 소교의 명함을 주고 돌아오는 길에 쓰촨루(四川路) 근처에 있는 썽리(勝利)다방에 가서 차 한 잔을 하다 천 소교에게 계엄사령부에 등록된 경위가 궁금해서 물어보았더니 마오완뤼 장군의 연락을 받아 자기가 등록수속을 했다고 실토를 했다.
　천 소교는 우리를 끌고 양복점에 가서 군복을 맞추어 주면서 계엄지구 내에서 군인이 군복을 착용하지 않고 일할 수 있는 사람들은 조사실 공작원뿐인데 광복군으로서 대민사업을 하려면 군복을 착용해야 한다고 군복을 맞추어 주고 군복 값도 지불해 주었다. 천 소교가 매사에 용의주도하고 우리 일을 자기 일처럼 생각하고 신경을 써주고 있는데 정말 고마운 마음을 느끼지 않을 수가 없었다.

우리는 5시에 난징루 막스다방에서 홍보식 형과 약속이 있어 천소교 하고는 다시 만나기로 약속하고 헤어졌다. 막스다방에 갔더니 우리를 만나러 찾아 온 인사들 중에는 김명수(金明水), 박용철(朴容喆), 현정주(玄正柱), 구익균(具益均), 한태주(韓泰宙), 진명균(秦明均), 박동현(朴東賢) 씨 등 내가 잘 아는 노 상해 선배들이 있었고 이소민 상교하고는 친교가 있는 분들이라 항일지구의 소식을 들을 겸 이상교가 언제쯤 오는지 알려달라는 부탁을 하고 있었다.

유인섭(柳仁燮) 씨 등 신 상해인으로서 박 형과 내가 아는 사람들이 찾아온 이유는 교포지위에 어떤 변화가 올 건지 몰라서 찾아와 물어보려는 것이었다.

찾아온 분들이 저마다 저녁을 같이 하자고 해서 김명수 선생은 나의 은사나 다름이 없어 다음날 찾아뵙겠다고 약속을 하고 오늘 저녁은 한태주 씨하고 저녁을 같이 하기로 한 다음 다른 분들도 상해에서는 괄대할 수 없는 분들이어서 이 삼 일내에 점심이나 저녁을 약속하고 돌려보내는데 진땀을 흘렸다.

홍보식 형에게는 허퉁빌딩에 김원경 여사가 사용하던 사무실을 임시숙소로 정해놓았다고 알려주고 우리의 소지품은 내일 올 때 갖다달라고 부탁을 했다.

한태주 씨는 광둥대학(廣東大學) 출신이요 독립운동가문의 품격과 지조를 지니고 있는 인격자로서 언제 어디서 만나도 겸손하고 사교적이요 신사적인 품위에 늘 마음이 끌렸고 어학에 능통해서 광둥어, 상해어, 북경어 등이 그 고장 사람들보다 능했고 영어는 영국사람 만큼 능통했다.

상해 교민사회의 인맥관계와 생활형편 등을 소상히 알고 있지만 남의 말, 남의 일에 함부로 말하지 않는 입이 무거운 신사로서 우리는 그러한 한태주 씨에게 매료되어 우리의 임무를 말해주고 주호판사처 고문으로 추대했다.

다음 날(8월 30일) 아침 홍보식 형이 우리의 소지품을 가지고 와서 다방에 가서 차 한 잔하자고 했다. 막스다방으로 갔더니 우후(蕪湖)에서 양쯔강(揚子江) 뗏목장사로 큰돈을 벌어들인 막강한 재벌로 소문난 대동산업주식회사(大同産業株式會社) 김용섭(金龍燮) 사장과 상해지점 윤광빈(尹廣彬) 지점장이 우리를 기다리고 있었다.

김용섭 사장은 해방된 조국을 위해 뭔가 힘이 되어드리고 싶어 찾아왔다고 하면서 쓰마루, 광둥루 쪽 위하오따루(友好大樓) 2층에 상해지점 사무실과 집기 일절을 제공하고 소요되는 관공비도 부담하겠다고 판사처로 사용해 달라고 제의해 와서 한태주 고문과 상의한 결과 김용섭 사장의 성의를 받아들이기로 결정을 했다.

사무실의 규모는 지점장실과 직원실로 두 칸이었는데 약 70평 정도였다. 우리는 당일로 탕은빼 계엄사령부에 신고를 해두고 광복군 제1지대 2구대 상해판사처 간판을 걸어놓자 내외 신문기자 수십 명이 몰려왔고 노 상해, 신 상해 교민과 사업가들, 일본군에 있는 한적 사병 등 하루에 수십 명이 세상 돌아가는 정세를 알아보고 있는데 답답하고 딱하게도 그들이나 우리나 세상이 어떻게 돌아가고 있는지 모르고 있기는 매한가지였다.

어느 날은 우리가 쩐화를 탈출한 후 직무유기로 형사적인 책임을 지고 상해 양쓔퓨형무소에 수감돼 있었다는 찐화 일본영사관 고등계 형사와 정보계 형사가 찾아왔다.

어떻게 알고 찾아왔느냐고 물었더니 상해 유일의 일본신문 대륙일보에 광복군 제1지대 2구대 상해특파원 김순재, 박시준 두 소교가 광둥루 위하오따루 2층에 주호판사처를 설치했다는 기사가 난 것을 보고 찾아왔다고 하며 그 신문을 보라고 준다.

우리는 그 형사가 우리 때문에 형무소에 수감돼 오랫동안 고생한 것을 위로해 주면서 개인적인 입장에서는 미안하게 생각하나 민족적인 입장에서는 당연한 일이었음을 이해하여주기 바란다고 했더니 지극히 당연한 말씀이라고 수긍하며 항상 마음속으로 우리가 살벌한 여건 속에서도 용기를 잃지 않고 과감하게 겁도 없이 조국을 위해 독립운동을 한 그 정신을 높이 존경해 왔다며 오늘 바쁜 시간을 내서 만나준 것만도 태산 같은 은혜를 입었다고 말하면서 돌아갔다.

9월 5일 10시경 수십 명의 우리 교포들이 와 있을 때 느닷없이 경화산업주식회사(京華産業株式會社) 남복상(南福商) 사장이 사색이 된 채 찾아왔다. 중국군사위원회 제3 국제문제연구소 상해판사처의 신석우(申錫雨) 고문이 교포들이 운영하는 대표적인 기업체 ㉮ 손전정밀기계공업주식회사(孫田精密機械工業株式會社) 사장 손창식(孫昌植) ㉯ 덕창연공창(德昌煙工廠) 계택수(桂澤秀) ㉰ 삼하흥업주식회사(三下興業株式會社) 사장 봉명석(奉命石) ㉱ 경화산업주식회사(京華産業株式會社) 사장 남복상(南福商) 4개 상사의 금고와 서류함 출입문에 제3 국제문제연구소 명의로 압류봉인을 해놓았다고 하면서 오늘로써 그간 힘들여 모아놓은 재산을 신석우씨 개인한테 전 재산을 몽땅 빼앗기고 말았으니 이 일을 어디다 하소연 하면 되느냐고 몸이 달아 우리를 붙들고 살려달라고 애원하고 있었다.

졸지에 우리 교포의 대표적인 기업체가 백주에 맥도 못 추고 신석우 씨에게 강도를 당한 격이라고 판사처에 모여 있던 교포들이 저마다 흥분해서 갖은 욕설을 다해가며 신석우 씨를 성토하고 있었다. 대동산업주식회사 사장 김용섭 씨가 와서 자기 회사 창고에도 압류봉인을 해놓고 갔다면서 비참한 얼굴을 하고 마룻바닥에 주저앉았다. 판사처에 모여 있던 모든 사람의 시선은 우리를 응시하고 있어 우리는 이 엄청난 사건을 수습하지 못하면 판사처 간판을 떼 가지고 야간도주라도 해야 할 처지에 놓여있음을 통감하지 않을 수가 없었다. 우리가 상해에 부임해 온 사명이 교포의 생명과 재산을 보호할 임무가 있는 만큼 최선을 다해 수습하지 못하면 안 된다는 사명감을 가지고 신석우 씨의 신분을 알아보았다.

신석우란 사람은 상해임시정부 수립 당시 의정원 의원을 역임하다 국내에 돌아와서 매일신문 사장을 하던 중 중·일 전쟁 때 일본경국연맹이사 무라가미의 알선으로 일본 동경에서 고노에수상을 접견하고 장제스 총통과의 화평공작(和平工作) 수임을 받아 충칭에 가려고 홍콩, 광둥, 한커우 등지로 전전하다 상해에 와서 거류하던 중 일본이 패망하자 이러한 경력을 가진 신석우 씨를 중국군사의원회 제3 국제문제연구소에서 고문으로 추대했다. 추대한 연유를 알아 볼 길이 없었으나 일설에 의하면 광복군 참모장 이범석(李範奭) 장군의 매형이라고 말하는 사람도 있었다.

이러한 인적관계와 배경이 있는 신석우 씨를 상대해서 담판을 벌여야 하는 일이 우리에게는 역부족이기는 하나 우리 교포의 재산을 보호하고 우리 사회의 권익을 위해 정의로운 일에 주저해야 할 이유가 없었기 때문에 우리의 당연한 직권행사를 위하여 즉시 한태주 고문을 모시고 공동조계 씨미루에 있는 제3 국제문제연구소 상해 판사처로 신석우 고문을 찾아갔다.

신석우 고문을 만나 우리의 신분을 제시하고 찾아온 용무를 말했더니 신석우 고문은 우리 세 사람을 아래위로 훑어보고 나서 자기하고 관계가 있는 개인적인 문제가 아니니 제3국제문제연구소 상해판사처 처장하고 중국말로 대화를 나누자고 제의를 해서 주저하지 않고 수락을 했다.

신석우 고문은 여직원을 불러 판사처 처장을 불러오라고 명령조로 말하는 걸로 보아 대단한 위세를 과시하고 있었고 판사처 처장이 오자 우리 보고 인사하라고 하는 걸로 보아 우리를 마치 무슨 부탁이 있어 찾아 온 사람처럼 취급하기도 했다.

판사처장과 명함을 교환하고 보니 성은 서(徐)가고 군대 계급은 상교였는데 우리 쪽에서 찾아온 용무를 설명하겠다고 하고 한태주 고문이 말을 꺼내놓기 시작했다.

유창하고 유식한 중국말로 이론이 정연하게 그리고 매섭고 강한 어조로 말을 시작했다. 중·일전쟁을 통해서 한국은 중국 항전에 중국은 한국 독립에 상부상조 해오던 중 일본은 드디어 무조건 항복을 했고 우리는 새로운 희망을 안고 고국으로 돌아가려는 부푼 꿈을 안고 귀국정부의 배려로 상해에 와서 우리 교포의 생명과 재산 관할권을 상해 탕은빼 계엄사령부(戒嚴司令部)에서 광복군 제1지대 2구대 상해판사처에 위임하고 있는 사항을 귀처가 어떠한 법적근거에 의해서 우리 교포의 대표적인 기업체만을 선별해 재산을 압류해 놓았는지 해명해 달라고 했다. 쉬 처장은 겁에 질린 얼굴로 자기는 지금 처음 듣는 일이라면서 그런 일이 있었느냐고 의문스럽게 반문했다. 자기하고는 하등의 상관관계가 없는 일이라며 또한 자기네 제3국제문제연구소는 국제적인 친선을 위한 연구기관으로 타인의 재산을 간섭하거나 압류할 권한은 더욱 없다고 분명하게 잘라 말했다. 여기 신석우 고문은 여러분과 같은 동포지간이니 원만히 수습해 달라고 신신부탁하면서 일어나 나갔다. 위풍이 당당하고 풍채가 좋은 한태주 씨의 달변에 손을 들었는지 신석우 고문도 닭 쫓던 개 지붕 쳐다보듯 맥이 빠진 채 멍하니 어리둥절한 모습이었다. 무슨 생각을 했는지 중국말이 아닌 한국말로 배짱 좋게 대선배 앞에서 버릇없이 무슨 망발들이냐고 우리에게 역정을 내며 분을 풀려고 했다.

이때 나는 신 고문의 지나간 행적을 상해 교민들이 다 알고 있는데 해방된 오늘 날 자중하고 근신해야 할 신 고문이 교포 재산에 탐욕을 부려 압류 봉인한 처사에 대하여 교민들의 원성이 자자하다고 역설하고 적반하장 격이지 누구한데 역정을 내는 거냐고 다그치자 어깨를 내리고 눈도 내리는 걸로 보아서 알아듣는 것 같았다.

그러자 박시준 소교는 지금 당장 압류 봉인한 것을 수거하지 않으면 계엄사령부에 고발하겠다고 위협하자 이때 문밖에서 이쪽 공기만을 엿보고 있던 신석우 고문의 호위 박순천(朴順天) 권투선수(국내 돌아와서 권투연맹사무국장 역임)가 방에 들어와서 사실은 자기가 신 고문의 명을 받들어 압류 봉인한 것인데 지금 당장

가서 봉인한 것을 수거하여 오겠으니 이해하여 달라고 사정사정 하는 것을 보고 두고 보겠다고 이르고는 돌아왔다.

우리는 판사처에 돌아와서 우리를 애타게 기다리고 있는 교민들에게 담판 결과를 설명해주었다. 때마침 압류했던 봉인을 수거해갔다고 하는 전화가 걸려왔다. 누군가 대한민국 만세를 외치자 모두가 대한민국 만세를 판사처가 떠나가라 외쳐대는 바람에 일제로부터 해방된 감정을 피부로 느낄 수 있었다. 어느 교민이 술 한통을 사가지고 와서 모두들 얼근하게 마시고 나서 이제는 우리가 서로 도와주며 의지하고 살아가야만 하는 세상이 온 것을 깨달아야 할 때라고 다짐들을 했다.

불신풍조가 심한 우리 사회에서 우리가 신석우하고 담판을 해서 문제를 해결한 것을 본 상해 교포들이 우리를 신임하는데 더할 수 없는 좋은 기회가 되기도 했다. 광복군의 존재를 인식시키는데 백문불여일견(百聞不如一見)이라 할 수 있는 좋은 계기가 되었던 것이다.

재벌교포들이 연일 직접 또는 다른 사람들을 내세워 돈이 필요하면 말해 달라고 찾아오고 있었고 점심이나 저녁식사를 하자고 초대하는 사람도 많았다. 단돈 일 원 하나 커피 한 잔까지 불응하자 교만하다, 불손하다, 폄하한다는 등 하다 못해 무슨 돈이 있어 먹고사느냐고 트집 잡는 사람도 있었으나 우리가 찐화에서 항전지구로 탈출한 사건을 아는 사람들 입에서 흘러나온 말을 들은 사람들은 우리가 쓸 만큼 돈이 있는 것을 알고 있어 돈에 구애 받지 않고 일할 수 있다는 걸 인정해 주었다.

심지어는 교포가 운영하는 택시회사에서 무료 서비스로 매일

택시를 보내주고 있는데 그러지 말라고 해도 듣지 않아서 하루는 찾아가서 그간에 보내준 무료 서비스 대금을 경리에게 지불하고 왔더니 사장이 판사처에 찾아와서 싸우자고 하는 바람에 혼이 난 적도 있다.

나는 박시준 소교와 상해에 부임해 올 때부터 누구한테서나 친불친을 막론하고 1원 한 장 얻어 쓰지 않기로 굳게 약속한 일이 있어 돈에 대해서만은 내 자신 결백하게 단속을 했다. 점심이나 저녁식사도 가급적이면 피했고 할 수 없는 경우 우리가 지불하는 조건하에 갔다가 아귀다툼을 한 적도 한두 번이 아니었지만 다방에 가서 차 한 잔 얻어 마시는 것만은 자유로 하고 있었는데 그래서 다방에 가자는 사람이 많았고 다방에 가서 차를 얻어 마시다 보면 하루에 커피만 10여 잔 이상 마실 때가 많았다.

압류봉인을 수거해 간 다음 날 김용섭 사장이 와서 만일을 위해 창고에 있는 물자를 분산시키고자하는데 차량운행증과 화주증명을 해줄 수 있느냐고 했다. 필요한 만큼 증명서를 해주었더니 며칠 뒤에 판사처에 와서 점심을 하러 가자고 해서 진뮌반점으로 갔다. 화주증명서를 가지고 물자를 각처에 분산해 놓았으니 앞으로 만일 한두 곳에 사고가 난다고 해도 큰 걱정이 없다고 하며 신세진 것을 갚아야하겠다고 관금권 2천만 원(미화 약 5만 불 해당)을 내놓았다. 받으라고 강요하고 있기에 당치도 않은 얘기 하지도 말라고 일언지하에 딱 거절하고 일어나 나오려고 하자 붙잡고 미안하다고 사과하면서 돈은 거두어 두고 나서 그럼 점심식사나 하자고 했다. 식사 후 우리가 음식 값은 지불한 후 다방에 가자고 해서 바로 옆집 빠꾸호텔 2층 다실로 갔다.

김용섭 사장은 우리가 자기가 주는 돈이 적어서 받지 않나 싶어 우리의 눈치를 살피면서 자기가 지금 가지고 온 돈은 우리 개인의 필요한 용돈으로 주려고 가지고 온 것이고 후일 필요할 때는 필요한 만큼 성금을 내놓으려고 하고 있으니 사양하지 말고 받아 달라고 사정을 하고 있었다.
　우리는 우리 개인이 무슨 돈이 필요해서 그 많은 돈을 받겠느냐고 우리 일에 신경쓰지 말라고 오히려 우리가 사정을 하다시피 말하자 이해할 수 없다는 기이한 눈초리로 관금권 2천만 원의 대형 가방을 들고 돌아갔다.
　어느 날은 남복상 사장이 매우 밝고 명랑한 얼굴로 판사처에 찾아왔다. 일전에 뜻하지 않았던 압류봉인을 당하고 너무나 혼쭐이 나서 자기 정신이 아닌 상태에서 찾아와 결례가 많았다면서 이해하여 달라고 했다. 그간의 회사 사정을 말하는데 8. 15 해방이 되자 화폐가치가 날마다 하락하고 시국도 혼미한 상태라 보유하고 있던 물자와 현금 등 전 재산을 정리해가지고 금괴를 매입해다 금고와 캐비넷에 보관해 두고 있었는데 별안간 압류봉인을 당하고 나니 앞이 캄캄하고 정신을 차릴 수가 없었다고 하면서 이제 안전한 곳에 분산해 놓고 나서 인사 차 찾아왔다고 금괴 몇 개를 내놓았다. 자기 성의니 받아달라고 하면서 앞으로 큰돈이 필요할 때에는 자기를 빼놓지 말고 연락해 주면 조국을 위해 힘이 닿는데 까지는 협조하겠다고 했다.
　이 자리에는 나와 박시준 소교 외에 자문위원들이 합석해 있었는데 나는 남복상 사장에게 내놓은 금괴를 거두어 두라고 하고 지금까지 많은 교민들이 찾아와서 애국충정에 불타는 성의의 표시로 돈을 내놓은 것을 다소 불문하고 단돈 10원 하나 받은 일이 없었음을 말해주었다. 이해를 구한 후 내놓은 금괴를 돌려주면서 앞으로 필요한 때가 오면 그 때 협조를 요청하겠다고 했다. 망국의 설움을 안고 이역만리 타국에 나와 살아오던 우리 민족이 일본의 패망으로 조국이 해방이 되자 조국건설에 이바지 하고자 너와 나 할 것 없이 우국충정에 불타오르고 있는 심정을 억제하지 못한 채 판사처에 찾아 와 금품을 전달하고자 했는데 금품을 사절하자 그 이유를 몰라서 돈이 적어서 안 받는 것이냐, 남의 앞이라서 거절하는 것이냐, 남의 호의를 무시한다고 좋지 않은 인상을 쓰는 사람도 있었다. 강제로 놓고 가려는 사람들을 붙들고 되돌려 주기도 하였다. 우리는 초지일관 돈만은 남의 신세를 안지기로 작정하고 있었기 때문이다. 그 이유는 이소민 상교가 교포의 생명과 재산을 보호하고 돈과 사람을 모아 큰 꿈을 이루자고 우리를 상해로 보낸 데 대한 보답을 하기 위해서는 꼭 필요한 일이었다.

그 무렵 상해에는 항전지구에서 독립운동 하다 왔다는 사람과 윤함지구(일본군 점령지)에서 지하공작을 하다 왔다고 하는 정체불명의 투사들이 하나 둘씩 나타나서 '동포여, 나를 따르라'고 소리치고 떠돌아다니면서 임시정부를 팔아대고 있었다. 누구를 알고 누구와 같이 독립운동을 했다고 약장수 고약 팔듯 말하고 다니는 사람들이 많았다. 그들한테 놀아나서 피해를 입은 사람들이 부지기수로 늘어나고 있었다. 그 정체불명의 투사들이 임시정부의 누구를 알고 누구와 같이 독립운동을 했다고 하는 그 명사의 이름은 우리는 물론 노 상해인들도 아는 사람이 없는 걸로 보아 사기꾼들임이 분명했다. 체포하려고 수배하자 삼십육계 하는 바람에 놓치고 말았다. 이 모두가 훙커우 쪽에 사는 신 상해 교포들을 상대하여 사기치고 다니는 자들이었다.

　일제 치하 교관 하나만 잘 사귀면 일확천금하던 때를 잊지 못하고 있는 일부 신 상해 교포들 중에는 아직도 일확천금을 꿈꾸고 있는 사람들이 있었다. 이런 사람들 때문에 속이고 속고 이용하려다 이용당하는 사건들이 빈번이 일어났다.

　이번에는 광복군 제1지대 2구대장 이소민 상교의 저장성(浙江省) 공작대장이라고 하는 전○○이란 사람이 나타났다. 이소민 상교가 아니고 장군이라고 하며 우리가 광복군 제1지대 2구대 이소민 장군의 소속이라면 자기 직속상관의 계급은 알고 있어야 할 것이 아니냐고 하며 상해는 저장성 공작대 산하에 있는 만큼 공작대장인 자기한데 허락받지 않는 상해판사처는 인정할 수 없다는 얼토당토않은 모략을 하고 다닌다는 말이 있었다. 그 정체를 수소문해 보았더니 1945년 4월 하순경 17명이 난징을 탈출하여 동년 5월 제3전구 꽝더쎈뭐린(廣德縣茂林)에 와서 반일공작을 구상 중일 때 일본이 1945년 8월 15일 무조건 항복함에 따라 빈손 들고 돌아가게 된 신세를 어디다 하소연 할 데가 없어 전○○ 외 몇 사람이 광복군 제1지대 2구대가 주둔하고 있는 첸산씨뭔왜꿰씨썅 사범학교 내 이소민 상교를 찾아가서 전○○은 동대 저장썽 특파원이라는 직함을 얻어 가졌는가 하면 그 외 몇 사람도 각각 ○○특파원이라는 직함을 얻어 가지고 돌아갔다고 한다. 전○○은 저장썽 내 어디에 연고를 둘만한 곳이 없어 상해에 와서 상해가 자기 관할이라고 행정구역조차 구별할 줄 몰라 망발하고 다니다 노 상해 교포들한테 호되게 욕을 보고 난징으로 도망쳤다.

그 외에도 항일지구에서 해방 후 상해에 와서 남의 일에 훼방이나 하고 흑색선전을 하고 다니는 사람들 때문에 독립운동을 한 사람들의 위신이 땅에 떨어져 말이 아니었다. 이러한 현상은 일찍이 독립운동에 투신한 일부 독립투사들이 상해임시정부를 찾아와서 자기 개인 중심의 세력을 구축하기 위해 열을 내서 남을 헐뜯고 욕하던 때와 심지어는 왜놈의 스파이로 몰아붙이던 시절도 있었다고 하며 세상의 온갖 추잡한 소문을 내서 모함하고 망신을 주던 일들이 꼬리를 물고 일어나 판사처에 모여 앉아 화제가 한창일 때 노 상해인들은 옛날부터 항상 듣던 말들이라고 별로 흥미를 두지 않고 있었지만 신 상해인에게는 처음 듣는 말들이라 흥미를 느끼고 귀담아 듣느라 점심때를 잊고 판사처 한쪽의 자리를 비워줄 줄을 모르고 있었다.

어느 날 노 상해인 박용철, 구익균, 양 씨가 충칭에 가서 백범 김구 주석과 임정요인들을 만나고 돌아와서 애국동지회(愛國同志會)를 결성한다는 소식과 함께 신 상해인 유인섭, 이국본 두 사람은 상해청년회를 조직한다는 소문이 들려왔다.

결사의 자유를 우리가 간섭할 권한도 간섭할 일도 아니었으나 과거 상해에서 우리 임시정부가 탄생하던 때와 일본이 패망한 오늘날 상해에는 누구를 위하여 비생산적인 정치판을 벌이고 목청을 높여야 하는지 이해하기가 매우 어려웠다.

삼하흥업주식회사 봉명석 사장은 자기가 거주하고 있던 공동조계 위웬루(愚園路) 저택(대지 4천여 평, 건물 4백여 평, 2층 양옥 부속 건물 1백여 평)을 판사처 숙소로 사용하도록 제공했다.

태평양전쟁 전 영국인이 거주하던 주택을 인수해서 살다가 해방 후 계속해서 살기가 불편했던지 훙커우 쪽에 본래 자기가 살던 집으로 이사를 가면서 연락이 와서 일간 이소민 상교가 상해에 귀환하게 되면 거처할 주택이 필요할 것만 같아서 판사처에 근무하고 있는 한적사병(해방 후 일본군에서 탈출해온 자)들을 보내서 집을 지키고 관리하도록 했다.

어느 날 위웬루 집에서 집을 지키고 있던 한적사병들로부터 다급한 전화가 걸려왔다. 불조계 뻬땅루(貝當路) 일본헌병대 한 부대가 집을 포위하고 있다고 해서 박시준 소교를 보내고 한 시간 후 나도 달려가 보았더니 일본헌병들이 월담해 와서 뻬땅루 일본헌병대에서 탈출해 귀순해온 한적사병과 탈출 시 훔쳐가지고 나온 기관단총과 권총을 챙겨가지고 돌아가려고 할 무렵 박시준 소교가 온 것을 보고 박시준 소교도 연행에 갔다고 한다.

우리는 며칠 전 불조계에 거주하는 노 상해 문일민(文一民) 씨한테서 긴요하게 상의할 일이 있다고 자기 집으로 와달라는 전화를 받고 찾아가 보았다. 뻬땅루 일본헌병대에 근무하고 있는 한적사병이 탈출하겠다고 찾아왔는데 도와줄 수 있는 방법이 없느냐고 했다. 사병을 광복군 제1지대 2구대에 입대시키고 탈출일시와 장소를 정했다. 탈출할 때 기관단총과 권총을 가지고 나오겠다고 해서 약속장소에 승용차를 가지고 갔다. 탈출을 도와 데리고 와서 무기는 홍보식 형 댁에 보관했다. 사병은 위웬루 집에 유숙하도록 했는데 다음 날 홍보식이 찾아와서 기관단총을 치워달라고 말하는 태도가 겁에 질려있어 즉시 위웬루 집으로 옮겨놓아 두었다. 그간 일본헌병들이 여러 날을 두고 탐색하던 중 아직도 왜놈의 굴레에서 벗어나지 못한 미련한 우리 동포가 정보를 제공해서 위웬루 집으로 쳐들어왔다는 사건의 전모를 파악할 수 있었다. 조사실 상해특파원 천더썽(陳德生) 소교와 같이 뻬땅루 일본헌병대에 가서 헌병대장에게 일본헌병들이 광복군 숙소에 무단 침입한 불법 행위를 따질 때 계급이 소좌인 일본군 헌병대장이 사색이 된 채 머리를 조아리고 관용을 베풀어 달라면서 자초지종에 대한 경위를 설명하는데서 우리 교포가 정보를 제공했다는 사실을 털어놓는 바람에 낯이 뜨거워 듣기가 민망했다.

판사처 부처장 박시준 소교를 연행한 이유를 따지고 들자 절대로 연행한 것이 아니고 모시고 왔다고 했다. 보초병에게 2층에 가서 박시준 부처장님을 빨리 모시고 오라고 명령을 한 후 어떻게 감히 자기네들이 부처장님을 연행할 수가 있었겠느냐고 극구 변명을 늘어놓았다. 사실은 조만간 수용소로 끌려 갈 몸인데 부처장님한데 지도를 받고자 모시고 왔다며 애원했다.

당당하고 도도하고 오만불손하기 짝이 없었던 일본군인도 나라가 망하자 저렇게 비굴하게 아첨하는 꼴을 보고 있으려니 국력이 제일이라는 것을 실감하게 되었다.

박시준 소교가 와서 우리가 헌병 대장과 말하고 있는 것을 보고 걱정하지 말고 돌아가라고 했다. 오늘 저녁 헌병대장이 대접을 한다고 만찬 준비가 한창인데 뿌리칠 수 없으니 술 한 잔하며 저 사람들의 쓸만한 말이 있는지 들어보겠다고 했다. 오늘밤 술이 과해지면 여기서 자겠다고 했다. 내일 아침 8시에 차를 가지고 오겠다고 약속을 하고 일어나려고 하는데 헌병대장이 붙들고 뻬땅루 헌병대가 보유하고 있는 총기와 탄약 그리고 인원과 계급 등을 명시해서 계엄사령부에 보고해 두었는데 접수 시에 차이가 나면 책임을 겨야하는 문제 때문에 소란을 피우고 폐를 끼쳐서 죄송하다는 말을 몇 번이고 되풀이 했다.

9월 13일 박용철 씨가 찾아와서 광복군 총사령관 지청천(池靑天) 장군이 애국동지회 사무실에 와서 계시는데 우리를 보자고 하니 자기와 같이 가자고 했다. 우리는 박용철 씨를 따라가서 지청천 장군에게 인사를 드렸다. 지청천 장군께서는 일본군에 배속돼 있는 한적사병(징병 지원병 학도병) 약 십삼만 명이 중국 각지에 수용돼 있는 것을 인수해서 재교육을 실시한 후 인솔해 가지고 국내에 돌아가 치안과 국방을 담당하도록 할 계획을 가지고 있었다. 상해에서 이 계획을 실천하려면 막대한 자금이 소요되는데 금원은 국채를 발행하여 충당할 것이라 했다. 그러나 이 계획을 추진하는 준비과정에서 소요되는 자금은 교포유지들의 성금으로 충당하려고 하니 우리가 적극적으로 협조하라고 지시했다. 교포들의 말을 빌려 우리가 상해 교포 재벌 대다수를 설득시킬 수 있는 힘을 가지고 있다고 하니 나라와 민족을 위해 최선의 노력을 다해주기 바란다고 강조했다.

우리는 광복군 총사령관이요 연로하신 노 장군의 말씀을 경청하다 자리에서 물러나오면서 우리들의 소견을 물어보지는 아니하시고 일방적인 지시와 강요만 하시는데 답답했지만 한평생 군인정신으로 살아오신 노 장군을 이해할 수밖에 없었다.

당시 상해 교민 사회 일부에서는 우리가 5대 재벌교포들의 재산을 신석우 씨가 막강한 제3국제문제연구소를 등에 업고 압류한 재산을 해제시킨 대가로 당당한 금원을 뒷거래한 일이 있었을 것으로 추측하고 소문을 퍼뜨리고 다니는 사람이 있었다. 반면에 우리가 그간 사례나 촌지로 가져온 돈을 10원 한 장 받지 않는 것을 보고 듣고 한 사람도 있었다. 또한 우리 자신 결백해야 산다는 신조를 갖고 있었기 때문에 이러저러한 소문에도 크게 개의치 않고 있었지만 지청천 장군께서 돈에 대하여 말씀하신데 대해서는 마음에 부담이 되었다.

상해 교민사회에서는 그 무렵에 우리가 그간 쓰고 다니는 돈은 어디서 난거냐 하고 의심을 내고 있던 사람들이 우리가 가끔 조사실 천더썽 소교를 만나고 찐화나 항저우지역에서 상해에 온 사람들을 만나서 하는 말을 얻어 듣고 우리 자신이 돈이 있는 것을 눈치 챈 사람들이 말을 퍼뜨리기 시작해서 재인식하는 사람들이 늘어나고 있었다.

판사처에는 상해강만에 있는 국립상해대학 농학원에 수천 명의 일본군 육전대원이 집결해 있었다. 거기에 한적사병이 백여 명 있었다. 9월 14일 수용소로 끌려간다고 하니 수용되기 전 탈출할 수 있도록 도와달라고 매일같이 찾아와서 사정을 했다. 사정이 딱해 가만히 보고 있을 수가 없어 우리가 화물자동차 2대를 가지고 가서 대학정문으로 들어가 교정 오른쪽으로 돌아 교실 앞으로 서행할 때 뛰쳐나와서 탈 수 있겠는가 하고 물어보았더니 문제없다고 했다. 다짐을 받아두고 13일 밤 11시경 실행하기로 하고 굳게 약속을 했다.

한적사병들의 말로는 일본군대에 강제로 끌려와서 우리나라도 아닌 일본을 위해 전쟁터에 왔다가 일본이 망해서 항복을 했으면 일본 놈이나 수용소로 끌어가야 할 일이지 왜 한적사병인 자기들이 무슨 죄가 있어 일본 놈들과 같이 수용소까지 같이 가야 하느냐는 것이다. 억울한 사정에 분통이 터져서 이루다 말할 수 없다고 하면서 나라가 없었던 아픔을 이번에 뼈저리게 느끼고 깨달았다고 앞으로 우리나라 임시정부를 위해 목숨을 바치겠다고 혈서를 써들고 찾아오는 사병도 있었다.

　판사처에 찾아오는 한적사병은 누구나 같은 마음 같은 생각을 가지고 나라를 위해 일하겠다고 찾아와서 도와 달라고 했다. 그러나 답답한 것은 우리에겐 당장 나라를 위해 할 만한 일이 없었다는 점이다. 앞으로 할 만한 계획을 세워둔 것도 없었기 때문에 한적사병들의 처지를 생각하면 생각할수록 불쌍하게 느껴졌다. 게다가 이제 귀국하게 될 마당에 한두 명도 아닌 백여 명을 살릴 수 있는 재력도 없었다. 때문에 이번 13일 밤 육전대 한적사병들이 탈출해서 나온 후에 우리가 도와줄 수 있는 방법은 오직 하나 즉 탈출한 후 거처할 수 있는 장소만을 책임지겠다고 약속을 했다. 홍커우 뚱씨화더루 신지팡루에 덕창연공창 창고를 교섭해 두고 있었다.

　그날 밤 교포가 운영하는 화물자동차 2대를 대절해 가지고 나와 박시준 소교는 군복을 착용하고 선두 차에는 내가 타고 뒷 차에는 박시준 소교가 타고 수용하러 온 선발대처럼 위장을 하고 학교 정문 앞 보초 앞으로 다가갔다.

　일본군 보초병은 우리를 보고 거수경례를 하고 멍청하니 서 있었다. 교정 안으로 들어가서 약속한 코-스를 서행하고 있을 때 여기저기서 우리 한적사병들이 번개같이 뛰쳐나와서 눈 깜짝할 사이에 전원이 올라탔다. 비호가 무색할 만큼 기민한 동작과 질서정연한 행동을 볼 때 일본군 육전대 훈련이 얼마나 강했던가를 새삼 생각하게 했다. 시급히 교정을 한 바퀴 돌아서 정문으로 나오는데 보초병은 여전히 거수경례를 했다. 우리가 수용하러 온 장교로 보였던 모양이다. 정문을 빠져나와 덕창연공창 창고로 직행했다.

덕창연공창 창고에 한적사병 106명을 수용해 놓고 나서 나는 우리 한적사병들에게 간단한 인사를 했다. 제군들과 약속한 거처를 보잘 것 없는 창고에 마련해줘서 미안한 마음을 가눌 수 없다고 했다. 그래도 이 창고 소유주가 우리 동포니만큼 보잘 것 없는 침실이지만 부담 없이 거처할 수 있으니 안심하라고 했다. 이제 제군들은 일본군의 때 묻은 굴레를 모두 다 털어버리고 조국의 얼을 찾아 진실하게 살아주기를 바란다는 말로 인사를 대신하고 작별했다.

1945년 9월 14일 상해에는 국제도시라는 이름이 말해주듯이 온갖 유언비어가 판을 치고 있었다. 국내소식에 대해 들려오기를 남에는 미군이, 북에는 소련군이 점령을 하고 남과 북으로 갈라놓고 미·소양군정하에 두기로 했다는 것이다. 뉴스가 들어옴에 따라 우리 교포들 사이에는 닭 쫓던 개 지붕 쳐다보는 격이요, 쥐를 잡으려다 독을 깼다고 한탄하는 소리가 나오고 있었다.

일본군이 치안을 담당하고 있던 상해거리도 중국군이 접수하기 시작하면서 일본군에 작태가 사라지고 있었지만 상해역이나 외곽지역에는 계속 일본군이 경비를 담당하고 있었다. 일본군에게 경비를 맡겨두고 있는 것은 공산군의 침입을 저지하기 위한 책략이라 했다.

일본이 항복을 했다고 하나 여러 가지 사정으로 일본군이 치안 경비를 담당하고 있었기 때문에 태평양전쟁 후 일본국책회사 중

역들이 공동조계와 불조계에 진출하여 영미인이 살고 있던 호화 저택을 점옥해 살고 있었다. 일본이 패망한 후에도 별 피해 없이 철수해서 훙커우 쪽 일본인 거주촌으로 돌아가 살고 있었다. 일본이 항복한 지 한 달 만에 해방된 열기가 일어나 도적떼들이 제철을 만난 듯이 밤이면 일본촌의 소문난 집에 침입하여 재물을 강탈해 갔다. 우리 재벌 교포들이 겁에 질려가지고 판사처에 찾아와서 경비를 해달라고 사정을 하여 판사처에 근무하는 한적사병들을 보내 경비를 해줬다.

백주에 번화한 길거리에서 일본인들이 봉변을 당하는 걸로 보아서 이제 해방의 열기가 일어난 것을 도처에서 볼 수 있었다. 항일지구에서도 이런 정도이니 해방지구에 가면 진짜 요란한 열기를 볼 수 있을 거라고 기대하고 왔었는데 웬일인지 해방이 됐다는 실감이 나지를 않았다.

그동안 일본군에게 치안을 위임해 두었기 때문에 일본 사람들이 안전할 수 있었다면 이제 일본인촌에 도적떼가 판을 치고 다니는 것은 뒤늦게나마 올 것이 왔다고 볼 수 있다. 이때 항전지구에서 독립운동을 하다 상해에 와서 이 요지경 속 일본인 부자촌에 현혹이 되어 끼어들었다가 상해계엄사령부 헌병에게 피체된 사람도 있었다.

어느 날 백주에 왕보처(黃包車 ; 인력거)꾼이 일본 옷으로 정장한 일본여인을 태우고 가다가 훙커우 빼쓰촨루(北四川路) 와해닝루 번화한 네거리에서 인력거를 들어 올려 제껴 뒤로 넘어뜨리는 바람에 인력거에 타고 있던 일본여인이 뒤로 넘어지면서 일본 옷이 홀랑 벗겨졌다. 하반신을 드러내놓고 발버둥치고 있는 상태를

(일본 여인은 일본 옷을 정장했을 때 팬티를 입지 않는다 했다) 오고가던 많은 사람들이 몰려와서 눈요기를 하고 있을 뿐 누구하나 도와주려고 하는 사람은 볼 수 없었다.

우연하게 박시준 소교와 나는 이 광경을 보게 되었다. 주위의 사람들을 훑어보았더니 일본인들도 많이 있었으나 모두 무표정한 채 보고만 있었다. 안하무인격(眼下無人格)이었던 일본인들도 나라가 망하니 별 수가 없었던 모양이다.

27. 이소민 상교 상해귀환 환영열기가 폭발하다

1945년 9월 14일 항저우(杭州)에서 이소민 상교의 서신을 가지고 연락원이 판사처에 찾아왔다. 이소민 상교가 9월 17일 오후 2시 상해에 도착하는 기차표를 예매해 놓고 연락을 한다고 했다.

이 소식을 기다리고 있던 상해 유지들과 관심을 가진 인사들에게 이 소식을 전하였더니 많은 인사들이 판사처에 몰려와서 환영위원회를 구성하고 위원장에 김원경 여사를 추대했다. 9월 17일 오후 2시 이소민 상교가 상해에 온다고 하는 날은 상해에 상주하고 있었던 7천여 교포와 해방 후 중국 각 지역에서 귀국길을 찾아서 상해로 이사 온 동포들이 손에 태극기를 쥐고 아침부터 상해역 광장으로 몰려들고 있었다.

누가 역전광장으로 오라거나 모이라고 권유하거나 동원한 사람이 없었는데도 모두가 자진해서 조국의 독립을 위해 헌신한 독립투사를 환영하기 위해 자기 나름대로 손수 태극기를 대(大), 소(小) 구별 없이 제작한 것이라 천차만별로 특이했다.

조국의 독립을 위하여 한평생 헌신한 노 투사를 성심성의껏 모셔보겠다는 열기가 횃불같이 달아올라 있는 모습을 볼 때 우리 동포가 조국을 얼마나 사랑하고 있었던가를 행동으로 입증해주고 있는 한 장면이었다.

이와 같이 열화가 담긴 오색찬란한 환영행사를 본 예가 없었다고 한다. 상해가 생긴 이래 우리 교포 남녀노소를 막론하고 환영대열에 나섰던 예가 없었던 일이라고 하는 노 상해인들의 말이고 보면 나라를 잃었던 시절에 내보일 수 없어 소중하게 간직해두었던 동포애를, 그 아름다운 조국애를 드디어 드러내 보여주는 귀중한 장면이라 하겠다.

이소민 상교를 환영하는 플래카드도 제각각이어서 ① 이소민 상교만세 ② 이소민 장군 만세 ③ 이소민 구대장 만세 ④ 이소민 선생 만세 ⑤ 이소민 동지 만세를 들고 있는 수백 명의 사람이 역전 광장을 온통 메워놓고 있을 뿐만 아니라 상해에서 우리 교포가 가지고 있는 자가용차와 영업용택시와 화물자동차 등 수백 대가 역 광장 측면과 후면을 차지하고 태극 깃발을 달아놓고 있어 우리 교포들의 저력을 과시하고 있는 장면이기도 했다.

상해역 구내 홈에는 영화제작에 종사하던 우리 촬영기사들이 영사기를 가지고 와서 촬영하기 위한 준비를 서두르고 있는 장면도 환영열기에 박차를 더 해주고 있었다. 이 모두가 이역만리 독립운동의 성지 상해에서 해방된 기쁨과 조국의 독립을 향해 내뿜어 대고 있는 강렬한 애국심을 나타내 보인 환영행사[4]라기 보다

---

4) 이소민 상교의 상해귀환 환영행사는 당시 상해에서 영화제작에 종사하던 촬영기사들이 영사기를 가지고 환영대회 현장에 와서 촬영

는 축제였다.

나와 박시준 소교는 환영행사를 위한 협조를 구하기 위해 역장을 찾아가서 광복군 제1지대 2구대 이소민 구대장이 항저우를 출발하여 2시에 상해역에 도착하는 열차에 승차하고 있음을 주지시켰다. 상해 교민들이 환영행사 차 역 광장에 도열해 있는 것을 양해를 구한 후 열차가 도착하면 플랫폼에서 간략한 환영행사를 할 수 있도록 각별한 협조를 부탁하자 역장도 큰 관심을 표명하면서 역 구내에서의 행사는 국가수반이나 외국사신들 행사에 한하여 허락하던 일이나 한국의 오랜 숙원인 일본의 패망을 자축하는 의미에서 특별히 허락한다고 했다.

역장은 즉시 역 구내에 종사하는 직원과 경비원 그리고 헌병에게 1시 30분부터는 일반인의 역 구내 출입을 금지시키고 환영위원회 위원과 유지들만 출입을 허락하고 열차가 도착하면 환영행사가 끝날 때까지 일반 승객은 하차하지 못하도록 지시를 했다. 이러한 역장의 각별한 조치는 조사실 천더썽 소교가 은밀히 지원해 준 덕택이었다.

박시준 소교와 나는 이소민 상교를 환영하러 나온 우리 교포들이 제각각 호칭을 달리 하고 있어 이소민 상교가 군복을 착용하고 상교 견장까지 달고 있는 것을 보면 실망하는 사람이 있지나 않을까 하는 생각에 우리는 열차가 도착하는 것을 주의 깊게 살피고 있었다. 열차가 들어오자 2등실에 이소민 상교가 군복차림으로 앉아있는 것을 확인하고 열차에 올라가 보았더니 눈치 빠르고 약삭

한 필름을 국내에 돌아올 때 가지고 와서 1946년 5월경부터 대한뉴스로 각 영화관에서 방영한 일이 있다.

빠른 분이라 열차가 홈에 들어설 때 이소민 장군이라는 환영 플래카드를 보고 견장을 떼서 호주머니에 넣어두고 태연하게 앉아 있는 것이었다.

우리가 이소민 상교를 모시고 하차하자 플랫폼에서 대열하고 있던 환영위원회 위원과 유지들로부터 일제히 만세소리가 터져 나오자 역 광장에 모여 있던 교민들도 그 장단에 맞춰 일제히 만세소리를 있는 힘을 다해 외쳐대는 바람에 상해역 지상에는 소리로 일진광풍이 일어 오랜 여운을 남겨놓았다.

상해 우리 교포들은 일본이 패망하고 해방이 됐다고 하나 오늘까지 실감하지 못하고 있다가 광복군 제1지대 2구대장 이소민 상교가 오늘 상해에 귀환한다는 소식에 흥분을 감추지 못하고 아침부터 역에 나와서 이제나 하고 기다리고 있었다. 플랫폼에서 터져 나오는 만세소리에 이제 왔구나 하고 세살 때 먹은 젖 기운까지 힘을 내서 있는 목청을 다해 마음껏 불어보는 만세소리라 요란할 수밖에 없었다.

우리도 만세를 외쳤건만 우리 귀에는 우리가 외쳐댄 만세소리는 어디로 갔는지 들을 수가 없었다. 만여 명 교포의 만세소리만이 귀청을 찢고 있었다. 환영절차에 따라 꽃다발 증정이 있었고 김원경 회장의 간단한 환영사와 이소민 상교의 답사를 끝내는 동안 촬영기사들이 여기저기서 촬영을 하는 두르르륵 소리와 함께 개인 카메라맨들이 사진에 담는 찰가닥 소리와 펑펑하고 형광을 터뜨리고 있어 환영사와 답사를 귀담아 들을 수가 없을 정도로 요란하고 소란스러웠다.

이소민 상교를 좌우에서 모시고 플랫폼을 나오고 있을 때 군중 속에서 오색종이와 테이프가 날아와 온몸을 휘감기도 했다. 인파를 헤치고 역 광장으로 나오자 생업을 걷어치우고 역 광장에 와서 이소민 상교를 기다리던 만여 명의 교포들이 일제히 외치는 만세소리가 역광장을 뒤흔들어 놓았다. 그들은 온종일 태극기를 흔들어대며 애국가와 독립군가를 불러대고 만세소리를 마음껏 외쳤다.

  역 광장 한복판에는 이소민 상교가 승차하고 갈 무개자동차가 대기하고 있었다. 무개자동차에 이소민 상교가 승차한 좌우에는 박시준 소교와 내가 승차하고 선도차의 인도에 따라 출발하기 시작했다. 수백 대의 승용차와 화물자동차에는 교민들이 타고 뒤따랐다. 상해역 광장을 빠져나와 홍커우 빼쓰촨루 가로를 누비며 태극 깃발 물결 속에서 힘차게 만세를 불러대며 행진했다. 이 광경을 본 일본인들은 머리를 숙이고 가거나 또는 앞으로 손을 모으고 머리를 숙이고 서서 속죄하는 것 같은 태도를 취하고 서 있는 사람도 보였다.

  선도차는 쓰촨교를 넘어 공동조계 쓰촨루에 진입한 후 상해에서 제일 번화한 난징루에 들어섰다.

  난징루 거리에는 외국 사신들이 주로 투숙, 애용한다고 하는 카세이호텔, 신신백화점, 최고급 중국요리로 소문난 진뮌반점, 일본 고위직관리들이 본국으로 소환되어 돌아갈 때 가사를 정리하고 난 후 온 가족이 이 호텔에서 유숙하기를 소원했다는 말이 나돌고 있었던 빠꾸(國際)호텔, 상해에서 제일 시설이 좋다고 하는 따꽝민(大光明)극장 등이 늘어서 있다. 길 건너 경마장이 있는 이 거리의 교통정리는 인도인 교통순경이 하고 있었는데 인도인 교통순경은 교통법규에 엄격하기로 소문이 나 있어 자기 관할 서장이나 영사도 교통을 위반하면 용서 없이 딱지를 떼는 사람들이라 했다. 이러한 인도인 교통순경도 오늘따라 우리의 환영행차를 보고 도와주며 손까지 흔들며 환영해 주는 것을 볼 때 약소민족의 해방된 기쁨을 같이 나누고자 하는 마음씨를 읽을 수 있었다.

난징루 연도에 오고 가는 군중 속에서 우리 한국인들의 시가행진과 환영행차를 보고 박수를 치고 함성을 지르며 환호하는 시민들을 보면서 중일전쟁 8년 동안 일본군의 억압이 얼마나 심했는지를 알 수 있었다. 또한 상해에 거주하는 48여 개 나라의 국민들이 오늘 난징로 거리에 드나들다 한국인들의 환영행차를 보고 박수치고 환영한 것은 우리 한국을 인식시키고 기억하게 할 수 있는 좋은 기회가 된 것으로 보였다.

난징루를 지나 진안쓰루(靜安寺路)를 거쳐서 위웬루(愚園路)로 가는 길은 양인촌이었는데 길가나 정원, 그리고 창문가에서 박수를 치면서 손을 흔들어 보이며 환영하고 있었다. 그러한 광경을 볼 때마다 우리 뒤를 따라오던 승용차와 트럭에 승차한 우리 교포들은 우렁차게 만세소리로 응답해 주고 있었다.

위웬루 관사까지 따라 온 수천 명의 교포들을 4천여 평 되는 정원으로 안내하고 준비해 두었던 음료수와 과일, 과자, 빵 등을 내놓고 대접하는 동안 이소민 상교는 찾아온 내외기자들과 인터뷰를 끝내고 정원에 준비한 단상에 올라가 귀환인사와 해방된 정국 전망을 말해주고 다 함께 대한민국 임시정부 만세삼창을 있는 힘을 다해 외쳤다.

오늘 우리 교포들은 3.1 운동 때 못다 불렀던 만세를 어디서나 마음 놓고 불러댔지만 주위의 조용한 주택가를 사정없이 뒤흔들어 놓은 것은 미안한 일이 아닐 수 없었다.

오늘 환영행사에 참여한 우리 교민들은 이역만리 상해에서 일본이 무조건 항복한 지 2개월여가 넘도록 우리나라 독립에 대한 소식을 애타게 기다려왔다. 이소민 상교가 상해로 귀환 한다고 하니 독립군 보따리 안에는 우리가 바라는 독립이란 두 글자가 있을 것으로 기대를 하고 왔던 것이다. 대한민국 임시정부 만세를 끝으로 독립이라는 두 글자는 보지고 듣지도 못한 채 실망하고 무거운 발걸음만 옮겨놓고 있었다. 보기가 딱하기도 하고 민망하기도 했다.

그 날 저녁엔 환영위원회가 난징루 신뚜반점에서 이소민 상교를 위한 성대한 만찬환영연을 베풀어 주었다. 만찬이 끝난 후 박시준 소교와 나는 이소민 상교를 모시고 조용한 빠꾸호텔 2층 다실로 가서 차 한 잔하며 그간의 경과보고와 환영위원회에서 마련해 준 막대한 성금을 전달했다. 그간 상해에 와서 10원 한 장 받지를 않았다. 그러나 이소민 상교 환영행사를 계기로 많은 교민들이 환영위원회에 성금과 촌지를 기부했다. 후일 참고를 위해 접수한 방명록을 성금과 함께 이상교에게 전달했다.

우리는 다음 날(9월 18일) 이소민 상교를 모시고 최창식(崔昌植) 선생을 찾아뵙고 환영위원회위원장을 맡아 수고해 주신 김원경 여사에게 심심한 사의를 표했다. 계엄사령부와 내외신문사를 방문하고 승리호텔에 가서 점심식사를 할 때 이소민 상교는 자신이 독립운동에 투신한 이래 한평생을 통하여 이처럼 동포들로부터 뜨거운 환영을 받아보기는 처음이라고 하며 상해교민들이 자기를 위해 환영행사를 준비해 놓을 줄은 꿈에도 생각 못했던 일이라고 감격해 하였다. 또한 우리 동포가 상해에 이렇게 많이 살고 있는 줄도 몰랐고 어제 있었던 환영행사가 꿈만 같아서 밤잠마저 설쳤다고 했다. 이 모두가 우리가 자기를 위해 최선을 아끼지 아니한 공이라고 죽을 때까지 잊을 수 없는 신세를 졌다고 했다.

하지만 사실은 전 상해 교포 남녀노소가 이상교를 떠받들어 모시며 이소민 상교를 열렬히 환영을 하게 된 동기는 일본이 무조건 항복을 했다고는 하지만 우리의 관심사는 우리나라 자주독립을 우리 임시정부가 행사할 수 있을 것인지에 대한 의문에서였다. 오리무중에 쌓인 채 한치 앞을 내다볼 수 없었던 시국에 이소민 상교가 상해로 귀환한다는 소식은 가뭄에 단비였던 것이다. 노 상해인들이 나서서 환영위원회를 구성하는 걸 지켜보고 있었던 신 상해인들은 독립군들이 독립을 등에 메고 다니는 걸로 알고 있었던 사람들이 많아 독립군을 보겠다고 너도나도 환영대열에 앞장서려고 하는 가열된 분위기 속에서 엄청난 환영인파가 몰려왔었다는 것을 부인할 수가 없다.

이소민 상교는 몽매간에 그리워하던 상해에 와서 한시가 바쁘게 친지를 찾아 다녔다. 우리는 우리대로 그간에 쌓인 피로를 풀기위해 9월 말경 천더썽 소교를 찾아 갔다. 지금 때가 어느 때인데 쉴 틈이 있느냐고 했다. 중국 북방에는 국공간에 전투가 날로 치열해 가고 있고 한국에서는 하지 장군 휘하 미군이 인천에 상륙하여 조선총독의 항복조인을 받고 주한미군정장관에 아놀드 小將이 임명됐다고 한다. 수심에 잠긴 채 우리 세대가 어려운 시기에 태어나서 고생만 하고 있다며 한·중 양쪽간 어느 한쪽도 방심할 수 없는 사태임을 지적했다.

다음 날(9월 19일) 이소민 상교는 어제 친지들을 만나서 점심,

저녁 등 줄줄이 약속을 하고보니 앞으로 한 1주일쯤 쉬면 좋겠다고 이해해 달라고 하였다. 인사처에는 제3전구에서 상해로 귀환하신 정화암(鄭華岩) 선생으로부터 홍커우 빼쓰촨루 디쓰웨루의 김 선생 댁으로 와달라는 전갈이 와 있었다.

정화암 선생은 무정부주의 운동에 투신하여 남화한인청년연맹(南華韓人靑年聯盟)에 관계할 당시 일본주중공사 유길(有吉) 암살미수사건의 주모자 원심창(元心昌), 백정기(白正基), 이강훈(李康勳) 3의사와 관련이 있는 인물로 널리 알려져 있는 분이었다. 중·일전쟁 중에는 제3전구에서 항일운동을 하시다 일본이 패망한 후 상해에 귀환한 고명하신 독립운동가였지만 나와 박시준 소교는 정화암 선생과 면식이 없을 뿐만 아니라 김 선생 댁으로 와달라고 하는 김 선생도 생명부지의 분이라 여러 날을 두고 차일피일 생각해보고 있을 때 또 연락이 왔다고 해서 뒤늦게나마 찾아가 보았다.

후리후리한 키에 거무잡잡한 피부, 마늘모 같은 실눈으로 우리를 찔러 보시기만 하고 아무 말씀이 없어서 숨이 막힐 지경일 때 김 선생이라는 분이 나보고 고향이 어디냐고 해서 황해도라고 했더니 자기도 황해도라고 하면서 카이젤 수염을 한 풍채를 드러내놓고 정화암 선생의 의중을 대변하는 것이라고 하시면서 상해재벌교포들을 주선해 달라고 하셨다.

김 선생은 정화암 선생이 나라를 위해 오래전부터 구상해둔 일이 있다고 재벌들이 참여하면 크게 보상을 받을 거라는 말을 했다. 우리들이 재벌교포들을 주선하기에는 벌써 재벌들 나름대로 생각들이 있을 것이기에 뭐라고 할 말이 없었다. 하시는 말씀만 경청하고 있다가 물러 나와서 판사처에 돌아왔다. 손창식 씨가 인편에 빼쓰촨루에 있는 손전정밀기계 사무실을 이소민 상교가 광복군 제1지대 2구대장 본부사무실로 사용하겠다면 제공하겠다는 연락이 와있기에 무슨 내용인지 아리송해서 이상교에게 연락을 했더니 구대본부 사무실로 사용하겠다고 작정해두라고 했다.

　이상교는 자기는 손전정밀기계 사무실에 구대본부를 두고 있으려고 하니 우리는 우리의 사무실을 계속 사용하고 있으라고 하고 있었는데 구대 운영비 조달을 위한 방편으로 이용을 하자는 건지 뒤숭숭한 머리를 정리 할 수가 없었다.

　우리는 언제나 괴로울 때건 즐거울 때건 천더썽 소교를 찾아가는 버릇이 생겼다. 이번에도 그간에 있었던 일들을 가지고 의논해 보기 위해서 10월 중순경 찾아갔다. 현재 우리가 당면한 환경에서 벗어날 수 있는 좋은 방안이 없을까 조언을 구해보기 위해서였다.

　천더썽 형은 우리가 사람에 시달리다 신경쇠약에서 오는 권태증상이라고 하며 자기 근무처 따쓰제(大世界) 부근에 있는 양쯔반점(楊子飯店)의 방을 잡아주면서 며칠간 휴식을 취해 보라고 했다.

　우리는 휴식을 취하기 위해서 판사처 직원에게는 대외적 엄비에 부쳐두도록 조치해 놓았다. 양쯔반점에서 쉬는 동안 몸도 마음도 풀려 기분이 좋았다. 천더썽 형이 찾아와서 우리 한국은 38선을 중심으로 남과 북으로 갈라놓고 남쪽에 진주한 미군정 당국에서는 충칭에 있는 임시정부가 개인자격으로 환국을 하겠다면 허락할 용의가 있다는 정보가 들어오고 있다고 했다. 천더썽 소교는 우리를 쳐다보다 우리의 눈빛에서 실망한 기색을 발견하고 좀 더 귀추를 두고 보자고 했다.

　일반인에 대한 귀국문제는 어디에서도 논의되고 있는 데가 없다고 장기적인 각오를 해두는 것이 좋겠다고 했다. 나와 박시준 소교는 부끄러운 결론이지만 우리가 할 일이 없다는데 인식을 같이 하고 이소민 상교를 찾아가서 사직하기로 결심을 했다. 우리가 그런 생각을 가지고 이소민 상교를 찾아갔을 때 이소민 상교는 우리의 눈치는 보려고 하지도 않고 오히려 이제 온 것을 탓했다. 그간 할 일이 많아 찾고 있었는데 일주일이 넘도록 어디 가서 뭘 하고 있었느냐고 질책했다. 자기가 그동안 구상한 국내진출 계획서를 내놓고 상의를 하자고 하여 더 두고 볼만한 일도 아니고 들어둘만한 가치도 없는 것 같아서 불쑥 사직서를 내놓았다. 그간 피로하고 지친머리를 식히기 위해 양쯔반점에서 쉬고 있었다고 솔직히 말을 했다. 쉬는 동안 우리가 앞으로 할일을 생각해 보았으나 할일을 찾지 못해서 사직하는 거라고 하자 이소민 상교는 아니꼽다는 어투로 말을 하며 우리가 내놓은 사직서를 찢어 내동댕이 치면서 우리의 아래위를 훑어보고 입을 꽉 다문 채 한참동안 노려보고 있었다.

"순재야, 난 네형이야? 넌 나와 한 의형제 결의를 벌써 잊었단 말이냐?" 하며 격한 어조로 실망했다는 표정을 드러내 놓고 쏘아 붙였다. 나는 대꾸할만한 용기도 나지 않고 분위기도 아닌 것 같아 눈을 내리고 방바닥만 보고 숨을 죽이고 있었다.

이소민 상교는 한참 만에 진정을 하고 나즈막한 목소리로 "나는 너희 둘만을 믿고 앞으로 하려고 했던 일도 많았는데" 하고 말끝을 잇지 못했다. 우리가 불쑥 사직서를 내놓은 경솔한 행동을 뉘우치고 우리가 사직하려는 사연을 구체적으로 설명하고 오해를 풀어드려야 할 책임이 있음을 느꼈다.

그러한 생각에서 우리가 할 일이 없다는 결론을 얻기까지의 심정을 설명하지 않을 수가 없었다. 나와 박시준은 우리의 힘으로 독립을 쟁취하지 못한 탓으로 연합군이 해방된 조국에 38선을 경계선으로 하고 남과 북으로 갈라놓고 남에는 미군이 북에는 소련군이 진주해서 군정을 선포하고 남한에 진주한 미군정 당국에서는 충칭에 있는 임시정부가 개인자격으로 귀국을 하겠다면 허용한다는 정보가 들어오고 있다고 하자 이소민 상교는 상기된 표정으로 한손을 내저으면서 그 정보는 언제 어디서 누구한테 들은 거냐고 물었다. 엊그제 저녁 조사실 천더썽 소교로부터 들은 정보라고 하자 그런 정보를 왜 지금 말해주느냐고 못마땅한 표정이었지만 믿을 수 있는 정보라는 데는 이의가 없었다.

뿐만 아니라 해방지구에 나온 광복군이 대부분 해산한 걸로 소문이 나 있고 또한 생업이 없는 우리 동포들이 얼마 동안을 생계를 유지할 수 있는지 알 수 없는 앞날을 대비해 우리가 사전에 고난을 대처해 둘만한 방안이 없음을 걱정하지 않을 수 없는 처지임을 알아두어야 할 때라고 말했다. 재벌교포들은 장기적인 안목을 가지고 재산을 분산, 은닉해 두고 사람들을 피해서 숨어서 몸 사리고 있는 상태에 있고, 교민들이 일본통치하에서 산 것을 부끄럽게 생각하던 때는 어제의 일이고 오늘은 독립투사나 내가 뭣이 다르냐고 하는 판국에서 내일이면 어떻게 변할지 알 수 없는 민심과 시국이 원망스럽다고 말했다. 해방 된 지 2개월이 지나가도록 충칭에 있는 우리 임시정부는 어떤 이유에서 교민에 대한 일언반구의 관심도 나타내지 않고 있는 상태를 비방하고 나오는 사람들이 많아 때로는 독립운동을 했다고 하는 것이 거추장스러울 정도로 세상이 변해 가고 있어 구대장이 상해 귀환할 당시와는 너무도 달라 격세지감(隔世之感)을 느낀다고 말을 하자 우리가 하는 말에 열심히 귀를 기울이고 있던 이소민 상교는 비로소 오해를 푸는 것 같았다.

  그렇다면 우리 2구대도 해산을 하는 수밖에는 도리가 없지 않은가? 하지만 조국의 해방을 위해 싸우던 광복군이 해방된 조국엔 가보지도 못하고 해산을 하다니 그것도 우리 마음대로 해산을 하고 군복을 벗어버리고 말다니 하고 말끝을 잇지 못하고 우리를 바라보고만 있다가 감정을 억제하지 못한 채 조국의 독립을 위해 총칼을 들고 나섰던 전우요, 동지들과 이제 타의(他意)에 의해 해산할 것을 생각하자 격분함을 이기지 못해 책상을 내리치고 흐느끼며 우리들을 붙들고 울음을 터트리는 바람에 우리도 가슴이 메어지는 듯 사정없이 눈물이 쏟아져 내려왔다. 험하게 몰아친 새로운 외세는 우리들의 조국을 몰라도 너무 몰라주었고 새로운 외세가 끼어들 줄은 꿈에도 생각지 못했던 상황이 우리들의 마음을 사정없이 슬프게 하고 외롭게 만들어 놓았다.

  우리는 기약 없이 후일 다시 찾아뵙겠다고 굳게 다짐하고 이소민 상교와 작별하고 나오면서 흘러내리는 눈물을 막아낼 수가 없었다.

제 3 부

제 3 부

28. 해방된 조국으로 돌아가다

1945년 10월 하순경 충칭에 있는 우리 임시정부 요인들이 개인 자격으로 환국한다는 소식이 전해지자 상해 교포들은 착잡한 심경을 감추지 못했다. 구한말 일본에게 나라를 빼앗겼던 부끄러운 역사를 가지고 한평생 임시정부를 지키고 독립투쟁을 하다가 미·소 군정하에 있는 국내로 임정요인들이 개인자격으로 환국한다는 것은 민족의 수치라는 여론이 분분했다.

긴 세월 향수에 젖어 살던 노 상해인들은 오죽하면 임정요인들이 개인자격이라도 환국하겠다고 하겠는가 하고 동정적인 이해를 하려고 하는 사람이 많았다. 반면에 신 상해인들은 임정이 자력갱생을 위한 노력이 부족했거나 과감한 개혁으로 적극적인 자구책을 도모하지 못한데 원인을 두고 비판하는 사람도 많았다.

또한 일부 계층에서는 1941년 12월 8일 일어난 태평양전쟁이 조국의 독립을 쟁취할 수 있는 절호의 기회였는데, 이때 임시정부가 보다 적극적인 활동을 국내외로 연계하여 전개하였더라면 오늘의 대내외적 상황을 크게든 작게든 바꾸어 놓았을 것이라 보고 아쉬운 생각을 하는 사람들도 많았다.

　이 모두가 사후약방문격인 말들이지만 신 상해인들 태반이 우리나라 임시정부가 있는 것조차 모르고 있었으니 할 말이 없었다. 임시정부 입장에서 보면 자금과 사람이 없었다고 말하는 사람들이 많았는데 따지고 보면 국운이 없었다고 할 수밖에 없었으므로 누구를 비방할 수 있는 일이 아니었다.

　임시정부 요인들이 환국할 때 상해에 기착해서 교포들을 찾아보고 간다는 소식이 전해오자 영접을 위한 환영위원회를 구성하느라 법석을 떨고 있었지만 진작 11월 중순경 임정요인들이 상해 강만비행장에 도착하는 날은 노 상해 친지들만이 공항으로 영접하러 갔었고 다음 날 진안쓰로(靜安寺路) 따광민(大光明)극장에서 환영하는 행사에는 진 상해 교민이 참여하여 대성황을 이루었다. 임시정부 요인들이 상해에 와서 상해 교민사회가 공동화 상태에 놓여 있는 것을 보고 화중권에 거주하는 교민들을 보호통솔하기 위해서 화중단 기구를 구성하고 단장에 장흥(張興) 상교를 임명하고 화중단 판사처를 홍커우 빼쓰촨루 손전정밀기계 사무실(전 광복군 제1지대 2구대 본부)에 설치하고 교민을 위한 선수사업에 착수하기 시작했다.

　또한 최창식(崔昌植) 선생을 한간이라고 몰아 탕언빼(湯恩伯) 계엄사령부에 고발하고 구금시켜 놓았는데 임정요인들이 개인자격으로 귀국길에 상해에 와서 며칠간 유하는 동안에 사건에 대하여는 논란과 비판의 소리가 높았다.

해방 전날까지 일본정부의 밀명을 띠고 중국정부와 화평공작을 위해 홍콩, 광동, 한귁, 상해 등지에서 활동하고 있던 사람이나 또는 일제 때 한국 사람으로서는 제일 많은 뇌물인 비행기 수십 대를 헌납했다는 재벌은 그냥 놔두고 일본의 협력을 거부하기 위해 병자로 가장하고 항전 8년간 해방되는 날까지 병상생활로 인해 기동을 할 수 없게 된 애국지사를 한간으로 몰아붙이고 계엄사령부에 구금시킨 처사는 이해할 수 없다고 말하는 사람이 많았다.
  일설에 의하면 임정요인들이 거물급으로 소문난 애국지사 최창식 씨를 한간으로 몰아붙이면 이름난 정치인, 문화인, 경제인들이 일제하에서 산 것을 부끄럽게 생각하고 임정에 협력하고 나올 것이라 기대하고 위엄을 내보인 일종의 공작정치로 치부하는 사람들도 있었다. 임정과 대립적 관계에 있었던 정적들을 일본 통치하에 산 것을 구실 삼아 해방된 정계에 진출하지 못하도록 손발을 묶어 제제해 두자는 목적일 수도 있다고 말하는 사람도 있었다. 최창식 선생을 구금한 사건을 전해들은 교민들이 놀라서 임정을 비난하고 나오는 사람이 있는가 하면 말조심하고 애써 모른 체 하려고 하는 사람도 많았다. 재벌들은 큰 충격을 받아 임정요인들에게 줄을 대려고 동분서주 하고 있는 사람이 많았다. 특히 손전정밀기계 사장 손창식의 부인 조동선(趙東善, 독립운동가 조목사의 여식임)을 내세워 임정요인들을 찾아다니며 막대한 자금을 제공했다는 소문이 요란하게 나돌아 다녔다. 손창식이 일제하 비행기 수십 대를 헌납한 사람으로 임정에는 얼마나 자금을 제공했을까 하고 궁금해 하는 사람들의 입방아 소리가 요란했었다.
  또한 재벌 중 덕창연공창은 회사 중역이 과거 임정에 관계가 있었던 관계로 임정요인들과 친분관계가 있어 무사할거라는 견해가 지배적이었지만 삼화흥업주식회사 사장 봉명석, 경화산업주식회사 사장 남복상, 우후재벌 대동산업주식회사 사장 김용섭 등은 몸이 달아서 이리저리 뛰고들 있다고 비웃는 사람도 있었다. 임정요인들이 귀국길에 상해에 들러서 웃지 못할 소문만 요란하게 남겨놓고 조국으로 떠나 간 후 차분한 분위기가 자리 잡아 가고 있을 때 나와 박시준 동지는 그간 우리에게 후원해 준 사람들을 찾아가 인사나 해두자는 생각을 가지고 어느 날 저녁 8시경 예약 없이 위원루에 사는 김용섭 사장 댁을 찾아갔다. 김용섭 사장은 우리를 보자 닭똥만한 눈물을 뚝뚝 흘리며 울었다. 우리에게 하소연 하듯 긴 한숨을 내리 쉬고는 답답하다는 듯 가슴을 쳤다. 우리는 그가 분통을 터뜨리는 사연을 짐작할 수 없어 비통했다. 알고 보니 갖고 있던 재산은 도둑맞고 믿고 맡겨두었던 돈도 떼였다는 것이었다. 또한 이 사람 저 사람한테 끌려가서 수중에 있던 돈은 모두 털리고 그러다 보니 거지신세가 됐는데 앞으로 살아가는 것이 큰 문제라고 또 한 번 크게 울음을 터뜨렸다. 옆에서 지켜보고 있던 김사장의 첩 고비연(홍커우 쭝강루 한인촌 조선관 기생)이 우리를 쳐다보고 저 양반 요 며칠간 식음을 전폐하고 세상을 비관한 나머지 죽고 싶다는 말만 하고 있다고 거들었다. 우리는 김 사장이 우리 앞에서 처참한 환경에 처해 있음을 보이려고 하는데 고비연이 보조를 맞춰 가며 돈이 없는 시늉을 하는 저의가 무엇일까 생각했다. 필시 이 사람들이 우리가 구걸하러 온 줄로 잘못 판단하고 이 사람이 갖고 있는 장기인 눈물과 화술로 우리를 희롱하는 건 아닌지? 또한 임정요인들이 상해에 왔을 때 요인들 앞에 나섰던 이 사람 저 사람한테 사기를 당해 많은 재산을 날리고 나서 분한 마음을 이기지 못해 몸부림치고 있는 것은 아닌지? 이 사람 아편쟁이라 순간적 광기가 발작한 것은 아닌지? 이것저것 다 추리해 보아도 우리가 구걸하러 온 것으로 알고 엄살을 부리고 있는 것이 분명했다. 순간 불쾌한 감정이 솟구쳐 올라왔다. 김 사장이 우리보다 나이는 한 10년 연상인데 돈은 많이 갖고 있었지만 인간성이 돼먹지 않고 사기성이 농후한 사람이라 신임하기가 어려웠다.

우리는 김 사장을 불러 세우고 여기는 무성영화관 단성사나 우미관의 변사실도 아니고 또 우후(蕪湖)에서 아편밀매로 재판을 받던 법정도 아닌데 왜 아닌 밤중에 쇼를 하는 거냐고 다그쳐 보았다. 우리는 당신한테 구걸하러 오지도 않았고 빚 받으러 온 채권자도 아닌데 왜 우리한테 돈타령을 하는 거냐, 이 사람 임정요인들과 교제하고 나더니 민충이 한여름에 숙대머리에 올라앉은 만큼 높은데 올라간 걸로 착각하지 말고 정신차리라고 한 후 수중에 돈 몇 푼 있다고 사람 괄시하는 것부터 배웠다고 크게 꾸짖고 치사하고 더러운 인간들하고 우리가 여기 앉아 있을 때가 아니라고 일어났다.

이때 김용섭 내외가 재빨리 태도를 바꾸고 우리의 옷깃을 붙잡고 잘못했다고 용서해 달라고 아우성 치고 있는 것을 보고 냉정하게 뿌리치고 현관으로 나왔다. 김 사장이 따라 나와 못 가게 매달리기에 내가 갖고 있던 권총으로 김 사장의 면상을 떠밀어냈더니 상처가 나서 피가 솟아나와 얼굴에 피투성이가 된 것을 보고 고비연은 도망치고 김 사장의 처남 계지풍(桂枝豊)이 방에서 나오다 이 광경을 보고 기겁을 해 도망을 갔다.

우리는 난징 투허룽빌딩 숙소에 돌아와서 김 사장의 오늘 밤 있었던 언동을 보고 상해에 있는 우리 재벌 교포라는 사람들이 김용섭 사장과 다를 게 없는 졸부들이라는 것을 깨달았다. 쓸데없이 인사차 찾아가는 일을 절대로 할 일이 아니라는 것을 절실히 깨달았다. 재벌로서 역사적 전통성이 없는 사람들에게 인간이기를 기대했던 자체가 인식 부족이었음을 깨닫고 인사차 찾아보려고 했던 일들을 전부 취소했다.

돈 몇 푼 가지고 있는 걸 기회로 해서 사람을 돈으로 저울질 해 보려고 하는 버릇없는 인간들을 상대하지 않으려고 그간에 하고많은 초대를 거절했던 것이 아주 잘한 일이라는 생각이 들었다. 세상만사 잊어버리려고 잠자리에 들었다. 새벽녘 누가 찾아와서 우리를 불러대는 바람에 일어나서 문을 열고 보았더니 김용섭 사장이었다. 어젯밤 자기의 잘못을 몇 번이고 뉘우치면서 자기의 재산을 지켜준 데에 대한 보답은 하지 못하고 경거망동한 처사에 깊이 반성한다고 하며 들고 온 가방을 내놓으면서(관금권 이천만 원, 미화 2만불 정도, 2개월 사이에 관금권이 4분의 1로 하락했다) 약소하지만 자기의 성의라고 받아달라고 했다. 우리는 김 사장에게 자나깨나 돈만을 생각하고 돈이면 다라는 생각을 버리지 않는 한 돈 때문에 사람구실도 못하고 대접도 받을 수 없음을 알아야 한다고 일렀다. 그가 내놓은 가방을 가지고 가라고 호통을 쳤다. 한번만 봐달라고 하는 걸로 보아 아직도 우리의 진의를 이해하지 못한 듯 했다. 우리가 어젯밤 찾아갔던 경위를 말해줘야만 했다. 돈 때문에 구걸 갔던 것이 아니고 판사처를 해체하고 난 후 그간에 후원해 준 여러분들을 인사 차 방문하려고 계획을 세워 어젯밤 김

사장 댁을 제일 먼저 방문했다가 돈타령 때문에 모욕을 당한 감정이 가시지도 않았는데 또 돈을 들고 와서 괴롭히는 거냐고 가지고 돌아가라고 사정을 하자 김 사장은 용변 보러 가는 척하고 일어나서 문 쪽으로 가더니 말도 없이 뺑소니치고 말았다.

이일범(李一凡) 형이 난징에서 일가족을 인솔하고 상해에 와서 홍커우쪽 만세장에 거처를 정하고 찾아왔다. 이일범 형은 1945년 4월에 제3전구에서 항일독립운동을 하다 동지규합을 위해 난징(南京)에 온 유수인(柳樹人)과 내통하여 동지 15명과 같이 난징을 탈출했다. 동년 5월에 제3전구 허커우(河口)에 가서 항일독립운동을 전개하던 중 일본이 패망한 후 광복군 제1지대 2구대장 이소민 상교의 신임을 얻어 동대 난징지구 특파원으로 부임하여 소임을 수행하고 이제 귀국길을 찾아 상해로 왔던 것이다.

광복군 제1지대 2구대 재정부장인 나의 셋째 형 여재(璵載)와 형수 중국인 예예징(葉葉菁)은 제3전구 쌍라오(上饒)에서 이소민 상교의 가족과 같이 동행하여 항저우(杭州)에 와서 2구대 잔무를 처리한 후 상해에 왔다.

광복군 제1지대 2구대 국내 충청도 책임자(전 찐화계림회 회장) 김 씨와 동대 제주도 책임자(전 찐화계림회 총무) 고 씨, 동대 재정부원(전 저장물산 직원) 김 씨는 제3전구 쌍라오에서 찐화(金華)를 경유해서 상해로 온다고 했었다는 데 아직 소식이 없다(전 재정부원 김 씨는 국내에 돌아와서 6.25동란 후 인천역 노상에서 상봉한 적이 있다).

동아동문서원(東亞同文書院)에 사무직으로 있던 이덕성(李德星) 형이 찾아와서 '신생활(新生活)'이라는 잡지를 발간하려고 하는데 그 일에 참여해 달라는 간청에 못 이겨 홍커우(虹口) 둥씨화더루(東熙華德路)에서 창간한 일이 있다.

나와 박시준 동지는 1946년 새해를 맞이하여 신년 인사를 하기 위해 최창식 선생 댁을 방문했다. 최 선생 없이 혼자 계시는 김원경 여사의 생활은 깊은 수심에 잠겨 있어서 무슨 말로 위로를 해 드려야 할 지 할 말을 찾을 수가 없었다.

우리는 천더썽 형을 찾아갔다. 그는 우리 보고 중국 국적을 신청해서 상해에서 자기와 같이 일하면 어떻겠냐는 의견을 제시했다. 여러 날을 두고 생각해 보았으나 조국을 위해 독립운동을 하다 조국을 버려야 하는 이율배반적인 일에 아무리 좋은 직업이라 해도 동의할 수가 없었다.

어느 날은 누군가 우리를 찾아와서 이소민 상교와 절친한 노 상해의 유명한 브로커 박동현(朴東賢), 일명 공개평이라는 사람이 이 상교가 어느 유명한 재벌부인으로부터 정치자금 명목으로 상당한 거래가 있었던 내용을 알고 찾아가 일확천금을 벌 수 있는 사업이 있다고 꼬여가지고 사기를 치는 바람에 송두리째 날리고 말아 빈털터리로 고생을 하고 있다는 소식을 전했다. 나와 박시준 동지는 구대를 해산할 때 이소민 상교에게 다시 만나 뵙겠다고 굳게 언약한 바가 있어 김용섭 사장이 놓고 간 관금권을 전장에 가서 미화로 교환해 가지고 일만 불을 가지고 법조계 홍주루(紅條路)에 거처하고 있는 이상교를 찾아가 보았다.

이상교 댁 한 쪽에는 구대원 삼사명이 갈 데가 없어 동거하고 있는 것이 보였다. 이상교는 우리가 온 것을 보고 다시는 만나지 못할 줄 알았는데 찾아 주어서 고맙다고 하면서 세상이 어떻게 돌아가는지 소식이나 전해달라고 하는 걸로 보아서 찾아오는 사람도 없이 두문불출 집에 칩거한 채 있는 듯했다. 보기에 딱해서 무슨 말을 해야 좋을지 두서를 잡을 수가 없어 가지고 온 미화 일만불을 내놓았더니 눈을 감은 채 한참 만에 자네들도 어려운 형편일 텐데 나에게 다 주면 어떡하냐며 나누어 쓰자고 했다.

우리는 김용섭 사장을 만나서 실망했던 일과 재벌 교포들을 찾아보려고 했던 일을 모두 다 취소한 사실들을 말해주고 교포들의 인심이 날로 사나워지고 있음을 알려드렸더니 이상교도 우리의 말에 수긍이 가는 듯 했다.

이상교는 상해 귀환 초에는 많은 사람들이 찾아와서 돈이 필요하면 말해달라고 하더니 임정요인들이 다녀간 후로는 점심이나 저녁 한 번 하자는 사람을 볼 수 없다고 세상이 무상하다고 했다.

우리는 수중에 얼마간 돈이 있을 때 귀국길에 상해에 와서 고생하고 있는 이일범 형을 찾아가 점심식사를 대접하고 얼마간 마련해 두었던 금원을 주었다.

이범석(李範奭) 장군이 상해에 와서 교민들의 귀국을 위해 미군 당국과 교섭을 하고 있다는 소문이 나돌았다. 사실을 확인하던 과정에서 법조계 싼중루(善鍾路) 제3국제문화제연구소 사택에 거주하고 있는 신석우 씨 댁에서 이범석 장군이 동거하고 있다고 우리더러 주의를 해두고 있으라는 사람이 있었다.

귀국길이 열려서 3월 4일 제1차 귀국 희망자 신청을 받는다는 공고가 났다. 박시준 형과 상의를 했더니 박 형은 상해에 있고 싶다고 해서 나만 신청을 했다.

제1차 출항하는 승선권을 받아들고 나서 주의사항에 귀국하는 한 사람당 한국은행권 1천 원 이상은 소지할 수 없다고 해서 가지고 있던 약간의 비상금은 모두 박시준 동지에게 주고 가야하겠다 하고 작별인사를 다녔다. 작별인사를 다닐 때 문득 생각이 났던 일이 하나 있었다. 다름이 아니라 제3전구 쌍라오(上饒), 씨후(西湖) 여관에서 작년 4월 관상을 볼 때 관상쟁이가 말하기를 내년 3월에는 환국하게 될 거라는 것이었다. 그 당시에는 한 귀로 듣고 흘러 버렸던 말이 신통하게도 현실로 나타났으니 상기하지 않을 수 없었다.

이소민 상교를 찾아가서 귀국인사를 하였더니 내 손을 붙들고 놓아주지를 않아서 이별의 아쉬움으로 마음이 무겁기만 했다.

나는 셋째 형 여재를 찾아가 보았다. 한때는 우리 4형제가 상해에 살다가 이제 상해에 남은 형제 중 독립운동을 같이한 형님을 남겨둔 채 귀국하겠다는 말이 입에서 떨어지지가 않았다. 얼굴만 쳐다보고 있다가 이별을 어떻게 말로 표현을 해야 할지 적절한 말을 찾아내지 못한 채 서로 눈물만 흘렸다.

박시준 형을 찾아갔다. 둘도 없는 동지인 박 형에게는 귀국신청을 하기 전에 만나서 충분한 상의를 한 일이 있었건만 오늘따라 귀국이라는 말이 나오지가 않아 수중에 남아있던 돈을 다 내놓았더니 물끄러미 돈만 보고 있었다. 우리는 서로 무슨 말을 해야 할지 할 말을 잃고 말았다.

천더썽 형을 찾아갔다. 3월 4일 귀국한다고 하자 언젠가는 작별할 날이 올 것이라고 생각은 하고 있었지만 이렇게 이별하게 될 줄을 몰랐다며 못내 아쉬운 표정을 지었다. 오늘 저녁은 박시준 동지와 같이 저녁을 하자고 해서 우리 3인은 내일을 생각하지 않고 술판을 벌이다가 정신을 잃고 말았다.

　천더썽 형과 만난 지 만 5년 1개월 만에 우리는 기약 없는 작별의 밤을 보냈다. 항일항전을 위하여 생사를 같이 한 동지와 어쩌면 오늘로 마지막이 될지도 모른다는 생각에 가슴이 아팠다. 처음 만나 의(義)자 하나로 형제결의한 것이 새삼 떠올라 이별을 더욱 아프게 했다.

　신생활 잡지사의 이덕성 형과 직원들에게 면목은 없었지만 귀국한다는 사실을 알려야 했다. 어려운 경제 여건과 환경 속에서 잡지를 발간하다 보니 고생이 말이 아니었지만 이덕성 형의 끈기가 일을 붙들어 쥐면 추진력이 강해서 어려움을 잘 이겨내고 있었다. 없는 잡지사 살림에도 귀국 송별회를 열어서 온 직원이 한자리에 모여서 그간에 고생 속에서도 정만은 두터웠던 것을 확인이라도 하는 것 같았다.

　1946년 3월 4일 오후 2시부터 승선을 허락한다고 해서 그날 점심은 셋째 형과 천더썽, 박시준 두 형과 나 4인이 합석을 했다. 내가 피난민의 신세가 되어 고국으로 돌아가는 것을 보고 언젠가는 자신들도 피난민의 신세가 되어 돌아갈 것을 생각하고 슬픈 표정들이었으나 나 자신은 임정요인들이 개인 자격으로 고국으로 돌아간 마당에 내가 피난민의 신세가 된 것이 부끄러울 것이 없었으나 후세 사람들이 볼 때 나라를 찾아 독립운동을 하겠다고 나서 줄 사람이 있겠는가 하는 것이 걱정이라면 걱정이었다.

　부두에는 귀국하기 위해 피난민 동포들이 무질서하게 여기저기 몰려 있었다. 누군가 일렬로 줄을 서달라고 정리하는 사람의 말을 따라 나도 이일범 형 뒤에 다가가서 일렬로 섰다. 우리가 승선할 배는 L.S.T미해군 함정 3척이 나란히 있는 중에 맨 앞쪽이었다. 2시 정각 승선이 시작되어 배에 오른 나는 전송 나온 셋째 여재 형과 천 소교 형, 그리고 박시준 형에게 돌아들 가라고 손을 흔들어 보였다.

오후 6시쯤 되자 배는 기관소음이 커지고 고동소리를 내면서 움직이기 시작했다. 황퓨강(黃浦江)을 빠져 나올 때는 밤이었고 파도에 밀려서 배는 요동하기 시작했다. 배는 갈수록 파도에 밀려서 요동은 심해졌고 요동하는 대로 사람들이 밀려다녀서 제자리를 지킬 수가 없었다. 배 멀미를 하는 사람들은 벌써 토하기 시작했다. 나도 배 멀미가 나서 선상갑판에 올라가 바람을 쏘이며 심호흡을 해보고 기분전환을 시도해 보았으나 별로 효과를 거두지 못했다.

다음 날 날이 밝아 갑판에 올라가 보았더니 보이는 것은 검은 바다와 파도, 그리고 우리 뒤를 까마득하게 멀리 떨어져 따라오는 배 한척이 보일 뿐이었다.

배는 계속 달려가고 있건만 어디쯤 가고 있는지 알 길이 없었다. 어제와 오늘이 똑같아 뒤를 보나 아래를 보나 그 하늘 그 바다, 낮과 밤이 바뀌어 하루가 가고 이틀이 가고 있다는 것만 느껴질 뿐이었다.

날이 갈수록 배 멀미를 하는 사람들이 늘어 갔다. 음식물을 전폐하고 몸져 누워있는 사람들이 많아서 언제까지 버틸 수 있을지 딱해 보이기만 했다. 나도 배 멀미 때문에 아무 것도 먹지를 못해서 지칠 대로 지친 몸을 가누기가 어려웠다. 멀쩡하게 피난민이 된 신세에 주제넘게 선박타령을 할 만한 처지는 아니었으나 하루 이틀이 아닌 일주일이나 항해해야 하는 거리에 L.S.T를 교섭했다는 것은 우리를 사람취급을 했다기보다는 총기취급을 했다고 생각을 하니 자존심이 상해 욕이 안 나올 수가 없었다. 더구나 패전국 국민도 아닌 준전승국 국민쯤은 된다고 자부하고 있는 우리 동포들을 짐짝 취급하듯 교섭하고 다닌 사람이나 그런 식으로 받아들인 사람들은 내일의 역사는 안중에도 없었던 사람들이라 하겠다.

근 일주일 만에 멀리 육지가 보이기 시작을 하더니 3월 10일경 천신만고 끝에 요행이 부산항에 입항을 했다. 하지만 하선은 시키지 않은 채 별의 별 유언비어만이 나돌고 있었다. 광복군이 무기를 갖고 왔다는 정보가 있다면서 광복군 출신들을 연행해 가고 있다고 하는 바람에 나는 기념사진으로 소지하고 온 조사실 편의대 시절의 사진과 탕씨군관민합동환영대회 기념사진, 광복군 제1지대 2구대 상해판사처장 때 사진과 이소민 상교 상해귀환 때 사진 등 수 십장을 몽땅 부산바다에 버리고 말았다. 선실내의 공기가 광복군을 국사범으로 헐뜯고 독립운동을 한 사람들을 죄인 취급하듯 하는 분위기가 자리 잡고 있어 만일이라도 내가 가지고 있던 사진으로 신원이 들통나서 이 사람들에게 누가 되어서는 안 되겠다 싶어 그 시절 값진 기념사진을 버린 것이 두고두고 생각해 봐도 분이 풀리지가 않았다.

사진을 부산 바다에 버리고 난 며칠 후 모두 헛소문으로 밝혀졌다. 언제나 나는 내 결백한 성격 때문에 이익은 얻지 못하고 손해만 보는 일이 많았다. 남에게 폐가 되거나 손해가 가거나 방해가 되는 일에는 언제나 적극적으로 피해서 살아온 성격 때문이라 하겠다. 남들은 외유내강(外柔內剛)인데 비하면 나는 외강내유(外剛

(內柔)로 인해 손해 보는 일이 많은 것을 알고는 있지만 타고난 성격 탓이라 어찌 할 수가 없었다.

3월 10일에 부산에 기항한 배는 방역검사와 허열병 예방소독으로 인하여 13일 상륙이 허락되었다. 상륙한 후 나는 부산역에서 허기진 배를 채우고 서울행 피난민 열차 화차간 한 쪽에 이일범 형네 가족과 같이 몰려 앉았다. 부산을 떠난 열차는 매 역마다 정차하고는 갈 건지 안갈 건지 통 알 수 없이 정차하고 있다가 기적 소리 한 번 울어대고 떠나곤 했다. 때에 맞추어 떠나는 건지 아니면 기분 나는 대로 떠나는 건지 어느 장단에 떠나는 건지 엉망진창인 가운데 부산을 떠난 지 4일 만인 16일 아침 서울역에 도착했다.

미군이 38선 이남에 진주하고 군정을 실시한 지 6개월. 교통질서조차 제대로 자리 잡지 못하고 있는 걸로 보아서 사회질서는 보나마나 대혼란 상태에 있을 것을 생각하니 기가 찼다.

29. 고향땅 황주에 가다

1946년 3월 16일 아침 4시에 서울역에 도착한 나는 역전 노상에서 국밥 한 그릇을 비우고 서울에 거주할성 싶은 맏형 경재를 찾아 나섰다. 우선 종로구 명륜동에 사시는 서경임(徐敬任) 형수를 찾아가 보았다.

나는 아버지를 여의고 난 후 맏형을 따라 둥산성(東三省) 창춘(長春)에 가서 서경임 형수를 모시고 산 적이 있었다. 맏형이 상해로 간 후 서경임 형수가 서울에 와서 별거생활을 하고 있을 때 찾아 본 적도 있어 서경임 형수를 찾아가면 맏형의 소식이나마 들을 수 있을까 기대했다. 형이 서울에 살고 있다면 어디에서 살고 있는지 알고 있으리라는 생각을 하고 찾아갔었는데 내 추측은 적중했다. 맏형은 서경임 형수가 거주하고 있는 같은 명륜동 관내 지척에 살고 있다고 집 앞까지 길 안내를 해주었다.

나는 피난민 신세로 돌아왔기 때문에 염치불구하고 빈손으로 찾아 들어갔다. 맏형은 내가 해방 후 상해에서 광복군 제1지대 2구대 상해판사처장으로 일 한 것을 누구한테서 들었는지 소상하게 알고 있었다.

고국에 돌아와서 정말로 오랜만에 편안한 잠자리에서 푹 쉬고 다음 날(3월 17일) 을지로 네거리 합동통신사(合同通信社)에서 기자로 있다는 유재명(柳在明, 경향신문 부사장 역임) 형을 찾아가 보았다. 유형은 내가 커피를 좋아하는 걸 알고 다방으로 가자고 2층에서 내려오다 현관에서 이영근(李榮根)을 만나 같이 다방에 가서 유재명의 소개로 인사를 나누었다.

이영근 형은 청주의 부유한 가문에서 태어나 서울 연희전문학교(延禧專門學校) 문과를 졸업했다. 태평양전쟁 중일 때 자본금 2만원을 투자해서 폭소단(暴笑團)을 조직해서 둥산성(東三省)에 가서 각 처에 거주하고 있는 교포들을 대상으로 위문공연을 하고 다니다가 자본이 바닥나서 해산하고 국내에 돌아왔다. 서울 종로구 광교동에 동일 상사를 개설하고 사업을 한다는 미명하에 연일 요정출입으로 세월을 보냈다. 8·15 해방이 되자 건국준비위원회 치안대에 관계할 당시 사회주의 계열의 여러 종파들과 인맥을 갖고 그 계열의 여운홍(呂運弘)이 창단한 사회민주당(社會民主黨)의 청년부장으로 일을 했다. 사람을 사귀고 교제하기를 좋아해서 그날 분위기에 따라 선술집이든 요정이든 수중에 돈이 있든 없든 어디든지 가서 술 한상을 벌여놓을 수 있는 수완과 배짱이 두둑한 한량(閑良)을 나는 난생 처음 만났다. 그날의 차 값에서부터 점심과 저녁에는 장안의 최고급 요정에 가서 대접을 받았다.

이영근 형은 이번 제1차 귀국선에 나와 같이 귀국한 독립운동을 하던 동지들을 국일관(國一館)으로 초대하여 위로연을 베풀고 싶다고 연락해 달라고 했다. 다음 날(3월 18일) 나는 이일범 형을 만나서 상의를 하고 5명 정도 인선해서 이영근 형에게 연락을 했다.

서울에는 상해에서 돌아온 난민들로 다방마다 만원을 이루고 있었다. 개중에는 사업을 찾아 분주하게 뛰고 있는 사람이 있는가 하면 어떤 사람은 명동 입구에 고물 옷가게를 차려 놓고 상해에서 돌아온 사람들이 생활이 어려워 옷을 팔려고 가지고 나온 것을 사서 팔았다. 서울의 멋쟁이들이 주로 찾아와서 상해식 뽕형의 양복을 사 입고 제법 멋을 내고 다니는 사람들이 늘어나고 있는 것을 보고 있노라면 상해에서 돌아온 난민들 생활의 바닥이 들어난 실정이 보이는 것 같아 남의 일 같지 않았다.

3월 26일 이영근 형의 초대를 받아 저녁 7시 국일관으로 이일범(李一凡), 박재성(朴在成), 김호림(金虎林), 정영호(鄭英昊) 형들과 동행하여 가니 우리 일행 외에 해방 전 학병을 기피 예안독립동맹(延安獨立同盟)으로 망명했던 고찬보(高贊輔), 성대경(成大慶), 박동철(朴東喆) 등이 북에서 남하하여 서울 중구 북창동(北倉洞)에 외형상 민족문제연구소(民族問題研究所)를 개설해 놓고 남한 각 정파의 동정을 내탐하기 위한 사명을 띠고 있는 삼총사도 있었다.

자리를 마련해 준 사람은 외형상으로 우당 최근우(愚堂 崔謹愚, 2·8선언 당시 발기인, 해방 후 건국준비위원회 총무부장을 역임) 선생이었지만 실은 이영근이 마련한 자리에 자기의 이름을 내세우기가 어려워 우당 선생과 나의 맏형을 내세워 놓고 임정계 광복군 출신과 연안계의 용군 출신들을 사전에 한마디 상의도 없이 임의로 합석시킨 자리였다. 이영근 형의 소개로 서로 통성명을 하고 주연이 한창 진행되고 있을 때 느닷없이 임정요인이요, 무정부주의자로 널리 알려진 유림(柳林, 임정국무의원 역임) 선생이 문 밖에서 우리 좌석을 들여다 보다 우당이 있는 것을 보고 불쑥 뛰어들어왔다. 그는 좌석의 분위기는 아랑곳 하지 않고 한바탕 떠들어대고 소란을 피우며 술잔을 이 사람 저 사람과 주고받으며 어서 비우라고 독촉을 했다. 김호림이 술잔을 비우고 얼김에 한 손으로 주었더니 새파란 놈이 어른을 몰라보고 버릇없이 한 손으로 술잔을 준다고 버럭 화를 내고 꾸짖어댔다. 김호림도 성질이 나서 당신이 뭔데 남의 좌석에 뛰어 들어와서 주사를 부리고 소란을 피우는 거냐고 큰소리로 성토하고 나서면서 임정요인의 체통은 어디다 팔아먹고 주정뱅이가 됐느냐고 조롱조로 역습하는 바람에 좌석은 일순간 아수라장이 되고 말았다.

김호림의 말이 대선배님 앞에서 과격하고 지나친 언사이기는 했으나 사실 임정요인 유림의 모양은 누가 보아도 장타령에 나오는 각설이와 같이 그 큰 눈이 술기운으로 붉어져 있는 것이나 카이젤수염 언저리에 음식물이 붙어 있는 거하며 와이셔츠 한 쪽은 팔소매가 없고 바지는 술로 얼룩진 것들을 볼 때 우리의 자존심이 상하고 수치스러워서 좌중에 몸담아 있기가 부끄럽고 민망하기

이를 데가 없었다.

그렇지 않아도 세상의 여론은 임정이 무능해서 자기 몫도 차지하지 못했다고 비웃거나 비평하는 사람들이 많은데 오늘따라 연안의 용군파들과 같이 한 좌석에서 김호림이 유림 씨를 성토하고 나섰던 것은 초록은 동색이라 했는데 연로한 대선배님을 떠받들고 위로해 드리지 못한 우리의 실수도 크다고 하지 않을 수가 없다.

만약에 어쩌다 연안파 쪽에서 들고 일어나 유림 씨와 시비라도 붙었더라면 이 좌석은 좌·우 사상이 대립해서 큰 아수라장이 될 만한 폭발물을 껴안고 있었던 거나 다름없는 위험한 좌석이기도 했다. 서로가 비슷한 젊은 나이에 좌·우 양 진영에서 독립운동을 하다 고국에 돌아와 조국의 현실을 놓고 볼 때 전통과 배경을 무시할 수 없는 서로간의 입장을 이해하지 못하고 초대한 측이야말로 현실을 외면한 처사였다.

이영근 형의 생각은 젊은 세대들이 전통이나 배경과 사상을 초월해서 타협하고 뭉쳐서 현 난국을 타개하여야 한다고 하나 문제는 해방 후 너나 할 것 없이 모두가 정치판을 벌여놓는 바람에 일제 때 일본에 협력하고 아부하며 집안에서 조차 일본말 사용으로 내선일체(內鮮一體)를 몸소 실천하고 친일하던 사람들이 조국이 해방이 되었으면 죄책감을 느끼고 근신하고 회개하고 반성할 줄을 알아야 함에도 불구하고 오히려 현실정치에 뛰어들어 국사를 논하는 몰염치 한 작태를 보이고 있다고 보았던 것이다. 국내에 돌아온 우리들은 같은 말도 전력(前歷)에 따라서 귀를 기울여 보아야 하는 현실 속에서 한낱 부유한 집안에서 태어나 요정출입으로 세월을 보냈다고 하는 이영근이 술자리를 마련했다고 하니 솔직히 말해서 우리들도 예기(藝妓)들과 여흥을 즐기기 위한 욕심으로 심신을 풀고자 간 것뿐이지 정사에 귀를 기울여 보기 위해서 갔던 것은 아니었다. 이영근의 초대를 받아 국일관에 온 연안독립동맹 측도 우리와 같은 기분을 가지고 왔던 것 같았다.

유림 씨의 술주정으로 연회는 끝난거나 다름이 없었다. 나는 오늘 우리 일행 동지들만 초대해 준 것으로 알고 왔다가 연안독립동맹 측이 나타나는 걸 보고 부담스러운 좌석임을 인식하고 있었던 차제에 시비가 난 것을 기회로 여기서 더 이상 이러쿵저러쿵 할 일이 아니라고 보고 또한 어떤 시비가 일어날지도 알 수가 없어 파장을 종용하고 일어나고 말았다.

나는 다음 날(3월 27일)부터 오후만 되면 열이 38도 이상 오르기 시작해서 학질인가 싶어 키니네도 사먹어 보고 주사도 맞아 보았으나 효험이 없고 날로 열은 더해갔다. 김해일(金海一, 독립유공자) 형을 만났더니 김해일 형은 나의 병색이 심상치 않음을 느꼈던지 송우범(宋宇範) 형을 찾아가서 상의를 하고 (송우범 형은 당시 락산장서랑으로서 락산장이라는 여자의학전문학교 이사장이요, 여의전병원은 학교직속 하에 있었다) 여의전병원 특실에 무료 입원을 시켜 주었다.

입원한 지 일주일 만에 장질부사로 진단이 나서 방역소독을 하고 일반인의 출입은 금지시키고 담당의사만이 조석으로 상태를 점검하기 위해 출입하고 있었다. 열은 40도에서 42도 사이로 내려가지를 않고 있었다. 혼수상태에 있는 나를 찾아주는 사람 없이 신음 중일 때 유재명 형의 부인만이 매일같이 와서 낮 동안 나의 병상을 지켜주고 있었다. 입원 초에는 맏형이 매일 찾아왔었는데 장질부사라 진단이 난 후 형수가 맏형이 병원을 출입하지 못하도록 반대하였다. 형수의 이러한 처사를 보고 형수는 남이다 하는 생각을 가지도록 나의 가슴 속에 못질을 해 놓았다.

4월 말경 어느 날 기상을 하고 보니 몸이 날아 갈 듯이 가볍고 열도 없어 밖으로 뛰쳐나가고 싶은 충동이 일어났다. 옷을 주워 입고 병실 문을 열고 복도에 나갔으나 아무도 제지하는 사람이 없어 현관문 밖으로 나왔다. 다리가 후들거리고 기운은 없었지만 기분만은 아주 좋았다. 내친김에 명륜동 로타리 대로를 건너가려고 하는데 전차 감독이 나한테 손짓을 하며 서 있으라고 하기에 무슨 일로 나더러 서 있으라 하나 하고 무심코 서 있었다. 전차가 와서 내 앞을 지나가는 데도 소리가 나지 않아서 그때서야 내 두 귀가 완전히 막혀 있다는 걸 알았다. 40도 이상의 고열이 3주간 계속된 결과로 청력을 잃었다는 사실을 안 것은 먼 훗날이었다. 간호원에게 퇴원 인사를 하지 못하고 뛰쳐나온 것이 송구스럽고 죄스러워 마음이 무겁기만 했다.

4월 말경 고향에서 장조카 종원(鍾元)이 김해일의 연락을 받고 서울에 왔다. 김해일이 나를 여의전병원에 입원시켜 놓고 사경을 헤매고 있는 사이 장조카 종원이에게 연락을 하기 위해서 38선을 넘어 황해도 황주역 뒤 두메산골 갱고개 동네를 찾아간 일은 말로 하기에는 쉬운 일인지는 몰라도 실제로 하자면 용기가 있어야 하고 위험을 각오하지 않으면 안 되는 모험이 따르고 있었다는 것을 밝혀두지 않을 수가 없다.

나는 그 어려운 시절에 김해일이 나에게 베푼 은혜를 잊을 수가 없고 지금 이 수기를 쓰는 순간까지 신세를 갚지 못하고 있어 미안한 생각만이 앞을 가로막고 있다.

　장조카 종원이 살고 있는 황주역 뒤 갱고개 동네에 있는 가옥은 황주읍 전체를 통해서 보아도 손꼽을 수 있을 만큼 큰 한옥이었고 집안의 장손이라 언젠가는 우리 형제가 고국으로 돌아들 오면 한 집에 모셔 보겠다는 지성지효의 뜻을 갖고 수년간에 걸쳐 건축한 전통 한옥이었다.

　국운을 만나지 못해 붉은 공산치하에 두고 있는 이 집은 외형상으로 만으로도 일차 숙청의 대상으로 손꼽을 만 했다. 거기에 임정관계 광복군이 들락날락 한다는 정보가 공산당에 들어간다면 어떻게 될지는 불문가지(不問可知)라 하겠다.

　김해일은 지하공작 시절 항일지구를 내 집 출입하듯 넘나들며 동지들의 어려운 전단을 도맡아 일해 왔다는 것은 잘 알려져 있는 일중의 하나였다.

　5월 1일 나는 내 고향땅 황주를 찾아가기 위해 아침 일찍 장조카 종원이와 같이 맏형 집 문밖을 나섰다. 5월 1일은 노동자의 날! 해방이 되고 공산치하에서 처음 맞는 메이데이 좋은 날에 아무리 흉악한 공산당이라 해도 자기 고향땅을 찾아 38선을 넘어온 피난민을 잡아 가지야 않겠지 하는 한 가닥 희망적인 생각만을 가지고 38선을 넘어가다가 만약 붙들려 끌려가게 되면 할 수 없는 일로 돌리고 그 순간까지는 편안한 마음을 갖고 싶었다. 서울역에서 개성까지는 기차를 타고 단숨에 달려갔고, 개성에서는 큰길을 따라 38선을 넘어가고 있었으나 남에서나 북에서나 누구하나 제지하는 사람을 찾아볼 수 없어 내친김에 그냥 큰길을 따라서 김천역으로 달려가서 기차를 타고 황주역에 도착한 시간은 오후 4시쯤이었고

5시경 꿈에서만 볼 수 있었던 내 고향땅, 드디어 갱고개 동네 어귀에 들어섰다.

오늘이나 내일이나 돌아오려나 하고 기다리고 있었던 큰 아주머니는 내가 돌아온다는 소리를 전해 듣고 동네 안 길거리로 뛰쳐나와서 내 손을 끌어 쥐고 우시고 있었다. 내가 세 살 때 어머니를 여의고 큰 아주머니 등에서 자라나서 어머니와 다를 바가 없는 큰 아주머니는 내가 시동생이기 전에 아들처럼 기쁨을 감추지 못한 채 울고 계셨다.

내가 중국에서 돌아와 서울에서 장질부사에 걸려서 죽게 되었다는 김해일의 연락을 받고 귀히중지 여기고 사랑하는 큰아들 종원이를 마의 38선 넘어 서울에 보내서 나를 데려올 만큼 성의를 다해준 온정에 큰 아주머니의 생각을 떨쳐버릴 수가 없다.

나는 조실부모해서 여러 형수 밑에서 여러 해를 두고 밥을 얻어먹고 살아 보았으나 단 한 번도 따뜻하고 사랑이 담긴 밥을 얻어먹어본 기억이 없다. 그럴 때마다 큰 아주머니를 생각하고 고향 생각을 하다 눈물을 흘린 적이 한두 번이 아니었다.

큰 아주머니는 슬하에 아들이 둘(종원(鍾元)이와 종혁(鍾赫)과 딸 하나(종열(鍾烈))를 두고 있었다. 큰아들 종원이를 장가들여 신여성 며느리를 데려와 이편이 신학문을 배우지 못한 한을 푸신 듯했고, 외동딸 종열이는 앞집 채 씨(蔡 氏) 문중의 인섭(仁燮)과 결혼을 시켜 마주 바라보고 살고 있었다. 막내인 17살 종혁이를 진학시키지 못하고 집에 두고 있는 것이 근심이 되어서 많은 걱정을 하고 있는 것이 딱했다.

내 나이 9살 때 들어오신 후모님이 윗동네에서 사시다 달려 오

서서 나를 붙들고 울고 계셨다. 아버지가 생존해 계실 때 그 후모님의 말을 거역해서 속을 상하게 했던 일들이 엊그제 갔건만 오늘 이 자리에는 그간에 쌓였던 정만이 솟구쳐 올라와 나도 눈물을 흘리고 말았다. 지나간 철부지 때 후모님을 잘 모시지 못했던 일을 크게 뉘우치며 앞으로는 정말로 잘 모셔야 되겠다는 생각을 마음에 굳게 다짐하기도 했다.

갱고개 동네에 사는 다른 일가친척들도 몰려와서 만나보니 모두 반갑고 기쁘기만 해서 고향에 찾아오기를 잘했다는 생각이 들었다.

황주 읍내에 사시는 둘째 형 성재를 찾아가 보았더니 옛날이나 지금이나 한평생 한 일이 없고 할 일 없이 유산으로 살아온 분이라 도시 변한 것을 찾아볼 수가 없었지만 공산당 치하에서 앞으로 어떻게 살아갈지가 걱정스럽고 딱하게만 보였다.

고향 땅 우리 갱고개 동네는 따지고 보면 모두가 일가친지들이어서 생각보다는 크게 변한 것을 찾아볼 수 없었으나 토지개혁으로 인하여 땅을 빼앗긴 것이 생계에 어려움을 안고 있는 형편이고 그 무엇보다 더 고양이 눈알같이 시시각각으로 세상이 변해가고 있어 한치 앞을 예측할 수 없는 것이 불안하기만 했다.

내가 고향 땅을 찾게 된 동기는 서울 형수 밑에서 밥을 얻어먹기가 힘들고 눈치 보기가 역겨워 빨리 떠나야 되겠다는 생각과 장질부사로 인해 쇠약해진 몸을 정양하기 위해서는 내 고향이 둘도 없는 안식처라는 단순한 생각만을 가지고 찾아왔다. 마음 한구석에는 공포의 나라 공산당의 소굴로 내가 내 발로 기어들어온 것이 어리석기 짝이 없었다고 후회를 하고 깨달았을 때는 이미 서산의 낙조(落照)와 같았다.

제3전구 조사실에서 교육을 받을 때 공산당의 흉악하고 난폭한 만행과 파괴와 음모, 살인과 방화, 중상과 모략, 조작과 기만으로 가득 찬 마의수법을 규탄하던 말들이 머리에 떠올라서 날이 갈수록 정이 들지 않고 멀어져만 갔다.

또한 쌍라오(上饒) 씨후(西湖)여관에서 관상쟁이가 환국한 후 북으로 가지 말라고 한 말이 머리에 떠올라 고향 땅을 찾은 것이 후회되기만 했다. 하지만 집안에서는 내가 큰 병을 앓고 난 쇠약한 몸이라고 없는 돈에 고기를 마련해 연일 푸짐하게 요리를 차려서 잘 먹고 온 집안의 사랑을 독차지 하고 있었다. 매일매일 더할 수 없는 즐거움 속에서 공산당 치하에 있다는 걸 잊고 있을 때도 있었다.

그러던 어느 날 배가 아픈 정도가 심상치 않아서 송림에서 송림의원을 개업하고 있는 매형 박래완(朴來完)을 찾아가서 진찰을 받아 보았더니 장질부사는 발병중일 때보다 병을 퇴치한 후 조리시기에 특히 음식물을 주의해야 한다고 했다. 그 이유는 장기적 과열로 인하여 창자가 얇아진 상태에 있을 때 육식을 하면 창자에 부담을 주게 된다고 하며 과식을 하면 창자가 파열될 수도 있다고 육식을 피하고 죽을 먹고 조리를 해야 한다고 했다.

하나밖에 없는 나의 누님 영재(瑛載)는 자기 집에서 며칠간 정양하고 있으라고 했지만 정치에 많은 관심을 가지고 있던 누님은 일제하 맏형이 사회주의 운동을 할 때에는 그 계역에 관심을 가지고 있었다가 해방 후 공산당 치하에서 그간의 정치현실을 보고 실망한 나머지 남한 방송을 열심히 청취하고 있었다. 이승만 박사와 김구 주석의 정치동향을 주시하고 민족주의적 민주화와 자유주의 사상을 가지고 있는 누님에게 나는 정치성이 있는 말을 피하기 위해서 입을 다물고 갱고개 집으로 돌아오고 말았다.

나는 중국에서 독립운동을 한 일이나 제3전구 조사실과 광복군에 있었던 일들을 일체 함구해 두고 있었다. 그 이유는 정치에 별 관심이 없는 매형에게 처갓집 처남들의 독립운동 관계로 악마의 땅 공산 치하에서 구설수에 오르지 않을까 염려해서 였다. 어떤 변고가 발생해도 매형네 식구만은 편안히 살아주기를 바라고 있었기 때문이었다. 그러한 심정 속에서 누님이 며칠만 쉬고 가라고 붙드는 것을 뿌리치고 돌아왔지만 미안한 생각이 가시지를 않았다.

내 병은 온 가족이 염려해 준 덕분에 빠른 속도로 회복되었다. 지겨운 것은 하루도 쉴 날이 없이 공포스런 소식만이 들려오고 있어 가족들에게 피해가 되지나 않을까 불안했다. 어디서는 어느 부호를 잡아다가 민청년들이 돌로 쳐 죽이는 걸 보았다는 말이 있는가 하면, 어떤 동네에서는 동네 사람들이 부잣집에 쳐들어가 양곡과 의류, 그리고 가사집기 등을 빼앗고 추방했다는 말이 있고 또 어떤 곳에서는 장날 반동분자라고 하는 사람을 잡아다 장터에서 장꾼들을 불러다 놓고 인민재판에 부쳐 목을 매달아 죽이는 것을 보았다고 했다. 어떤 고을에서는 불노지주 두 노인이 살고 있는 집에 민청년들이 찾아가 옷 몇 가지와 식기 몇 점을 들려주고 고을에서 쫓아낸 후 집을 몰수했다고 한다. 뿐만 아니라 공산당은 읍내나 동네에 불량배, 깡패, 망나니들을 포섭해 유식계층을 붙잡아 귀신도 모르게 죽인 사건이 얼마나 되는지 아니 얼마나 죽일 작정인지 아무도 아는 사람이 없었고, 이런 식으로 숙청을 당하고 대대로 살아온 집을 빼앗기고 가산을 털리고 쫓겨난 사람이나 죽은 사람의 수를 이루 헤아릴 수가 없었다.

　공산당이 들어오면서 민족반역자니, 반동분자니 하고 동포를 개나 돼지 때려잡듯이 하고 있으니 이게 우리나라를 일제로부터 해방시킨 독립투사들이라고 할 수가 있느냐고 원성이 높았지만 공산당이 하는 일에 아니 해방군 김일성 도당들이 하는 일에 반대를 하거나 도전할 만한 세력이나 조직이 없었다.

　이러한 무법천지가 언제까지 계속되고 언제 끝날지 아무도 알 수 없으나 분명한 것은 김일성의 유일한 일인체제가 확립될 때까지라고 보면 틀림이 없을 성싶었다.

　7월 중순 한 여름날 마의 도시 평양에 가서 냉면 곱빼기 한 그릇 사먹고 부벽루 을밀대를 돌아 대동강을 내려다보니 맑고 푸르게 유유히 흐르는 대동강은 수색(水色)은 고금동(古今同) 변함이 없건만 거리에 나다니는 시민들의 표정은 어둡기만 했다. 위를 쳐다보지 않고 땅바닥만 내려다보고 힘없이 다니는 모습이 옛날에 활기가 넘쳐흐르던 한량의 도시 평양이 아니었다. 더 머물고 있을 만한 곳이 아닌 것 같아 당일로 돌아오고 말았다.

　이제 내가 할 일은 38선을 넘어 남쪽으로 돌아가는 일만 남아 있는데 셋째 형 여재가 상해에서 돌아왔다. 상해에 있던 우리 교포들은 거의 다 고국으로 돌아가고 이제 마지막 귀국선이 떠난다는 말이 나돌고 있어 돌아왔다고 했다. 상해에 남아 있는 중국 형수는 재산을 정리해 가지고 홍콩(香港)에 가서 연락을 했다.

　여재 형이 돌아와서 집안은 또 한 번 번잡해졌다. 세월은 자꾸만 흘러가던 어느 날 나는 여재 형에게 나만이라도 먼저 이곳을 떠나 남쪽으로 가는 것이 좋겠다고 말했더니 같이 가자고 했다. 고향을 떠나며 우리 형제는 이제 가면 언제 또 다시 고향을 찾아 올 수 있을지 기약할 수 없는 세상 속에서 온 가족과 내 고향을 뒤로 두고 천근만근 되는 발걸음을 옮겨 놓을 때마다 뒤돌아보고 또 돌아보기를 몇 번이나 했는지 모른다.

한 많은 아쉬움을 남긴 채 사리원(沙里院)에 가서 질녀 종옥(鍾玉)이네 집에서 남행길을 모색해 보기로 했다. 남행길을 찾아 연일 여러 방면으로 수소문을 해 보았으나 별로 신빙할 만한 길을 찾지 못한 채 여러 날을 지체하고 있던 중 갱고개 조카사위 채인섭이 달려와서 하는 말이 보안서원이 나를 찾아왔었다고 무슨 일인지 몰라도 수상한 일이라고 해서 나는 내가 여기서 더 지체하고 있다가는 공산당의 포위망을 벗어나기 어려울 것으로 보고 내일 아침 해주에 가서 위험을 무릅쓰고 38선을 넘어 보기로 결심을 했다. 다음 날 아침 일찍 일어나 주위를 살펴보기 위해 대문을 열고 나가다가 대문 밖에서 지키고 있던 보안서원이 다가와서 나의 신분을 확인하고 사리원 검찰소(檢察所)로 가자고 해서 여재 형에게 알리고 보안서원에 끌려갔다.

검찰소에 가서 검찰소장 김계도(金啓道)가 보안소에 지시해서 나를 체포한 것임을 알았다. 김계도는 신민당(新民黨) 황주군위원장(黃州郡委員長) 김찬도(金燦道)의 친동생으로 김찬도의 집안과 우리 집안은 세교관계로 서로 알만한 사이였는데도 김계도가 공연히 나를 잡으려고 보안소에 의뢰해 서원을 황주 갱고개로 보냈다가 내가 사리원에 와 있는 것을 알고 잠복시켜 두고 있었다고 한다.

사리원 검찰소장 김계도는 일제 치하에서 왜놈 밑에 붙어 온갖 아부와 협력으로 산 놈이다. 해방 후 자기의 정체를 숨기고 날쌔게 공산당에 파고 들어가 성과를 올리기 위해서 물불을 가리지 않고 악질적인 행동을 일삼았다. 내가 황주 갱고개 고향집에 와 있다는 것을 알고 내 뒤를 미행 시켰던 것이다. 내가 갱고개 집을 떠났다는 것을 알고 남하하려고 행동을 개시한 것으로 판단했다. 체포해서 두드리다 보면 노다지가 나올 것으로 기대하고 있었던 것은 황주사회에서 나의 맏형이 사회주의 운동을 한 독립운동가로 널리 알려진 인물이었던 관계로 그의 동생인 내가 상해에서 귀국해서 서울의 어떤 선을 대가지고 북조선에 연락 차 온 거라고 자기 나름대로 추리를 해 놓고 나를 체포하는데 총력을 기울였던 것이었다.

나는 기왕지사 어차피 끌려온 마당에 내가 독립운동을 한 사실을 숨기고 떳떳하지 못한 행동을 하기 보다는 사실은 사실대로 모두 털어놓고 항일독립운동을 한 것을 자부심을 갖고 정정당당하게 진술을 해서 이 사람들이 어떤 평가를 하던 어떤 형벌을 주던 운명에 맡기기로 결심을 했다.

나는 공산당이 지금 북한 땅에서 판을 치고 다니면서 자기네들만이 일제하에서 항일 투쟁한 유일한 애국지사로 자처하고 나서는 판도에서 비록 나는 나의 항일 독립운동이 임시정부 산하에 있었던 것을 무시를 당하거나 모욕(侮辱)을 당하는 일이 있고 설사 반동분자로 낙인이 찍혀 형벌을 받는다 해도 감수할 작정을 해 놓고 있었다.

검찰소장 김계도의 심문은 내가 어디서 무슨 일을 하다가 여기는 왜 왔느냐 하는데 의혹의 초점을 두고 있기에 나는 그렇게 의심만을 갖고 있는 김계도에게 내가 걸어온 항일독립운동에 대하여 모두 진술을 하기 시작했다.

내가 항저우(杭州)에서 1941년부터 제3전구 조사실 소속 지하요원으로 항일운동에 가담한 후 난징 국립중앙대학 유학 중 박철원을 항일지구로 도피시킨 의혹을 받아 항저우 일본영사관 유치장에 유치되었다가 주거제한으로 국립 상해 대학으로 전학해 항일 지하 운동을 하다가 1943년 초 광복군 제1지대 2구대 임대 상해 지하요원을 했던 일을 열거했다. 1944년 찐화를 탈출해 제3전구 항일지구로 갈 때 찐화의 유지(有志)와 저장물산 직원 한·중 13명의 동지를 인솔하고 현금 180마대와 물자 3화차를 밀반출해 갔다고 진술할 때에는 눈을 크게 뜨고 사실이냐고 되묻기도 했다. 내가 광복군 제1지대 2구대 소교로서 제3전구 사령장관부 조사실에 파견 근무한 일과 해방 후 상해판사처장을 역임했다고 진술을 할 때에는 이게 웬 떡이냐 싶어 흡족함을 감추지 못한 채 이만하면 그간 노리고 미행한 보람이 있었다는 표정이었다.

내가 고향을 찾아온 것은 장질부사로 인한 정양 차 왔다고 하는데 대하여는 열병으로 대머리가 된 것을 보고 수긍을 하고 있었다. 김계도는 자기가 추리하고 있었던 상상을 초월한 거물을 낚았다는 점에서 만족함을 내비치기도 했다.

김계도는 나의 진술서를 가지고 어디론가 갔다가 약 한 시간 쯤 있다가 돌아왔다. 오후 2시 사리원재판소(沙里院裁判所)에서 공판을 한다고 알려주고 갔다. 그 때가 12시경이라 2시간 동안 검찰소에서 점심도 얻어먹지 못하고 기다리고 있었다. 검찰소 경내 뒤편에 있는 재판소에 끌려가서 피고석에 앉아서 뒤쪽 방청석을 바라보았더니 여재 형과 조카 사위 박육(朴堉), 그리고 친지 김진국(金鎭國) 등 몇이 와서 지켜보고 있었다. 재판장이 입장하자 김계도는 나의 조서를 들고 재판장 앞에 갖다 놓고 검찰석에 앉아서 자신만만한 태도로 공판장을 응시하고 있었다.

개정이 선언되자 재판장은 나의 조서를 들고 심문하기 시작했다. 나는 내가 진술한 조서의 내용대로 다 털어놓고 솔직 담백하게 진술했다. 재판장이 나의 진술을 다 듣고 나서 언도를 할 차례였다. 일사천리로 진행된 공판은 엄숙한 순간만을 남겨두고 있는 이 때 나는 지나간 날에 쌍라오(上饒) 씨후여관에서 관상쟁이가 북으로 가지 말라고 한 말이 떠올라 팔자에 타고난 운명이라 생각을 하고 담담한 심정을 가지려고 노력해 보았으나 좀처럼 나의 감정은 갈피를 잡지 못해 애를 먹고 있었다.

재판장은 언도하기 전 자기 자신이 일제 때 조국의 독립을 위해 항일 운동을 하다가 일본 경찰에 피체되어 무기징역을 선고받고 서대문 형무소에서 복역 중 15년 만에 조국이 해방되어 출옥했다고 했다. 그 후 북조선에 와서 인민공화국 건설에 참여하여 치안 유지를 위해 이 자리에 있다는 것이었다. 나를 한참동안 내려다보고 있다가 나를 두고 동지라고 했다. 나는 이게 무슨 말인가 하고 어리둥절해 있을 때 재판장은 "동지가 북조선에서 살겠다는데 못살게 모다구판에 굴려도 살 것입니다" 하고 나의 도정을 더 두고 보겠다고 하면서 석방한다고 했다. 재판장은 자신이 넘친 언도를 했다는 표정을 지어 보이며 퇴정했다. 그 뒤를 따라 가는 김계도는 맥이 빠진 모양이 너무나 가여워 보였다. 나의 재판을 방청하고 있던 형과 조카사위는 입을 모아 명판결이라 환영을 하면서도 다시 잡아 갈 구실을 만들기 위한 음모가 깔려 있는지도 모르니 방심은 금물이라고 서둘러 남행길을 찾아보자고 했다.

재판장이 자기도 일제하 독립운동을 하다가 피체되어 무기형을 받고 서대문 형무소에서 15년 만에 조국이 해방되어 나왔다고 하는데 그것이 사실이라면 공산당 치하에서 남과 북으로 갈라놓고 선택하라는 것과 같은 판결은 그 다운 판결이기도 했다. 그가 공산주의 운동을 한 것을 조국의 독립운동을 했다고 자부한다면 현하 공산주의자들이 북한 땅에서 소련군 배경 하에 소련방 공산정권을 수립하기 위한 반민족적 공산주의 운동을 하고 있는 현실을 놓고 볼 때 일제 치하에서 조국의 독립운동을 했다고 하는 말을 양심에 비추어 말할 수 있는 지가 문제가 아닐 수 없다.

질녀 종옥이가 용한 점쟁이가 사리원 북리 우(牛)시장 근처에 있다고 가서 점을 쳐 보라고 해서 찾아가 보았다. 점쟁이는 여기 더 있어봐야 백해무익하다고 지체하지 말고 남쪽으로 가라고 하면서 남쪽에는 귀인이 두 사람이나 있다고 말해 주었다.

점쟁이 말을 듣고 나서 또 한 번 쌍라오(上饒) 씨후여관에서 본 관상쟁이 말이 떠올라 나도 모르게 솔깃하여 긴 탄식만이 쏟아져 나왔다. 오지 말아야 할 이곳에 공연히 찾아 왔구나 하고 후회를 하다 내 자신이 미워지기도 했다.

마의 38선에는 날로 경비가 강화되었다는 정보만 들어왔다. 안전한 길을 찾기에는 요원해서 애타고 답답한 심정을 말로는 형용을 다 할 수가 없었다. 38선을 넘어 가다가 붙들리는 날이면 재판장 말대로 너는 우리가 이밥에 곰국을 주었는데도 남쪽으로 가려고 했다고 엄벌에 처할 수 있는 좋은 구실을 줄 수 있어 섣불리 감행하기도 어려웠다.

이런 걱정 저런 걱정이 태산 같던 어느 날 조카 사위 박육의 친척 되는 사람이 공산당 산하 업체의 물자 구입 차 남쪽에 간다고 했다. 하늘이 기회를 준 것 같아 박육과 함께 그 사람을 따라 나섰다. 그때가 1946년 11월 중순 경이었다.

사리원에서 화물차에 동승하여 해주에 도착한 시간은 오후 6시 경이었다. 해주에서 장국밥 한 그릇씩 사 먹고 38선을 향해 걷기 시작했다. 그 사람은 38선을 얼마나 넘나들고 다녔는지 지리에 밝아서 길이 없는 산을 이리저리 돌아서 어떤 산막으로 찾아들어간 시간은 한밤중 12시 경이었다. 그 산막에서 우리 3인은 눈을 좀 붙이자고 했으나 나는 착잡한 심경을 달래느라 잠을 청할 수가 없었다.

지금 내가 머물고 있는 이 산막 바로 여기가 우리의 조국 땅인데, 이 강토 위에 미·소가 남과 북으로 갈라놓은 38선을 우리가 지켜야 할 하등의 명분이 없는데 공산당이 발 벗고 나서서 총칼 들고 지켜야 할 이유가 어디에 있는지 그 까닭을 이해할 길이 없었다.

미·소 양국은 미·소대로 우리는 우리대로 사이좋게 내왕하면 그만인 것을 공산당이 굳이 가로막고 나서서 국토를 양단해 놓아야 한다면 그것은 어디까지나 김일성 도당의 일인체제를 확립하기 위한 반민족적, 사대주의적 발상이라고 할 수밖에 없다.

아침 4시경 일행이 기상을 해서 산막에서 내려와 하천을 건너왔는데 이 하천이 38선이라고 하여 시계를 보니 5시경이었다. 청단(靑丹)에 도착한 시간은 6시경이었고 청단에서 서울행 7시 열차에 승차했다. 열차를 타고 서울에 오면서 6개월 동안 북녘 땅 공산당 치하에서 보고 느낀 것을 다음과 같이 나열해 본다.

고작 6개월 이었지만 6년처럼 느껴졌다. 길고 긴 시간을 끔찍한 공포 속에서 살았다. 자유가 얼마나 소중한 것인가를 북한에서 체험해 보지 못한 사람에게는 말로 이해 시킬만한 말 재주가 없는 것이 유감이다.

또한 상식이 통하지 않는 세상을 만들어 놓고 무식만이 판을 치게 한 북녘 땅. 김일성은 사람이 사는 세상에서 사람을 사람이라고 볼 수 없을 만큼 아주 흉악한 인조인간을 조작해 놓고 자위적 수단을 모두 동원하여 자기의 욕망을 충족시킨 공작정치를 하였다.

김일성이 북녘 땅에서 1년 2개월간 한 일을 살펴보면 김일성이 무엇을 노리고 있었는가를 알 수 있다.

① 김일성은 소련군을 등에 업고 소련군정 하에 있는 북한에 와서 소련군의 후원으로 북한을 통치할 수 있는 공산당을 장악하는데 성공했다.
② 공산당을 노동당으로 조직 개편하면서 방계 정당을 흡수하여 그 실권을 장악했다.
③ 일제하 친일행위를 민족 반역으로 규정하고 체포·구금 한 후 재산을 몰수하고 가족은 추방했다.
④ 토착지주와 재산가들이 소유하고 있던 일체의 재산을 몰수하고 의류와 식기 몇 점만을 들려주고 추방했다.
⑤ 지식인과 인텔리들을 회색분자로 낙인하고 직장을 주지 않았다.

⑥ 토지개혁을 했다. 불노지주(不勞地主)의 토지와 과다소유자의 토지를 몰수하여 농민에게 소유권을 준 것이 아니다. 경작권을 주면서 토지개혁 전 경작인 7, 지주 3으로 경작료를 분배하고 있던 것을 토지개혁 직후 초기에는 경작인 5, 북괴가 5로 경작료를 정했다가 4대6 내지 3대7로 인상 조정하는 바람에 토지개혁을 해서 지주는 죽이고 농민은 못살게 하고 김일성의 배만 불렸다.

⑦ 38선을 철통같이 봉쇄하기 시작한 이유는 서방세계의 자유민주주의 사상의 침입을 막자는데 있었다. 또한 북한의 인권상황이 대외로 유출되는 것을 막기 위해 주민의 귀와 눈과 입을 봉해 놓고 김일성의 일인체제를 굳히기 위한 우상화 작업을 가속화 하는데 있었다.

30. 반공대열에 앞장서다

▎떠돌이 생활

내 고향 땅을 악마들 손아귀에 두고 서울에 온 내 몸은 비록 공포의 지옥에서 풀려나 자유를 찾기는 했지만 내 고향이 자유를 찾기에는 요원한 일이라 마음이 무거웠다.

북한의 김일성이 존재하는 한 남과 북을 갈라놓을 수밖에 없고 통일을 기약하기란 상상조차 할 수 없는 일이라 김일성을 우상화한 1인 치하에서 무법·불법·탈법만이 판을 치고 있어 인륜과 도덕을 가진 양식있는 사람은 살만한 곳이 아니었다. 문제는 남북한 민주세력이 각성해서 통일독립을 성취하지 못하는 한 북한주민은 김일성 치하에서 노예생활을 면할 길이 없다는 것이다.

　일제 때 조국독립운동에 나섰던 애국지사들이 조국의 민주적 통일독립을 위해 다시 뛰어야 할 시점에 와 있음을 나는 몸소 체험을 하고 왔기 때문에 이제 내가 해야 할 일은 오직 김일성을 타도하기 위한 첫 걸음으로 공산당을 소탕하는 공작에 앞장서는 것만이 나에게 부여된 역사적 사명이라 자부하고 있었다.

　서울에는 북한의 그러한 암흑가의 참상 같은 건 안중에도 없었다. 정당을 결성하는 일에 경주라도 하는 양 요지경 속에서 날마다 밤이면 요정과 대포집 같은 유흥점만 문전성시를 이루었고 정당의 감투를 놓고 흥정하기에 바빴다.

　어느 날 저녁 이영근 형에게 이끌려 락원동 어느 대포집에 가서 대포 한 잔을 기울이고 있었다. 나이는 35세 정도에 보통 신장의 후한 체구와 검은 큰 눈에 카이젤 수염을 한 사람이 검은 외투를 걸치고 허름한 손가방 하나를 들고 좌우를 두리번거리며 우리 좌석으로 와 앉았다. 이영근 형이 소개를 하기에 인사를 나누고 보니 사회민주당(社會民主黨) 청년부소속 남북두(南北斗)라 하였다.

　3인이 서로 술잔이 오거니 가거니 하다가 술이 거나해지자 남북두는 속 안에 있는 말을 털어놓기 시작하였다. 허름한 손가방을 들고 보란 듯이 내보이며 자기가 이번 강원도 어느 시골 고향에 갔더니 자기를 지지하는 젊은이들이 돈을 모아 주면서 중앙에 가서 한 자리 차지하고 우리 고을을 위해 큰 정치를 해달라고 한 돈이라고 손가방을 열어 제껴 놓고 보여주었다. 이영근은 얼마나 되는 돈이냐고 서슴없이 물어 보았다. 남북두는 60만 원이라고 큰돈임을 자랑하는 눈치였다(당시 60만 원이면 종로구 재동이나 계동에서 한옥 20여 칸의 집값이었다). 이영근은 60만 원이라고 하는 돈에 매력을 느꼈던지 내일 당에 가서 분위기를 보고 올테니 저녁 6시경 YMCA골목에 있는 인경집에서 만나자는 약속을 하고 헤어졌다.

이영근은 날아가는 새도 굴레를 씌워 잡을 만큼 요령과 지모가 뛰어난 사람이라고 소문이 나있었는데 어느 날 이영근과 가까운 친구 한 사람이 나한테 이영근에 대한 이야기를 이렇게 들려 준 적이 있었다.

여러 날 이영근한테 소식이 없어 궁금해 하며 보고 싶다는 생각이 날 때면 불쑥 찾아온다는 것이다. 그가 얘기하는 이러 저러한 그간의 사연을 열심히 듣다보면 자기도 모르게 자기 손으로 금고문을 열어 놓고 돈을 꺼내 주었고 대문 밖까지 나가서 송별하고 거실에 들어와서야 비로소 또 이영근한테 속았구나 하고 생각한 적이 한두 번이 아니란다. 금고가 바닥이 나도록 당했다고 하면서도 이영근을 원망하거나 나쁜 사람으로 보지도 않는다고 했다.

그만큼 머리가 명석하고 뛰어난 재기가 있다는 것을 강조하는 말을 들은 적이 있어 나는 남북두의 허름한 손가방 속에 들어 있는 돈을 송두리째 넘겨받는 일은 시간문제라 보고 수완이라고 할까 그 솜씨를 지켜보고 싶었다.

다음 날 인경집에서 두 사람이 만나는 자리에는 나도 초대를 받아 가 보았다. 그날 이영근의 말은 사회민주당이 조만간 해체하고 새로 창당하는 근로인민당(勤勞人民黨)에 합류한다는 방침을 세우고 좌·우 정당과 정치인을 망라한 수권정당으로 발족할 것이라는 말을 비치면서 그걸 뒷받침 할 수 있는 것은 하―지 군정장관의 정치고문 버―취가 사민당에 와서 여운홍(呂運弘) 당수와 대담하고 간 일부의 극비밀이라고 살짝 털어놓고 남북두의 눈치를 재고 있는 것을 나는 눈여겨보았다.

그 날은 그 정도에서 말을 끝내고 이영근은 분주한 척 어딘가 모임이 있어 급히 가야 한다고 갔다.

한 일주일간 저녁때만 되면 매일같이 이영근이 크고 작은 술 한 잔을 샀다. 어느 날은 남북두가 너무 얻어만 먹기가 미안했던지 허름함 손가방을 두드리면서 "이부장님(사회당청년부), 큰 정치를 하라고 준 이 돈을 술값으로 쓰기에는 내 양심의 가책이 되어 쓰지를 못하고 들고 다니자니 팔이 아픕니다. 이 선생님 이 돈을 쓸 수 있도록 도와서 나도 술 한 잔 사고 마음 편히 놀 수 있도록 도와주십시오." 하고 천연덕스럽게 시골사람 흉내를 내 듯 어리석은 척 말을 던졌다.

다음 날부터 남북두가 나타나야 할 장소에 나타나지 않아서 기다리다 둘이서 대포집으로 갔는데 이영근은 대포 한 잔을 들면서 말하기를 아무리 생각을 해 보아도 남북두 이 사람을 믿기가 어렵다고 한다. 나는 아닌 밤중에 홍두깨라더니 무슨 말을 그렇게 하나 싶어 얼굴만 쳐다보고 있었다. 맨 처음 그 허름한 손가방에 돈이 60만 원 들어가 있을 때와 엊그제 밤 그 허름한 손가방을 두드리면서 이 돈을 쓸 수 있도록 도와달라고 말할 때 보인 손가방은 같은 가방이기는 해도 돈이 들어 있을 때 그 모양과 엊그제 모양은 달라 보였고, 남북두가 그때 손가방을 챙기던 태도와 엊그제 손가방을 챙기는 태도는 빈 가방 다루는 듯한 태도였다고 하면서 그 돈은 벌써 남북두 울타리를 넘어가 버린 것이라고 다분히 실망조의 말을 늘어놓고 있었다.

　다음 날도 남북두는 보이지 않았고 그 다음 날은 언젠가 남북두가 삼청동 막바지 어느 하숙집에 있다고 한 말을 기억해 내고 삼천동에 가서 이 곳 저 곳을 찾아다니다 비슷한 집을 보고 대문을 열고 들어가 주인을 찾아 물어보았다. 바로 그 집 아래 행랑채에 있다고 해서 문을 두드렸더니 남북두가 바로 문을 열고 나왔다. 남북두는 이번 일에 대한 자초지종을 사실대로 해명을 해 드리겠다고 하면서 그날 시골에서 서울에 올라와 어느 친구 집에 들렀더니 친구가 현금 60만 원을 가지고 있는 것을 보고 사정사정을 해서 누구한테 보여주기만 하고 돌려 줄테니 잠시 동안만 그 돈을 자기 손가방에 넣어 가지고 자기와 같이 대포집에 가서 따로 한 켠에 앉아서 모른 척 하고 대포 한 잔 하며 기다리고 있다가 일이 끝나면 바로 돌려주겠다고 약속하고 가져왔던 돈이라 돌려주었고 그간 손가방에 넣고 다니던 돈은 종이돈이었다고 쓴 웃음을 치면서 천연덕스럽게 말하고 있었다.

　이영근은 화가 난 듯 그런 미친 장난질 친 이유가 뭐냐고 따졌다. 남북두는 세상을 원망하듯 사람대접 한 번 받아 보고 싶어서 한 일인데 이번 경험을 통해서 볼 때 돈이 없으면 정치할 생각을 하지 말라는 값진 교훈을 얻었다고 했다. 이제 시골 고향으로 돌아가서 마음잡고 여생을 농사일이나 할 생각이라고 했다.

　원숭이도 나무에서 떨어진다고 하듯이 날아가는 새도 굴레를 씌워 잡을 만큼 재간이 능하다고 하는 이영근도 어수룩하고 순진한 척 한 촌사람 남북두를 술대접인지 사람대접인지 하다 손들고 말았다.

남한의 정치현실을 놓고 볼 때 정치를 하자면 돈이 필요했고 돈이 필요해 정당을 조직해야 하는 풍토 위에 38선 이북의 김일성을 대항해서 반공체제를 논하기에는 요원한 일이 되어갔다.

1947년 봄 최희송(崔熙松) 댁에 상사가 나서 맏형이 나더러 문상을 갔다 오라고 했다. 부의금 5백 원을 주는 걸 받아 가지고 회현동 쪽을 향해 가다가 노상에서 박시준을 만났다. 다방에 가서 차 한 잔 하고 점심 식사비 등을 지불하고 나니 돈이 축나서 문상을 못 갔다. 내일 친구를 찾아가 돈을 마련해 가지고 문상을 갔다 올 생각을 하고 집으로 돌아가 저녁을 하고 있을 때 맏형이 문상을 갔다 왔냐고 물었다. 오늘 있었던 사정과 내일 돈을 구해 가지고 다녀오겠다고 말을 하자 대뜸 이놈이 제멋대로 논다고 하더니 광에 가서 도끼를 들고 들어와 때려죽인다고 성질을 내고 야단을 쳤다. 그간 내가 하는 일 없이 몇 달간 얻어먹고 있으니 형수가 이간질을 해서 형이 기회만을 보아 오다가 오늘 문상가지 않은 것을 트집 잡아 자기 집에서 쫓아내려고 하는 쇼 같았다.

1944년 여름 찐화에서 셋째 형한테서 4천만 원(한국 돈 4백만 원 상당)을 얻어서 줄 때 맏형이 나에게 국내에 돌아가서 셋째 형과 나의 생활기반을 마련해 두겠다고 하는 말을 철썩 같이 믿었었다. 형은 국내에 돌아와서 자기 처남들에게 집을 사주고 사업자금을 대여해 주다 막대한 재산을 홀랑 날려버리고 빈털터리 신세가 된 것을 나에게 보이고 싶지 않아 숨기려고 하는 심정은 이해할만하지만 내가 취직을 할 때까지 돌봐주어야 하는 건 형의 의무이기도 한데 형제지의를 끊겠다는 생각이라면 더 이상 이 집에 있어야 할 이유가 없었다.

나는 아무 미련도 없이 즉시 명륜동 맏형 집을 나와서 어두컴컴한 밤거리 창경원 돌담을 끼고 정처 없이 걸어가면서 하염없이 흘러내리는 눈물로 앞이 보이지가 않아서 몇 번인가 돌담에 부딪치기도 했다.

그날 밤은 계동(桂洞)에 있는 유재명 씨 댁을 찾아 들어가 하룻밤을 지냈다. 다음 날 낙원동 피난민 수용소를 찾아가 둥산성(東三省)에서 일본으로 유학을 갔다가 돌아가지 못한 유학생이 수용소에 머물고 있는 방으로 배정받아 들어갔다.

수용소에서 피난민에게 주는 밀가루를 받아다가 소금물로 훌렁훌렁하게 개가지고 후라이팬에 지진다고 할까 구웠다고 할까 전병(煎餅)처럼 만들어 하루 3식 요기하고 살기가 어려워 한두 달 먹다 그만두는 사람이 태반이었지만 나는 근 3개월간 꾹 참고 먹어주고 있었다. 어느 날 이일범 형이 찾아와서 타공사업을 위해 일할 사람을 찾는다고 김문호(金文鎬)를 소개하면서 고락을 같이 해 보자고 했다. 김문호는 항일지구 제3전구에서 한국광복군징모처(韓國光復軍徵慕處) 제3분처장(第3分處長)을 역임한 제3전구의 역사적인 인물로 널리 알려져 있어 이름은 알고 있었다.

김문호는 미군 CIC에 있는 와일리(李淳鎔)를 만나서 이 형과 나 우리 3인에 대한 인사결정을 하고 왔다고 내일 사진을 가지고 오라고 했으니 준비해 두라고 한다.

해방된 고국에 돌아와서 처음으로 얻은 직업은 미군 CIC 요원이었고 일제 때 일본에 협력한 사람을 민족반역자로 몰아붙이고 연일 규탄하는 국민의 소리가 따가운 것처럼 언젠가는 미군정에 협력한 자를 친미 무엇이라 할 터인데 어쩌나 하고 주저할 여유도 생각할 틈도 없이 목구멍이 포도청이란 말밖에 달리 할 말을 찾아내지 못했지만 따지고 보면 일본침략국과 미국해방군의 본질적 뿌리가 달랐기 때문에 신경 써야 할 일이 아니라고 자위했다.

길가에서 속성사진을 찍어 사진을 준비해 두고 내일이면 일자리를 얻어서 밥을 먹을 수 있다는 희망을 안고 들뜬 마음을 달래며 잠자리에 들었다. 꿈을 꾸고 있었는데 용이 나타나 흰 구름을 헤치고 하늘 높이 올라간 것을 보다가 꿈에서 깨어났다. 생각을 해 보니 이제는 새로 출발하는 입장에서 어제의 내 이름을 바꾸고 싶었다. 김문호에게 이름을 갈아도 되느냐고 물어보았더니 상관없다고 해서 이름을 새로 작명하려고 하던 차에 꿈에서 용을 본 것을 하늘의 뜻으로 알고 김용(金龍)으로 이름을 바꾸기로 했다.

다음 날 김문호, 이일범과 같이 청진동 CIC에 가서 이순용에게 인사를 하고 제반 수속 절차를 끝낸 다음 월급을 확인해 보았더니 한 달에 5천 원 준다고 해서 당시 군정청 장관들 월급이 5천 원이었던 시절이라 선뜻 믿기지가 않았지만 사실이었다.

우리는 그날부터 일감을 찾아 나서면서 정치, 경제, 문화, 기타 관계부면에서 그럴듯한 정보를 얻기만 하면 그만이었지만 우리 3인이 해야 할 일은 우리 자신들이 걸어온 독립운동의 연장선상에서 공산당을 타도하고 이 땅에서 김일성을 몰아내고 조국의 통일독립을 쟁취하기 위해서는 방공사업에 앞장서야 한다는 내 스스로에게 부여한 사명이 있었으므로 두 형을 만난 것도 어쩌면 하늘이 맺어준 인연이다 싶었다.

당시는 공산당이 합법적으로 활동을 할 수 있는 때였다. 공산당의 만행을 제지하는데 법적인 애로사항이 많았지만 우리는 그러한 애로사항 같은 건 근본적으로 무시한 채 공산당을 발본색원 하지 않으면 안 된다는 단호한 태도를 취했다.

공산당은 남과 북을 자유로이 활개치고 38선을 제집 출입하듯 넘나들고 있었다. 이에 반하여 우리 남한 우익진영은 남쪽에 갇혀 있는 상태가 되었다. 북한공산당 사업부에서는 동태나 명태를 남한에 보내 북한에서 필요한 기계와 부속품 등으로 바꾸어 가지고 가는 것만 아니라 장사꾼들을 내세워 가동 중에 있는 인천의 마셋크공장을 매입해 기계를 몽땅 해체해 가지고 선박에 싣고 북한에 갖다 주고 있었다. 명태를 들고 온 장사꾼들을 못 본체 하고 내버려두는 미군정 하에서 남한의 장사꾼들이란 돈만 주면 무엇이든지 북한공산당 코 앞에 갖다 바쳤고 공산당은 그러한 장사꾼들을 포섭해서 1급 정보도 빼 가는 판국이었다. 그런대도 남한 정치가들은 법이요, 증거니 하고 보고만 있었으니 공산당한테 꼬일대로 꼬여가고 있는 실정이었다.

그러한 시절에 사리원에서 나를 잡아 가두었던 검찰소장 김계도의 친형 김찬도가 서울에 와서 비원(秘苑) 앞 서선하(徐先夏) 집에 유하고 있다는 정보를 입수했다. 그날 밤 김문호 형이 용감하게 담을 넘어 가서 두 사람을 잡아왔는데 한 사람은 조선상사주식회사(朝鮮商社株式會社) 부사장 최창성(副社長 崔昌成)이었고 또 한 사람은 동사 사업부장 김찬도(仝事 事業部長 金燦道)였다.

그 시절 미군 CIC에서는 미군물자와 관련된 경제사범을 취급하던 때여서 우리가 북한에서 남하한 북노당 사업부 소속 남한자금공급책 조선상사 부사장 최창성과 사업부장 김찬도를 체포해 놓고 취조를 하기 시작하자 미군 CIC에서는 걱정이 되는지 아니면 무서운지 쉬쉬하고 우리의 눈치만 보고 있는 것이 정말로 가관이었다.

우리는 그러한 눈치에는 아랑곳하지 않고 공산당을 소탕하려면 첫째는 자금줄을 끊어 놓아야 하고, 둘째는 공산당 조직을 파괴하고, 셋째는 숨어 다니는 공산당원을 색출하면 그만이라는 전법을 독립운동할 당시 익혀두었던 적이 있어 타공사업의 시작은 우선 우리가 알고 있는 길로 가기로 작정하고 취조를 진행했다.

최창성 부사장과 김찬도 사업부장이 남한에 온 사명은 북한에서는 화폐개혁을 해서 사용할 수 없게 된 일제 때 발행한 조선은행권을 남한으로 보내서 김일성 세력을 구축하기 위해 북노당에서 남파하는 공작책에게 자금을 공급해 줄 수 있는 비밀루트를 개척하는 것이었다.

우리는 그 루트의 비밀을 엄밀히 조사해서 1급 비밀로 취급하여 상부에 보고를 했다.

참고용 :
① 북노당과 조선상사간의 현안과 인적관계
② 조선상사와 각 도에 개설한 지방상사의 유대관계
③ 조선상사 대내의 사업추진 계획
④ 남노당과의 관계
등을 조사해서 별도 보고를 했다.

미군 CIC는 우리가 보고한 내용을 보고 나서 종전의 그토록 무관심하고 방관적인 태도에서 180도 전환하면서 열을 올리기 시작했다. 미군 CIC에서 북한에 공작원을 밀파해서 신변잡담이나 수집해 오던 정보에 비하면 우리가 취급한 정보는 상상조차 할 수 없던 내용들이었다.

그때부터 미군 CIC 이순용 씨의 존재는 마치 군계일학(群鷄一鶴)격이었다. 우리가 북노당에서 자금을 공급해 주기 위해 남파한 자금조달책 또는 해외와 국내에서 협조하고 있는 루트를 봉쇄하기 위해 취급한 사건 중에 일부를 나열해 보면 다음과 같다.

① 함북상사 사업담당 상무 임중길(林仲吉) 사건
② 함남상사 사업담당 전무 강호연(姜浩衍) 사건
③ 장안산업주식회사 사장 임창복(林昌福)이 홍콩을 거점으로 대남, 북교역을 중계한 사건
④ 청진동 일광여관 주인 최성모(崔聖模)가 마셋크기계 대북밀반출 사건 등

김일성의 북노당 계열이 남노당과 별도로 그 세력을 확장하는 데 지원한 자금은 엄청난 것이었다.

이러한 남북한 간 교역 속에 드러난 북노당 자금조달 내용을 파악한 아놀드 군정장관은 이순용 씨를 불러서 서울시 미국인 시장의 고문으로 있는 박길용(朴吉龍)이 미국인 시장의 절대적인 신임 하에 남북 교역에 개입하고 있는 것을 어느 기관에서도 조사를 기피하고 있는 딱한 사정을 말하면서 박길용이 남북교역에 개입하고 있는 관련 사항을 철저히 조사해서 엄중 처벌해 달라는 지시가 아닌 부탁을 했다.

이순용 씨는 이를 김문호 형에게 위임하였고, 김문호 형은 군용기를 타고 주문진(注文津)에 가서 북한에서 막 도착한 선박에서 명태를 인수하고 있는 현장에서 박길용을 체포해 왔다.

박길용은 서울시 미국인 시장의 고문으로서 우리나라 말보다는 미국말을 더 잘하는 사람이라고 했다. 미국에서 살다가 둥산성 하얼빈(東三省 哈尓濱)과 상해 등지에서 생활하다 귀국한 사람으로 북한에는 하얼빈에서 이혼한 부인이 여맹원 간부로 있다는 말도 있었다.

　막강한 서울시 미국인 시장의 배경 하에서 특권을 누리고 있었고 과거 어느 기관에서 박길용을 조사하다가 목이 달아난 사람이 한둘이 아니라 했다. 우리가 박길용을 조사할 때 주위에서 큰 관심을 가지고 지켜보고 있었다.

　박길용은 우리의 조사를 받지 않겠다고 기피하고 미군 책임자를 불러달라고 했다. 여기는 우리 땅이요, 우리가 주인인데 손님으로 와 있는 미군을 불러서 뭘 할거냐고 따졌다. 우리의 힘으로 조국의 독립을 쟁취하지 못해 미·소 양군을 불러 들여 온 것을 부끄럽게 생각해야 할 사람이 그럴 수 있느냐고 훈계를 하자 그때서야 자기의 잘못된 생각을 인정하고 지나간 과거를 반성하면서 사건의 전말을 다 털어 놓겠다고 했다. 조사는 순조롭게 일사천리로 진행되었고 주위에서는 이를 보고 기적이라고 했다.

　박길용은 우리보다 약 20년 연상이었고 일주일간 조사를 끝내고 신변처리를 상부에 타진했더니 기소하라는 지시가 내려와서 재판에 회부했다.

　그간에 우리가 취급한 사건은 우리가 입건을 하자고 해도 미군정에서는 대수롭지 않게 여겼었다. 중요한 많은 정보를 얻었는데 그것으로 족하다고 석방하자고 했었다. 그들은 될 수 있는 한 공산당을 탄압하고 있다는 소문을 내지 않으려고 정보만 수집하고 법적처리만은 극력 피하려고 했다. 미군 CIC가 유독 박길용 사건만은 입건해서 미군정 재판에 회부해 달라고 한 것은 특별한 경우였다.

박길용이 서울시 미국인 시장의 고문이었던 관계로 입건을 하지 않으면 미군인 시장에게 항의할 구실을 주게 되고 또 박길용이 그대로 고문직에 남아 있는 것도 부담스러운 문제가 아닐 수 없다고 한다. 박길용의 입장에서는 자기의 죄가 무거운 것을 자인하고 재판에 회부하면 처형을 면하기 어려울 것이라고 보고 처형만은 면할 수 있도록 고려해 달라고 애원하고 있었다. 미군 CIC 측과 사전타협을 한 결과 벌금형으로 결론짓고 벌금의 다과에 대하여는 개의치 않고 승복하겠다는 조건하에 보석을 허락하고 구속을 해제했다.

박길용은 김용식(金龍植, 외무장관 역임) 변호인을 선임하고 군정재판에서 벌금 일백만원의 언도를 받고 사건을 종결지었지만 당시 벌금 일백만원은 군정사상 초유의 일이었다.

미군정 시절에 때는 늦었지만 우리 3인은 의형제 결의를 다짐하면서 나이 순에 따라 김문호를 맏형으로 하고 이일범을 둘째로 내가 막내 자리를 차지했다.

우리는 제3전구에서 독립운동 할 당시 세월이 가면 언젠가는 서로 연결이 되어 일할 수 있었던 기회를 해방으로 인하여 놓치고만 것이 아쉬웠다. 조국이 양단된 오늘의 현실을 놓고 볼 때 우리의 만남은 제3전구에서 못다한 독립운동을 앞으로 조국의 민주통일을 성취할 때까지 합심협력 결사투쟁하라는 의미로 해석했다. 이 기회는 조국이 우리에게 준 사명으로 생각하고 의형제결연을 맺었던 것이다.

1947년 11월 13일 저녁 7시 나는 셋째 형과 중요한 용무로 만나기로 한 약속이 있어 공사간 모든 약속을 미루고 형을 만나러 낙원동 화선네 집으로 달려갔다. 형은 방안에서 화롯불을 끼고 앉았다가 내가 올 시간이 됐는데 안 온다고 일어나다가 정신을 잃고 쓰러졌다. 말을 못하고 있는 형을 붙들고 내가 왔다고 말을 하자 형은 내 손을 잡고 뭐라고 손끝으로 글을 쓰다가 숨을 거두고 이 세상을 하직하였다. 나는 형의 시신을 끌어안고 한없이 울었다.
  어느 겨울날 점심시간에 형이 6학년 교실 앞 양지바른 쪽에 서서 얼어붙은 손을 녹이느라 비비고 있는 것을 보았다. 내가 달려가서 왜 점심을 안 하고 나와 있느냐고 물었더니 잠시 나를 바라보다가 "너는 점심을 먹었니?" 하고 묻기에 나는 오후에 2시간 더 하면 끝나는데 집에 돌아가서 할 거라고 하고 교실로 돌아왔다. 그때 점심도 못 먹고 양지바른 쪽에 서 있던 형의 모습이 늘 눈앞에 어른거리며 사라지지 않고 남아 있었다. 그 때를 생각하면 너무나 가엽고 처량해 죽은 형의 시신을 끌어안고 놓을 수가 없었다.
  내 나이 9살 때 후모가 들어오면서 나는 후모와 같이 있게 하고 형은 예동리(禮洞里)에 사는 둘째 형네 집으로 보내서 우리 형제는 떨어져 살아야 했다. 어느 겨울날 점심시간에 형이 6학년 교실 밖 양지바른 쪽에 서서 얼어붙은 손을 달래느라고 비비고 있는 것을 보고, 보고 싶을 때면 언제나 교실로 찾아가곤 했었는데 그때마다 점심 먹는 것을 보지 못했다. 겨울에 외투도 없이 양복만 걸치고 있었는데 내복은 입고 있었는지 얼마나 춥고 배가 곯았을까 지나간 날을 생각하면 할수록 눈물은 쏟아져 나왔고 어린 시절 어머니를 여의고 살아 온 우리 형제의 과거가 너무나 애처롭기만 했다.

일제 때 찐화(金華)에서 사업을 하다 나와 같이 항일지구 제3전구에 가서 독립운동을 한 우리는 친형제이기도 했지만 동지였다. 오늘 나와 7시에 만나기로 한 약속은 한·중교역을 상의하자고 함이었다. 나는 형을 찾아오는 길이었고 형은 나를 기다리고 있다가 불귀의 객이 되고 말았으니 우리 형제가 못다 한 말을 이제는 나눌 길이 없다는 점에 가슴이 아팠다.

3일장을 치르는 날 미아리 공동묘지에 운구해 놓고 38선 넘어 이북과 황해 바다 건너 중국에 있는 애들에게 알릴 길이 없어 상주가 부복하지 못한 채 맏형과 내가 상주를 대신해야만 하는 일이 벌어 졌다. 맏형은 자기가 죽으면 동생이 자기의 장례에 와야 하는 자리에 자기가 와야 하다니 이럴 수가 있느냐고 목을 놓아 통곡 했다. 모두가 울고 있었건만 끝내 가신 형은 말이 없었다. 후일 언젠가는 자식들이 자기 얼을 찾아 올 때를 생각해서 묘비를 세워 두었다.

11월 24일 상사 후 가사 정리 관계로 일시 화선이 형수 댁에서 기거하고 있을 때 한밤중 맏형이 찾아왔다. 기상해 보았더니 미군 정청 경무부수사국 형사과 형사들이 나를 보자고 했다. 같이 가자고 해서 따라 갔더니 성동경찰서 유치장에 집어넣고 가 버렸다. 유치장에 들어가 앉아서 도대체 나를 무슨 일로 잡아다 유치해 놓았는지 알 길이 없어 답답하기 짝이 없었다. 한나절을 보내고 있을 때 이순용 씨가 찾아와서 유치장에서 나오라고 하며 여기는 왜 왔느냐고 물어 보기에 까닭을 알 수 없는 일이라고 했더니 돌아가자고 했다. 이순용 씨는 경무부장 조병옥을 찾아가서 CIC 요원에 대하여 구속영장도 없이 기관에 연락도 안한 채 납치해다 영창에 감금해 둘 수 있는 권한이 있느냐고 따지고 한바탕 싸우고 왔다고 했다. 내일 형사과에 가서 신상만 진술하고 오라고 했다. 다음 날 형사과에 가서 비로소 인민해방군 사건에 맏형 경재와 최근우 선생, 그리고 이영근 등이 관련돼 있다고 하여 그들이 체포된 것을 알았고 나에게도 그러한 혐의를 두고 연행했던 것임을 알게 되었다. 도대체 인민해방군이란 말을 나는 국내에 돌아와서 북한에서나 남한에서 지금까지 들어본 기억이 없었다. 독립운동할 당시 제3전구 조사실에서 교육받을 때 중국 공산당 산하의 인민해방군이 중국 북부지방에서 대일항전에 참여하고 있다는 말을 들어 본 적은 있었다. 그 중국 공산당 계열의 인민해방군과 관련이 있다는 건지 아니면 남한에도 인민해방군이 존재하고 있는데 거기에 관련이 있다는 건지 얼토당토않은 이야기만 했다. 인민해방군에 대해 말을 하는데 누가 연출해 낸 각본인지는 몰라도 시국에 영합해서 반공사상을 고무시킬만한 이름이라고 보았다.

당시는 공산당이 판을 치고 있을 때였다. 경각심이 필요한 때라 이해는 하지만 나와 내 형 그리고 최근우, 이영근 등이 관련이 있다는데 보고 있을 수만은 없는 일이어서 그 깊은 내막을 추적해보지 않을 수가 없었다.

당시 인민해방군에 대한 정보를 경무부 수사국 형사과 자체에서 수집한 것이 아니고 해방 후 대한민국 군사위원장이요, 모 당의 군사위원장인 경무부장 조병옥에게 정보를 제공해 주고 조부장은 수사국장 최능진을 제외한 채 부국장 이만종에게 지시해서 이루어진 경무부장 특명 사건이었다.

모 당의 군사위원은 오래된 사감을 가지고 자기의 직위와 어울 릴만한 특종 정보다운 인민해방군이란 허위로 꾸며낸 이름을 붙여 세상이 놀랄만한 사건을 제공한 사실을 안 것은 어느 날 경무부 수사국장 최능진을 찾아 갔을 때였다.

최 국장은 둥산성(東三省) 뻰씨후(本溪湖) 아세아상공사(亞細亞商工社) 사장으로 계실 때 모시고 있었던 관계로 허물없이 모든 사건 전말을 알려주면서 팔자소관이라고 잊어버리라고 말했다.

당시 인민해방군 사건은 맏형 경재와 최근우, 그리고 이영근 등이 검찰에 송치된 후 불기소처분으로 풀려난 엉터리 허위 사건임을 입증할만한 일이었다. 진짜 인민해방군 사건은 먼 훗날에 남노당 경남지부에서 드러난 일이었는데 관련된 인사 중에 김일입(金一粒)이란 사람이 있어서 김일입이란 이름은 내가 일명으로 사용하던 김일입(金一立)과 흡사해서 신원을 알아보았더니 그 사람은 경상남도 사람이고 나는 황해도 사람이라 남과 북 만큼이나 거리가 있었다.

내가 이 글을 남겨두는 이유는 인민해방군 사건과 관련해서 혹시라도 의혹을 가지고 있는 사람들이 있다면 사실을 사실대로 밝혀두고자 하는데 있다.

12월 초순경 어느 날 정오경 광화문 네거리에서 김규식(金奎植) 의장의 비서로 있는 박용철(朴容喆, 독립유공자) 씨를 만나 근처 다방에 가서 차 한 잔을 했다. 박용철 씨는 극비 사항이라고 하면서 조금 전에 미24군단장 하지장군이 김규식 민주의원의장을 찾아와서 미국은 김규식 의장을 대통령으로 추대할 의향을 가지고 공작을 진행하고 있으니 김 의장도 힘을 내 정치적 세력을 규합하고 기반을 확장하는데 주력 해 달라는 말을 하고 갔다고 했다. 이제 미국의 대한(對韓) 방침은 김규식 의장을 대통령으로 추대하고 민주주의 국가를 건설하려는 의도가 확인되었으니 자기와 같이 김규식 의장을 도와서 일을 하자고 강요하다시피 하다가 헤어졌다. 나는 직업상 보고 들은 대로 CIC에 보고할 의무가 있어 이 사실을 즉시 이순용 씨에게 제보했고, 이순용 씨는 사안이 중대하다고 보았던지 즉시 CIC 사령관에게 보고를 하자 CIC 사령관 역시 즉각 하지장군에게 보고를 했다. 보고를 받은 하지 장군은 즉시 이순용 씨를 오라고 불렀고 이순용 씨는 하지 장군의 부름을 받고 갈 때 만일을 위해 사직서를 예비해 가지고 갔었다.

나는 나대로 눈으로 확인한 것이 아니라 귀로 들은 것만을 제보했기 때문에 신빙성 여부를 따지자면 박용철 씨 언동에서 찾아볼 수밖에 없었는데 박용철 씨와 나의 관계는 상해에서부터 실없는 말은 해 본 적이 없어 말 자체 액면 그대로 믿을 수밖에 없었다.

하지 장군은 이순용 씨를 불러 어디서 누구한테서 입수한 거냐고 물어보고 세상에 소문이 나면 곤란하니 절대로 비밀을 지켜 달라고 하면서 사례금까지 주었다고 했다. 이순용 씨는 기분이 좋아서 나보고 수고했다고 인사치레를 하는 걸로 봐서 사실임을 확인했다.

당시 이 사실을 이순용 씨가 이승만 박사에게 즉각 전후 사실을 제공함에 따라 이승만 박사는 만사제폐하고 도미하여 요로에 교섭을 하고 다닌 결과 미 국무성으로부터 초대 대통령에 이승만 박사를 추대하는데 협조해 주겠다고 하는 언질을 받아 갖고 왔다고 이순용 씨가 나에게 전해 주면서 나의 정보가 중요한 계기를 마련해준 거라고 했다.

1948년 3월 8일 김구 주석이 남북협상 차 북에 가시겠다는 성명을 발표하자 미군 당국은 김구 주석이 이북에 가신다는데 대한 호위문제를 놓고 검토한 결과 좋은 방안이 없음을 고민하고 있었다.

미군정 당국이 호위를 하기에는 공식적인 명분을 찾기 어려웠다. 사설기관에 의뢰해서 신변을 호위해 드린다 할 때 김구 주석이 받아들여 줄지가 의문이어서 좋은 방도를 찾기에 골몰하고 있는 딱한 사정을 잘 알고 있었던 이순용 씨가 김문호 형이 충칭(重慶)에서부터 김구 주석을 측근에서 모셔 온 인연을 신임하고 미군 당국에 추천한 결과 미군 당국은 즉각 승낙을 하고 우리가 김구 주석의 방북 행차를 은밀히 호위해 주기를 기대하고 제반 편의를 제공해 주겠다고 했다.

우리는 매일 오전과 오후 한두 차례씩 경교장(京橋莊) 동정을 살펴보는데 신경을 써야 했고, 어디까지나 비밀리에 호위를 하는 만큼 경교장에서 부담을 갖지 않도록 세심한 주의를 기울여야 했다.

경교장 앞뜰은 아침부터 애국청년단체와 부녀단체가 몰려와서 '주석님!' 하고 외치며 북에 가시면 못 돌아오신다고 저희들을 두고 어딜 가시냐고 하며 하루 종일 울고불고 소란스러운 날이 계속되고 있었다.

그러던 어느 날 김구 주석께서는 경교장 2층 발코니에 나가셔서 우리들에게 손을 드시고 저기 저 경교장 담 주위 정원수 밑에 앉아 있는 수백 명의 남녀들을 가리키면서 "저 사람들이 진심으로 자기들의 의사에 의해 나더러 이북에 가지 말라고 하면 나는 안가네, 그러나 저 사람들은 모 당에서 일당 얼마간을 받아 가지고 와서 매일같이 나를 괴롭히고 있는 거라네"라고 노하신 마음을 감추지 못한 채 말을 잇지 못하고 있었다.

우리는 주석께서 그와 같은 말씀을 하시는 걸로 보아서 그간 여러 가지로 많은 것을 숙고하시고 북에 갔다 오시겠다는 결론을 얻은 것으로 판단했다.

당시 정국은 한치 앞을 가늠할 수 없는 기류 속에서 무슨 일이든 어떤 일이든 단정하기가 어려웠던 시절이었다. 김구 주석이 남북협상 차 북에 가시겠다고 했던 것을 번복할 수도 있을 것으로 기대했던 것은 오산이었다.

일설에 의하면 이승만 박사와 김구 주석 두 분 사이는 형제와 같아서 정부가 수립되면 이 박사가 대통령이 되고 김구 주석은 부통령이 되는 걸 기정사실로 보고 있었다. 유엔 감시 하에 5.10 선거를 앞두고 정부가 수립되는 일정이 잡혀 있을 때 김구 주석을 따라 수십 년 고생하다 해방된 조국에 개인 자격으로 돌아와서 정부의 부통령 한 자리를 얻어 하기 보다는 자신들을 연결해서 생각해 본 일부 측근의 인사들이 독자적인 정권 창출을 위해 이승만 박사와 대결의 일환으로 남북협상을 제기했다는 말도 있었다.

1948년 4월 19일 오후 2시경 경교장에 들렀을 때 김문호 형은 선우 비서로부터 김구 주석이 화장실에 계신다는 말을 믿고 경교장 앞뜰에서 내빈들과 잡담을 나누었다. 선우 비서를 찾았더니 보이지 않아서 경교장 뒤쪽으로 돌아가 화장실 후면을 살펴보다가 후문이 떨어져 나간 것이 이상하게 보여 경교장 뒷담 길을 끼고 돌아가 보았다. 자동차가 정차했다 출발한 흔적이 있는 것을 주석이 떠난 것으로 단정하고 황급히 CIC의 마포리 중위를 대동하고 짚차로 달려 가 보니 벌써 임진강 나루터를 건너가는 김구 주석 일행을 확인했다. 개성 CIC에 연락해 38선을 넘어가는 김구 주석 일행을 확인하고 즉시 연락을 하라고 지시하고 돌아왔다고 한다.

　5월 5일 김구 주석이 남한으로 돌아오시는 날 우리는 정오경에 38선 경계선에 가서 지켜보고 있었다. 38선 경계선에는 내외신문 기자들이 기동차를 타고 와서 취재하느라 38선 경계선을 두고 남북간 넘나들다 북괴군에게 제지를 당하기도 하고 38선 경계를 확인하느라 따지기도 하는 시비가 벌어질 때마다 우리들의 마음은 무겁게 가라앉았다.

　마의 38선 경계 표시는 도로변에 막대기 한 개를 꽂아 두었을 뿐 도로 양 옆쪽에 전답이나 산에는 표시가 없었기 때문에 육안으로 38선을 확인할 수가 없었다. 북괴군 졸병들이 총대로 밀어 내는 데에는 말로 통할만한 북괴군들이 아니었다. 38선을 갈라놓은 미·소 양군 당사자가 지켜야 할 자리에 미·소 양군은 볼 수가 없고 유독 북괴군만이 지키고 있는 의도를 알 길이 없었다.

　김구 주석이 이제 오시나 하고 38선 북쪽 도로를 따라 산모퉁이의 길이 보이는 데까지 지켜보고 있었다. 오후 4시경 승용차 한 대가 산모퉁이에 와서 정차하자 차에서 내리는 사람을 망원경으로 확인해보니 김구 주석이 분명했다. 돌아오신다고 소리를 치자 취재기자와 카메라맨들이 자리다툼을 하느라 아우성이었고 성질 급한 사람은 38선을 넘어갔다가 북괴군이 총대를 휘두르는 바람에 밀려나기도 했다. 소동은 김구 주석이 다가올수록 더했다.

　김구 주석을 모시고 같이 온 북괴군 대령이 38선상에 다가와서 김구 주석을 붙들고 귀에 대고 무슨 말을 하는지 불과 몇 분 사이였지만 몇 시간만큼이나 지루하게 느낀 것은 나 혼자만이 아닐 것 같았다.

드디어 김구 주석은 38선을 넘어 오셨고 타고 가셨던 승용차는 오지 않아서 우리가 만일을 대비해 가지고 왔던 빅크승용차를 내드리고 개성의 유지들이 개성경찰서 경내에다 마련한 환영회 식장으로 모시고 갔다.

환영회 식장에 음료수와 과일, 과자 등 여러 가지가 마련되어 있는 것을 보고 김문호 형은 재빨리 김구 주석에게 귀엣말로 아무 것도 드시지 말도록 당부를 했다. 잠시 휴식하는 동안 주석의 승용차가 돌아와서 개성을 떠나 경교장에 무사히 귀환하신 것을 확인하고 그간의 우리의 임무는 온전하게 수행한 것으로 CIC에서는 평가를 했다.

당시 미군 CIC는 일제 때 중국공산당과의 연관으로 체포되어 무기징역을 받고 서대문형무소에서 복역을 하다가 해방으로 풀려난 문갑송(文甲松)을 체포하려고 수 개 월을 두고 수소문하고 수색을 펴 왔으나 행방이 오리무중이라고 우리에게 수사를 의뢰해 왔다.

중국공산당 관계라면 김성숙(金星淑) 임정요인이 인지하고 있을 거라고 믿고 김문호 형이 CIC 이웃 청진동 일광여관(日光旅館)에 투숙하고 있는 김성숙 선생을 찾아가서 문갑송에 대한 전후사정을 말해 주고 협조를 의뢰하고 왔다. 2, 3일 후 김성숙 선생이 와서 내건 조건은 조사기간은 10일로 하되 매일 한 번 부인의 면회를 허락해 주고, 취침은 CIC 내실로 정하고 식사는 주문식사를 제공해 줄 것 등이었다. 여기에 이의가 없다면 내일 저녁 7시 서대문 로타리 적십자병원 정문에서 만나 CIC에 오기로 하고 조사가 끝나면 애초 만났던 그 장소 그 시간에 석방하고 2시간 경과 후 한미관계 수사기관에 통보하는 걸 절대 엄수해 줄 것을 조건부로 하고 있었다. CIC에서는 그러한 조건에 이의 없이 합의해 주고 문갑송의 신변을 인수하기로 했다.

문갑송은 왜소한 체구에 다부진 인상이었다. CIC에서 조사해 보고 싶었던 사항은 ① 박헌영(朴憲永), 김일성(金日成), 김두봉(金枓奉) 등과 공사간 유대관계, ② 남북노동당과 관계, ③ 중국공산당과의 관계, ④ 남북노동당과 중국공산당과의 관계, ⑤ 남북의 진로, ⑥ 자신의 진로, ⑦ 5.10 선거에 대한 견해 등이었다.

문갑송은 공산당정책 이론에 논리 정연하고 설득력이 강한 이지적인 달변가였고 오랜 옥중생활 때문인지 공산주의 이론에는 녹이 난 데가 있었지만 사상만은 강철 같았다.

출옥 후 공산주의 서적을 일정시간 탐독하고 있다고 하는 걸로 보아 이론에 입각한 학구적인 면을 강하게 내비치고 있었다. 때로는 현실 면에서 남북노동당 투쟁목표에 대하여는 다분히 비판적이었다.

박헌영과의 관계에 대하여는 같은 공산주의자로서 인격과 신망이 있는 사람으로 평가하고 있었고, 김일성에 대하여는 야심이 많은 사람으로 신뢰하기가 어렵다고 했다. 김두봉에 대하여는 특별히 관계라기보다는 우당적인 사이라고 했다.

자기는 독자적인 위치에 처해 있는 만큼 소련에 예속된 노선이나 특히 전위적인 행동에는 반대하고 있음을 분명히 하고 있었다. 어느 날 문갑송은 CIC사령관이 시국전반에 걸친 남북노동당 동향에 대한 견해를 타진했을 때 핵심은 피한 채 공산당 기본 전술적인 도식상에 관한 진술만하다가 그것이 현실과 무슨 관계가 있는 말이냐고 해서 망신을 당한 적도 있었다. 따지고 보면 그는 공산당 사상을 주입시키려고 안간힘을 쓰고 있었던 것이다.

문갑송은 옥살이 때문에 장가를 늦게 간 탓인지 딸 같은 부인이 면회 올 시간 오후 7시가 되기를 매일같이 지루하게 기다리고 있었다. 면회를 오면 CIC 옥상에 올라가 자유롭게 담소할 수 있도록 11시까지 두 사람만의 시간적 편의를 제공해 주었다.

식사는 중국 음식을 좋아해서 1일 3식 10일 분을 중국 음식점에 의탁하였고 취침은 조사실에 침대를 마련해 주고 필요한 서적도 구입해 줬다. 약속한 10일을 이행하고 문갑송 사건은 종결을 지었다.

5.10선거를 앞두고 서울 동대문구에서 입후보한 이승만 박사가 무투표 당선이 되는 걸로 보고 있었다. 전무부사국장직을 사임한 최능진 씨가 한국독립당 추천을 얻어 등록 마감날 서류를 제출하다 탈취당해 등록을 하지 못한 불상사가 발생했다. 정가(政家)는 아연 긴장했고 이러한 기회만을 노리던 남로당은 이때를 놓칠세라 끼어들어 적극적인 선거방해공작에 총동원하여 남한 도처에서 방화, 테러, 파괴라는 상투적인 전술로 소란을 피웠다.

이러한 남로당의 전술적인 사건을 미군 당국에서는 한국 독립당이 드디어 남로당식 수법을 모방하고 있는 것으로 오인하고 있었다. 우리는 각종 정보를 수집해서 공산당이 개입하고 있음을 입증하기 위해 많은 제보를 제공하였건만 우리의 제보를 믿으려고 하지 않았다. 이유는 우리가 임시정부 소속 광복군 출신이라는 점과 김문호 형이 김구 주석의 신복 부하라고 하는 사실을 들어 정보의 가치 판단과 선입견에 의해 왜곡하고 불신하고 있었다.

   이러한 갈등은 결국 이순용 문관과 김문호 형 사이를 갈라놓았고 이일범 형과 나에게도 임무를 한정해 주고 CIC 출입을 금지시켜 놓았다.

31. 대한민국 탄생

1948년 8월 15일 대한민국 정부 수립과 이승만대통령 취임 및 광복절 기념행사

   1948년 8월 15일! 우리 대한민국이 탄생한 이 날을 경축함에 있어 우리 국민의 가슴속마다 기쁨과 아쉬움이 깔려있는 날이다.

   남과 북에서 미·소 군정 3년간을 우리가 우리의 힘으로 통일

정부를 건립하지 못한 것이 더 없이 부끄러운 일이기는 하지만 그나마 다행히 이승만 박사가 유엔 감시 하에 남한만이라도 5.10 선거를 받아들여 단독정부를 건립한 것이 기쁘고 다행스런 일이라고 할 수 있다. 반면에 조선 독립을 위해 반일투쟁을 했다고 자부하는 소위 북한의 김일성파가 사대주의 과대망상을 버리고 유엔 감시 하에 선거에 동참하여 민족의 숙원인 남북 통일정부를 수립하지 못한 것이 더할 수 없이 아쉽고 불행한 일이라고 아니 할 수가 없다.

경사스럽지만 한편으로 허망하기도 한 반쪽짜리 대한민국이 선포되는 오늘 미국에서 이승만 박사를 모셔왔고 미·일전쟁에 출정하여 조국의 독립운동을 한 이순용 씨는 무슨 용무인지 알 수 없으나 8시 서울역에서 부산행 열차를 타고 부산에서 배편으로 미국으로 간다고 떠났다.

이순용 씨는 출발하기에 앞서 이일범 형과 나에게 미군 CIC와 계속 관계를 유지하고 있다가 자기의 소개로 찾아가는 사람의 일을 도와주라고 신신당부하고 떠나갔다. 이름도 성도 비밀에 붙여 둔 채 또한 어떠한 힌트도 주지 않은 채 그렇게 말한 그 한마디 말만 믿고 이형과 나는 누군가 찾아 올 때를 기다리기로 했다.

정부가 출범한 지 한두 달이 지나가도 이순용 씨가 말한 사람은 나타나지 않고 있었다. 조선민족청년단(朝鮮民族靑年團) 서울시 단장 노태준(盧泰俊) 씨는 이일범 형과 나를 만날 때마다 국군에 가라고 종용했다.

조선민족청년단장이었던 이범석(李範奭) 장군이 국무총리겸 국방부장관을 겸임하고 있어 족칭계 태반이 국군에 지원해 갔고 우리 김문호 형도 국군에 지원해 가서 육군 소령으로 헌병총사령부 조사과장으로 근무하고 있었다.

우리 3인은 조선민족청년단 서울시단 결성 당시 노태준 씨를 단장으로 하고 이사겸 총무부장에 김문호, 이사겸 사업부장에 이일범, 이사겸 연락부장은 내가 맡았던 관계로 해서 노태준 씨는 이 형과 나를 걱정하고 빨리 결심을 하라고 재촉하고 있었다. 나는 군대에 갈 생각을 해본 적이 없었고 이일범 형도 별로 흥미를 가지고 있는 눈치가 아니었다.

이 형과 나는 이순용 씨가 당부하고 간 약속을 저버리는 신의 없는 행동은 하고 싶지 않았고 기다려 보다 안 오면 그만둘지언정 기다려 볼 때까지 기다리기로 했다.

이일범 형은 외형적으로 보기에는 날카롭고 성깔이 있어 보이나 신중하고, 유하고, 이해심이 많아 매사에 아량을 베풀고 누구에게나 겸양한 마음으로 친절하게 대하여 주었다. 예절과 인사성이 밝아서 사교에 능해 나는 언제나 마음속으로 존경해 왔고 공사 간 의논을 하지 않은 것이 없었다.

이일범 형을 처음 만나기는 난징국립중앙대학 재학시절이었는데 그 시절 이일범 형의 성격은 급하고 괴팍하며 불량해 보였다. 당시 이일범 형이 술 한 잔 산다고 해서 난징 어느 춤방에 가서 술 한 잔을 하다가 어떤 이유에서 그랬는지 딱히 그 까닭을 알 수 없었으나 별안간 술상을 뒤엎고 소란을 피우다 술값을 지불하지 않은 채 도망치자고 해서 나는 아무 영문도 모르고 도망치는 이일범 형의 뒤를 쫓아서 따라 간 적이 있었다.

그러던 이일범 형은 결혼을 하고 나서 생판 딴 사람으로 180도

변해 있었다. 어찌된 일일까? 부인의 영향을 받아 변한 것은 아닐까 해서 눈여겨보고 있었던 어느 날 아주머니가 이른 아침 자취하고 있는 내 집으로 나를 찾아와서 자고 있는 나를 깨우지 않고 툇마루에 앉아서 일어나기만을 마냥 기다리고 있었다. 나는 아무것도 모르고 잠을 자고 있다가 평상시와 같이 기상을 하고 방문을 열다 툇마루에 아주머니가 와서 앉아 있는 것을 보고 황급히 옷을 주워 입고 웬일로 오셨느냐고 물어 보았다. 아주머니 말씀은 어젯밤 이일범 형이 집에 들어오지 않았는데 어머님께서 하시는 말씀이 어느 자식이 어미가 보기 싫어서 집에 안 들어오겠냐고 하시면서 여편네가 보기 싫으니까 안 들어오는 거라고 이 집에서 너만 없으면 모두 편해질 것이라고 하시고 너 때문에 자식 한 번 보기가 이렇게 힘들 줄 몰랐다고 하시며 나가라고 하시니 이일범 형 대신 나라도 보시면 어머님이 마음 놓으실 것 같아서 나를 부르러 왔다고 같이 가서 아범대신 조반상을 같이 드시고 앉아서 말씀을 나누어 달라고 했다.

허구한 날 밤낮 붙어 다니는 걸 알고 계시는 어머님이 혹시 무슨 일이라도 생기지 않았나 걱정이 돼서 하신 말씀으로 아시고 나를 보면 안심하실 거라고 부르러 왔던 거였다. 그런 일로 나를 찾아오셨어도 자고 있는 나를 깨우지 않으시고 남편인 이일범 형을 원망하거나 같이 다니는 나를 좋지 않게 생각할 수도 있을 터인데 오히려 나를 보면서 부끄럽고 미안해하고 있었다.

이일범 형의 외박을 막지 못한 것은 나에게도 책임이 있음을 알아야 했다. 나는 이일범 형과 절교를 하던가 아니면 외박을 안 하겠다는 다짐을 받던가 둘 중 하나를 놓고 담판을 하지 않을 수가 없었다. 이일범 형은 그러한 나의 결심을 이해하고 내 말을 기꺼이 받아들이고 외박을 완전히 청산한 적이 있었다.

언제나 이일범 형은 남의 말에 귀를 기울여 주었고 우의를 저버리거나 남을 중상하거나 모략하는 일 없이 남을 도와주려고 하는 일에 많은 신경을 쓰고 있는 것을 수없이 듣고 보았다.

그러한 이 형과 한마음이 되어서 밑져야 본전, 손해가 없을 거라고 마음을 쓰지 않고 있던 11월 말 어느 날 아침 5시 경에 을지로 2가 미군 CIC 전용 숙소 흥국(興國)호텔에 기거하고 있던 우리를 찾아왔다고 하는 손님이 있어 영접하고 보니 이순용 씨가 소개한 대통령실 소속 관찰부총감 장석윤(觀察副摠監 張錫潤, 미·일 전쟁 때 이승만 박사의 천거로 미군첩보기관에 근무)이었다.

이일범 형과 나는 장석윤 총감을 따라 조선호텔로 가서 조찬을 같이했다. 장석윤 총감은 이일범 형과 나에게 관찰부 특무실을 맡아서 대북공작을 전담해 보라는 분부를 했고 그날부터 우리는 관찰부에 나가 근무하기 시작했다. 특무실 기구를 편성하고 실장에 이일범 형을 추대하고 나는 부실장직을 맡았다.

특무실 대북기구 내에 공작 조사 운영 부서를 두고 전호인(全湖人, 독립유공자·전 인천경찰서장), 이규성(李圭星, 전 해군군수국장·전 주일공사), 김영태(金永泰, 독립유공자 유족사업) 동지들이 전담하도록 했다.

관찰부는 미군정 당시 대한민국 정부가 수립되면 미국의 연방수사국이나 중앙정보국 같은 특수기관이 필요할 것으로 인정하고 요원 2백여 명을 모집해서 극비리 경찰학교 내에서 기초과정을 교육시켜 배치하고 예산 7천만 원을 확보해서 군정이양과 동시에 정부에 인계한 기관이었다. 이 기관을 정부 직제에 편입시키기 위해 총무처 인사국을 통해야 하고 내년도 예산편성을 위해서 재무부 예산국을 통해 국회 예산결산위원회의 승인을 얻어 국회 본회의를 통과 해야만 비로소 적자(嫡子) 대접을 받을 수가 있는데 지금 관찰부는 도처에서 얻어다 놓은 의붓아들처럼 취급을 당하고 있을 때였다.

관찰부가 대통령의 배경만 믿고 있었지 실권행사를 하기에는 요원한 환경 속에서 소문만 요란하게 나서 대통령을 등에 업고자 하는 세력가들에게 견제의 대상으로 주목만 받고 있었다. 장총감의 명을 받아 정부직제에 편입을 위해 총무처 인사국에 찾아가서 소속은 대통령실 직속 기관으로 명칭은 사정국(司正局)으로 하고 산하 5과로 기구를 조정했다. 인원은 현재와 같은 수준으로 정하고 예산은 회계과에서 재무부 예산국을 통해 국회예산 결산위원회로 발송해 놓자 상대성을 가지고 있는 일각에서는 사정국에 대한 성토성 비판의 목소리가 커지기 시작했다.

정치권에서도 대통령실 직속 하에 사정기관을 두는 것은 독재적 횡포를 조장하는 것이라고 반대여론을 조성하고 나섰다. 특히 내무부 산하 경찰에서는 민생치안 차원에서 경계를 요하는 주목할 만한 발언이 쏟아져 나오고 있었지만 그런대로 우리나라에도 그러한 사정기관의 필요성을 인정하는 사람도 있어 비판 속에 정착돼 가고 있을 무렵 1949년 2월 뜻하지 않았던 세칭 수원사건이 발생했다.

수원사건이란 수원 어떤 촌락에 최 씨 성과 김 씨 성을 가진 두 성씨가 한동네에 살아오면서 한쪽 성씨가 우(右)하면 또 한쪽 성씨는 좌(左)하고 살아온 지가 근 백년이란 세월이 지났다. 양 성씨는 숙적관계에 있던 곳이었다. 그 곳의 실정도 모르고 관찰부 용산지부에서 어느 한쪽의 꼬임에 빠져 좌익분자라고 몇 사람을 영장도 없이 체포해 놓고 고문하고 감금해 둔 것이 드러나 국회로 비화되는 바람에 여론재판에 몰려 연일 두들겨 맞기에 정신을 차릴 수가 없었다.

　결국 관찰부(사정국)의 정체가 암흑가의 무법자 모양으로 묘사되고 이승만 대통령과 장석윤 총감의 관계를 알게 된 정계에서는 특수기관의 비리를 문제 삼아 졸지에 국회에서 사정국 예산안을 지워 버리고 말았다. 정부에서는 예산이 없는 기구를 존치해 둘 필요가 없다고 6월 20일부로 해산명령이 나왔다. 정부가 2백여 명의 직원에 대한 사후대책을 고려하지 않은 채 일방적으로 결정한 것을 받아들인 장석윤 총감은 국군으로 전역시킬 수 있는 길을 모색해 보라면서 국무총리실에 교섭해 주기를 바라고 있었다.

　우리는 국무총리 비서실장 목성표(睦聖杓)를 찾아가 상의를 했고 국무총리실에서는 절차상 구체적인 사항은 참모총장 채병덕(蔡秉德) 장군과 상의하라는 연락이 왔다. 채병덕 장군, 참모부장 정일권(丁一權) 장군, 정보국 분실장 계인수(桂仁洙) 대령 등 3인을 명월관(明月舘)으로 초대하고 우리는 장석윤 총감을 모시고 갔다.

　채병덕 참모총장은 국무총리로부터 지시를 받았다고 하면서 국군에 지원하는 사정국 직원에 한해서 소위급 이상으로 대우하고 자질에 따라서 대위까지 고려하겠다는 언약을 받고 장석윤 씨는 귀가 하고 남은 우리 5인은 부담 없이 여흥을 즐기다 돌아왔다.

　드디어 사정국 2백여 명의 직원이 국군에 지원해 가는 것을 계기로 해산을 하고 남은 직원은 자유직업을 찾아 나섰다. 이일범 형과 나와 몇몇 직원은 7월 20일까지 잔무처리를 위해서 계속 출근하고 있었다.

사정국 잔무처리를 할 때 이일범 형과 나는 우리들의 진로에 대한 문제를 놓고 이승만 정부를 객관적으로 검증해 봐야 할 때가 아닌가 했다.

이승만 정부가 출범한 후 제헌헌법 101조에 1945년 8월 15일 이전에 악질적인 반민족행위를 처벌하는 특별법을 제정할 수 있다고 하는 법적근거에 의해 1948년 9월 7일 제59차 국회 본회의에서 통과하여 이승만 정부에 의해 9월 22일 법률 제3호로 공포되었다. 국회에서 반민법 특별조사 위원회를 구성하여 활동을 개시할 무렵에 느닷없이 이승만 대통령은 건국 초창기 민심의 동요로 앞날에 장애가 되는 일이 없도록 주의를 당부하고 나왔다. 반민특위에서는 어느 누구도 반민특위 사업에 간섭하지 말라는 반박성명으로 맞대응하는 바람에 은연중 행정부와 입법부의 대치현상이 나타나기 시작했다.

그러한 시국 하에서 친일파에 대한 검거활동이 이뤄지고 있을 때 일제 때 고등계 형사로 악명이 높았던 사람으로 미군정 당시 수도청 수사과장이었던 노덕술을 체포하자 이승만 대통령은 노덕술을 석방하라고 종용했다. 일제 때 경찰 출신들은 총단합하여 정부 당국에 신변보호를 요구하고 나오자 이승만 대통령은 반민특위 활동은 3권 분립 정신에 위배된다고 하는 내용의 담화문을 발표한 것을 계기로 1949년 6월 6일 일제 출신 현직 경찰들이 반민특위를 습격하는 바람에 반민특위는 길을 잃고 활동을 중단했다.

이승만 정부에 의해 국회반민특위를 해체한 것은 이승만 대통령이 일제 때 독립운동을 한 명분을 잃었을 뿐만 아니라 악명이 높았던 일본헌병대 보주원이나 경찰의 고등계 형사를 등에 업고 정권유지에 혈안이 되어 민족의 정기를 외면한 채 친일파를 청산하지 못한 배신행위로 민족사에 더러운 기록을 남겨놓았다.

반민특위가 활동할 무렵 친일파로 지목받고 있던 춘원 이광수(春園 李光洙)가 「나의 고백」이라는 소책자를 통해 친일 행위에 대한 사태수습을 위한 고사(古事)를 예를 들었다.

이광수는 병자호란(丙子胡亂) 때 중국 오랑캐들이 우리나라에 침범해 와서 많은 부녀자들을 납치해 갔다가 국교가 회복되면서 납치해 갔던 부녀자들이 돌아오자 시집에서 환향년이라 하고 받아주지 않아 민심과 국론이 분분할 때 나라에서는 비상조치의 한 수단으로 서울로 불러올려 화양동 길 한가운데 목욕탕을 설치해 놓고 오랑캐에 끌려 납치되어 갔던 부녀자들을 그 목욕탕에서 목욕재계(齋戒)하고 나서 증표를 받아 가지고 시집으로 돌아갔을 때 환향년이라 하고 천대하거나 받아주지 않으면 국법으로 엄히 다스리겠다고 한 고사로 병자호란 때 국력이 약해 침해를 당했던 난국을 수습한 예를 들었다.

이승만 대통령도 그와 같은 맥락에서 일제 때 반민족 친일행위를 청산하고 민족의 양심적인 세력을 끌어안고 시국 수습에 나섰더라면 지금과 같은 이승만 정부에 대항해 남한 도처에서 일어난 크고 작은 소요사건 공세를 어느 정도 차단할 수 있지 않았나 생각한다.

그러던 어느 날 38 이북에 있는 장조카 종원이가 월남해서 나를 찾아 왔다. 북한에서 반동분자로 몰려서 해주 형무소에서 2년간 복역을 하다 출감한 후에 보안서원이 또 미행을 하고 있어 도망해 왔다고 하였다.

북한 김일성 치하에서 고향을 지키고 집안을 지키려고 남아 있었던 것이 시초부터 크게 잘못된 생각이었던 것으로 늦게나마 월남해 온 것이 불행 중 다행이라 생각하고 자기보다 나이가 아래인 나를 삼촌이라고 찾아온 장조카를 어떻게 도와줘야 우리 집안을 위해서나 나라를 위해서 도움이 되고 본인 자신에게도 유익한 길이 될까 하고 여러 날을 두고 많은 것을 생각해 보았다.

장조카의 나이로 보아서는 만학이기는 하지만 그래도 학업을 선택해 공부를 해 두는 것이 앞날을 대비해 둘 수 있는 좋은 기회라고 생각하고 학업을 권해 보았더니 삼촌인 나에게 부담을 주지 않으려고 한사코 사양하고 자립할 만한 일을 찾으려고만 했다.

고향에 있을 때에는 장손으로서 집안을 지키고 조상을 모셔야 할 의무가 있었다. 고향을 떠난 마당에 자립을 위해서 아무 직업이나 선택하는 건 자유이기는 하지만 그래도 나는 바람직한 일은 아니라고 생각하여 장조카의 생각이 바뀌기만을 기다리고 있었다.

나는 우리가 정든 고향땅을 한낱 떠돌이, 돌팔이 같은 김일성에게 빼앗기고 남쪽에 와서 사는 것을 부끄럽게 생각하고 힘을 모으지 않으면 권토중래(捲土重來)를 기약할 수 없다고 보고 장조카가 학문에 관심을 가지고 배우고 실력을 키워주기를 바랐다.

사정국 잔무처리 중 어느 날 장기영(張基永) 체신부 장관이 장석윤 씨를 찾아왔다가 돌아가면서 우리 집무실에 들렀을 때 장석윤 씨의 소개로 장기영 장관에게 인사를 드린 바 있었다. 7월 초 장석윤 씨는 우리를 체신부에 추천한 일이 있었다고 하면서 장기영 장관이 부르고 있으니 찾아가 보라고 했다. 장기영 장관을 찾아갔을 때 이일범에겐 체신부 감리국 검열과장을, 나에겐 체신부 감리국 감사과장을 하라고 하면서 언제쯤 출근할 수 있느냐고 했다. 7월 20일까지 사정국 잔무를 끝내고 나서 출근하겠다고 하고 돌아왔다.

우리는 현업 관청인 체신부로 직장이 바뀌어 짐에 따라 생소한 직장이기는 하지만 업무가 검열과, 감사과라고 하는데 새로운 것만은 아니어서 부담을 느낄만한 곳은 아니었다.

장기영 장관이 그러한 업무를 우리들에게 맡겨준 것은 체신부 산하에 잠복해 있을지도 모르는 적색분자들을 발본색원(拔本塞源)하고자 해서였다. 명랑한 직장을 만들어 마음 놓고 일할 수 있는 분위기 속에서 조국의 번영과 발전을 위해 열성을 다하여 매진하자는데 그 목적이 있었다. 우리는 어디에서 무슨 일이건 나라를 위해서 반공호국(反共護國)하는 일이라면 긍지(矜持)를 가지고 성의를 다하고자 했다.

7월 21일 아침 일찍 출근한 후 장기영 장관에게 부임신고를 하자 장기영 장관은 체신부 내에 검열과 감사과를 각각 맡으라고 했던 일을 두고, 한 사람은 부내의 검열과장과 또 한 사람은 부외의 외각 단체인 체신사업협회 상임감사를 맡아서 체신부 내외에 적색분자를 숙청해 달라고 했다. 우리 둘이 의논해서 자리를 맡으라고 하기에 내가 외각 단체를 맡겠으니 이일범 형은 부내에서 친히 장관을 보필하자고 제안했다. 각각 맡은 직장을 향해 지금까지 한 몸 같았던 우리는 헤어져야만 했다.

나는 언제 어디서나 내가 김문호 형이나 이일범 형과 의형제 결의를 한 그 정신을 받들어 이일범 형을 나의 형으로 한 치의 에누리 없이 내 마음 속에 간직해 두고 왔었기 때문에 더 두고 생각할 필요를 느끼지 않고 결정을 했다.

나는 체신부 외각 단체인 체신사업협회 상임감사로 부임하기 위해 동아일보사와 광화문 우체국 사이에 있는 2층 건물 체신사업협회에 와서 상임감사 사령장을 받아 취임인사를 했다. 내 자리에 와서 사령장을 자세히 보았더니 정부의 차관급 봉급에 해당하는 3만 2천 원을 주고 있어 외각 단체에 온 보람도 느낄 수 있었다.

체신사업협회는 공익사단법인체로서 회장을 장관이 겸임하도록 하고 있었다. 장관이 업무에 관여할 시간적 여유가 없기 때문에 중요한 업무를 제외하고는 일상 업무 처리는 이사진에게 일임해 두고 경리만은 중요하다고 보아 사전에 상임감사의 결재를 받도록 조치해 두고 있었다.

비상임 이사나 감사진은 체신부 과장으로 선임해 놓고 있는 걸로 보아 체신부의 명실상부한 어용 사업체였다. 상업종목은 체신부 산하 각 현업소에서 소요되는 물품을 납품하기 위해 인쇄공장, 충전기공장, 자동차수리공장, 야채농장이 있었고 또한 체신부 청사를 위시해서 각도 체신지청 청사나 지방우체국 등 거의 모두가 체신사업회의 소유건물을 체신부에 대여해 주고 있었던 관계정립이 정부수립 후 아직 청산되어 있지 않은 상태여서 체신사업협회의 재산은 형식상 막대한 재산을 갖고 있었다.

체신사업협회가 일제 때 총독통치 하에서 대지와 건물, 공장 그리고 농토 등 막대한 재산의 소유권을 관장하고 체신부에 대여해 주고 그 대여료를 임의 징수하고 있었으니 일제하 동척회사(東拓會社)와 같이 침략이 어느 정도였던가를 생각해 볼만한 표본적인 것들이었다.

미군정 3년 동안 체신사업협회 산하 각 공장에 잠복해 있던 공산당 프락치들이 정부수립 후 날로 자리를 잡아 안정되어 가고 있는 현실을 보고 전향해 오는 바람에 내가 할 일이 없어지고 놀고 먹기가 미안은 했지만 직장 분위기가 새로워지고 있는 것을 보고 위안을 받았다.

사정국 해산 후 장석윤 씨가 직장을 구하지 못하고 있어 내가 이일범 검열과장에게 상의하고 이일범 과장이 장기영 장관에게 진언해 체신사업협회 부회장으로 기용했다.

장석윤 부회장은 사정국장 재직시 공금을 유용한 혐의로 입건됐다는 설이 있었고 그러한 혐의로 이대통령의 신임을 잃었다는 소문이 나돌고 있었으나 사정국 해산 후 이승만 대통령은 장석윤 씨에게 대통령실 소속으로 사정활동을 계속하도록 월 7십만 원을 지원해서 사정요원 5명을 특채해 두고 비밀리 활동하고 있었는데 사정요원 5명 중에는 이일범 과장과 나도 있었다.

그 해 10월 11일 나는 전 사정국 동료 공군 군수국장 이규성(李圭星)의 중신으로 자기의 먼 질녀뻘 되는 김종진과 결혼을 했다.

결혼식 전후의 모든 준비와 시중은 박시준 형이 도맡아 수고를 했고 결혼식 들러리에는 검열과장 이일범과 전사정국 인천지부장 김정찬(金廷燦)이 섰다. 서울과 인천 간 결혼식장 왕래에는 장석윤 부회장이 손수 자기 자가용을 운전해서 편의를 보살펴 주었고, 장석윤 부회장은 나의 장인 김용업(金龍業)과 경기고등학교 동기동창으로 결혼식장에서 20년 만에 만나 옛정을 나누었다.

이순용 씨가 11월 중순경 미국에서 1년 3개월 만에 돌아왔다. 우리가 체신부와 체신사업협회에 봉직하고 있는 것을 보고 정부가 적재적소에 사람을 기용하지 못하고 있다고 비난을 퍼붓고 다녔다.

이순용 씨는 우리가 봉급만 가지고 생활하기가 어려울 것이라고 걱정을 하고 이일범 과장과 나에게 매월 미화 50불씩(한화 1만 5천 원 정도) 생계 보조비로 도와주었다. 나의 월수입은 체신사업협회 상임감사 3만 2천 원 대통령실 사정요원 2만 원, 이순용 씨의 생계보조비 미화 50불 도합 약 7만 원 정도 수입으로 당시 3급 공무원 서기관 월급이 1만 8천 원, 2급 이사관 2만 4천 원, 차관 3만 2천 원, 장관 3만 6천 원이었던 어려운 시절에 나는 남에게 폐 끼치지 않고 안정된 생활을 할 수 있는 행운아였다.

1950년 3월 하순경 어느 날 이순용 씨가 긴요하게 의논할 일이 있으니 퇴근 후 자기가 투숙하고 있는 광화문 호텔로 오라고 해서 무슨 일인가 궁금증을 안고 퇴근 후 찾아갔다.

이순용 씨는 제2차 세계대전에 참가했다가 해방 후 제대한 미 육군 대위 출신인 정운수(鄭雲樹)가 이 대통령 측근 중의 한 사람으로서 최근 경무대로부터 막대한 자금을 지원받아 특수공작을 하고 있다고 하면서 나보고 정운수의 특수공작을 도와주면 어떠냐고 하기에 나는 상해에서 정운수 씨가 결혼을 하고 신혼살림에 유난히도 말이 많았던 그분에 대한 기억을 떠올려 흥미가 없었지만 이순용 씨의 말씀을 일언지하에 뿌리칠 수가 없어서 정운수 씨가 하고 있는 공작의 내용을 물어 보았다. 이순용 씨는 정운수 씨의 정보공작원으로서 중일전쟁 중에 장쟈커우(張家口)에 주둔하고 있었던 일본군 특수부대의 기관정보원으로 근무하던 김영(金嶺)이라는 사람이 수집한 정보라는데 신뢰할 수 없었고 신당동에서 산 넘어 한강변으로 가다가 왼쪽 산중턱 부락에 공산당 프락치들이 무기를 은닉해 두고 요인암살을 기도하고 있었다는 사실을 현장 확인했다고 정운수 씨가 찾아와서 말하고 갔다는 말도 믿을 수 없는데 장석윤 씨도 그 현장을 가보고 와서 협조를 하고 자기 보고도 협조하라고 강요하다 갔다고 한다.

　나는 장석윤 씨가 정운수 씨의 특수공작에 협조하고 있다고 한다면 그것은 장석윤 씨가 내무부 치안국장으로 내정돼 있는 상태 하에서 취임을 연기하고 있는데 이유는 5.20 선거에 향리인 강원도 횡성에서 국회의원 출마준비를 하고 있어 선거에 당선이 되면 내정된 치안국장을 포기할 것이고 낙선이 되는 경우에는 취임할 의사를 가지고 김병완(金炳玩) 경무과장을 치안국장 서리로 앉혀 두고 후배에게 은밀하게 치안국장 권한 행사를 하고 있음을 정운수 씨의 특수공작을 도와주지 않을 수 없는 입장에 있음을 알려 주었다.

　장석윤 씨가 치안국장에 내정된 경위는 어느 날 국무총리 비서실장 목성표가 저녁을 같이 하자고 해서 어느 요정에 갔을 때 백성욱(白性郁) 내무부장관이 수하에 둘 치안국장 적임자를 물색 중이라고 해서 장석윤 씨를 내가 추천한 것을 가지고 목성표 실장이

백성욱 장관하고 상의한 것이 일사천리로 진행된 사실을 비밀에 부쳐두었던 것을 말해주고 장석윤 씨의 신분과 역할이 다르다는 점을 이해하시라고 했다.

나로서는 생판 모르는 정운수 씨를 믿고 돈 때문에 보리꽃 춤에 따라갈 의사가 없음을 털어놓고 양해를 구했다. 또한 나는 이순용 씨의 주선으로 장석윤 씨를 모셔오고 장석윤 국장의 주선으로 장기영 장관을 모시고 있는 나에게는 현재 세 분을 모시고 있는 것만으로 있는 힘을 다하고 있음을 이해시키고 정운수 씨의 특수공작에는 관심이 없음을 분명히 했다.

그 후 한 달이 지난 4월 말경 어느 날 이순용 씨가 퇴근 후 광화문 호텔로 오라고 해서 갔더니 정운수 씨 얘기를 또 꺼냈다. 오늘 오후에 경무대 뒷산에서 공산당 프락치들이 경무대를 습격하기 위해 은닉 매몰해 둔 무기들을 발굴했다고 하는데 이 중요한 시기에 우리가 방관하고 있을 수는 없지 않느냐고 걱정을 늘어놓았다. 지금 자기와 같이 정운수 씨를 찾아가 보면 안 되겠느냐고 하는 걸로 보아 이순용 씨의 조급한 심정을 달랠만한 묘안이 없어 내일 아침 이일범 과장과 의논을 해서 대책을 세워보겠다고 하였더니 그때서야 굳어있던 표정을 풀고 우스갯소리가 나왔다.

다음 날 출근길에 체신부 검열과에 들러 이일범 과장을 찾아보고 어젯밤 이순용 씨와 대화한 내용을 말해주고 협조 여부를 의논해 보았더니 매사에 사려가 깊고 신중하기만 하던 이일범 과장이 대뜸 쇼라고 웃기지 말라고 한다.

이일범 과장의 견해도 돈 때문에 사건을 꾸며낸 연극으로 보아야 한다고 나더러 절대 개입하지 말고 이순용 씨를 잘 이해시켜보고 안 되면 자기가 나서서 이해를 구해 보겠다는 약속을 받고 돌아왔다. 내가 이순용 씨를 만나면 이해시킬만한 대안을 찾기에 고심을 하고 있을 때 이순용 씨가 찾아와서 차 한 잔 하러 길 건너 날개다방으로 가자고 해서 따라갔다.

이순용 씨는 대뜸 밑도 끝도 없이 멀건 대낮에 미친놈들이 작당해서 돈을 처먹으려고 한 사기 사건이라고 쏘아붙였다. 나더러 협조 안하고 피했던 것이 천만다행이요, 큰 덕을 봤다고 하면서 이일범 과장은 어떻게 생각하더냐고 해서 쇼라고 웃기지 말라고 하더란 말을 하자 '정운수 그 사람 미쳤군, 미쳤어' 세상 사람들이 모두가 믿지 않는데 왜 그런 짓을 했느냐고 돈에 눈이 멀면 볼 장 다 본거라고 했다. 그날 저녁은 이순용 씨가 한턱을 내서 이일범 과장과 나는 반도호텔에 따라가서 푸짐한 대접을 받았다.

중국의 재벌들이 본토를 철수하면서 한국으로 재산을 밀반출하고 있지 않나 주목을 하고 있을 때 노 상해(老上海) 교포 박동현(朴東賢)이 홍콩서 인천항으로 귀국할 때 반입한 다량의 물자가 중국재벌의 재산을 청탁받아 자기 재산인양 위장 반입한 것은 아닌지 규명확인 하라는 경무대와 총리실의 특명을 받아가지고 우리는 박동현을 찾아 나섰다.

박동현은 일명 공개평으로 통하는 상해사회에서는 너무나 유명한 블로커로 소문난 사람이었다. 중국계통에 아는 사람들이 많았고 때마침 중국 국민당 정부가 본토를 철수해 타이완(臺灣), 홍콩, 기타 해외 등지로 피난 가는 중이었다. 중국의 부호들이 재산을 세계 도처에 분산시키고 있는 때라 박동현이 반입한 다량의 물자가 위장된 재산으로 의심을 살만했다. 박동현은 족히 그만한 일을 하고도 남을 만큼 수단과 재간이 능숙한 사기꾼으로 소문이 나 있었기 때문이었다.

　나는 해방 후 광복군 제1지대 2구대 상해판사처장 때 이소민 구대장과 오랜 친구인 박동현을 여러 번 접촉해 본 경험이 있었다. 나 또한 그 사람의 능력과 수완을 짐작할 만한 처지에 있었고 그 사람도 나를 만나면 생판 허튼소리만 늘어놓지는 못 할 거라고 보았다.

　이일범 과장과 내가 박동현을 찾아갔더니 박동현은 나를 보는 순간 제발이 저려서인지 요지부동한 자세를 취하고 있다가 차츰 말문을 열기 시작하였다. 그가 갖고 있는 특유의 웃음과 수단을 동원해 자기 재산이라고 열변을 토해냈다. 상해에는 아직도 자기소유의 상당한 사재가 남아 있는 것을 방치해 둔 채 홍콩에 갔다가 귀국했다고 하면서 은근히 나를 위해 고국에서 할 일도 많다고 말하다가 내 눈치를 보고는 눈 감아 달라는 식으로 어물쩡 넘어가려고 했다. 그리고 이일범 과장을 납득시키려고 안간힘을 다해가며 수다를 떨었다. 이일범 과장은 나한테 들은 사전지식을 가지고 있었기 때문에 그와 같은 수단에 호락호락 넘어갈 경박하고 어리석은 사람이 아니라고 믿고 나는 두 사람 간에 오고 가는 대화만 경청하고 있었다.

　박동현이란 사람은 상해에서는 자기 수중에 단돈 10원 한 장이 없어도 억만장자 부럽지 않게 돈을 쓰고 다니던 한량이었다. 그런 사람이라 외형으로 보기에는 큰 재산을 가지고 있는 사람처럼 보이려고 했다.

이일범 과장과 나는 박동현에게 이 대통령과 장제스(藏介石) 총통이 진해(鎭海) 회담에서 중국의 피난민을 받아 달라고 하는 장 총통의 제의를 거절한 이유가 중국의 재벌이 피난민으로 한국에 와서 장사를 하게 되면 한국경제는 중국재벌에 예속될 우려가 있다고 보았기 때문이라는 사실을 말해주고 박동현의 재산반입이 순수한 자기 사유재산인지 아니면 중국재벌의 재산을 위탁받아 반입한 것인지 분명한 사실이 밝혀져야만 해결이 난다는 것을 말해 주고 돌아왔다.

　며칠 후 박동현이 찾아와서 몇 가지 의논을 하기 위해 방안을 말하는 거라고 하면서 가정해서 하는 말이라고 몇 번이고 힘주어 말하고 나서 자기가 반입한 재산이 설사 중국 사람의 재산이라 해도 자기가 중국 사람에게 단돈 10원 하나 주지 않으면 그만이 아니냐고 하고 그런 식으로 자기를 도와주고 수습해 줄 수 없느냐고 사정했다. 그의 행동으로 보아서 중국인의 재산을 위장해 반입해 온 것이 틀림이 없어 보였다. 보세창고에 압류해 놓았을 때가 6월 중순경이었다. 그는 그 후 6.25 남침으로 행방이 묘연했다.

제**4**부

제 4 부

32. 김일성도당의 남침으로 조국의 산하는 불바다가 되다

▌ 이승만 정부 야간피난

1950년 6월 24일 토요일 오후, 퇴근한 후 나는 집사람과 같이 인천 율목동 처갓집에 가서 하룻밤을 묵었다. 그런데 일요일(6월 25일) 아침 라디오 뉴스에서 김일성의 북괴군대가 38선 전역에서 남침해 서울로 진격해 오고 있다고 하는 청천벽력 같은 소식이 들렸다. 모두가 놀라서 수심에 잠겨 있을 때 나는 집사람을 처갓집에 남겨두고 만일의 경우를 대비하기 위해 서둘러 서울로 돌아왔다.

서울에 온 나는 여기저기 돌아다니며 사태의 동정을 수소문해 보았으나 종잡을 수 없는 유언비어만이 떠돌아 다녀서 전세를 파악하기가 어려웠다.

다음 날인 월요일(6월 26일) 출근길에 일찍이 광화문 호텔로 이순용씨를 찾아가 보았더니 사태가 위기에 처해있다고 몹시 비관적이었다.

1950년 6월 25일 동부전선

  체신부에 들러 이 과장을 만나 만일을 위한 대책이 필요하니 수시로 연락을 취하자는 약속을 하고 사무실로 돌아왔다. 그리고 치안국의 장석윤 국장에게 전화를 걸어보았더니 모처에서 회의 중이라고 돌아오시는 대로 연락을 주겠다고 해서 기다리다가 마냥 기다릴 수 없어 태양신문사(太陽新聞社) 노태준 사장을 찾아갔다. 노 사장은 나를 보자 무슨 정보를 갖고 왔느냐며 어서 털어놓으라는 것이었다.

  "아니 정부 각 부처에 출입하는 기자가 수십 명이나 있는데 그 기자들은 뭘 하고 있기에 정보타령을 하십니까?"

  정말 기가 찰 노릇인지라 한마디 던졌다. 노 사장은 중앙청 내부의 각 부처에는 시중에서 다람쥐 쳇바퀴 돌듯 떠돌아다니는 정체불명의 수상한 정보가 판을 치고 있다며 믿을 수가 없다고 했다.

무슨 정보를 얻은 것도 준 것도 없이 시간만 보내다 사무실에 돌아왔는데 이순용 씨가 찾아와 길 건너 날개다방으로 가자고 해서 따라갔다. "이보게 순재, 지금 미 대사관에 다녀오는 길일세. 대사관에서 말하길 한치 앞을 예측할 수 없는 사태라고 철수할 준비를 갖추고 수시로 대사관에 연락을 취하라고 하네. 그러니 자네도 밤에 잘 때도 귀를 열어놓고 방심하지 말게나."

사무실에 돌아와 장석윤 치안국장에게 전화를 걸어 보았더니 어디엔가 회의에 참석하고 있어 언제 돌아올지 알 수 없다고 했다. 지금 시간이 4시경인데 사무실에는 한사람도 보이지 않았다. 텅텅 빈 사무실에 혼자 남아 만일의 사태를 어떻게 대비해야 하나 하고 걱정이 태산 같았다. 5시경 이 과장이 찾아와 시청 앞을 지나 명동 쪽으로 가고 있을 때 난데없이 웬 북괴공군기 1대가 별안간 나타나 북악산을 넘어와 시청 상공에서 선회하더니 동대문 쪽으로 빠져 나가더라는 것이다. 새까만 비행기 한대가 무슨 목적으로 왔는지 알 수는 없었지만 요란한 프로펠러 소리만 내고 그냥 돌아간 것을 볼 때 불안에 떨고 있는 서울 시민들에게 공포를 안기고 남로당에게는 희망을 안겨주고 간 거라는 생각이 들었다.

우리는 명동 불가류(不可留) 다방에 가서 차 한 잔을 하면서 손님들의 동정을 살펴보았다. 아직은 덜 익은 토마토와 사과 같은 족속들이 엇비슷하게 보이고 있으나 때가 되면 속 색깔이 빨간 토마토와 같이 보이는 한패거리가 머리를 맞대고 우리를 곁눈질로 보고 또 보고 하는 것이었다. 우리는 신경이 사나워져 해치울 작정을 하고 서로 마음을 맞추고 있었다. 그런데 다방주인 최치근(崔致根) 부부가 와서 자리를 같이 하고 어제와 오늘 세상 돌아가는 정세를 말하면서 우리더러 서울을 떠나는 게 좋겠다면서 돌아가라고 권하였다. 차 값을 냈더니만 사양하면서 자기가 차 한 잔 대접을 하면 안 되느냐고 하기에 그냥 나왔다(수복 후에 불가류다방 주인 최치근 부부가 남로당 열성당원이었다는 것을 알았다).

하루 종일 전황을 살펴보았으나 종잡을 수 없는 정보에 지쳐 밤늦게 집에 돌아와 정신없이 자다가 전화벨 소리에 깨어나 전화를 받았다. 이순용 씨로부터 걸려온 전화였다.

"이보게 순재, 미대사관 철수령에 의해 김포공항으로 가는 길일세. 자네도 얼른 서울을 떠나게."

더 말을 할 사이도 없이 전화는 끊어졌다. 그 시각이 6월 27일 새벽 4시경이었다. 잠시 후 이일범 과장한테서 전화가 왔다. 곧 우리 집으로 오겠다며 서울을 떠날 준비를 해놓고 있으라는 것이었다. 나는 지금 내 집에 와있는 종원이 장조카에게 무슨 말을 해야 할지 갈피를 잡을 수가 없어 가슴이 뛰고 숨이 막혀 정신을 차릴 수가 없었다.

38이북 고향에서 반동분자로 몰려 해주형무소에서 수형생활하다가 석방된 후 안주할 곳을 찾지 못해 어머니와 동생, 처자식을 남겨둔 채 죽을 힘을 다해 38선을 넘어온 조카였다. 그리고 삼촌인 나를 찾아와 자립의 터전을 잡아 종가를 지키겠다는 마음 하나로 불철주야 고심하고 있는 장조카에게 무슨 말을 해야 할지 막막하기만 했다. 지금 내 형편으로는 같이 동행하자고 할 수도 없고 집에 두고 그냥 갈 수도 없는 딱하고 안타까운 처지였다. 나는 고

민하다가 마침내 집을 지켜달라고 말하기 힘든 말을 뱉었다. 나 혼자 살겠다고 죽음만이 가로 놓여있는 이 집에 조카를 남겨두고 떠나야만 하는 내 신세가 처량하고 속이 타 가슴을 칼로 도려내는 아픔보다 더 했다.

이일범 과장이 우리 집 대청마루에 와서 기다리고 있어 더 좋은 방법을 생각해볼 겨를도 없이 손가방 하나 든 채 발길이 떨어지지 않는 우리 집을 간신히 빠져 나왔다.

이 과장과 나는 우선 체신부에 들러서 도처에 수소문해 보았다. 어제 저녁 체신부의 장, 차관이 전 직원들을 헌신짝 내버리듯 내동댕이치고 달아났다는 것이다. 이승만 정부도 야간에 피난했다고 한다. 국가를 보위하고 국민의 생명과 재산을 지켜야 할 대통령이 한밤중에 말 한마디 없이 바람과 같이 사라지다니 어이가 없는, 그야말로 참담한 일이었다.

한밤중에 한 울타리 안에서 날강도 김일성도당을 두고 문 열어 놓고 자다가 불러들인 격으로 평소에 문단속을 게을리 한 이승만 정부의 무능함을 탓할 수밖에 없었다.

어느 날 이승만 박사가 과일을 먹고 싶다고 해서 잘 익은 사과와 수박을 갖다 주었더니 뺄건 사과를 보고는 집어 치우라고 하고 수박을 잘라 한 조각 달라고 해서 드렸더니 시뻘건 것을 보고는 까무러쳤다는 우스갯소리가 있었다. 반공에는 제 1인자라고 하는데 의심을 둘 여지가 없는 이승만 박사를 반공의 구심점으로 따라 나섰던 사람은 우리들만이 아닌 국민 대다수였다.

정부수립 후 이승만 대통령은 나라를 보위하기 위해서는 미군을 철수시키지 말고 38선 경비를 강화하며 대북공작을 적극 주력하여 날강도 김일성도당에 대한 경각심을 가지고 감시하고 있어야 했다. 그럼에도 불구하고 중요한 국방에 자기 당 장관을 앉혀 두었고 또한 일본군 영관 출신을 일약 장군으로 발탁해서 지극히 중요한 38선상에 경비사단장으로 두고 있었다. 그 장군은 이승만 대통령을 찾아가서 대통령각하께서 북진명령만 내리시면 3일 안에 평양을 점령하고 1주일 내 북한전역을 평정해 놓겠다고 하는 잠꼬대 같은 소리를 했다고 한다. 그 말을 그대로 믿고 한낱 정치에 대한 관심만으로 종신 대통령을 바라고 꿈을 키우기 위해 정적들을 정계에서 몰아낼 궁리만 하고 있었다. 1950. 5. 20 선거에서 경북 달성의 터줏대감인 서상일(徐相日)[5]의 낙선이 바로 그 한 예라고 하겠다.

  정부는 아닌 밤중에 피난을 가면서 무엇이 급했는지 서류를 챙기지도 못하고 그냥 가벼렸다. 우리는 우리가 하던 식대로 사무실에 가서 서랍에 있는 서류들을 꺼내 모두 불살라 버렸다. 이러한 버릇은 우리가 독립운동을 하고 다닐 때부터 항상 해오던 버릇이었다.

  이일범 과장과 나는 만일의 경우 도망가지 못했을 때를 생각해서 태양신문사 노 사장을 찾아가서 다른 성명으로 신문기자 증명서를 해달라고 부탁하고 조선호텔 옆쪽에 있는 77커피숍으로 차 한 잔을 하러갔다. 그곳에는 전 강원도 경찰국장 송우범 등 많은 지면의 인사들이 몰려 앉아서 북괴가 아직 서울에 들어오지도 않았는데 노루 제 방귀에 놀란 듯이 정부가 야간피난하는 바람에 민

---

5) 1887년(고종 24)~1962년. 독립운동가·정치가.

심만 소란하게 해놓았다고 몹시도 못마땅한 얼굴로 정부를 원망하는데 열을 올리고 있었다.

오전 11시경 전황이 어떤지 궁금하여 장석윤 치안국장에게 전화를 걸어 보았더니 사태가 유동적이라며 수시로 연락을 취하라고 했다.

아직 조반을 하지 못한 배에서는 허기지다고 꼬르르 신호를 보냈다. 우리는 장국밥을 사먹고 77커피숍에 가서 시간을 보내고 있다가 오후 2시경 장 치안국장에게 전화를 걸었다. 장 국장은 다급한 목소리로 전했다.

"오후 3시 군에서 한강 인도교를 폭파한다고 하네. 지금 떠나려고 준비하고 있는데 시간이 없으니 빨리 치안국으로 오게."

"지금 소공동에서 치안국까지 가려면 시간이 걸리니 광화문 네거리에서 만나시지요."

전화를 끊은 후 이 과장에게 장석윤 국장과 대화한 내용을 말해주고 빨리 뛰어가자고 했다. 그러나 이 과장은 어쩐 일인지 뛰어가려 하지 않고 천천히 걷고 있는 것이었다. 하는 수 없이 나 먼저 뛰어가면서 따라오라고 하고 광화문 네거리에 왔을 때 장석윤 치안국장 차가 중앙청 정문을 나와서 광화문 네거리로 쏜살같이 달려왔다. 장 국장은 차문을 열고 서 타라고 하여 나는 이 과장이 오지 않아서 조금만 기다려 달라고 하였다. 그러자 장석윤 국장은 화를 벌컥 냈다.

"이 사람아. 지금 이 시기에 한사람 목숨을 구하기도 어려운 일인데 무슨 말을 하는 거야? 타려면 타고 싫으면 그만 둬."

장 국장의 그러한 태도를 보는 순간 정부 각료들이 부하직원들에게 말 한마디 없이 도주한 것과 다를 바가 없다고 생각했다. 이승만 정부의 무책임하고 비열한 행동에 하루 종일 사무친 감정을 달래고 있던 차에 화가 치밀어 올라왔다. 우리가 믿고 존경해오던 장석윤 국장마저 이럴 수가 있나 생각을 하니 세상에 믿을 사람이 없다는 생각이 들었다. 갑자기 장석윤 치안국장과도 이 시간이 마지막일 것이라는 체념이 들어 잘라 말했다.

"어서 가십시오. 나 혼자 살겠다고 생사를 같이 해오던 동지를 버리고 갈 수는 없습니다."

장 국장은 내 말이 떨어지기가 무섭게 차문을 쾅하고 닫고 떠나가다가 불과 10여 미터도 못가서 차를 세우고 나를 불렀다.

"자. 이거 받게. 우리 집에 가면 자가용 짚차가 있으니 나중에 그 차를 타고 오게."

▎피난처를 찾아 남행 천리 길에 나서다

장석윤 치안국장으로부터 열쇠를 받아 쥔 나는 이일범 과장과 같이 운전기사를 구하러 체신사업협회에 들렀다. 마침 화물자동차에 따라다니던 조수가 나와 있어 운전할 줄 아느냐고 물어보자 할 줄 안다고 해서 조수를 끌고 장국장 댁으로 가서 짚차를 타고 동대문 경찰서로 가자고 했다.

우리가 동대문 경찰서로 가자고 한 것은 용무가 있어서가 아니라 오늘 같은 날에 조수가 체신사업협회에 나온 것이 수상쩍어 보였기 때문이었다. 혹시 좌익분자인지도 알 수 없기 때문에 우리의 행선지인 수원으로 가자고 하기에는 그를 믿을 수가 없었다. 조수를 속이기 위한 수단으로 장석윤 치안국장을 찾아 나선 것처럼 동대문 경찰서에 갔다가 용산경찰서를 거쳐 영등포 경찰서로 해서 수원 경찰서로 가자고 끌고 갈 심산이었다.

우리의 계획대로 수원에 끌고 와서 경찰서로 가지 않고 수원 우체국에 들러 조수한테 짚차 열쇠를 달래가지고 저녁식대를 후하게 주면서 식사 후 우체국으로 오라고 했더니 조수는 우리가 추측했던 대로 돌아오지 않고 행방을 감추고 말았다. 처음부터 솔직하게 말하고 수원으로 가자고 했으면 조수는 무슨 핑계를 대든지 기피했을 것이 분명했다. 조수는 이일범 과장이 체신부 검열과장이요, 장 치안국장은 협회 부회장으로 있다가 치안국장으로 부임한 지 얼마 되지 않는 것도 그리고 우리가 장 치안국장과 보통관계가 아니라는 사실도 알고 있었을 것이다. 오늘 같은 날 조수가 협회에 나타난 것을 보면 괴뢰군의 서울 진입을 앞두고 행동 일보 전에 우리들을 탐색 차 나와 있었는지도 모른다.

하지만 우리는 조수가 자동차 운전을 할 줄 안다고 할 때 어떻게 해서든지 그 조수를 이용해 수원까지 끌고 갈 욕심으로 허세를 부리며 은연중 협박도 해가며 끌고 왔던 것이다. 조수는 우리가 치안국장 자가용 짚차를 타고 서울시내 어디로 무슨 일로 다니는지 우리 차를 운전해주면서 우리들의 행동을 탐색해 둘 수 있는 좋은 기회라 보고 기꺼이 따라 나섰던 것이다. 그런데 수원경찰서가 아닌 수원우체국에 와서 비로소 우리한테 이용만 당했다는 것을 깨닫고 우리가 자기 정체를 알고 있지 않나 두려워 저녁 식대를 받아들고 삼십육계를 한 것이라 생각되었다(우리는 수복 후 그 조수가 부역하다가 행방불명이 됐다는 말을 들었다).

▌한밤중에 대통령 담화가 나오다

우리가 피난처를 찾아서 첫발을 들여 놓은 곳이 수원우체국이었고 도착한 시간은 저녁 8시경이었다.

우체국에는 전 직원이 퇴근하고 숙직원만이 있어 우리의 신원을 밝히고 우체국장실을 사용하겠다고 양해를 구했다. 2층에 있는 우체국장실을 임시 연락장소로 정해 놓고 서울과 인천 그리고 각지에 연락을 취하여 보았더니 아직 북괴군이 서울 시내에 침입한 흔적은 찾아볼 수 없고 인천은 평온한 편이었다. 계동에 있는 이일범 과장 집과 우리 집에도 전화를 해보았더니 별일이 없었다. 도처에 전화를 걸어 연락해 보아도 별일 없이 조용하기만 했다.

허기진 우리는 근처에서 국밥 한 그릇 사먹고 돌아왔다. 10시경 전화가 와서 받았더니 서울국제전신전화국의 교환원이 일본 동경 맥아더 사령부에서 전화가 걸려 와서 임병직(林炳稷)[6] 외무부 장관을 찾고 있는데 수원에 임장관이 있는지 없는지 찾아보고 있으면 즉시 전화를 받도록 도와달라는 부탁이었다.

때마침 서울에 전화를 걸려고 우체국에 와 있었던 수도극장 사장 홍찬(洪燦) 씨가 이 소식을 전해 듣고는 지금 수원 비행장에 동

---

6) 1893(고종 30)~1976. 독립운동가·정치가.

경에서 누가 온다고 영접 차 임병직 외무부 장관과 미국 무쵸 대사가 있는 걸 보고 왔다며 자기가 급히 가서 연락해 모시고 오겠다고 나갔다. 나는 이 소식을 즉시 서울국제전신전화국 교환원에게 연락을 해주고 기다려달라고 했다.

  11시경 홍찬 씨가 임병직 장관과 무쵸 대사를 모시고 오자 이일범 과장은 즉시 서울국제전신전화국 교환원에게 연락을 취해 동경 맥아더 사령부와 연결해 임병직 장관하고 통화를 하도록 주선했다. 임병직 장관의 전화 받는 태도가 매우 엄숙했고 신중한 언사로 보아서 상대가 고위층 같아 보였다.

  임병직 장관하고 약 15분여 만에 통화가 끝나자 무쵸 대사와 전화를 바꾸었고 무쵸 대사도 전화 받는 태도가 역시 정중한 걸로 보아 상대가 맥아더 장군이 아닌가 하는 생각이 들었다.

  무쵸 대사와의 통화도 약 15분 만에 끝나자 임장관은 이 대통령과 긴급히 통화를 하겠다고 대통령 계신 곳을 찾아서 전화를 연결시켜 달라고 하였다. 그러나 우리가 대통령의 소재를 찾아 전화를 연결하기에는 불가능한 일이므로 장기영 체신부장관의 행방을 찾아 전화를 연결해 임 장관이 직접 통화를 하도록 주선해 주었다.

  임병직 장관은 장기영[7] 장관에게 맥아더 사령부와 통화한 내용의 일부를 말해주고 이 대통령에게 보고하고 허락을 받아야 할 사항이 있다며 전화를 연결해 달라고 부탁하고는 우리와 같이 수원 우체국장실에서 대기하고 있겠다고 했다.

  정부가 야간 피난할 때 대통령은 대통령대로 각부 장관은 장관

---

[7] 장기영, 1903~1981. 독립운동가·정치가. 1949~1952년까지 체신부 장관

들대로 비상연락망 하나 설정해 두지 못한 채 서울을 탈출하기에 급급했다. 허둥대다 대통령이 어디 가서 계실건지 각부 장관들은 또 어디에 가서 있을 건지 작정해 두지 않고 자기 한 몸만 살겠다고 나선 위인들이 한심스럽다. 국사는 뒷전에 두고 무책임한 행동을 한 그런 위인들을 정부의 각료라고 하기에 우리의 낯이 뜨거웠다.

한 나라의 외무장관이 지금 여기서 대통령이 계시는 곳을 몰라서 일개 서기관 급에 지나지 않는 우리에게 물어보고 있는 웃지 못할 일이 벌어진 것이다. 비극이 벌어지고 있는 바로 지금 이 자리를 통해 어제 정부가 야간피난할 당시의 상황을 추측해 볼만했다.

가정해서 오늘 우리가 여기에 오지 않았더라면 또한 홍찬 씨가 여기에 들르지 않았다면 이 중요한 시기에 이 긴요한 전화는 어떻게 되었을까? 정부가 지금 이 비상사태에 아무런 대비를 못하고 이렇게 무기력한 상태로 해이된 채 피난할 수밖에 없다면 너도 죽고 나도 죽기 전에 능력 있는 반공애국 투사에게 정권을 넘겨주고 나라를 구할 때라고 생각하는 건 우리만이 아닐 것이다.

그래도 오늘 일만은 하늘이 도와준 것으로 믿고 장기영 체신부 장관으로부터 전화가 오기만을 기다리다 지쳐 있을 때 요행히 전화가 와서 임병직 장관이 받아 대통령과 통화를 했다.

임장관은 대통령과의 통화에서 맥아더 사령부에서 내일(6월 28일) 미군부대 일부를 선발대로 보낸다고 연락이 왔으니 내일이면 남침해 오는 북괴군을 격퇴시킬 수 있을 거라는 말을 하며 특히 서울시민의 동요가 막심하니 온 국민에게 오늘 밤 안으로 담화를 발표해 달라는 전언을 하는 것이었다. 전화가 끝난 시간은 자정이 넘은 28일 1시 반 경이었고 이 대통령의 담화가 라디오에서 흘러나온 시간은 2시 반 경이었다.

▎고달픈 피난길

우리가 있는 수원우체국에는 피난길에 나선 홍찬 씨 외에 서울특별시장 이기붕(李起鵬),[8] 비서 이명석(李命石) 등 3~4인이 우체국에 왔다가 끼어 들어와 의자에 걸터 앉은 채 눈을 붙이고 있었다.

나는 서울과 인천에 두고 온 가족들 때문에 걱정이 앞서 여러 가지 상념으로 뜬눈으로 날을 새우다 아침 4시경 밖에서 요란한 싸이렌 소리가 들려와 밖에 나가 보았다. 비가 부슬부슬 내리고 있는데 소방차가 질주하면서 울어대는 싸이렌 소리였다. 수원에 웬 소방차가 이리 많아서 거리를 누비고 다닐까 하고 도로변에 다가가서 보았더니 수원 소방차가 아니고 서울 소방차였다.

나는 어제 임병직 장관이 맥아더 사령부, 그리고 이 대통령과 통화하던 내용과 오늘 새벽 라디오에서 이 대통령이 국민에게 고하는 담화를 듣고 오늘 수원에서 정세를 보다가 서울로 돌아갈 생각을 하고 있었다. 그런데 뜻밖에 서울소방차가 내려오는 것이 심상치 않아서 소방차를 불러 세우고 왜 내려오는 거냐며 오늘 미군의 선발대가 와서 서울로 진군한다고 하자, 무슨 말을 하고 있는 거냐며 괴뢰군 탱크가 25마일 뒤를 따라 오고 있다고 정신 차리라고 하고는 달아나 버렸다.

---

8) 1896~1960. 정치가・이승만 비서, 서울특별시 시장, 국방부 장관.

도무지 소방차 운전수의 말이 믿어지지는 않았지만 그래도 나는 내가 들은 대로 자고 있는 이 형을 깨우고는 귀에 대고 소방차 운전수가 한 말을 해주었다.

이일범 과장이 어차피 수원까지 왔으니 대전으로 가자고 해서 우리는 언젠가 서울 남산에서 비상시를 대비해서 한 시간 정도 배워두었던 운전 실력을 오늘 발휘해야 할 때가 왔다며 용기를 내서 운전대를 잡고 시동을 걸었다.

차를 천천히 몰아 조심스럽게 운전을 해서 오산을 지나 평택으로 달렸다. 오늘따라 부슬부슬 내린 비로 점토질이 유명하기로 이름난 평택지방의 도로는 뻘건 진흙탕물로 뒤범벅이 된 채 차가 이리 미끄러지고 저리 미끄러져서 굴러 가는 건지 기어가는 건지 휘청거리는 운전대를 잡고 쩔쩔매면서 있는 힘과 있는 기술을 모두 동원해 간신히 평택에 들어갔다. 요기를 위해 음식점을 찾았건만 음식을 팔지 않는 음식점만 있어서 어쩔 수 없이 조반도 점심도 굶고 운전을 교대해 가면서 한 번도 쉬지 않고 계속 달려가 대전에 도착한 때는 오후 6시였고 수원을 떠난 지 무려 14시간, 무사고 운전기록을 세운 것이 천만다행이었다.

대전역 앞에 있는 동일여관(東一旅館)에 투숙하여 저녁식사를 하고 나서 대전 시내를 한 바퀴 돌아보았다. 금은보석방에는 서울서 내려온 피난민들이 금과 보석을 사서 챙기는 걸로 보아 외국으로 도망갈 채비를 서두르는 것 같았다. 여관에 돌아와 세상 돌아가는 꼴을 생각해보니 나라를 지키겠다고 하는 자는 하나도 찾아볼 수 없고 모두가 자기 한 몸을 위해 생명을 부지하려고 애를 쓰고 있는 대열 속에 우리도 한 몫 끼어들어 있는 처지가 남 보기에 부끄럽고 한심하고 가련한 생각마저 들어 울고 싶은 심정이었다.

이승만 정부가 무능해서 자포자기하고 아무런 대책도 세우지 못하고 도망가는 정부의 각료들과 일부 정치인 그리고 친일파가 전적으로 주축을 이루고 있는 그 대열 속에 반일항쟁 독립운동에 투신했던 우리와 같은 사람들의 입지를 찾아보기 어렵게만 했다.

이승만 정부는 친일파를 숙청하지 못한 탓으로 건국의 정통성을 확보하지 못했을 뿐만 아니라 양식을 가진 국민과 날로 유리돼 가고 있었던 이때를 틈타 김일성이 남침을 감행한 것이었다. 그런데도 이승만 정부를 두고 보기만 하고 있는 대다수 국민이 있음을 알아야 할 사람은 바로 이승만 대통령이건만 이승만 대통령은 친일파들이 깔아 놓은 침상에 누워서 세상모르고 자고 있으니 이 나라의 장래를 걱정하지 않을 수가 없었다.

이승만 박사 개인으로서는 독립운동을 한 명분을 찾지 못했고 이승만 정부가 건국한 민족의 정통성도 상실한 채 이 나라의 국운은 마치 엎질러진 물과 같이 반공전선에 내세울 수 있는 건 친일파 밖에 없으니 친일파 타령만 하고 김일성도당의 남침을 두고 볼 수만은 없었다.

이승만 박사가 외교에는 비상한 재주가 있어 미국과 유엔군의 참전을 성사시켰다고는 하나 알고 보면 미국은 동양의 평화를 위해서였고, 유엔은 유엔 감시 하에 건국한 한반도를 소련 영향 하의 날강도 김일성이 무력으로 통일하도록 내버려 둘 수 없었기 때문이었다. 뿐만 아니라 오히려 대한민국을 보호하고 방어할 책임과 나아가서는 남북통일을 위해 지원해야 할 의무가 있다고 보지 않을 수가 없다.

미·소가 38선을 남과 북으로 양단해 놓고 군정을 실시한 3년간의 결과가 오늘의 동족상쟁을 부추겼으니 그 원인과 책임이 미·소에게 있지만 그 세력을 이용해서 남침해 온 날강도 김일성 도당의 적화통일 전술 속에 공산주의자들이 놀아나 김일성을 올바르게 인식을 못하고 맹목적으로 추종하고 있는 것도 문제가 아닐 수 없었다.

우리가 독립운동에 나서서 반일항쟁을 하던 시절에는 우와 좌가 동족 간에 총부리를 들이대고 상쟁한 역사는 찾아볼 수가 없었다. 그런데 어디서 굴러먹으며 어디서 듣고 배운 공산주의 탈을 쓴 김일성인지는 몰라도 동족관념은 찾아볼 수 없었고 오직 정권쟁탈에만 욕심을 내고 있었다고 밖에 달리 생각할 것이 없었다.

다음 날(6월 29일) 이 형과 나는 서울에서 철수한 정부 각료가 집합해 있다는 충청남도 도청으로 장기영 체신부장관을 찾아갔다. 장기영 장관은 우리가 온 것을 보자 눈물을 감추지 못한 채 손수건을 꺼내들고 흐르는 눈물을 닦아냈다. 서울에서 철수할 때 너무나 황급한 나머지 일가친척들 한사람도 찾아보지 못하고 떠나온 것이 마음이 아프다면서 우리에게도 미안하고 위로해 줄 말이 없다고 용서해달라고 하였다. 그리고 얼마나 고생이 많으냐며 돈 5만원씩을 주면서 피곤할텐데 푹 쉬라고 했다.

만나면 이렇게 넘쳐흐르는 인정을 가지고 있으면서 떠날 때는 왜 그렇게 메말라 있었을까 아쉬움이 서렸다.

▎김석원 장군의 오산 방어구상

29일 오후 8시경 김문호는 부인 신정숙(申貞淑)과 같이 오산에서 대전으로 나를 찾아와서는 시간이 없으니 거두절미하고 김석원(金錫源)9) 장군을 도와달라고 하였다.

장석윤 치안국장에게 전화해서 경찰관 3천명만 지원해주면 오산의 천연적인 입지적 방어기지를 이용해 남침해 오고 있는 북괴군을 제지하겠다고 하니 지금 자기와 같이 오산에 가서 김 장군을 만나보고 장 치안국장에게 교섭을 해서 성사를 시켜야한다는 내용을 군대식 명령조로 이야기했다.

나라를 위해 누구에게도 뒤져 본 일이 없는 김문호 형은 지금 나라가 존망지추 촌각에 달려있는 이때, 내가 할 수 있는 일을 놔두고 보고 있을 만한 성격이 아니어서 바로 따라 나설 수밖에 없었다.

김문호 형이 가지고 온 짚차를 타고 밤 11시경 대전을 떠나 밤새 달려가서 김 장군이 포진하고 있는 오산 삼거리 오산정비소에 도착한 시간은 30일 아침 5시경이었다.

김 장군에 대한 전설적인 얘기는 여러 사람으로부터 말로만 들어보았을 뿐 실제 인물을 보지 못한 나는 김문호 형의 소개로 인사를 나누면서 유심히 살펴보았다.

김 장군은 옛날 노모한 사건 때 맨주먹으로 탱크를 막아냈던 무용담을 늘어놓으면서 여기 오산이 천연적으로 입지적 방어기지라 할 수 있는 조건을 갖추고 있다며, 자기에게 경찰관 3천명만 지원해

---

9) 김석원: 1893(고종 30)~1978. 군인. 1949년 10월 예편, 6·25사변이 일어나자 현역에 복귀, 1950년 7월 수도사단장, 8월 제3사단장으로 진천 문안산전투, 영덕전투 등에서 큰 공을 세움.

주면 제 1사단장 때 예하부대에 있던 장병들이 지금 자기를 따라 여기에 몰려와 있으니 우리 모두가 힘을 합쳐 남침해 오고 있는 북괴군을 대적해서 한판승부를 가려내 보겠다고 도와달라는 것이었다.

오산의 천연적 방어 기지를 북괴군에게 그냥 내주면 다음은 금강방어선인데 지금과 같이 싸움다운 싸움 한번 제대로 해보지 못하고 계속 내주다 보면 결국 북괴군의 사기만 높여주는 결과만 가져온다고 걱정이 대단했다.

조반을 하고 난 후 김 장군이 옥상에 올라가자고 해서 옥상에 올라가 오산지형을 살펴보고 있을 때 북괴공군기가 나타나 오산 상공을 떠돌아다니다 수원 쪽을 향해 북상하는 걸 보고 흥분해 가지고 군도를 쳐들고 하늘을 향해 흔들어 대며 자기에게 군대가 없음을 한탄했다. 군대만 있으면 단칼에 해치울 수 있을 것만 같은 위풍을 내보이며 북괴군을 멸시하는 투정이었다.

김 장군은 내가 보기에는 5척 단구에 다부진 풍채가 연륜에 따라 한 물 간 것처럼 보였고 김 장군이 명성을 날리던 시절은 옛날 호랑이가 담배를 피우던 시절이었는데 지금도 그 명성을 유지할 수 있을지 의심스러웠다.

나는 맥아더 사령부에서 선발대를 보낸다고 했으니 두고 볼 참이었는데 김문호가 먼 길을 찾아와서 하는 말을 외면할 수가 없어 따라오기는 했지만 김 장군에게 전적으로 믿음은 가지 않았다. 하지만 지금 우리 조국이 위난에 처해 있는 막중한 이 시기에 이곳 오산에서 남침해 오는 북괴군을 저지할 수만 있다면 천만다행이겠다는 일말의 기대와 희망을 가져보았다.

장석윤 치안국장이 수원경찰서에 와 있다고 해서 9시경 수원경찰서로 달려가 장 치안국장을 찾았다. 장 국장은 27일 오후 3시 군에서 한강철교를 폭파한다고 해서 2시경 치안국을 떠나 영등포 경찰서에 가서 전세정관하고 있다가 저녁 때 서울로 되돌아가 다시 탈출하지 못했다고 한다. 모두가 수심어린 표정으로 말들을 하고 있기에 김병완(金抦琓) 치안국 경무과장을 찾아가서 상의해 볼 수밖에 없어 찾아갔더니 장 국장이 서울을 탈출하지 못한 것은 자기의 불찰이라며 걱정을 늘어놓고 있었다.

침통한 분위기 속에 처해있는 김 과장에게 나는 뭐라고 말문이 열리지 않는 것을 그래도 나라를 위해 장 국장을 찾아왔던 중요한 용무를 말하지 않을 수가 없어 김 장군의 오산방어 구상을 말했다. 그러자 김 과장은 거침없이 얘기했다.

"지금 국군도 겁을 집어먹고 북괴군이 나타났다는 소문만 듣고도 맥을 못 쓰고 도망을 가는 판에 경찰이 무슨 맥을 쓸 수가 있겠습니까? 수원경찰서 경내에 모여 있는 수십 명의 경찰이 허탈상태에 빠져 땅바닥에 주저앉아 있는 광경을 보십시오." 그들을 보는 순간 나는 북괴군과 싸움 한번 해보지도 못하고 제풀에 꺾여 지리멸렬된 상태를 뭐라고 해야 좋을지 기가 찼다.

세상에 이렇게 허무맹랑한 군대를 육성한 지휘관을 두고 있었던 무책임한 정부가 어디에 있을까 원망을 하면서 오산에 돌아와 김 장군에게 보고 들은 대로 말해주었다. 이러한 지휘관들이 이 대통령 앞에 가서 북진명령만 내리면 3일이면 평양을 점령하고 1주일이면 북한 전역을 정복할 수 있다고 얘기했다 하니 나라를 속이고 국민을 기만한 대역죄를 따져야 할 때라고 말했다.

김 장군도 한때나마 국군 제 1사단장으로 문산에서 38선을 경비하고 있었던 때문인지 나의 말을 외면하는 걸 보고 대전으로 가려고 문밖에 나와 퇴청마루에서 대전행 차를 수소문하고 있었다. 마침 신흥우(申興雨, 1952년 5월 정치파동 후 대통령 선거에 출마) 선생이 오셔서 대전으로 가는 길이라고 했다. 김문호 형 부부와 나 3인이 신흥우 선생 차제(次第)가 운전하는 짚차 뒷좌석에 편승해서 대전에 돌아온 시간은 30일 오후 6시경이었다.

▌대전에서 장관들 탈출 재연

7월 4일 오전 5시경 밖에는 비가 억수같이 쏟아지고 있었다. 현관에 놓여있는 전화의 벨소리는 요란하게 울어대고 있으나 누구 하나 받는 사람이 없었다. 벨소리에 수상한 생각이 들어 현관에 나가 전화를 받아 들어보았더니 총무처에서 걸려온 전화였는데 동일여관에 국무의원이나 정무의원이 투숙하고 있으면 연락을 해서 7시까지 대전역으로 집합하라는 전화였다.

잠자고 있는 이 과장을 깨워 전화 받은 내용을 말해주었다. 이일범 과장은 정부가 또 제 버릇 못 버리고 서울을 탈출할 때와 같이 또 삼십육계하는 모양인데 이제 정부를 따라 다닐 생각은 없지만 장차관들의 거동이나 살펴보기 위해 우리도 역에 나가 보자고 했다. 짐을 챙겨 가지고 여관을 나서려고 문밖을 내다보니 비는 계속해서 억수같이 쏟아져 내리고 있는데 우산을 구할 수가 없어 툇마루에 놓여 있는 가마니 한 장씩 집어 등에 걸치고 6시경 대전역으로 갔다.

대전역에는 장차관들이 줄줄이 달려와서 어디로 가는 거냐고 서로 물어보고 있는 걸로 보아서 도망가는 것만은 알고 있는 것 같은데 행선지만은 어딘지를 몰라서 수소문하고 있는 것이었다. 그러나 어느 누구 아는 사람은 한 사람도 없었고 그저 겁에 질려 우왕좌왕하고 있었으니 막말로 도깨비에 홀려있는 사람들처럼 보였다.

이승만 정부가 서울에서 국민을 헌신짝 내버리듯 야간피난한 일을 부끄럽게 생각하고 후회나 반성을 할만도 한데 이번에도 똑같은 수법으로 대전역에서 모든 국민이 지켜보는 앞에서 태연히 재연하고 있는걸 보면 후안무치한 철면피들이라는 말밖에 할 말이 없었고 체신부 장차관도 섞여 있는 걸 보고 낯이 뜨거웠다.

총무처가 누구의 지시를 받아 행동하는지 알 길이 없었으나 어제 오늘의 대전의 정세는 철수할 만큼 긴박한 상태가 아니었음에도 철수를 하자고 한 동기가 매우 의심스러웠다. 총무처를 지휘하고 있는 자가 누구인지 그 정체가 더욱 불순해 보이기도 했다.

어디서 누가 부산행 열차를 타라고 했는지 초만원을 이루고 있는 부산행 열차에 별안간 장차관들이 염치불구하고 밀치고 쑤시고 들어가 앉을 자리가 없어서 입석하고 있었는데 이번에는 총무처 직원이 와서 특별기동 열차를 준비해 놓았으니 내려오라고 하는 바람에 출입구를 향해 뚫고 나가려고 발버둥을 쳐보았으나 도저히 뚫고 나갈 수가 없게 되자 장기영 체신부장관이 열차 창문을 열어 제치고 태평양 전쟁 때 참전하여 훈련받은 몸으로 날쌔게 창문을 빠져 나갔다.

그 뒤를 이어 강직순(姜直淳) 체신부 차관이 온갖 힘을 다해서 빠져나가고 그 뒤 이 과장과 나도 빠져나온 후 내 뒤로 이종현(李

宗鉉)[10] 농림부 장관이 허우적거리고 빠져 나오다 그만 한복 두루마기가 창문 고리에 걸려서 몸만 빠져 나온 채 창가에 대롱대롱 매달렸다가 옷이 찢어지면서 흙탕물이 고여 있는 곳에 떨어져 넘어졌다. 그러는 사이에 모두가 특별열차가 대기하고 있는 쪽으로 달음박질을 해서 쫓아가느라 몸과 마음이 급해서 본체만체했다. 자기 몸만 뒤질세라 서둘러대는 틈바구니에서 체면을 지키고 있을만한 때가 아니라고 생각했는지 흙탕물에서 벌떡 일어나 신발을 벗어버린 채 맨발로 철퍽철퍽거리며 뛰어가고 있는 모습은 남이 볼까 민망했다.

특별기동 열차에 승차한 이범석[11] 국무총리나 각부 장차관들이 서로 어디로 가는 거냐고 물어보고 있었다. 한 나라의 국무총리조차 행선지를 모르고 있었으니 정부의 체제가 있으나마나한 이미 와해된 상태였다. 총무처장이 오자 우르르 몰려가서 어디로 가는 거냐고 물었으나 총무처장 자신도 어디서 지시가 오기 전에는 알 수 없다며 머리를 흔들고 있는 모습이 가관이었다.

어디로 가는 건지, 왜 가야 하는 건지, 갑자기 도망가야 할 만큼 사태가 위급한 건지 도대체 누구의 지시를 받는다는 건지 모두가 오리무중이었다.

도대체 이승만 정부는 누구의 지시를 받고 있기에 모두가 눈먼 장님처럼 총리나 장관들이 저 모양이 됐는지 이해할 길이 없어서

---

10) 이종현: 1904~1959. 공무원・정치인. 1948. 10~1949. 2 강원도지사, 1949. 2~1950. 1 농림부장관.
11) 이범석: 1900년~1972년. 독립운동가・군인・정치가. 1948년 정부 수립 후 초대 국무총리와 국방부장관 겸임, 1950년 주중국대사, 내무부장관을 역임.

이 과장과 나는 그만 자리를 뜨기로 했다. 우리가 추측하기에는 필경 군부의 지시를 기다리고 있는 것 같았다. 정치군인들의 말이나 믿고 행동할 바에는 건전한 우리의 눈을 통해서 보고 판단하는 것이 낫겠다는 생각을 하고 장 장관에게 우리는 하차해서 체신청으로 돌아가겠다고 했다. 그랬더니 왜 그러느냐고 따져 물었다.

"우리가 서울을 철수해 올 때에는 푼수 없이 행동을 했다고 하더라도 대전에서마저 같은 행동을 되풀이 한다면 후일 동료직원들을 무슨 면목으로 대할 수 있겠습니까? 만약에 지금 꼭 후퇴를 해야 한다면 인사를 해두고 떠날 수 있을 만큼 시간적 여유가 있지 않겠습니까? 그럼에도 불구하고 그냥 떠난다는 건 후일은 생각지 않고 될 대로 되라는 자포자기한 책임을 면하기가 어려울 겁니다."

그러자 장기영 장관은 우리의 말이 옳다며 강직순 차관에게 우리와 같이 대전체신청에 가서 전 직원들에게 인사를 해두라고 엄명을 내렸다.

급박한 상황에도 불구하고 강직순 차관은 장관님을 위하는 아부성 말투를 늘어놓았다.

"장관님 혼자서는 못 가십니다. 제가 모시고 가서 장관님 시중을 들어야 합니더."

경상도 사투리로 그렇게 말하는 꼴은 더욱 비위가 상해서 어린 시절 어머니 젖 먹은 것까지 넘어올 지경이었다. 차관이 장관을 보필하고 존경하며 모시고 위하는 일은 도리요 당연한 일이라 하겠지만 품위 없이 말하는 것은 자기나 장관에게 욕이 되는 것을 아는 지나 모르겠다.

장기영 장관은 단호하게 명령이라며 강직순 차관을 체신청으로 가라고 하는 바람에 우리와 같이 체신청에 돌아왔다. 강 차관은 하루 종일 시무룩해 있다가 오후 늦게 호남으로 떠났던 장차관들이 대전으로 돌아온다는 소문을 듣고는 그때서야 웃음이 나오고 자기가 남아 있었던 것을 다행으로 생각하는 것 같았다.

나는 그날부터 매일 한두 차례씩 대전역에 나가서 오고 가는 사람들의 동태와 객차나 화물차들의 운행사항을 점검해 보는 걸 일과로 삼았다. 정부도 믿을 수가 없고 방송도 믿을 수 없는 때라 시중에 잡다한 유언비어가 판을 치는 마당에 움직이고 행동하는 정보를 수집하여 분석해 보는 것이 현황을 파악하기에 도움이 될 거라는 생각에서 였다.

7월 4일 오전 7시경 특별 기동차로 호남도 쪽으로 피난 갔던 장차관들이 하루 만에 다시 대전으로 돌아왔다.

대전 시내에 금은보석방의 귀금속 값이 내리는 기이한 현상도 벌어졌다. 그나마도 물건이 없어 문 닫는 점포가 늘어나고 있었다. 그러던 어느 날 우연히 거리에서 이준식(李俊植) 장군[12](육군사관학교 교장)을 만났다. 이 장군은 언제나 나만 보면 막냉이라고 부르기를 좋아했는데, 나를 끌어안고는 내가 남하한 것을 보고 태양신문 사장 노태준이도 내려왔느냐고 해서 오지 못한 것 같다고 했더니 긴 한숨을 내리쉬며 걱정을 했다. 이준식 장군은 사관학교에서 피신하다 다리를 다쳤다고 하면서 북괴군의 남침은 오랫동안 치밀하게 계획된 작전이라고 쉽게 물러서지 않을 것 같다며 차 한 잔 사주고 돌아가면서 다시 만날 때까지 건투하라는 말을 남기고

---

12) 이준식: 1900~1966. 독립운동가·군인.

는 떠났다.

　북괴군은 한강을 도강하여 물밀듯이 남침해오고 있다고 했다. 미군도 본격적으로 밤낮을 가리지 않고 공수해 오고 있었다. 어느 날 미군 24사단장 딘 소장[13]이 온다고 해서 관계 장관들이 공항에 영접을 나갔다. 구세주 모시듯 열렬한 환영으로 맞이했다. 온 국민이 구세주가 오신 이상으로 큰 기대를 모았던 감격적인 환영이었다.

　지금 공수해 오는 병력은 완전한 장비를 갖춘 전투부대라고 했다. 우리는 물에 빠진 사람 심정으로 지푸라기 하나라도 잡아야 했다. 이제 우리 국군도 재편성을 해서 정렬을 가다듬고 임전태세를 갖추어 가고 있다고 하니 말만 들어도 조금은 마음이 놓이고 살 것만 같았다.

▎공군 해체소식을 듣고 남행 결심

　나는 매일 대전역에 하루에도 두 차례씩 나가서 사람과 열차의 행선지를 조심스럽게 지켜보고 있었다. 그러던 중 오늘 공군사병들이 부산행 열차 속에 군데군데 모여 앉아서 맥없이 시름을 놓고 있는 것이 수상해 보여 달려가 어디를 가는 거냐고 물어 보았다. 천만 뜻밖에 해산을 당해 집으로 돌아가는 길이라는 말을 듣는 순간 내 귀를 의심하고 다시 물어보아도 같은 말을 되풀이 하는 것

---

13) 딘(Dean, W. F.): 미군 24사단장, 1950년 7월 14일부터 20일까지 대전에서 미국지상군이 참전 이후 최초로 벌인 사단 단위의 전투를 지휘했다.

이었다. '이제 이 나라는 여기서 끝장이 나는구나'하는 생각이 들었다. 나라를 잃었던 시절 독립운동을 할 때 그토록 나라만을 생각해오다 광복이 되었건만 그것도 우여곡절 끝에 비록 남한만이라도 정부를 수립했는데 이제 이승만 정부가 공산당 앞에 맥없이 주저앉는 걸 보고 있자니 미칠 것 같은 심정을 어디에다 하소연할 데가 없어 내 가슴만 두들겨 댔다.

노망끼 어린 이승만 대통령을 추대한 국민의 잘못된 판단도 크지만 대통령을 보필하고 있는 각료들이 뭘 하고 있었기에 이 모양이 꼴로 정사를 다루었는지 이해할 길이 없었다. 세상에서는 이승만 대통령을 인사는 등신(等神)이라 평해 왔었기 때문에 별 볼일 없는 사람들이라 인식은 했지만 이렇게 무능력하고 허무맹랑한 사람들일 줄은 정말 몰랐다.

나는 곧바로 대전체신청으로 달려가 이 과장에게 지금 막 대전역에서 내 눈과 귀로 보고 들은 모든 진상을 낱낱이 말해 주었다. 이 과장은 즉각 전화를 들고 장 체신장관에게 공군이 해체되어 사병들이 귀가하고 있는 사실을 보고하고 해체한 사실 여부를 규명하여 관련 장관을 문책하고 파면해야 한다고 진언을 했으나 장기영 장관의 말을 이대통령이 믿어줄지는 두고 볼 일이었다.

나는 오늘 중으로 대구로 후퇴하고 다음 부산으로 내려갈 작정이라고 말하자 이 과장은 지금 이승만 정부는 믿을 형편이 못되니 독자적인 행동을 취할 수밖에 달리 방법이 없음을 말하고, 내가 어디에 가 있든지 즉시 긴급연락이 될 수 있도록 현지 체신청장에게 연락장소를 등록해 두라고 했다.

이 과장은 체신부 검열과장이었지만 나는 체신부 외각 단체인 체신사업협회 상임감사인 관계로 신분이 달랐다. 그는 나의 처지를 이해하고 모든 편의를 도와주려고 했다.

나는 체신사업협회 상임감사로서 정부 공무원이 아니었고 또한 대통령실 사정요원이었지만 사정책임자였던 장석윤 치안국장이 부임한 후 유야무야한 상태로 내버려 두고 있었기 때문에 분간키 어려운 신분이었으므로 나는 내가 알아서 행동할 수밖에 없었다. 나의 상임감사 월급만은 장기영 장관의 특명으로 체신부에서 사업협회로 가불해 주는 형식을 취해 지불해 주고 있었.

이일범 과장은 체신부의 일개 검열과장이었지만 장기영 장관의 특명사항을 도맡아 일하고 있는 형편이어서 정부를 따라 다녀야만 했다.

이일범 과장과 나는 눈만 뜨면 매일같이 함께 몰려다녔기 때문에 우리를 아는 세상 사람들은 우리를 오리발이라 했었다. 북괴의 남침은 우리 두 사람을 갈라놓아 이일범 과장을 대전에 남겨두고 이제는 나 혼자 외로이 떠돌아 다녀야 하는 신세가 됐다.

대전역에서 오후 3시에 탄 열차는 밤 10시에 대구에 도착을 했다. 역 앞에 있는 여관특실을 얻어 오랜만에 목욕을 하고 내의를 갈아 입으려고 들고 온 가방에서 내의를 꺼내놓고 보니 서울을 떠날 때 얼마나 정신이 없었으면 다 떨어진 내의를 주워 담아 가지고 온 것이었다. 내 자신도 정상적이 아니었음을 알고 누구를 비판하고 나무랄만한 일이 아니었음을 느꼈다.

7월 19일 대전도 끝내 북괴군의 침입을 방어하지 못하고 포기한 채 정부의 각료들이 대구로 후퇴했다. 대구에 온 장기영 체신부장관은 내가 투숙하고 있는 여관에 특실을 구하러 왔다가 구하지 못하고 돌아가려고 하던 차에 현관에서 나를 보고 반색을 하면서 대구에는 언제 왔느냐고 물었다. 2일 전에 왔다고 했더니 정보에 빠르고 상황 판단이 한수 위라

전화(戰禍)로 폐허가 된 대전역

고 나를 추켜세우면서 앞으로 행동할 때에는 자기에게도 귀띔해 달라고 했다. 장기영 장관이 특실을 구하지 못했다고 해서 내가 사용하던 특실을 내주고 나는 보통객실로 옮겼다.

나는 대구에 와서도 대전에서 하던 버릇대로 하루에 두세 차례씩 대구역에 나가서 동정을 살펴보고 있었다. 대구역에 또 공군 사병들이 모여들고 있어 웬일인가 싶어 사병을 붙들고 여기는 왜 왔느냐고 물었더니 동천비행장으로 집합하라는 복귀 명령을 받고 왔다고 하는 걸로 보아 때늦기 전에 이제나마 정부가 정신 차린 것이 다행이었다.

이일범 과장이 찾아와서 장석윤 치안국장이 나를 찾고 있다고 급히 연락을 해보라고 했다. 경상북도 경찰국에 자리 잡고 있는 치안국에 가서 장석윤 치안국장을 만나 보았다.

▌치안국 부산지구 특수공작대장에 부임하다

장석윤 치안국장은 서울에서 피난길에 광화문 네거리에서 만나

보고는 처음이었다. 그런데 대구에 와서 장석윤 국장이 나를 찾는다는 이일범 과장의 연락을 받고 7월 21일 오전 10시 치안국으로 찾아갔다.

장석윤 국장이 나를 부른 것은 현하 비상사태 하에서 부산지구의 중요성을 감안해 치안국 직속으로 부산을 특수공작지역으로 선정하고 특수공작대장에 나를 기용하고 부산으로 가서 공작에 착수하라는 것이었다. 그리고 제반 경상비 명목으로 일금 이백만 원과 권총 2정을 주면서 부산에서 사무실을 물색하고 공작원을 모집해 가지고 업무를 개시하라고 지시하였다. 2, 3일 내 정식발령을 한다고 했다.

치안국 직제에는 없는 아닌 밤중에 홍두깨 같은 벼락감투를 뒤집어쓰고 생각해보니 비상사태 하에서 있을 수 있는 임기응변식 직제라 보고 대구에서 전 사정국 직원 김영태(金永泰), 전 인천세관 직원 황용섭(黃龍燮) 두 사람을 대동하고 그날 오후 4시 부산행 열차로 대구를 떠나 10시경 부산에 도착하여 여관에서 하룻밤을 쉬었다. 다음 날(7월 22일) 부산역에 있는 여행사 사무실이 폐쇄되어 있는 것을 발견하고 관리인을 찾아가 비상사태 하에서 우리의 용무를 말해주고는 우리가 사용하는데 대한 내락을 얻었다. 사무실에 비치해 있는 사무용 집기도 그대로 두고 사용하기로 양해를 구해놓았다.

부산에서 공작요원을 선발해두고 장석윤 치안국장에게 진행사항을 보고하려고 하던 중 천만 뜻밖에 7월 24일 부산일보 석간신문에 장석윤 치안국장이 경질됐다는 기사를 보고는 아연 실색을 하지 않을 수 없었다.

북괴군의 남침으로 공산당이 판을 치고 있는 이때 대공투쟁에 몸담아 온 내가 어쩌다가 할 일을 잃고 우왕좌왕하며 대전으로 대구로 피난민의 몸으로 무위도식하고 있는 건지 남부끄럽기 한이 없었다. 그런데 장석윤 국장이 나에게 대공사업을 주었을 때 이제 내가 할 일을 찾은 것을 구사일생의 기회로 삼아 부푼 가슴을 안고 밤낮을 가리지 않고 불과 2일 안에 모든 준비를 끝낸 상태에서 날벼락 치는 듯한 소식을 접하고 나는 정신을 잃고 말았다.
     불과 이틀 상간을 두고 장석윤 국장이 한 일인데 이럴 수가 있나 하고 정부를 원망하면서 할 수 없는 일로 돌렸으나 내가 한 일에 대한 수습책이 난감했다.
     이제 내가 할 일은 사무실을 취소하고 모집한 공작원들을 이해시키는 일과 받은 돈과 권총의 처리는 어떻게 해야 옳을까, 치안국에 반납해 두는 것이 정상이요 후일을 위해 의심의 소지를 없애는 방법이기는 하나 장석윤 국장이 알면 자기와 일언반구 상의하지 않고 처리한 것은 자기를 불신한 거라고 서운해 할 것만 같은 생각이 들었다. 나 혼자 생각으로서는 결정하기 어려워 부산체신청에 가서 대구체신청으로 이일범 과장한데 전화를 걸어 의논을 해보았다. 이일범 과장은 어차피 우리가 그분을 모셨던 관계로 그분이 하자는 대로 하라는 요지였고 우리가 모셔온 그분을 외면은 하지 말라는 부탁까지 했다.
     내 하숙집에는 연일 공작원들이 찾아와서 나의 거취를 지켜보고 있었다. 7월 26일경 장석윤 씨는 부산에 와서 내 하숙집으로 찾아와 나에게 준 돈 이백만 원과 권총 2정을 달라고 하더니 권총 1정은 나더러 가지라고 했다.

나는 그간 21일부터 23일까지 소요된 비용, 사무실 교섭 때 차값하고 공작원 3인의 2일간 숙식대 도합 2만원의 지출명세서와 현금 일백구십팔만 원과 권총 1정을 드렸다. 장석윤 씨는 그것을 받아들고는 전후사정에 대하여는 말 한마디 없이 떠나갔다.

장석윤씨가 나의 입장이나 사정은 아랑곳하지 않고 떠나가는 것을 눈여겨보고 있었던 공작원들이 섭섭해하고 여러 말을 해서 듣기가 거북했다.

일선의 전망은 날이 갈수록 불리하고 갈피를 잡을 수 없는 분위기 속에서 모집했던 요원들은 직업을 얻을 생각은 하지 않았다. 나와 같이 행동을 하겠다고 매일 찾아와서 부산 해안 일대를 두루 살펴보는 것이 일이었다. 그러던 중 영도 내항에 정박 중인 여객선에서 생활하는 부인네들이 보통부인으로 보기에는 어려운 데가 있어 신원을 내사해 보았다. 모두가 영·미국에서 유학을 하고 장관을 역임한 인사들의 부인이었고 또한 한 사람은 현역 국회의원의 부인이었는데 외국의 뉴스와 정보를 용이하게 접할 수 있는 사람들이라는데 주목을 하지 않을 수가 없었다.

나는 공작원들에게 지금 우리가 방송을 듣고 신문을 보고 세상 여론에 귀를 기울여 봐야 소용이 없으니 저 여객선 3척에서 생활하고 있는 사람들을 감시하고 있다가 저 배가 출항할 기미가 보일 때는 우리 모두 연락을 해서 저 배에 승선해 사람들이 가는 데로 따라가는 길만이 최선의 길이라는 걸 알려두었다. 만약 우리의 승선을 거부할 때에는 실력을 행사할 각오를 하고 그날부터 우리는 3척의 선박을 주목하고 열심히 지켜보기로 했다.

우리는 서울을 떠나 단 한 번 후퇴해서 대전에 왔고, 두 번 후퇴해서 대구에 왔다가 세 번 후퇴해서 부산에 오게 됐다. 이제 또 후퇴를 한다면 육지에는 갈 데가 없고 오직 바다로 가는 길 밖에 없는데 장기영 체신장관이 나보고 상황판단이 한수 위라고 한 말이 기억나 나는 여객선에서 선상생활을 하는 저 사람들이야 말로 나보다 한수 위임에 틀림이 없어 보였다. '뛰는 놈 위에 나는 놈이 있다'고 공항에 가보면 공항근처에는 출입금지구역이 있고 삼엄한 경비를 하고 있는 걸 보면 저 사람들보다 또 한수 위에 있는 사람이 살고 있을 것만 같았다.

부산에는 내로라하는 사람들이 몰려와서 좁은 바닥에 여기저기 소식통들로부터 검증 없이 맨발로 뛰쳐나온 소문이 떠돌아다니고 있었다. 김일성의 남침 구실의 하나가 이승만 정부가 친일 반역자들을 숙청하지 않고 정권유지를 위해 등에 업고 있을 뿐만 아니라, 장차 남북통일을 유엔을 통해 시도하다가 여의치 않으면 그때 가서 친일반역자들을 내세워 일본제국과 제휴 하에 북진통일을 꿈을 꾸고 있다고 본 것이었다. 그래서 때늦기 전에 소련의 지원을 얻어 선수를 치고 남침을 강행한 것이라는 말이 있었다. 그런가 하면 북괴남침 초기에 맥아더 사령부에서 일본군의 참전계획을 세우고 이승만 대통령의 동의를 구하려고 시도하다가 이승만 대통령이 노발대발하고 일본군을 참전시키면 당장 북괴군과 휴전하고 북괴군과 합동작전 하에 일본군을 이 땅에서 몰아내겠다고 항의하고 나서는 바람에 기겁을 하고 철회했다는 말이 나돌기도 했다.

부산에는 부산항과 수영비행장에 바다와 하늘로 밤과 낮 쉴 사이 없이 군인과 장비, 탱크와 새로운 병기들이 쏟아져 들어와 북

상해 가고 있는 걸로 보아 불원한 시일 내 반격에 나설 준비를 하는 것 같았다. 그러던 어느 날 수만의 북괴군이 대구를 침공하기 위해 낙동강 전선에 포진하고 있는 것을 미공군 B29기 99대가 융단폭격을 감행했다. 그런 후 정찰기가 가서 보았더니 남쪽으로 내려오는 놈은 볼 수가 없고 북쪽을 향해 도망가고 있는 놈만 보이더라고 했다. 개전 이래 처음으로 속 시원한 뉴스가 들려와 한여름 무더위를 식혀주는데 선풍기에 비유할 바가 아니었다.

또한 마산 쪽으로 북괴군이 침입해 오는 것을 우리 국군과 유엔군이 합동으로 반격에 나서는 바람에 처참하게 무너진 북괴군은 혼비백산해 산으로 도망가기가 바빴다. 소련제 짚차, 오토바이, 트럭 등을 버리고 갔다고 한다. 버리고 간 수백 대 노획한 것 중에서 오토바이 사이드카 한 대를 김영태 동지가 얻어가지고 와서 타보라고 했다. 사이드카에 앉아 부산 시내를 한 바퀴 돌고나니 이제부터는 우리의 팔자도 살얼음 녹 듯 풀려갈 것만 같았다.

▌경재 형이 세상을 떠나다

대구에 있는 이일범 과장한테서 전화가 왔다. 경재 형이 어제 저녁 과수원에서 도로변으로 나오다 짐승한테 물려서 병원에 입원했다는 것이었다. 내 대신 경재 형의 병간호를 돌보아줄 테니 여기에 올 생각하지 말고 신경 쓰지 말라고 했다.

이 과장이 우리가 의형제를 결의한 의리를 잊지 않고 내 형을 자기 형처럼 모시고 간호해 주겠다는 고마운 마음씨에 위안을 받기는 했지만 졸지에 들려온 소식이라 짐승한테 물린 상처가 어느 정도인지 궁금하기만 했다.

북괴가 남침한 후 산에 살던 산짐승들이 포화소리에 놀라서 산에서 살지 못하고 뜰로 내려와 헤매고 다니던 때여서 짐승들의 행패로 농가의 피해가 많이 발생하고 있을 때였다.

경재 형이 병원에서 퇴원했다는 이일범 과장의 전화를 받고 오랜만에 한시름 마음을 놓았으나 얼마 안가 경재 형이 퇴원해서 집에서 요양하던 중 잠복해 있던 균이 별안간 발작을 해서 손쓸 사이 없이 돌아가셨다는 연락이 왔다.

장기영 체신부장관은 비상사태 하에서 내가 장례준비를 하기가 어려울 것으로 생각하고, 여러 가지를 지원해주고 있으니 걱정하지 말고 부산에 있으라고 했다. 모든 일은 자기가 알아서 장례를 치를 터이니 올 생각하지 말고 자기에게 맡겨두라며 나의 근심걱정을 덜어주려고 안간힘을 다해 여러 말로 위로해 주었다.

우리 4형제 중에서 북쪽에 둘째형만 남겨두고 3형제가 남쪽에 와서 살고 있었는데 47년 초겨울 서울에서 셋째인 여재 형은 한창 나이 32살에 뇌일혈로 세상을 떠나갔고 맏이인 경재 형마저 당년 50세에 세상을 하직하였다. 이 어려운 시기에 나에게 모두 떠맡겨 놓고 떠난 형들이 매정하고 원망스러워 정신을 잃고 대로변에 쓰러졌다. 깨어나서 나는 38이북에서 내려온 장조카를 피난길에 서울에 두고 온 내 처사가 후회스럽고 괴로움이 더해 미칠 것만 같았다. 49년 봄, 북에서 내려 왔을 때 자기 부친을 찾아가 보도록 손을 쓰지 못했던 것도 내 불찰이 아닐 수 없었다.

수복해서 서울에 올라가면 장조카를 무슨 면목으로 만나고 무슨 말로 위로를 해야 좋을지 할 말을 찾아 낼 수가 없었다. 모두가 내 어리석고 미련한 생각 때문에 부자상봉의 비극을 남겨놓게 한 것이었다.

▌체신사업협회 부산사무소 개실

체신사업협회 임직원 중 남하한 사람은 나와 김상무 이사 두 사람 뿐이었다. 우리는 하는 일 없이 하루를 보내는 것이 지루해 무슨 일이라도 해 볼 욕심으로 사무실을 마련해 놓고 사업을 구상 중이었다. 하루는 장석윤 씨가 나타나서 자기도 부회장직을 사임한 적이 없으니 사무실에 나오겠다며 매일같이 출근했다.

장석윤 씨는 체신사업협회 부회장일 때 5.20 국회의원 선거에서 강원도 횡성 향리에서 출마했다가 낙선한 후 내무부치안국장에 취임한 인물이었다. 그리고 북괴군의 6.25 남침으로 대구에 후퇴해 와서 급히 나를 찾고 있다는 연락을 받고 찾아갔더니 나를 치안국 직제에도 없는 부산지구 특수공작대장으로 파견한 인물이기도 했다. 그리고 얼마 전 부산으로 찾아와 나에게 준 돈과 권총을 받아 떠나갔었다. 그러고는 어디 가서 무얼 하고 있는지 통 소식을 모르고 있었는데 우리가 사무실을 마련해 놓은 것을 어떻게 알았는지 찾아온 것이었다.

어느 날 미 해군 부산항만사령부 경비로 중앙부두에 근무하고 있는 홍택희(洪宅憙)가 찾아와서 장석윤씨의 행방을 물어보고 내가 하려던 부산지구 특수공작에 대한 내용과 정보비는 얼마나 사용했느냐고 물었다. 장석윤씨의 행방은 나도 모른다고 했다. 내가 하고 있었던 특수공작은 대공문제라서 말할 수 없고 정보비 지출에 대해서도 밝혀줄 수 있는 일이 아니라고 말했다. 알 만한 사람이 그런 걸 다 물어보고 있느냐고 누구의 지시를 받고 나를 찾아왔는지 말해보라고 했다. 그랬더니 치안국 정보수사과 분실에 과거 자기와 같이 서울시경에 근무했던 친구가 찾아와서 나의 소재를 찾고 있기에 무슨 일이냐고 물어보았더니 장석윤 씨와 나와의 관계, 부산지구 특수공작에 대한 내용과 정보지출 관계를 알아보려고 한다고 해서 자기가 알아다 주마하고 나를 찾아 왔다는 것이었다.

홍택희는 일제 때 조선총독부 상해출장소에 근무하여 상해에 거주하는 한국인 동태를 조사할 때 불려가서 조사받은 적이 있었다. 해방 후 미군과 정부수립 후 사정국에 있을 때도 가끔 만난 적이 있었다. 그리고 홍택희가 시경 고문치사 사건으로 형무소에 수감 중일 때 북괴군의 남침으로 북괴군이 서울에 침입했을 때 서대문 형무소를 탈옥한 후 서울을 탈출하기 위하여 한강을 헤엄쳐 도망간 후 대전에 와서 거지 신세가 돼서 돌아다니고 있는 것이 비참해 더 두고 볼 수가 없어 얼마간 금전적 동정을 베풀어 준 일이 있었다. 그런 연유로 내 일이라면 무슨 일이든 나를 도와주려고 찾아와서 물어보고 있었던 것이었다. 그것을 알고 오히려 내가 궁금하게 생각해 오던 나의 부산지구 특수공작에 관한 사항을 치안국에서 어떻게 보고 있나 하는데 대한 참고가 됐다.

장 부회장은 나더러 장기영 체신부장관에게 체신사업협회 사업자금으로 4백만 원을 지원해 달라고 건의해보라고 했다. 엄연히 직무상 사업은 집행부에서 추진해야할 일인데 부회장이나 상무가 하지 않고 감사인 나더러 장관에게 건의하라는 게 이해가 가지 않아서 차일피일 눈치만 보고 있었다.

장 부회장은 나를 믿고 기다릴 수가 없었던지 이일범 과장을 찾아가 부탁을 해서 이일범 과장은 장 장관에서 전언해 승인은 얻어 놓았으니 감사인 내가 영수하는 조건부로 승인을 했다고 했다. 그러면서 장석윤 부회장이나 김상무로서는 영수할 수가 없으니 나더러 돈을 영수해 협회에 갖다 주라고 한다.

장 체신부장관과 장 체신사업협회 부회장은 제2차 세계대전 당시 이승만 박사의 천거로 미군에 입대하고 대일전에 참전한 동지 간의 의리로서 부회장 복귀에 대한 아량을 베풀어 준 것만으로도 다라고 하고 있었다. 김 상무와의 관계는 춘천고등학교 동기 동창인 관계로 내세우는 것을 주저하고 있으니 내가 나서주기를 바라고 있다고 모른 체하고 협조해 주는 것이 좋겠다고 한다.

언제나 사려가 깊고 이해심이 많은 이일범 과장의 말대로 따르는 것이 내가 해야 할 도리이기도 했다.

장석윤 씨는 그 돈을 가지고, 비상사태로 판로가 막힌 대구지방의 평과사업(苹果事業)14)에 착수했다고 하는데 장석윤 개인의 사업이면 몰라도 체신사업협회가 할 만한 사업이라고 볼 수 없었기 때문에 관여하지 않았다.

▌9.28 수복길에서

한여름 삼복더위도 잊은 채 후퇴를 계속하다 막다른 길 부산까

---

14) 평과(苹果)는 사과를 말함.

지 와서 이제는 더 후퇴할 길이 없음을 볼 때 국토가 너무나 협소함에 답답한 심정을 풀어 버릴 수가 없었다. 더 이상 후퇴해서는 안 되겠지만 오죽했으면 후퇴할 만한 땅이라도 있었으면 하는 생각까지 하게 되었는지 답답했다.

일제 때 중국에서 독립운동 할 당시 중국의 국토가 광활해서 일본군이 진격해 오는 걸 별로 두렵게 생각해 본 적이 없었던 나는 우리나라가 너무나 협소한 것이 안타깝기만 했다.

부산 광복동 거리에는 서울에서 피난 내려온 사람들로 다방마다 번성했다. 다방 안은 담배연기로 굴 속 같은데 잡다한 뉴스로 희비가 엇갈리고 있었다. 어제와 오늘이 변해가고 이제는 반격의 때만을 점치는 소리가 나오고 있을 때 어느 날 한미합동군 첩보대장 고정훈(高貞勳) 대령이 보자고 한다는 연락이 왔다.

고 대령을 만났다. 고 대령은 대북공작에 대한 계획안을 작성해 달라고 하면서 자기 집 2층 거실에 거처하고 있으면 어떠냐고 했다. 때마침 나는 하숙집을 옮기려고 방을 구하러 나섰던 참이라 거처할 방을 하나 준다고 하니 더욱 반가운 일이었다. 더군다나 당시 달리 하는 일이 없었고 대북공작은 미군정 때부터 관심을 가지고 해오던 일이라 방공을 위해서 도울 수 있는 일이면 내가 도와야 할 의무가 있음을 느끼고 고정훈 대령의 청을 받아들이기로 했다.

고정훈 대령과의 관계는 내가 미군정 CIC에 있을 때 대북공작 책임자 휘드카의 공작으로 고정훈 대령이 38이북에서 소련군 통역을 하다 연천으로 월남해 온 경위에 대한 내사를 했었던 인연으로 아는 사이가 됐다. 내가 사정국에 있을 때에도 대북공작 관계로 찾아오기도 했고 고정훈 대령이 근무하는 한미합동정보대에서 일하고 있는 공작원들이 한때는 나와 같이 일을 했던 동지들이라 나를 잘 알고 나를 따르던 터여서 자연스럽게 친해진 사이였다.

대북공작에 대한 계획안을 작성해 주기로 한 인연으로 방 하나를 얻어 거처는 해결이 되었으나 9월에 들어서면서 인천상륙작전 소식이 들려와 관심은 온통 육지에서 바다 쪽으로 쏠려 있었다. 부산은 육지보다는 바다와 관련된 일이 많아 바다 쪽 소식에는 빠르고 비교적 정확한 면이 많았다.

부산에 주둔하고 있었던 우리 해군도 태반은 인천상륙작전에 참가하기 위해 떠났고 한때는 부산항으로 몰려오던 군수물자도 타지로 빠져나가 눈에 띄게 줄어들었다.

9월 15일 인천상륙작전은 맥아더 원수를 전쟁영웅으로 만들기에 손색이 없었다. 서울수복을 위해 진격 중이라는 뉴스가 나올 때마다 환성을 지르고 기뻐서 어쩔 줄을 몰랐다. 그러다가도 서울에 두고 온 가족과 일가친지들이 무사한지 걱정이 앞서 한시가 바쁘게 서울로 달려가고 싶은 성급한 마음에 들떠 서울로 갈 길을 찾느라 우왕좌왕 몸이 달아올라 조바심들을 내고 있었다.

그러한 애환 속에 나도 예외랄 수 없어 아는 사람들을 찾아나서 보았으나 속수무책이어서 홀로 밤을 새워가며 잠 못 이루고 있었다. 그러던 9월 24일 밤 11시경에 이순용 씨가 찾아왔다고 고정훈 대령이 내 방문을 두드렸다. 꿈같은 말을 하고 있다며 문을 열고 누가 찾아왔느냐고 물어보았다. 고정훈 대령은 거제도 포로수용소에 갔다가 미육군성 소속으로 거제도 포로수용소에 와서 자문역할을 하고 있는 이순용 씨를 만났고, 내가 자기 집에 거처하고 있다고 알려주었더니 지금 찾아와서 1층 거실에 와있으니 내려가자는 것이었다.

지난 6월 27일 오전 5시 미대사관 지시에 따라 서울에서 철수하면서 나더러 후퇴하라고 일러주고 떠나간 후 다시 만날 줄은 꿈에도 생각 못했던 일이었는데 다시 만나 보게 된 것이 구세주를 만난 만큼이나 반가웠고 기쁜 마음이 앞서 눈물로 인사를 했다.

이순용 씨가 이일범 형을 찾고 있어 나는 함께 이일범 형을 찾아 셋이서 수영비행장 근처에 있는 미육군성 파견대 사무실로 갔다.

이순용 씨는 이 중요한 시기에 한가하게 체신부에만 앉아 있을 것이 아니라 대공전에 전력을 기울여야 할 때라고 강조했다. 일제 때 나라를 찾겠다고 독립운동에 나섰던 심정으로 그때와 같은 마음가짐을 가지고 나라를 지키는 일이 중요하니 만큼 미육군성 파견대의 일을 도와서 대공정보 사업에 주력해 달라고 당부하였다.

다음 날 이순용 씨는 서울수복 때 북괴군이 후퇴하면서 남기고 간 물증 등을 수집할 수 있는 공작원 2인을 파견하려고 하니 사람을 물색해 보라고 했다. 나는 1945년 4월에 난징(南京)을 탈출해서 항일지구 제 3전구 허커우(河口)에 망명해와 있었던 독립투사 피문성(皮文成)과 인천세관에 있었던 황용섭(黃龍燮)을 추천했다.

피문성과 황용섭 2인을 미육군성 파견대 서울특파원으로 임명하여 9월 26일 미군용기 편으로 서울에 급파하는 걸로 봐서 서울 수복을 목전에 두고 있는 것 같았다. 9월 28일 드디어 유엔군이 서울을 수복했다고 여기 저기서 요란한 환호성이 터져 나오고 모두 기뻐서 날뛰고 떠들어 댔다. 나는 1945년 8월 10일 밤 항일지

9.28 서울 수복

구 첸산(鉛山)에서 고난의 항전이었던 중일전쟁이 8년 만에 일본이 항복을 했다고 폭죽을 터뜨리고 기뻐 날뛰던 중국인들이 떠올랐다. 그에 비하면 우리는 비록 3개월밖에 안 되지만 그 고통은 그들의 8년과 진배가 없었다.

그날 밤 이순용 씨가 찾아왔다. 이일범 형과 나에게 내일 아침 6시에 서울 가는 군용기를 수영비행장에 준비해 두었으니 떠날 준비를 해두고 있으라며 내일 아침에 데리러 오겠다고 하고 돌아갔다.

다음 날 아침 이순용 씨의 안내로 수영비행장에 가서 군용기를 타고 떠났는데 우리가 탄 군용기는 김포공항으로 직행하지 않고 일본 구주에 있는 아사히 비행장으로 갔다.

어찌된 일인지 영문을 알 수가 없어 왜 이리로 왔느냐고 물었더니 수영비행장에서는 김포공항으로 들어가는 시간이 나지 않아서 여기에 왔는데 여기에도 김포공항으로 가는 시간이 나지 않아서 정오까지 기다려 보자며 그때까지 기내에서 기다려 달라고 했다. 만약에 기내에서 내렸다가 공항당국에 발각되면 불법입국으로 체포당하니 조심해 주기 바란다는 주의까지 하고 있었다.

아사히 비행장에서도 김포공항으로 가는 시간을 얻지 못해 오후 1시경 아사히 비행장을 떠나 대구 동천비행장으로 갔었는데 대구 비행장에서도 김포공항으로 가는 시간을 얻어야 떠난다며 기다려 달라고 했다.

우리는 군용기에 이일범과 나 그리고 미군 한사람 합해서 3인이 동승하고 있었고 동승한 미군은 우리를 김포공항까지 안내를 해주기 위한 사람이라는 걸 김포공항에 가서야 알았다.

우리가 탄 군용기는 4시에 대구 동천비행장을 출발하여 5시경 김포공항에 도착했다. 김포공항에 내린 이일범 형과 나는 영등포까지 편승할 차를 구할 수가 없어 걸어가야만 했다.

김포공항에는 완전무장한 전투원들이 어디론가 이동을 하고 있었는데 비전투원은 이일범 형과 나 오직 두 사람 뿐이었다. 공항은 미 공군이 관장하고 있어 우리의 사정을 말해 김포공항을 떠나서 영등포로 이동했다. 해는 저물어 어두컴컴한 강둑 위로 강 건너 마포 쪽에서 총질하는 유탄이 날아오는 소리가 들리고 있어 아직도 후퇴를 하지 못한 북괴군 패잔병들을 소탕하고 있는 듯했다.

영등포에 와서 우리는 무엇보다 가족이 살아남아 있는지가 궁금해서 가족부터 찾아 나서기로 하고 이일범은 서울로, 나는 인천으로 발길을 돌렸다.

이일범 형은 서울로 들어가는 차에 편승하려고 길 건너에서 목을 지켰고 나는 인천으로 내려가는 차에 편승하려고 반대쪽 길목을 지키고 있었는데 마침 미군 짚차 한 대가 인천으로 간다고 해서 뒷좌석에 편승을 하고 밤 10시경 인천에 도착한 후 중구 율목동 처갓집으로 찾아갔다. 온 식구가 살아있는 것을 보고는 눈물이 와락 쏟아져 나왔고 동란 중에 출생한 큰애 억이가 잘 자라고 있어 무엇보다 고마웠다.

다음 날 처자를 이끌고 서울행 해군 군용차에 편승해 서울에 가서 계동 집으로 달려갔더니 장조카 이하 무사함을 보고 천우신조라는 생각이 들어 하늘에 대고 크게 감사함을 외쳐대고 싶은 심정이었다.

서울에 남겨두고 집을 지켜달라고 이르고 피난길에 나섰던 나는 단 한 시간도 마음 편해 본적이 없었다. 모두 무사한 것을 보고 이제야 마음이 풀렸다. 그렇지만 맏형 경재가 작고한 때문에 장조카 종원이가 막중한 책임만 떠안게 된 것이 딱하게만 보였다.

다음 날 아침 이른 새벽에 임시정부계열의 전 쌍해 인성학교 교사(前上海仁成學校敎師)였던 박성근(朴成根)과 전 농지개발영단장 겸 수리조합연합회장(前農地開發營團長兼水理組合聯合會長) 이지택(李智澤), 합동통신기자(合同通信記者) 유재명(柳在明) 3인이 약속이나 하고 온 것처럼 같은 시간에 찾아왔다. 김일성 도당의 북괴군 치하에서 3개월간 식량을 구하지 못해서 굶다시피 하고 죽지못해 살아온 참담했던 이야기를 늘어놓았다. 그동안 김일성의 손이 가고 발이 닿던 곳에는 단 하루도 편안해 본 적이 없었다고 하던 말들이 사실로 입증되고 있었다. 실례를 들면 해방 후 김일성이 북한에 와서 우리 동포가 일제하에서 살았다는 하나의 구실을 삼아 인권을 유린했던 일과 6.25 남침으로 남한동포마저 못살게 해 놓은 일들을 들 수 있다. 김일성이 나타났던 곳은 어디나 평지풍파가 일어났고 한 사람도 편안히 살도록 내버려둔 적이 없었다.

나는 어제 길가에서 우연히 사정국에 있었던 헌병대 홍 대위를 만났다. 그런데 저녁에 우리 집에 찾아와서 백미 3가마니를 놓고 간 것이 있어 나는 쌀가마니를 내놓고 평소 형님들처럼 모셔오던 세 분에게 사양하지 말고 가지고 갈 수 있는 만큼 가지고 가라고 말씀을 드렸다. 그러나 대두 한 말 이상은 들지 못하는 걸 보고 그간 얼마나 굶으며 살아왔으면 저렇게도 기운을 낼 수가 없을까 하는 생각이 들었다. 그 모습을 보니 날강도 같은 김일성에 대한 욕 밖에 할 말이 없었다.

체신사업협회에는 남하하지 못했던 재류파 임직원들이 무슨 큰 죄나 진 사람들 마냥 이 사람 저 사람들의 눈치만 살피고 있었다. 먹지 못하고 숨어서 사느라고 살색이 누렇게 들떠 있는걸 보니 처량하게 보였다. 이 모든 것이 서울시민에게 말 한마디 없이 서울을 내동댕이치고 야간피난한 대통령이나 정부 각료들의 책임이 아니고 무엇이겠는가. 국민의 생명을 보호해야 하는 사람들이 반대로 선량한 서울시민을 나 몰라라 하는 것을 두고 위로해줄 만한 말을 찾을 길이 없었다.

북괴가 남침할 것에 대비해서 언제나 일선 지휘관들과 군 지휘관들이 일선 경비에 만전을 기해두고 있어야 함에도 불구하고 매주 토요일이면 사병들을 휴가 보내고 부대를 비워두다시피 하고 있었다 하니 김일성도당이 남침계획을 일요일로 작정한 이유가 여기에 있음을 알아야 했다.

북괴가 오래 전부터 남침계획을 세워놓고 38선 전역에 엄청난 병력과 장비와 물자를 배치해 놓고 있었음을 일선 지휘관들이 몰랐다고 한다면 그러한 군인들을 엄중문책을 하고 군문 밖으로 쫓아내야 함에도 불구하고 하등 아무런 조치도 취하지 않고 있는 것은 이승만 정부가 국민을 기만하고 있는 거라 성토하지 않을 수가 없었다.

이승만 대통령이란 사람은 국권을 수호하겠다는 열의보다는 대권을 유지하기 위한 수단에만 매달려 정적들의 동향이나 감시하고 또한 군인들이 작당해서 쿠데타하지나 않을까 염려한 나머지 상호견제 세력을 키워놓고 감시하는 일에만 열중했다. 가정해서 그 일의 10분의 1 정도만이라도 국권을 수호하겠다는 결의가 있었던들 이렇게 참혹하게 철저히 북괴군에게 농락당하지는 않았을 것이다.

이승만 대통령이 집권한 후 한 일이란 누구도 대통령 자리를 넘보지 못하게 하는 것이었다. 때문에 측근의 인물들이 그러한 의도적인 일에 초점을 맞추었다. 막대한 자금을 지원받아 조작해낸 작품이 소위 대한정치공작대 사건이라 하겠다.

이승만 정부가 진정으로 국민을 위한다면 적반하장 격으로 서울을 탈출하지 못한 사람들을 잔류파로 몰아붙이고 사상이 불온하다, 매국노다 하고 부역자 취급을 할 것이 아니라 이제라도 헌신짝 버리듯 서울시민을 내버리고 야간피난했던 무책임한 처사를 부끄러운 일로 깨닫고 정중히 국민 앞에 속죄하고 각계 각료와 군지휘권자의 책임을 묻고 군관민의 단합을 호소하고 국가재건에 나서야할 때임을 명심하여야 할 일이었다.

어느 날 최치근이 찾아왔다. 최치근은 명동에서 불가류(不可留) 다방을 경영하던 주인으로 나는 커피를 좋아해서 명동에 가는 길이면 다방에 들러서 커피를 한 잔 했고 그러다가 사귄 사람이었다. 6월 26일 서울을 탈출하기 전 날도 이일범 과장과 같이 불가류 다방에 차를 마시려고 들렀다가 다방에 모여 앉은 손님들의 언행이 불순해서 다툴 뻔 했던 일이 있었다. 그 때 최치근이 우리 좌석에 와서 차를 시켜주어서 얻어먹은 일이 있어 다시 만나니 반가웠다. 최치근은 성북구 삼선교 모처에 북괴군 정치보위부가 식량배급 주던 남로당 서울시 중구 관할 당원의 배급카드를 트렁크 2개에 넣어 가지고 도망가다가 유엔군이 다급하게 추격해오는 바람에 가지고 가지 못하고 은닉해 두고 간 장소를 자기가 알고 있다는 것이었다. 안내해 주겠다고 같이 가자고 해서 쓰리쿼터를 가지고 삼선교 천변을 따라 올라가다 어느 민가에 은닉해 둔 트렁크 2개를 찾아 가지고 돌아왔다. 물건을 체신사업협회 상임감사실인 내 방에 두고 내용물을 조사해 보았더니 최치근이 제보한 내용과 상이가 없었다.

　이 중요한 문건 처리를 놓고 이일범 형과 이순용 씨하고 협의를 한 결과 결론적으로 말하자면 현하(現下) 해이한 이승만 정부를 신뢰하기가 어렵다는 견해였다. 또한 우리들이 엄격하게 말하자면 미육군성 파견대의 신분으로 서울에 와서 직무수행 중에 입수한 것이므로 단연히 미육군성 파견대에 인계해서 대공전에 활용하도록 하는 것이 바람직하다는데 의견을 같이했다.

　미육군성 파견대에서는 이 문건으로 남로당 실상을 파악하는데 크게 도움이 되었고 일본의 맥아더 사령부로 보내서 남로당에 대한 연구를 하는데 크게 도움을 주고 있다고 했다. 여하간 우리 한국 대공사찰기관보다 미군기관이 서울의 진짜 남로당을 가려내는 것을 더 잘 알고 있었다는 사실은 우리가 제공한 문건의 도움이라 해도 과언이 아니었다.

　나는 서울시내에 북괴군이 버리고 간 화물자동차 2대를 가져다가 수리해 놓고 경인지구 계엄사령관 이준식 장군을 찾아가서 차량운행증 2매를 부탁했다. 그랬더니 부하직원에게 말해 무기명 차량운행증 10매를 갖다 주면서 나더러 막내가(이장군은 나를 막내라고 불렀다) 필요한 만큼 사용하고 사용하는 차는 계엄사령부에 차량번호를 신고해 두라고 했다.

화물자동차 2대를 확보해 놓고 38이북이 수복되면 그리운 고향을 내가 먼저 찾아가 보겠다는 부푼 가슴을 안고 지내고 있었다. 그런 어느 날 이순용 씨가 찾아와서 매우 심각하고 어두운 표정을 지으며 말을 건넸다. 그는 중공군이 개입 참전해 인해전술로 혈전을 벌이고 있다며 전세가 중대한 국면에 처해 있음을 말하면서 이북에 가려고 하던 일은 단념하는 것이 좋겠다고 했다.

▎1951년 1월 4일 후퇴

1950년 10월 중순경 이순용 씨는 이일범 형과 나에게 미육군성 파견대 소속 직원 가족에 대한 국도 통행증을 주면서 중공군이 계속해서 남침해 오면 일단 서울을 포기할 계획을 세워두고 있으니 가족들을 일찌감치 남쪽으로 피신시켜 놓고 홀가분한 마음으로 일하자고 했다.

6월 25일 김일성 도당의 북괴군이 남침해올 때에 비하면 후퇴할 수 있는 시간적 여유가 있어 마음이 놓이기는 했지만 중공군의 전술을 감당치 못해 우리의 수도 서울을 내줘야만 한다면 어디까지 후퇴를 해야 할 것인지 예측을 할 수 없는 일이었다. 결론적으로 중공군과의 대전에서 승산이 없어 후퇴를 하는 거라면 남한 땅을 송두리째 내줄 수밖에 없다는 것이니 유엔군만을 믿는 것도 한계가 있어 보였다.

운명은 재천이라 했다. 나라의 운명이나 우리의 운명이나 풍전등화 같은 신세였다. 우선 가족들을 피난시키기로 하고 이일범 형과 나의 가족 그리고 유재명 가족을 부산으로 피난시킨 때가 1950년 10월 27일이었다. 6.25 때 마음 아팠던 일로 해서 이번에는 장조카 종원이도 내 가족과 같이 일찌감치 피난시켰다.

나는 중공군이 서울로 침입해 오기 전날까지 서울에 남아서, 미 육군성 파견대에서 나에게 부여한 사명을 완수하기 위해 공작계획을 작성해 놓고 유능한 공작원들을 물색하기 위해 분주하게 뛰어다녔다.

지난 6월 25에는 피난가기에 바빠서 차후 대책도 못 마련했다 하더라도 지금 이승만 정부는 무엇인가 해야 할 것이 분명하겠으나 여전히 단 한 치 앞도 내다보고 하는 일이 없으니 기가 찰 노릇이었다.

유엔군 산하 각 군 첩보기관에서는 서울 철수를 앞두고 각종 공작을 벌이고 있어 만주나 중국에서 첩보 사업에 종사했거나 다소나마 경험이 있다고 자부하는 사람들이 때를 만난 것처럼 기세를 올리고 여기저기 기웃거리고 다니다가 나를 찾아오는 사람도 있었다.

일전에 부산에서 9.28 수복을 앞두고 서울에 가서 북괴군이 후퇴할 때 남겨두고 간 물증들을 수집하기 위해 공작원을 수소문하고 다닐 때였다. 피문성과 황용섭이 일제 때 중국에서 첩보사업을 해본 경험이 있다고 하는 것을 내세우고 자기들에게 한번 나라를 위해서 일할 수 있는 기회를 달라고 해서 미육군성 파견대의 사명과 얼마간의 경비를 줘서 군용기에 태워 서울에 보낸 적이 있었다. 그랬는데 서울에 가서는 자기들의 가족을 찾고 나서 가족 품에 안주해 살다시피 하고 나라를 위해 일하겠다고 하던 얘기는 강 건너간 막대기처럼 버린 경우가 있었다. 결과적으로 우리가 자기네들 가족을 찾으러 서울에 보내준 꼴이 된 것이다. 그때 우리의 입장을 난처하게 만들었던 일을 생각하면 일하겠다고 찾아오는 사람들이 황용섭이나 피문성이와 같은 사람으로 보여서 믿을 수가 없었다.

사실 그 당시 먹고 살기가 어려운 때에 가족을 피난시켜야 했고 피난을 보내려고 하니 가는 노자와 호구지책을 마련할 길이 없어서 돈만 준다면 무슨 일이든 하던 때였다. 죽을 일이라도 당장 한다고 큰소리치고 돈을 받아 쥐고 볼 때라 돈을 앞에 놓고 거짓말하기가 다반사였던 시절이었기 때문에 두 눈 가진 똑똑한 사람 구하기가 어려웠다.

그러한 어려움 속에서도 5, 6명을 포섭해 일을 맡겨놓고 사명을 주기는 했으나 중공군이 38선을 넘어서 서울에 침입한 목적이 무엇인지 그 동태를 파악하는 것이 쉬운 일은 아니었다. 더욱이 전쟁 중인 일선지역을 넘어 오는 일이 생사가 갈리는 일이라서 공작을 주는 사람이나 받는 사람이나 과연 해낼 수 있을지 서로 간 자신할 수 없는 일이었다. 그런 만큼 성과는 반신반의(半信半疑) 할 수밖에 없었다.

다행히 하늘이 도와 전선을 넘어와서 아군 진지에 자기암호만 제시하면 연결조직이 되어 있어 즉각 모든 편의는 제공되었기 때문에 용기 있는 반공투사는 나라와 자기를 위해서 한번 해볼 만한 일이기도 했다. 하지만 일제 때 나라를 찾겠다고 독립운동을 하던 시절 목숨을 내놓았던 애국정신과 오늘날 대한민국을 지키겠다는 사람들의 반공정신을 비교해 보니 자연 쓴 웃음이 나왔다.

당시 이러한 공작의 하나로, 서울에 공작원을 매복해 두고 긴요한 정보를 수집한 후 시내 요소 공원이나 가로수, 전신주 중에서 적당한 곳을 물색하여 선정한 후 그 장소에 메모한 쪽지를 은닉해 두면 공작원을 밀파해서 수거해 올 수도 있고 또는 무선으로 연락할 수도 있었다. 나는 매복해 둘 만한 공작원 4, 5명을 두고 메모를 은닉해 둘만한 적당한 장소를 물색하느라 아침 새벽부터 밤까지 시간 가는 줄 모르고 뛰어다니고 있었다.

그러던 1950년 12월 중순경 어느 날 아침 5시경 을지로 네거리를 건너가다가 38이북 고향에서 피난해온 둘째 성재 형과 마주쳤다. 천우신조가 아닐 수 없었다. 황해도 황주에서 과수원을 하다가 유엔군 후퇴 시 형수와 1녀 종희, 2녀 종신, 3녀 종일, 4녀 구자, 1남 종성, 2남 종문 등 일가족 여덟 식구와 등과 손에 메고 들고 줄줄이 앞세워 피난길에 나섰던 모양이었다. 그리고 서울에 입성하여 을지로 네거리를 건너오고 있다가 뜻밖에 나를 만났으니 반가우면서도 어리둥절할 수밖에 없는 일이었다. 나 역시 하나밖에 없는 형을 만난 것이 꿈만 같았지만 긴 여정 때문이었던지 행장이 초라한 것을 보니 고생이 말이 아닌 것 같아 마음이 무겁기만 했다.

당시 서울은 시민 90% 이상이 남으로 후퇴를 했었고 남은 사람도 직무상 관계로 해서 있기는 했으나 대부분이 언제 어느 때고 떠날 수 있는 행장을 갖추고 있었다. 그런 와중에도 38이북에서 피난해온 사람들이 텅텅 빈 서울에 와서 일가친척들을 찾아다니느라고 길거리에서 우왕좌왕하고 있는 모습을 쉽게 볼 수 있었다. 그런 연유로 내게도 38이북에 둔 형과 일가친척들이 있어서 자연 눈여겨보고 다닐 때였다.

둘째 형은 이쪽 소식을 몰라서 경재 맏형이나 여재 셋째를 찾아 무작정 피난길에 올라 서울에 온 것이라 해도 과언이 아니었다. 그러다보니 이 낯선 곳에서 막내인 나를 못 만났으면 어찌했을까 하는 생각이 들었다.

반가운 맘은 잠시 접고 나는 우선 형네 식솔들을 계동에 있는 우리 집으로 모시고 갔다. 여장을 푼 후 나는 형제 소식을 전했다. 맏형이 대구 청천에서 과수원을 하다 짐승에게 물려서 떠난 일과 셋째 형이 47년 11월에 뇌일혈로 운명한 일들을 알려드렸더니 성재 형은 크게 낙심하여 말을 잇지 못했다.

얼마 뒤에는 고향에서 과수원을 하던 큰 형수님이 두 며느리와 손자 청소와 장한, 손녀 청자, 사위 채인섭, 딸 종열, 외손녀 화자와 영희 등 열 한 명의 식구를 인솔하고 장남 종원을 찾아 피난해 왔다.

나는 6.25 때 종원에게 집을 맡기고 피난 가서 불안한 마음이 앞서 하루도 편안한 날 없이 살았던 때를 후회하고 이번에는 일찍이 내 가족과 같이 부산으로 피난을 보냈다. 큰형수님이 장남 종원을 찾아 한양 5백리 피난길을 헐벗으며 오리라고는 생각지도 못했던 일이다. 그럼에도 불구하고 아들을 만나 볼 수가 없으니, 내가 이번에는 너무 일찍이 피난시킨 것이 오히려 큰형수님의 마음을 서운하게 해드린 것만 같아 죄송한 생각이 앞섰다.

셋째 형수도 1남 종철과 1녀 인자를 이끌고 큰형수님을 따라 남편인 셋째 여재 형을 찾아왔는데 가슴이 터질 노릇이었다. 셋째 형이 세상을 떠난 지 벌써 만 3년이 다가오고 있건만 38선이 가로막혀 소식을 전할 길이 없었다. 그런데 아무 것도 모르고 피난길에 셋째 형수가 찾아왔으니 지금 이 시점에서 소식을 전할 수도 전하지 않을 수도 없어 미칠 지경이었다.

얼마 후에는 둘째 형의 맏사위 박육이 사리원에서 사업을 하다가 처 종옥과 1남 진환, 1녀 춘자, 세 식구를 인솔하고 피난해 왔다. 해방 후 나는 고향에 갔다가 서울에 돌아가려고 사리원에 가서 조카사위 박육의 집에 잠시 기거했던 일이 있었다. 그 때 박육은 사리원 보안서 감시 속에 있는 나를 위험을 무릅쓰고 보호해 주었고 다방면으로 신경을 써서 남행길을 주선해서 서울까지 동행해 주었다. 난 그 신세를 한시도 잊을 수가 없었는데 피난해 왔다고 하니 어쩌면 신세를 갚아야 할 때가 바로 이때다 싶었다.

송림에 살던 영재 누님네 식구가 피난길에 나서 남하해 오다가 해주에 와서 길이 막혀 서울로 오지 못하고 돌아갔다는 소식이 들려 안타깝기만 했다. 유엔군 진주 시 매형이 송림시장을 하고 누님이 애국부인회 회장을 했다고 하여 무사하지 못할 것만 같아 걱정이 돼서 다시 수소문을 해보기로 했다.

나는 지금 내 앞에 있는 가족들을 보며 어린 시절을 떠올렸다. 나는 세 살 때 어머니를 여읜 탓으로 맏형수님이 길러주셨고 그 은혜를 잊을 수가 없었다. 어릴 적 성재 형과 나 그리고 장조카 종원과 조카딸 종욱, 종열이는 한집에서 그만 그만한 나이에 한

또래로 자랐다. 그런 연유로 우리는 삼촌 조카지간 이전에 형제 남매와 같았다.

누구 하나 소홀히 생각할 수 없는 27명의 핏줄들을 살리기 위해서는 우선 당장 서둘러 남쪽으로 피난시키고 숙식을 마련해 주는 일이 급선무였다.

신속하게 연락을 취해서 부산에 가 있던 화물자동차 2대를 서울에 올라오도록 조치해 놓고 한편으로는 대전에 사람을 보내서 백미 30가마를 매입해 두도록 했다. 그리고 맏형수님과 사위 채인섭 식구 다섯 명은 부산으로 피난 가 있는 우리 식구와 같이 있기로 하고, 나머지 식구는 돌아가신 맏형이 살던 대구 청천과수원으로 보내서 거처하게 했다. 그리고 내 힘이 닿는 데까지 도와서 각자 자립을 할 수 있는 길을 모색하도록 구상해 보았다.

북괴의 남침으로 남과 북이 둘로 나뉘어 편지 한 장 조차 전하고 받을 수 없었다. 북녘 땅 생지옥에서 살아오던 가족들을 이렇게 만나게 되었으니 감사할 뿐이었다. 이보다 기쁘고 고마운 일이 어디에 있을까 싶었다. 하지만 어려운 전란 중 피난길에서 나 혼자의 힘으로 내 가족까지 합쳐서 서른 세 명의 식솔을 보살펴야 하는 문제는 이만 저만한 고민이 아니었다. 전후좌우 둘러봐야 나와 나의 그림자만 있을 뿐 어디다 대고 하소연할 길이 없었다.

우선은 둘째 형이 걱정이었다. 형은 한평생 단돈 10원 한 장을 벌어보지 못했을 뿐만 아니라 가친의 막대한 재산을 단 한 번에 미두사업으로 날려버리고 하는 일 없이 지냈기 때문이다. 평생 고생 모르고 살아오다가 부친 사후에는 맏형이 도와준 덕택으로 살아온 위인이다. 남한으로 피난 온 것도 결국 맏형이나 셋째를 의

지하려고 온 것이 틀림없는데 형들이 세상을 떠나고 안계시니 이제 막내인 나에게 의지할 수밖에 없는 것이 당연한 이치라 할 수밖에 없었다. 나로서도 이젠 한분 밖에 없는 형인만큼 도와야 한다는 생각이 앞섰지만 어떻게 도와줘야 자립할 수 있을지 걱정이 앞서기만 했다.

1950년 12월 말경 피난해 온 스물일곱 명의 가족들은 대구청천 과수원과 부산으로 피난 가 있던 내 가족한테로 보내놓고 나서 생각을 해보니 전시 하에 내 공무로 인해 모시고 갈 시간을 마련하지 못해 부산으로 피난 가 있던 내 식구를 직접 찾아가도록 한 것이 혹시나 푸대접했다고 오해하지나 않을까 마음이 무거웠다. 맏형수님은 나를 길러주셨을 뿐만 아니라 우리 김가 가문을 지켜오며 온갖 풍파를 겪어 오신 터줏대감이나 다름없는 분이기에 더욱 잘 모시지 못하는 점이 미안하고 죄스러웠다.

9살 때 우리 집안에 들어오신 후모님은 내 나이 17살 때 아버지가 세상을 떠나기 전까지 모시고 살았다. 생아자도 자식이요, 양아자도 자식이라고 했는데 이웃집에 살고 계시면서도 가족들과 모든 사람들이 서울에 있는 자녀들과 형제들을 찾아 피난가고 있는데도 따라나서지 않은 것을 보면 모든 것이 내 잘못인 것만 같았다. 내가 그간에 자식 된 도리를 다하지 못했던 죄책감이 더욱 크게 느껴졌다.

나는 아버지 생존 시 후모님께 반항을 많이 해서 아버지의 심려를 끼쳐드린 일이 한두 번이 아니었다. 아버지가 세상을 떠나신 후에 비로소 불효했음을 깨닫고 마음속으로 용서를 빌면서 언젠가는 내가 후모님을 모시고 자식된 도리를 할 수 있는 날만을 기다렸다. 어쩌면 이번 피난길이 마지막 기회일지도 모르는데 이 기회마저 놓치고 말았으니 영영 나는 용서받지 못할 죄만 남겨 놓은 것 같아 가슴이 미어지듯 아팠다.

12월에 나는 서울에서 내가 할 수 있는 일은 공사간 마무리를 해놓고 새해를 맞았다. 1951년 새해 서울은 제야의 종소리조차 들을 수 없는 칠흑 같은 적막강산이었다. 나는 그 때 서울 계동 한촌에서 운전수, 호위 3인과 함께 새해를 맞이했다.

마음속은 한없이 외롭고 쓸쓸하여 텅텅 비어있는 서울과 같았다. 새해 서울의 풍경은 을씨년스럽기만 했다. 이제 피난 갈 사람은 모두 다 떠났고 아직도 서울에 남아있는 사람들 중에는 서울을 지키기 위해 남아있는 것이 아니라 주로 중공군이 서울에 침입해 오는 것을 확인하고 후퇴하려고 하는 사명을 가진 정보기관원들이 대부분이었다. 반면에 피난 간 틈을 노리고 있다가 이제 막판이라고 보았는지 도적떼들이 때를 만난 것처럼 부유한 빈집들만 털어 가지고 도망치는 일도 부지기수였다.

당시 서울에는 집을 지키겠다는 핑계를 대고, 피난길에 살기 어려운 것을 생각하고 자식들에게 짐을 지워주지 않으려고 죽는 것도 마다하고 남아있는 노인들이 있었는가 하면, 6.25때 행방불명된 자식이나 남편의 소식을 몰라서 기다리고 있는 부모와 아녀자도 있었다. 가도 그만, 와도 그만인 불우한 사람들도 사이사이에 끼어 있었다.

이러한 삭막한 서울거리를 가끔 유엔군의 정찰대원이 차량을 몰고 질주할 뿐이었다. 모든 상황이 사태가 긴박하게 돌아가고 있음을 보여주는 것이었다. 결국 우리 유엔군은 중공군의 서울 침입을 무저항 상태로 내주고 1951년 1월 4일 완전 후퇴한다는 연락을 받고 나도 3일 정오 서울을 떠나 부산으로 내려갔다.

1.4 후퇴 당시 흥남부두

1.4 후퇴 후 나는 임무로 인해 일주일에 3, 4일은 대구와 부산에 있기로 했다. 대구에는 유엔군사령부를 따라 육군성파견대가 주재하고 있어 대구를 떠나기가 어려웠다. 부산에는 체신사업협회가 체신부를 따라 부산에 있었기 때문에 상임감사인 나의 직무가 있었고 또한 이순용 씨와 이일범 형과의 관계로 부산을 떠나 있기도 어려웠다.

비상사태임에도 불구하고 양쪽의 임무가 있는 관계로 서로 양해와 협조를 얻어 대구와 부산을 왔다 갔다 하는 일이 수월한 일이 아니었다.

1.4 후퇴 때 서울에 공작해 두고 온 일로 연락오기만을 눈이 빠지게 기다리고 있었다. 어느 날 어느 전선에서 내가 공작해둔 공작원이 전선을 넘어 왔다는 연락을 미육군성 연락 파견대에서 받았다. 파견대는 부산 동래 쩩크부대로 공작원을 호송한 후 그의 노고를 위로해준 일이 있다고 나한테 알려준 일은 먼 훗날이었다.

1.4 후퇴 당시 각 군 기관에서 그 많은 사람들이 열을 내서 공작해 두었던 일들이 단 한건도 성과를 내지 못했다고 한다. 유독 내가 담당한 공작에서 단 한사람이지만 성공을 거둔 것이 자기 부대의 자랑이라는 것이었다.

장인어른 김용 선생은 평생을 잃어버린 조국을 그리워하며 조국의 광복을 위해 젊음과 재산 그리고 모든 것을 바쳤습니다. 그토록 염원하던 조국광복의 기쁨도 잠시, 6.25 동란으로 만신창이가 된 나라 앞에 이번에도 선생은 자신의 안위는 초개처럼 버렸습니다.

　전후에도 선생은 항상 나라를 걱정하고 나라를 위해서 선생이 할 수 있는 일을 찾았습니다. 그러다 2001년 3월 23일 선생은 그토록 사랑하던 조국을 품에 안고 영면에 들었습니다.

　누가 시키지도 않았고 무슨 대가를 바라지도 않고 뛰어들었던, 그리고 목숨을 수백 번 걸었던 머나 먼 상해에서의 광복활동과 그리고 6.25 동란 중의 공작활동 등, 결국 선생이 꿈에 그리던 조국은 평화를 찾았고 날로 발전했지만 선생의 인생은 허전하기만 했습니다.

　그리고 살아 생전, 지나온 기억을 더듬어 한 맺힌 육필 수기를 쓰셨습니다. 광복 후 1946년 상해에서 부산항으로 입국 시 광복군을 연행해간다는 유언비어가 있어 근거를 없애기 위해 소지하고 있던 상해 독립운동 시절의 소중한 사진들을 모두 부산 앞바다에 버리셨다고 합니다. 사진이 있었더라면 좀 더 생생하게 선생의 자취를 기억할 수 있었을텐데 아쉽기만 합니다.

　또한 집필 중 갑작스런 심장마비로 운명하시게 되어 자서전이 마무리 되지 못하고 중단됨이 자식으로서 끝내 안타까울 따름입니다.

略　傳[15]

1909년 10월 26일	안중근 의사가 오전 9시 하얼빈역에서 러시아 의장대 사열 나선 이토 히로부미에게 권총 2발 발사하여 사살
1921년(1세)	맏형(경재) 소련의 압박 민족해방대회에 참가
1923년(3세)	생모(평산 신 씨, 이름미상) 졸, 맏형(경재)이 고향집에 와서 아버님을 모심
	당시 맏형(경재) 황주양성학교(黃州養成學校) 교장으로 재직
1925년(5세)	맏형(경재) 공산당 재건 사건으로 서대문 형무소에서 옥살이 함.
1928년(8살)	송림에 가서 1년 반 거주
1929년(9세)	아버지 재혼
	본인(순재) 황주 춘광원예학교를 다님
1932년(12세)	4월 29일 상해 훙커우공원(上海虹口公園)에서 윤봉길(尹奉吉)의사 거사
1933년(13세)	만주사변-맏형(경재) 비상시국하 예비 검속령에 의해 서울용산 헌병대에 연행되어 구금. 3개월 후 맏형 구금 해제
1935년(15세)	맏형(경재) 간도 용정에서 동흥중학교(東興中學校) 재단 이사장 취임
1936년(16세)	맏형(경재) 씬징(新京)에서 만선일보 논설위원으로 활동
1937년(17세)	음력 2월 29일, 부친 김찬하(金燦河) 졸(당시 69세)

---

15) 내용을 참조하여 재구성한 것임.

	4월 중순, 맏형(경재)과 고향 황주를 떠나 둥산성창춘(東山省長春)에 도착
	7월 7일, 일본군의 침략으로 중일전쟁 발발
1939년(19세)	맏형(경재) 중국인 쏴(紹) 씨의 초청으로 상해에서 중국어판 상해시보 일간지를 발행. 위일리스 극장을 매수하여 운영
1941년 2월 초	랴오닝성뻔씨후(遼寧省本溪湖)에 도착, 아세아상공사 경리 맡음
7월 초	뻔씨후(本溪湖)를 떠나 대련을 거쳐 상해로 감
8월 초	상해에서 항저우로 감-동화산업공사 근무
8월 중순	천더썽(陳德生)(24세 저장성 싼씽인(浙江省 紹興人)제3전구 사령장관부 조사실(第3戰區 司令長官府 調査室)소속 육군중위를 만남
12월 8일	새벽 3시경 대동아전쟁 발발
1942년 2월 초순	일본군이 싱가포르 함락
2월 10일	맏형(경재) 일본헌병대에 끌려감.
2월 말경	맏형(경재) 연행된 지 2주일, 상해시보사와 위일리스극장 폐쇄
2월	일본이 절감작전(浙贛作戰)을 개시함.
4월 초순	빼쓰챤루 일본 헌병대에서 맏형 면회
4월 중순	맏형(경재) 풀려남
5월 말	상해에서 항저우로 감
6월 초	제3전구 사령장관부 조사실 지하요원이 됨
8월 6월	항저우의 동화산업공사를 친지 박성근(朴成根)에게 총경리직 맡김
1943년 2월 초	상해에서 난징으로 유학-난징(南京)국립중앙대학(國立中央大學) 농학과 입학-송지영과 중국인 마훠우잉을 만남
3월 5일	광복군 입대
6월 중순	학기말 시험 후 상해 행
6월 말경	항저우(杭州) 도착

6월 말경	일본 영사관 형사실에 구금됨 −한 달 만에 풀려남.
8월 중순	상해로 감, 천더썽은 찐화로 감.
8월 중순	박성근 씨의 도움으로 국립 상해대학 법학원에 편입 지원함.
9월 초	박시준을 찐화에 보냄
10월 초	찐화에 감−부사장 최희송(崔熙松)과 경리 유재명(柳在明)을 상해로 보냄.
10월 말	일본 상해영사관 유치소에 수감되어 있는 송지영 면회
11월 초	상해공동조계 YMCA강당에서 전딴대학(電旦大學) 재학생 옥인찬(玉仁贊)의 음악독창회날 후원인으로 참석
11월 중순	상해에 있음. 찐화에 오라는 전보를 받음 − 학기말 시험이 끝난 후 상해에서 찐화로 감. − 씨원에서 천더썽과 쉬 대위를 만남.
1944년 1월 말경	찐화로 감
2월 10일	오후 6시경 탕씨에 도착, 광복군 제1지대 2구대장 이소민 상교 만남. − 식당에서 광복군 입대 선서식을 거행함 − 광복군 제1지대 2구대 소속 상해지구 지하공작 책임
2월 11일	오전 5시 찐화를 향해 탕씨를 떠남.
2월 중순	상해에 가기 위해 찐화를 떠남.
6월 중순	학기말 시험 후 찐화에 가서 여재(璵載) 형 내외와 박시준(朴時埈), 천더썽(陳德生) 두 형과 항일지구로 가기 위한 구체적인 찐화 탈출 계획을 세움.
8월 8일	저녁에 란씨(蘭溪)에 도착
8월 9일	5시 탕씨에 도착
8월 10일	오후 6시경 탕씨에서 조사실 주임 마오완뤼 장군 만남
8월 13일	상해로 돌아 옴.
10월 7일경	찐화에 도착
10월 13일	오전 9시 씨원(石門) 교역장으로 떠날 준비를 갖춤.
10월 15일	밤 12시 찐화 탈출

10월 18일	오후 3시경 전원이 란씨에 도착
11월 초순	천더썽 소교의 인솔로 박시준과 첸산 조사실에 가기 위해 란씨를 떠남.
	- 6일 째 오후 3시경 장산에 도착
	- 7일째 오후 1시경 쌍라오(上饒)에 도착, 씨후여관에 투숙
11월 17일	마오완뤼 장군 방문-광목 1백 20필과 담배 1백 20보루 기부
11월 17일	밤 박시준 동지에 대한 광복군 제1지대 2구대 입대 선서식 거행
1945년 1월 20일	종강 후 쌍라오 선착장에 가서 푸양 행(쉬 소교 만나러 감)
2월 5일	푸양을 떠나 2월 18일 첸산에 돌아 옴.
2월 20일	3개월간의 교육 종료식(1944년 11월 20- 1945년 2월 20일-3개월간 박시준과 함께 단기특수 교육)
2월 20일	광복군 제1지대 2구대 소속 소교로 임명됨(박시준과 동일)
	- 박시준을 항저우(杭州)지구 공작책임자
	- 본인(순재) 상해(上海)지구 공작책임자로 각각 임명
2월 21일	아침에 이소민 상교는 부대로 돌아갔고 란씨를 향해 떠남
2월 27일	란씨에 도착.
3월 10일	오전 10시 군관민 합동 환영대회
3월 12일	첸산을 향해 탕씨를 떠남
3월 19일	쌍라오에 도착
4월 3일	찐화(金華)지구 일본군의 보급로 차단과 민심교란 공작 위해 란씨 행
4월 4일	아침 9시 장산행 열차표를 구해놓고 씨후여관에 투숙-관상을 봄
4월 4일	쌍라오역에서 9시에 장산행 열차를 타고 장산에 도착
4월 8일	란씨에 도착
4월 20일경	찐화, 위우, 쥬지 3개 지역에 정찰공작원을 보냄
4월 23일	오전 2시경 쥬지와 위우 사이에 있는 철로를 파괴시킴

6월 5일	일본군 보급창고 폭파 정찰 보냄
6월 13일	정찰대 돌아옴
6월 14일	란씨를 떠나 장산을 경유 6월 19일 쌍라오에 도착-상해공작 계획
6월 15일	첸산으로 감
7월 초	천더썽 소교 상해공작 차 첸산을 떠남
8월 10일	밤 11시 반경, 완써우꿍 숙소에서 일본의 항복 소식을 들음
8월 11일	4시경, 첸산을 떠나 광복군 제1지대 2구대가 주둔하고 있는 첸산시 씨원왜 꿰씨썅사범학교내(鉛山市西門外貴溪鄉師範學校內)에 도착
8월 11일	광복군 제1지대 2구대 상해지구 공작책임자로 있었던 관계로 동대 주호판사처(駐滬辦事處) 처장에 임명됨
8월 12일	6시 정각 쌍라오를 떠나 상해행 여객선을 탐
8월 26일	푸양을 거쳐 항저우(杭州)에 도착(15일 경과)
8월 28일	5시 정각 차로 항저우(杭州) 떠남(2일 경과)
8월 28일	밤 9시 상해역에 도착
8월 29일	공동조계 난징루 허퉁(合同)빌딩에 사는 최창식(崔昌植) 선생 방문 – 공동조계 쓰마루(四馬路)에 있는 따스제(大世界)로 천더썽 소교 방문
9월 5일	10시경 중국군사위원회 제3 국제문제연구소 상해판사처의 신석우(申錫雨) 고문이 교포들이 운영하는 대표적인 기업체에 돈 요구한 문제를 해결
9월 13일	광복군 총사령관 지청천(池靑天) 장군을 만남
9월 13일	밤 11시경 한적사병 탈출 도움
9월 17일	항저우(杭州)에서 광복군 제1지대 2구대 이소민 구대장 상해에 도착 – 환영대회
10월 중순	천더썽 소교를 찾아감
11월 중순	임정요인들이 상해 강만비행장에 도착, 진안쓰로(靜安

	寺路) 따광민(大光明)극장에서 환영하는 행사를 함
	– 화중단 기구를 구성(단장: 장흥(張興) 상교, 화중단 판사처 : 홍커우 빼쓰촨루 손전정밀기계사무실(전광복군 제1지대 2구대 본부)에 설치) – 교민을 위한 선수 사업에 착수
12월	'모스크바3상회의'에서 미·영·중·소 4개국에 의한 최고 5년의 신탁통치안이 결정됨
1946년 정월	박시준과 새해를 맞이하여 신년 인사차 최창식 선생 댁 방문
3월 4일	제1차 귀국 희망자 신청을 함
3월 4일	오후 2시부터 귀국선 승선을 허락함
3월 10일	부산에 입항(사진을 모두 부산 바다에 버림) 방역검사와 허열병 예방소독으로 13일 상륙 허락
3월 16일	새벽 4시 부산을 떠남 – 4일 만에 서울역에 도착 – 형 찾기 위해 종로구 명륜동에 사는 형수 서경임(徐敬任) 찾아 감
3월 17일	을지로 네거리 합동통신사(合同通信社)에서 기자로 있다는 유재명(柳在明, 경향신문 부사장 역임) 형을 찾아감
3월 26일	이영근의 초대를 받아 저녁 7시 국일관에서 이일범(李一凡), 박재성(朴在成), 김호림(金虎林), 정영호(鄭英昊), 고찬보(高贊輔), 성대경(成大慶), 박동철(朴東喆)을 만남
3월 27일	장질부사로 여의전병원 특실에 입원
4월 말경	고향에서 장조카 종원(鍾元)이 김해일의 연락을 받고 서울에 옴.
5월 1일	고향 황주를 찾아가기 위해 아침 일찍 장조카 종원이와 동행 – 황주역에 도착한 시간은 오후 4시쯤, 5시에 고향 도착
7월 중순	셋째 형 여재가 상해에서 돌아옴.
7월 중순	사리원에서 보안서원에게 잡혀 사리원 검찰소로 끌려

	감. 오후 2시 사리원재판소(沙里院裁判所)에서 공판
11월 중순	조카 사위 박육과 함께 월남(북한 체류 6개월)
1947년 봄	최희송(崔熙松) 댁 상사에 부조금 문제로 맏형 집에서 나옴
봄	형 집에서 나와 유학생 수용소에 3개월 머뭄
봄	미군CIC 요원이 됨[이 때 김용(金龍)으로 개명함]
봄	북노당 사업부 소속 남한자금 공급책 조선상사 부사장 최창성과 사업부장 김찬도를 체포
봄	북노당 자금조달책인 서울시 미국인 시장의 고문 박길용(朴吉龍)을 주문진에서 체포
11월 13일	저녁 7시 셋째 형과 만나기로 했으나 형이 쓰러져 사망 (당시 32세)
11월 24일	상사 후 화선이 형수 댁에 있다가 미군정청 경무부수사국 형사과 형사에게 이끌려 성동경찰서 유치장 갇힘.
	– 가칭 인민해방군 사건에 연루됨.
12월 초순	김규식(金奎植) 의장의 비서 박용철(朴容喆, 독립유공자)을 만나 미국이 김규식을 대통령으로 추대한다는 정보를 입수
1948년 3월 8일	김구 주석이 남북협상 위해 북에 가겠다는 성명을 발표 경호담당 함.
	– 미군 CIC에서 중국공산당과 연관되어 무기징역을 받은 문갑송(文甲松)을 체포하여 10일 동안 조사함.
5월 10일	남한 총선거 실시
5월 31일	최초의 제헌의회 설치
7월 17일	헌법 공포
8월 15일	대한민국의 수립이 국내외에 선포됨.
9월 7일	반민족행위를 처벌하는 특별법을 제정
	– 제59차 국회 본회의에서 통과
	– 이승만 정부에 의해 9월 22일 법률 제3호로 공포됨.
11월 말	아침 5시경 대통령실 소속 관찰부총감 장석윤(觀察副摠

	監 張錫潤)이 방문함.
	– 관찰부 특무실 근무(대북공작) 부실장직을 맡음
	– 관찰부를 대통령실 직속 기관으로 명칭은 사정국(司正局)으로 하고 산하 5과로 기구를 조정
12월	유엔 총회의 승인을 받아 대한민국은 합법정부가 됨
1949년 2월	세칭 수원사건이 발생
6월 6일	일제 출신 현직 경찰들이 반민특위를 습격–반민특위 활동 정지
6월 20일	사정국 해산 명령
7월 20일	사정국 잔무를 끝내고 체신부 감리국 감사과장 발령 – 체신사업협회 상임감사로 부임
10월 11일	전 사정국 동료 공군 군수국장 이규성(李圭星)의 중신으로 김종진과 결혼
1950년 6월 중순	박동현(공개평)의 중국인 재산 반입건을 조사하고 압류
6월 25일	일요일 북괴군대가 38선 전역에서 남침
6월 26일	월요일 출근길에 광화문 호텔로 이순용 씨를 찾아감
6월 ○일	6.25 직후 – 광복군 제1지대 2구대, 동대 재정부원(전 저장물산직원) 김씨는 국내에 돌아와서 인천역 노상에서 상봉
6월 27일	화요일 새벽 4시경 – 이일범 과장이 서울을 떠날 준비를 하라고 함
6월 27일	장석윤 치안국장 차로 동대문 경찰서, 용산경찰서, 영등포 경찰서, 수원우체국으로 옴
6월 27일	오후 8시경 수원우체국 도착
6월 27일	10시경 동경 맥아더 사령부에서 임병직(林炳稷) 외무부장관을 수원에 있는지 찾음
6월 28일	2시 이승만 대통령 담화문 발표
6월 28일	아침 4시 대전으로 향함
6월 28일	오후 6시 대전 도착, 동일여관 투숙
6월 29일	충청남도 도청에서 장기영 체신부장관을 만남

6월 30일	11시경 대전을 떠나 오산 삼거리 오산정비소에 아침 5시경 도착
6월 30일	오후 6시경 대전으로 돌아옴
7월 4일	오전 5시경 7시까지 국무의원, 정무의원 대전역으로 집합하라는 전화받음
7월 4일	오전 7시경 특별 기동차로 호남도로 피난 갔던 장차관들이 대전으로 돌아옴
7월 ○일	딘소장 대전에 옴
7월 ○일	대전역에서 군인들에게서 공군 해체소식을 들음
7월 ○일	대전역에서 오후 3시에 출발하여 밤 10시에 대구에 도착
7월 19일	대전을 포기한 채 정부의 각료들이 대구로 후퇴
7월 14-20	대전 전투
7월 21일	오전 10시 이일범 과장의 연락으로 치안국에서 장석윤 치안국장을 만남 – 특수공작대장에 기용됨
7월 21일	10시경 부산 도착, 전 사정국 직원 김영태(金永泰), 전 인천세관직원 황용섭(黃龍燮) 동행-2일 만에 장석윤 국장의 경질로 해체
7월 26일경	장석윤이 찾아와 이백만 원과 권총 2정 중 하나를 달라고 함
7월 ○일	맏형 경재 졸(당시 50세)
7월 ○일	한미합동군 첩보대장 고정훈 대령을 만남 – 대북공작에 대한 계획안을 작성요청 받음
9월 15일	인천상륙작전
9월 24일	밤 11시경에 이순용 씨가 찾아옴
9월 28일	유엔군이 서울을 수복
9월 ○일	수영비행장에 가서 군용기를 타고 일본 구주에 있는 아사히 비행장으로 감 – 대구 동천비행장에서 4시 출발 – 김포공항 5시 도착
9월 ○일	최치근의 제보로 남로당 서울시 중구관할 당원의 배급

		카드 입수
		– 남로당 파악의 단서 제공
	10월 27일	장조카 종원과 가족을 피난시킴
	12월 중순경	어느 날 5시경 을지로 네거리에서 둘째 성재 형을 만남
	12월 O일	고향의 큰형수가 11명의 식구와 함께 피난 옴
	12월 말경	피난해 온 스물일곱 명의 가족들은 대구청천 과수원과 부산으로 피난 보냄
1951년		내무부 치안국 정보수사과장
	새해	서울 계동 한촌에서 운전수, 호위 3인과 함께 새해를 맞음
	1월 3일	정오에 서울을 떠나 부산으로 내려감
1963년		대통령 표창
1973년		광복사 운영
1990년		건국훈장 애족장 추서
2001년 3월 23일		운명

나의 길을 찾아

2012년 2월 23일 인쇄
2012년 2월 29일 발행

지은이 ┃김 용
발행인 ┃성정화
발행처 ┃도서출판 이화
　　　　대전광역시 중구 선화동 229-2번지 장현빌딩 2층
　　　　Tel. 042-255-9707~8 • Fax. 042-255-9709

ISBN 978-89-6439-047-4 03800
값 13,000원

※무단복제나 복사는 금합니다.
※잘못 만들어진 책은 바꾸어 드립니다.